Swami Ramdas

Die Autobiografie eines Gottliebenden

Auf der Suche nach Gott,

Mit der Schau Gottes

und

Die Welt ist Gott

eingeleitet und übersetzt

von

Gabriele Ebert

Bibliografische Information der Deutschen Bibliothek

Die Deutsche Bibliothek verzeichnet diese Publikation in der Deutschen National-
bibliografie; detaillierte bibliografische Daten sind im Internet über
http://dnb.ddb.de abrufbar.

Swami Ramdas: Die Autobiografie eines Gottliebenden
Ausgewählte Übersetzungen aus: In Search of God, In the Vision of God und
World is God, © Anandashram, Kanhangad, India
Herstellung und Verlag: BoD – Books on Demand, Norderstedt, 2024
ISBN: 9783759730541

Inhaltsverzeichnis

Einleitung

Swami Ramdas (1884-1963) spielte im Indien des 20. Jahrhunderts neben Ramana Maharshi, Aurobindo und Anandamayi Ma im spirituellen Bereich eine zentrale Rolle, doch über ihn ist hierzulande nur wenig bekannt.

Er war ein *Bhakta*, ein Gottliebender, und wählte den in Indien verbreiteten Weg des Mantra-*Japa*, den er kompromisslos verfolgte. Sein Mantra, das sein Vater ihm gab, lautete: „Om Ram Jai Ram Jai Jai Ram". In Indien ist das *Japa* des Namens von Ram (der Gottheit Rama) oder einer anderen Gottheit weit verbreitet und mit dem Jesusgebet im christlichen Bereich vergleichbar.

Ramdas führte zunächst ein Familienleben und übte einen Beruf aus, bis er mit achtunddreißig, nach einem längeren inneren Kampf, alles aufgab, fortan als Bettelmönch lebte und von Pilgerort zu Pilgerort durch ganz Indien zog. Später gründete er den Anandashram[1] in Kasaragod und dann in Kanhangad in Kerala, wo er mit Mutter Krishnabai und Swami Satchidananda bis zu seinem Tod lebte.

Durch seine kompromisslose Hingabe an Gott und seine Gottesliebe gewann er ein Leben in Frieden und Freude und war völlig von Angst und Sorgen befreit. Er unterhielt sich mit Ram und scherzte mit ihm wie mit einem guten Freund. Nicht nur in Menschen, sondern auch in Tieren sah er seinen geliebten Ram. Deshalb erinnert sein Umgang mit Tieren an Franz von Assisi, und man kann ihn zu Recht als einen hinduistischen Franziskus bezeichnen.

Ramdas predigte die Harmonie aller Menschen und Religionen auf der Grundlage der Erfahrung, dass Gott sich in allen Lebewesen manifestiert und zugleich doch der Eigenschaftslose ist.

Über seine Erlebnisse und Erfahrungen auf seinen Reisen und Wanderungen berichtet er in seinen drei Büchern: In Quest of God (Auf der Suche nach Gott, 1925), In the Vision of God (Mit der Schau Gottes, 1935) und World is God (Die Welt ist Gott, 1955).

---

[1] Anandashram bedeutet Ashram der Glückseligkeit.

In „Auf der Suche nach Gott" erzählt er von seinen inneren Kämpfen, die schließlich zum Bruch mit dem Familienleben und Beruf führten, und seiner Gotteserfahrung während der einjährigen Pilgerreise durch ganz Indien. Dabei begegnete er auch Ramana Maharshi und hielt sich länger zur Meditation in einer Höhle auf dem Arunachala auf. Es kam oft zu skurrilen Erlebnissen mit anderen *Sadhus*, die er auf seine unvergleichlich humorvolle Art erzählt.

In „Auf der Suche nach Gott" schildert er seine zweite Pilgerreise, die sich über mehrere Jahre erstreckte, und die Gründung des Anandashram zuerst in Kasaragod und dann in Kanhangad.

In „Die Welt ist Gott" berichtet er von seiner fünfmonatigen Weltreise in den 50ern, die ihn u.a. auch nach Deutschland führte und bei der er bedeutende spirituelle Persönlichkeiten in aller Welt kennenlernte.

Diese Biografie über Ramdas beruht vorwiegend auf seiner dreibändigen Autobiografie, deren wesentlichen Teile hier übernommen und aus dem Englischen übersetzt wurden. Das vollständige dreibändige Werk in deutscher Übersetzung ist in absehbarer Zeit beim Anandashram in Kanhangad erhältlich.[1]

Als einschlägige Quelle für seine früheren Jahren diente das Buch „Passage to Divinity" von Chandrashekar, dem Schwiegersohn von Ramdas.

Die Anmerkungen im Text stammen von mir. Zur besseren Strukturierung habe ich eigene Überschriften und Kursivtexte eingefügt und zur Veranschaulichung der verschiedenen Stationen seiner Reisen Fotos aus Wikimedia-Commons verwendet.

Ramdas' Leben und Lehren zeugen von einem wahren *Bhakta*, einem Gottliebenden, der die Gottesliebe mit allen Konsequenzen lebte, wie es nur selten vorkommt. Seine Schriften gewähren tiefe Einblicke in sein abenteuerliches Leben, aber auch in seine Lehre. V.a. „Die Welt ist Gott" enthält viele Gespräche und Ausschnitte aus seinen Reden.

Gabriele Ebert

---

[1] Band 2 und 3 von mir übersetzt

Das Leben in der Familie

Kindheit und Jugend

Vittal Rao, der spätere Ramdas, wurde am 10. April 1884 in Hosdurg, Nordkerala, als Sohn des Verwaltungsangestellten Balakrishna und Lalithabai Rao geboren. An diesem Tag wurde der Geburtstag von *Hanuman* gefeiert, der Affengottheit, die eine der größten Verehrer Ramas war – ein Vorzeichen dafür, dass auch Vittal später zu Ramdas, Ramas' Diener, werden würde. Er wuchs mit zwölf Geschwistern, neun Brüder und drei Schwestern, auf und war das sechste Kind in der Geschwisterreihe. Vittal ist ein Name der Gottheit Vithoba von Pandharpur, der Familiengottheit von Balakrishna. Der Junge wurde von allen Vittu genannt und war gesund und aktiv.

Mit sechs kam er in die örtliche Schule, wo strenge Regeln und körperliche Züchtigung an der Tagesordnung waren. Er war nicht am Unterricht interessiert, am wenigsten am Rechnen. Oft schwänzte er die Schule, aber er versteckte sich vergeblich im Badezimmer oder auf dem Dachboden des Kuhstalls, denn sein allgegenwärtiger Lehrer kannte die Lieblingsplätze seines widerspenstigen Schülers genau.

Er schrieb über sich: „Sein frühes Leben[1] verbrachte er, was das Äußerliche betraf, auf dieselbe Weise wie alle anderen Kinder um ihn. Als er noch in der Wiege lag, hat anscheinend ein enger Verwandte ein seltenes Licht und Leuchten in seinen Augen gesehen. Das mag alles oder nichts bedeuten. Im Alter von fünf oder sechs wurde er, wie es üblich war, in die Schule geschickt. Bald fand er heraus, dass er sich überhaupt nicht für die Disziplin des Schullebens eignete, das in jenen Tagen starr, hart und demütigend war. Er hatte keinen Geschmack für die sogenannte Erziehung jener Tage. Er liebte seine Mitschüler und Lehrer, aber von letzteren erhielt er die grausamsten Züchtigungen. Sein junger Geist war zerschunden und gequält. Auch zu Hause begegnete ihm oft Härte und Bestrafung inmitten von Liebe und Fürsorglichkeit. Seine Lehrer und Eltern handelten mit den besten Absichten und glaubten fest daran, dass sie durch diese Methoden sein Leben zum Guten und für eine große Aufgabe formten.

---

[1] Er schrieb von sich immer als Ramdas in der dritten Person.

Er entdeckte, dass sowohl in der Schule als auch zuhause versucht wurde, ihn in eine Form zu pressen, in die er nicht gepresst werden wollte. Sein Geist hungerte nach Freiheit – Freiheit von den Fesseln, die ihn zwangen. Obwohl er nach außen hin unterwürfig erschien, spürte er einen inneren Widerstand gegen die Kontrolle, die ihm aufgezwungen wurde.

Trotz diesen äußeren Hindernissen für den freien Ausdruck seines Lebens gab es auch Ermutigung und eine günstige Atmosphäre für das Wachstum seiner Seele. [...] Obwohl seine Eltern durch strenggläubige Prinzipien gebunden waren – Regeln der Kaste und Gemeinschaft – waren sie tolerant und liberal in ihrem Verhalten und Auftreten gegen alle, die mit ihnen in Kontakt kamen. Sie beachteten nur einige Kastenregeln, was den sozialen Status betraf. Sie schienen an diese Einschränkungen nicht zu glauben. Sie waren religiös und übten ihre religiöse Praxis auf ihre Art aus, durch die sie mit dem Göttlichen kommunizierten, und verließen sich in allen Belastungen und Schwierigkeiten auf Gott. So forderte die häusliche Atmosphäre das Wachstum seiner Seele.“[1]

Ramdas berichtet weiter von der regelmäßigen *Puja*, die sein Großvater ausübte, vom *Japa* seiner Mutter, dem hingebungsvollen Gebet seines Vaters, dem Vorlesen aus den *Puranas* durch eine verwitwete Tante und die vielen Lieder der Heiligen, die seine Großmutter sang. Auch wurden alle Hindu-Feste begangen, an denen Vittal aus ganzem Herzen teilnahm.

Als er etwa acht war, kamen zwei *Sannyasins* aus dem Punjab zu Besuch. Er verbrachte fast den ganzen Tag mit ihnen und leistete ihnen kleine Dienste. Sie waren sehr freundlich zu ihm. Diese Begegnung machte auf ihn einen großen Eindruck.

Eines Tages besuchte ein Swami aus dem Chitrapur-*Math* die Gegend. Er war das Oberhaupt der *Saraswat*-Gemeinschaft, zu der auch Vittal durch Geburt gehörte. Der Junge war sehr interessiert an ihm und an dem spirituellen Leben, das er führte. Er ging täglich zwei- oder dreimal zu seinem *Darshan* und empfand eine seltsame Faszination. Vielleicht tauchte damals zum ersten Mal der Wunsch in ihm auf, auch ein solches Leben zu führen.

---

[1] Chandrashekar: Passage, I-II

Wenn Vittal genug von der Schule hatte und auch zuhause keinen Frieden finden konnte, zog er sich in das alte, zerfallene Fort von Hosdurg zurück, wanderte dort frei umher und genoss die Natur. In diesem Fort gab es einen kleinen alten Tempel, den er selbstvergessen umrundete und sich an der Natur erfreute. Hier konnte er Frieden finden und vergaß dabei oft die Zeit.

Er war gern in der Gesellschaft von Kindern, da er sich unter ihnen frei von Konventionen und Einschränkungen verhalten konnte. Auch später hatte er eine besonders herzliche Beziehung zu Kindern. Zudem liebte er es sehr, auf Bäume zu klettern und sich an den Ästen der Banyan-Bäume hin- und herzuschwingen.

Er besaß keinerlei weltlichen Ehrgeiz. Doch er interessierte sich für Kunst und zeichnete und töpferte gern. Im Klassenzimmer machte er von seinen Lehrern Karikaturen.

Da er ein Brahmane war, kam nun die Zeit, die heilige Brahmanenschnur zu erhalten. Er und einer seiner Brüder erhielten sie zusammen, und im Haus fand eine Feier statt. Der Empfang der heiligen Brahmanenschnur bedeutet die Einführung des Jungen ins spirituelle Leben und markiert das Ende der Kindheit.

Vittal wurde für seine höhere Ausbildung nach Mangalore geschickt, wo er die Mission High School besuchte, die von der Baseler Mission geleitet wurde. Mangalore war eine größere Stadt. Dort lernte er viele Menschen kennen und war freier. In der Schule gab es keine körperlichen Züchtigungen mehr. Obwohl er sich weiterhin nicht für seine Schulbücher interessierte und oft im Unterricht fehlte, entwickelte er einen Durst nach Allgemeinwissen und las viele Bücher der Schulbücherei. Er mochte Geschichten und Erzählungen. Auch interessierte er sich für die Bibel und die Werke der englischen Klassiker. Dadurch erlangte er schon früh ein gutes Gespür für die englische Sprache. Oft machte er mit Lesen die Nacht zum Tag. Er war ein geübter Gesprächspartner und hatte von seinem Vater dessen unübertrefflichen Sinn für Humor wie auch seine Neigung zur Kunst geerbt. Er fehlte erneut oft im Unterricht und bestand keine der Prüfungen.

Etwa zweieinhalb Meilen von der Stadt entfernt gibt es einen Hügel namens Kadri mit mehreren Höhlen, der in seinem späteren Leben noch eine bedeutende Rolle spielen wird. Auf diesem Hügel stehen ein Tempel, sieben

Wasserspeicher und ein *Math*. Zum jährlichen Tempelfest strömten tausende Menschen herbei, und es wurden Jahrmärkte veranstaltet. Einmal besuchte er mit anderen Jungen den *Math*. Auf der Veranda saß ein Yogi in Trance. Vittal betrachtete die stille Gestalt und fühlte sich sehr von ihr angezogen.

In Mangalore kam er öfter mit wandernden *Sannyasins* in Kontakt. In der Nähe des Ganapati-Tempels gab es ein Speisehaus für sie. Wenn er dort vorbeikam, hatte er stets ihren *Darshan*.

Vittal verbrachte daraufhin ein Jahr in Udipi, wo er die Christian High School besuchte. Er ging oft in den großen Krishna-Tempel. Mit anderen Schulfreunden bildete er eine Art Bruderschaft mit dem Ziel, Harmonie unter allen Menschen zu verbreiten, zuerst in Süd-Kanara und dann auch über die Grenzen hinaus. Sie luden berühmte Leute zu Vorträgen ein. Es war natürlich ein jungenhaftes Unterfangen, zeigte aber, in welche Richtung Vittal sich künftig bewegen würde. Die Bruderschaft bestand nicht lange.

Um sich für die Abschlussprüfung vorzubereiten, lebte Vittal eine Zeit lang bei einem Onkel in Kasaragod. Dieser besaß eine große Bibliothek mit religiösen Werken, die sein Interesse weckten. Die Bibliothek enthielt auch viele theosophische Bücher. So las er die Werke von Madame Blavatsky, Annie Besant und anderen. Da er sich nicht auf die Prüfung vorbereitete, bestand er sie auch hier nicht. Anschließend kehrte er nach Hause zurück.

Vittal war inzwischen sechzehn. Er wollte Künstler werden – nicht um Geld zu verdienen, sondern weil seine Begabung einen Ausdruck suchte. Er bat seine Eltern, die Kunstschule in Bombay besuchen zu dürfen. Natürlich stieß er auf Widerstand, da sie ihn für zu jung für das Leben in einer solch großen, weit entfernten Stadt hielten. Aber Vittal gab nicht auf und ging eines Nachmittags heimlich von zuhause fort. Er suchte seinen Onkel in Kasaragod auf, um ihn um die nötigen finanziellen Mittel für seinen Aufenthalt in Bombay zu bitten. Dieser war erstaunt über das plötzliche Auftauchen seines Neffen. Nach drei Tagen kam ein Brief von seinen Eltern, dass Vittal abgehauen sei. Der Onkel machte ihm heftige Vorwürfe und schickte ihn am nächsten Tag mit dem Ochsenkarren nach Hause zurück.

Sein Vater war gutherzig und verstand Vittal. Er ermutigte ihn, in Hosdurg eine Schauspielgruppe aus Amateuren zu gründen. Vittal entwarf Bühnenbilder, Kleidung und anderes zur Aufführung von Dramen. Dazu diente der

Garten in einem Nebengebäude seiner Eltern. Die Schauspieltruppe versuchte sich zunächst mit dem englischen Drama von Shakespeares King John, in dem Vittal nur eine kleine Rolle spielte. In einem weiteren Stück spielte er den Clown und brachte die Zuschauer zum Lachen. Das dritte Schauspiel handelte vom Herrscher Shivaji im Maharashtra des 17. Jahrhunderts. Da niemand Shivajis Guru *Samarth Ramdas* spielen konnte, fiel diese Rolle ihm zu.

Er berichtet später: „Er erinnert sich daran, wie er in der Kleidung eines *Sannyasin* mit einem *Kamandal* in der einen Hand und einer *Japa-Mala* in der anderen Hand auf der Bühne erschien. Er trug Holzsandalen an den Füßen, seine Stirn war mit Asche beschmiert und sein Kopf mit verfilzten Locken geschmückt.“[1]

Das Drama war ein großer Erfolg.

Da beschlossen seine Eltern, ihn nach Madras zu schicken, wo er bei seinem älteren Bruder Sitaram wohnen konnte, der dort in der Stadtverwaltung arbeitete. Vittal durfte die School of Arts besuchen und nahm an einem Kurs in Zeichnen und Gravieren teil. Dies entsprach nun vollständig seinen Neigungen, und er widmete sich ihm eifrig mit viel Erfolg. Dieser Kunstkurs dauerte normalerweise sieben Jahre, doch die Berufsaussichten waren nicht rosig.

Während dieses Kurses eröffnete sich für Vittal eine neue Perspektive. Ein Herr aus Madras stiftete für zwei Studenten ein Stipendium für eine technische Ausbildung am Victoria Jubilee Technical Institute in Bombay. Vittal wurde für das Stipendium ausgewählt und ging nach Bombay. Da alle Studienplätze für Elektrotechnik und Maschinenbau bereits vergeben waren, blieb nur ein Platz in Textilerzeugung, ein Bereich, der ihm überhaupt nicht zusagte. Drei Jahre verbrachte er in Bombay, ließ sich aber nur selten am Institut blicken. Er las weiterhin viele Bücher.

Die ersten beiden Jahre wohnte er bei seinem Freund Vadiraj, der in einer Färberei arbeitete und Vittal sehr mochte. Ihre Beziehung war sehr innig. Durch diesen Freund bekam Vittal Zugang zu einer Bibliothek, die alle Themen führte. Er las historische Bücher und studierte dann für sich intensiv

---

[1] ders., S. XV

die englische Poesie wie Shakespeare, Goldsmith, Byron, Browning und viele andere. Für wenig Geld kaufte er sich in einem Antiquariat einige dieser Werke. Er befasste sich auch mit Philosophie und las Burke, Carlyle, Ruskin, Schopenhauer, Emerson und andere Philosophen. Doch er fand in ihnen kein Prinzip, auf dem das Leben sicher gründen und die Wahrheit gesucht werden konnte. Ebenso las er die Romane berühmter Autoren weltweit, die deutschen und französischen Dramatiker und die amerikanischen und englischen Humoristen.

Dann stieß er auf die Werke der Rationalist Press Association, ein Zusammenschluss von rationalistischen Freidenkern, was eine völlige gedankliche Wende für ihn bedeutete. Er las Ernst Haeckel, Grant Allen und andere. Die wissenschaftliche Art, wie die Rationalisten zu beweisen suchten, dass es keinen Gott gab, zerstörte seinen Glauben, und er wurde ein Skeptiker. Fortan hielt er allen Gottesglauben für eine geistige Halluzination. Gott war nur eine Vorstellung im menschlichen Gehirn, den es in Wirklichkeit nicht gab. Alles in der Welt geschah durch Zufall. Es gab keine Kraft, die die Dinge lenkte.

Vittals Geist wurde dadurch mit der Zeit trocken. Er verlor seinen inneren Frieden und seinen Gleichmut. Doch glücklicherweise dauerte seine atheistische Episode nicht lange. Er stieß auf Swami Vivekananda, Ramakrishna Paramahamsa und Swami Rama Tirtha, die wieder eine vertraute Saite seines Herzens zum Schwingen brachten. Vivekananda mit seiner rationalistischen Art, seiner intensiven Gotteserfahrung und seiner enormen geistigen Kraft faszinierte ihn, und sein Glaube erwachte erneut. Innerhalb kürzester Zeit wandelte sich seine Ansicht von völliger Verneinung zur völligen Bejahung der Existenz Gottes. So wurde er zu einem rigoros Glaubenden. Die religiösen Zeremonien und Kulte sprachen ihn jedoch nicht mehr an. Er dachte an ein spirituelles Leben, das auf Moral und Tun aufbaute, gleichgültig welcher Religion. Gott war der Vater und auch die Mutter aller Menschen, universal, die göttliche Quelle von allem, das existiert. Vor solch einem Gott, der der Gott aller Religionen war, verneigte er sich. Fortan studierte er eifrig die christlichen und hinduistischen Schriften und las die Bhagavad Gita.

Da erkrankte sein Freund Vadiraj an Typhus. Vittal verbrachte fast den ganzen Tag bei ihm und ging in dieser Zeit nicht zum Institut. Er war zum ersten Mal in seinem Leben beim Sterben eines Menschen dabei. Beim Tod seines Freundes weinte er wie ein Kind, das seine Mutter verloren hatte.

Danach wohnte er bei anderen Studienkollegen. Obwohl er sich die ganze Zeit nicht um sein Studium gekümmert hatte, lernte er einen oder zwei Monate vor der Prüfung intensiv, bestand und erhielt nach drei Jahren sein Diplom in Textilerzeugung.

Ehe und Beruf

Vittals Zeit in Bombay kam zu einem Ende, und er kehrte zu seinem Bruder Sitaram nach Madras zurück. Die beiden Brüder verstanden sich gut und teilten die gleichen Interessen. Sitaram hatte soeben eine Firma für Handweberei eröffnet. Da kam ihm die Hilfe seines Bruders gerade recht. Der hergestellte Stoff war sehr begehrt, aber Vittals erworbene Kenntnisse waren hier wenig gefragt und für eine motorisierte Baumwollspinnerei gedacht. In dieser Zeit erhielt er einen Brief von seinem Vater mit der Frage, ob er einverstanden sei, zu heiraten. Vittal gab eine negative Antwort.

Bald darauf bekam er eine Anstellung in einer Baumwollspinnerei in Gulbarga. Nach drei oder vier Monaten kam ein Telegramm von seinem Vater, einer Heirat zuzustimmen. Alles Nötige war bereits in die Wege geleitet worden, und der Hochzeitstermin war festgelegt. Es war im Jahr 1908, und Vittal war inzwischen vierundzwanzig. Vittal stimmte wiederwillig zu, um seine Eltern nicht in Schwierigkeiten zu bringen, da sie die Sache schon so weit vorangetrieben hatten. Er ging nach Mangalore, wo die Braut wohnte, um sie zu heiraten. Rukmabai war die Tochter eines Versicherungsvertreters. Sie war eine kultivierte, religiöse Frau, die rechtgläubig dachte und sich anfangs mit Vittals freier Sichtweise schwertat.

Nach der Hochzeit kehrte er nach Gulbarga an seinen Arbeitsplatz zurück. Einige Monate später wechselte die Baumwollspinnerei den Besitzer, und Vittal wurde entlassen. Er suchte in Madras eine neue Stelle. Es folgten kurze Perioden, in denen er eine Beschäftigung hatte, und längere der Arbeitslosigkeit. Kaum hatte er sich irgendwo niedergelassen, verlor er wieder die Arbeit. Einen anderen hätte diese Situation vielleicht entmutigt, aber Vittal war eine Kämpfernatur und gab sich nicht so leicht geschlagen.

Er arbeitete etwa ein Jahr als Spinnereimeister in Gadag in Karnataka. Der Geschäftsführer war oft weg und überließ Vittal die Verantwortung für den Betrieb. In dieser Zeit musste er einmal disziplinarische Maßnahmen gegen einen Arbeiter ergreifen, was von den anderen Arbeitern falsch interpretiert wurde. Sie wollten ihn nach der Arbeit am Abend abfangen und verdreschen. Vittal wurde vorgewarnt. Es wurde ihm geraten, diesmal nicht den Vordereingang zu benutzen, aber er schlug alle Warnungen in den Wind, und als die Spinnerei am Abend schloss, ging er mit seinem Schirm wie immer durch das Tor. Etwa fünfundzwanzig Männer warteten auf ihn mit Stöcken in den Händen. Vittal musterte die Gruppe still lächelnd für einen Moment und ging dann weiter. Keiner wagte, ihn zu behelligen.

Nach einem Jahr in Gadag erhielt er ein Angebot in Kollam in Kerala. Die Aussichten sahen rosig und verführerisch aus. Er kündigte seine Arbeit in Gadag und wurde Spinnereimeister in Kollam und dann Geschäftsführer des Betriebs. Seine Frau Rukmabai zog zu ihm. Aber die Spinnerei steckte in so großen finanziellen Schwierigkeiten, dass die Arbeiter nicht bezahlt werden konnten. Vittal erhielt nicht sein volles Gehalt und schickte seine Frau zu ihrer Familie nach Mangalore zurück.

Eines Sonntags, als Vittal allein im Büro der Spinnerei war, kam einer der Arbeiter herein und bedrohte ihn mit einem Messer. Er hatte seit einigen Monaten keinen Lohn erhalten und verlangte ihn nun auf der Stelle. Ansonsten wollte er Vittal erstechen. Vittal war nicht einzuschüchtern. Er griff nach einem schweren Holzlineal, stand auf und ging zur Tür, wobei er das Lineal schwang. Darauf war der Arbeiter nicht vorbereitet und machte sich aus dem Staub.

Vittal verbrachte acht Monate in Kollam. Schließlich hatte er keine andere Wahl, als den undankbaren Job aufzugeben. Doch bevor er erneut auf Arbeitssuche gehen wollte, beschloss er, einige Monate bei seinen Eltern in Hosdurg zu verbringen. Er blieb vier Monate daheim und widmete sich wieder der Lektüre seines Lieblingsdramatikers Shakespeare. Am Nachmittag übersetzte er oft Teile aus diesen Dramen für seinen Vater in die Landessprache Konkani.

Anschließend ging er nach Bombay auf Arbeitssuche, doch er hatte keinen Erfolg. Danach versuchte er es in Hubli. Etwas später erhielt er eine Anstellung in einer Abfallfabrik in Madras, wo er zwei Jahre arbeitete.

1913 gebar Rukmabai ein Mädchen, das Ramabai genannt wurde. Da Vittal nicht sein volles Gehalt erhielt, konnte er nicht in der Fabrik bleiben. Schließlich ergatterte er eine Anstellung als Spinnereimeister in einem Betrieb in Coimbatore und zog mit Frau und Kind dorthin.

1914 starb seine Mutter. Sie war mehrere Jahre lang krank und bettlägerig gewesen. Vittal führte mit seinen Geschwistern die Begräbnisriten in Hosdurg durch. Als er nach Coimbatore zurückkehrte, hatte sich die Situation in der Spinnerei verändert, und Vittal ahnte, dass ihm gekündigt werden würde. Er schickte Frau und Kind nach Mangalore. Das Dienstverhältnis endete tatsächlich. Danach kehrte er nach Hosdurg zurück und blieb dort einen Monat, bevor er erneut nach Bombay ging.

Schließlich wurde er von einem alten Freund, der in Ahmedabad wohnte, eingeladen und fand eine Anstellung in einer Spinnerei. Das Gehalt war niedrig, die Arbeit anstrengend. Sie bestand hauptsächlich aus der Wartung der schweren Maschinen der Spinnerei. Vom frühen Morgen bis spät in die Nacht musste Vittal an der Montage der Maschinen arbeiten, und an den meisten Abenden kam er ziemlich erschöpft nach Hause. Er lebte bei seinem Freund und dessen Frau.

Da erhielt er ein Jobangebot in einer Spinnerei in Nadiad. Das Gehalt war gut, aber der Arbeitsvertrag galt nur für vier Monate. Der Besitzer war ein über achtzigjähriger Mann. Doch obwohl er körperlich gebrechlich war, tyrannisierte er seine Arbeiter mit scharfen Worten. Vittal warnte ihn und ließ sich seine Kraftausdrücke nicht gefallen. Das gefiel dem Besitzer nicht, und nach zwei Monaten entließ er ihn, allerdings mit dem vollen Gehalt für den vereinbarten Zeitraum.

Vittal kehrte mit seiner Familie nach Bombay zurück. Er schickte Frau und Kind nach Mangalore und versuchte erneut, in der Stadt eine Anstellung zu bekommen. Obwohl er mehrere Monate in Bombay war, blieb seine Arbeitssuche erfolglos. Da erhielt er von seinem Schwiegervater in Mangalore eine Einladung, sich seinem Stoffhandel, den er neu aufgebaut hatte, anzuschließen. Gegen Ende 1917 begann er also bei seinem Schwiegervater zu arbeiten. Doch die Gebräuche der Geschäftswelt, die mit List, Tricks und Kniffen arbeitete, um erfolgreich zu sein, sagten ihm nicht zu. Es kam unausweichlich zu Unstimmigkeiten zwischen ihm und seinem Schwiegervater, und Vittal trennte sich von ihm.

1919 machte er sich in Mangalore selbstständig, indem er Saris färbte und bedruckte, und machte in einem kleinen Raum seine Farb- und Druckexperimente. Da erkrankte seine Frau an den Pocken, und seine Tochter litt an schwerem Husten. Vittal hielt Tag und Nacht Wache am Bett der Kranken. Nach einiger Zeit erholte sich Ramabai, aber Rukmabais Zustand wurde täglich schlimmer und schließlich lebensbedrohlich. In seiner Verzweiflung betete er zu Sri Pandurangashram Swami vom Chitrapur-*Math*, dessen Foto in seinem Zimmer hing und der ein großer Yogi gewesen war. Da stahl sich Ruhe und Frieden in sein aufgewühltes Herz, und Rukmabais Zustand verbesserte sich schnell.

Diese Erfahrung veränderte Vittals Lebenseinstellung. Zunehmend ergriff ihn eine Art Leidenschaftslosigkeit. Er sprach nur noch von Gott und den Lehren der Heiligen. Vor allem seinem älteren Bruder Sitaram, der ebenfalls sehr religiös war, öffnete er sein Herz.

Vittals Geschäft mit den farbigen Stoffen vergrößerte sich. Er benötigte größere Räumlichkeiten und eröffnete zusätzlich einen Laden in der Stadt. Sitaram unterstützte ihn sehr. Es wurde ein großes Haus gemietet, in dem er fortan mit seiner Familie wohnte und das zugleich als Werkstatt diente. Der Laden war für die Bestellungen und Geschäfte gedacht. Er nannte seine Firma „Sri Sitaram Vittal Co." Er lud auch seinen Schwager Chandragiri ein, sich am Geschäft zu beteiligen, und dieser wurde zum neuen Geschäftspartner. Die Familien zogen Mitte 1919 in die neue Unterkunft.

Das Geschäft florierte. Vittal kümmerte sich um die Herstellung der Stoffe zuhause und Narsingrao, sein ältester Bruder, der sich ihm inzwischen ebenfalls angeschlossen hatte, um den Laden in der Stadt. Vittal legte sein Herz und seine Seele in die Arbeit und leitete seine Arbeiter an. Es war normal, ihn mit farbbespritztem Hemd und *Dhoti* zu sehen. Die Stoffe waren so beliebt, dass sie sogar bei einer Ausstellung in Mangalore eine Goldmedaille gewannen.

Vittal kümmerte sich sehr um seine Arbeiter und zahlte ihnen mehr Lohn als üblich und als er sich leisten konnte. So wurden die Defizite immer größer. Er besaß kein Kapital und keinen Notgroschen. Allmählich stürzte das Unternehmen in die finanzielle Katastrophe. Im Laufe der Zeit verließen seine beiden Partner das Geschäft. Zu dieser Zeit arbeitete Vittal mit großem Enthusiasmus an einem Projekt zur Gründung einer elektrisch betriebenen Webstuhlfabrik als Aktiengesellschaft in Mangalore. Er gab sich große Mühe, alle notwendigen Statistiken und Daten zu sammeln, und arbeitete die Satzung aus, aber das Vorhaben scheiterte an der mangelnden Unterstützung und Resonanz seitens der örtlichen Kapitalisten.

Am Abend fand Vittal Erholung in der Gesellschaft seines Bruders Sitaram und vergaß für einige Zeit seine geschäftlichen Sorgen. Sie sprachen über alle möglichen Themen, über Religion, Literatur und Politik und auch über Mahatma Gandhi, den alle sehr verehrten.

Die Loslösung vom weltlichen Leben

Auf der einen Seite verschlechterte sich die finanzielle Lage von Vittals Geschäft, auf der anderen Seite war sein verheiratetes Leben nicht ganz glücklich. Rukmabai litt an chronischem Asthma und war jetzt fast ständig krank. Sie tat sich auch immer noch mit seinen freiheitlichen Ansichten schwer. Vittal hing sehr an seiner Tochter Ramabai, die inzwischen sieben war, und beschäftigte sich viel mit ihr. Er brachte sie zur Schule und holte sie wieder ab, spielte mit ihr und beantwortete geduldig ihre kindlichen Fragen.

Vittals Spiritualität vertiefte sich. Er las erneut die Lehren Ramakrishnas, Vivekanandas und Swami Rama Tirthas wie auch das Yoga Vasishta und andere religiöse Bücher. Er begann, den Namen Rams zu wiederholen, was ihm Frieden und Freude brachte. Diese spirituelle Übung ist in Indien sehr verbreitet.

Eines Tages kam ein Anwalt aus Mangalore zu ihm, der seine Anwaltspraxis aufgegeben hatte, und bot ihm seine geschäftliche Partnerschaft an. Vittal erklärte ihm die prekäre Situation der Firma, doch der Anwalt ließ sich nicht davon abbringen und schoss bereitwillig Geld zum Kauf von vierzig Handwebstühlen zum Weben von *Khaddar* zu. Er kümmerte sich ums Geschäft und Vittal um das Weben. Trotz dieser glücklichen Wendung fühlte sich Vittal immer mehr zu Gott hingezogen. Er gab alle Annehmlichkeiten und das Abendessen auf. Tagsüber wiederholte er jetzt bei jeder Gelegenheit den Namen Rams und widmete die Nächte ebenfalls dieser Übung. Rukmabai ängstigte sich wegen dieser drastischen Wendung im Leben ihres Gemahls und versuchte, ihn zu mäßigen.

Bald darauf wies ihn sein Vater an, das längere Ram-Mantra zu wiederholen, in das er selbst eingeweiht worden war, und das lautet: „Sri Ram Jai Ram Jai Jai Ram". Er versicherte ihm, dass das ständige Singen dieses Mantras ihm ewiges Glück bringen würde. So wurde sein Vater zu seinem spirituellen Lehrer, seinem *Gurudev*. Vittal fühlte sich inspiriert, jeder Wiederholung ein „Om" hinzuzufügen, und er begann, das Mantra „Om Sri Ram Jai Ram Jai Jai Ram" während seiner ganzen wachen Zeit zu chanten.

In seinem Buch „World is God" erklärt er die Bedeutung des Mantras folgendermaßen: „Om = unpersönliche Wahrheit. Sri = göttliche Kraft. Ram =

Gott, der sowohl Wahrheit als auch Kraft ist. Jai Ram = Sieg für Gott. Jai Jai Ram = Sieg, Sieg für Gott. Gott, der Du zugleich unpersönliche Wahrheit und göttliche Kraft bist, Sieg für Dich, Sieg, Sieg für Dich."[1]

Mit Ram meint Ramdas zwar auch Rama oder *Ramachandra*, den Sohn von König Dasaratha im Epos Ramayana und die siebte Inkarnation des Gottes Vishnu, aber vor allem die universelle Gottheit in ihrem allumfassenden und unpersönlichen Aspekt. Er sagte dazu: „Mein Ram ist die große unpersönliche Wahrheit, die in den Herzen aller Wesen und Geschöpfe des Universums wohnt. Er ist die alles durchdringende, immanente und alltranszendente Wirklichkeit. Er hat die Formen aller Wesen und Dinge angenommen und ist auch der Sohn von Dasaratha. Er ist die allumfassende und alltranszendente höchste Gottheit."[2] Zugleich war Ram für ihn sehr persönlich, wie ein Freund, Vater und Mutter.

Die Lehren von Krishna, Jesus, Buddha und Mahatma Gandhi beeinflussten ihn zutiefst, und er suchte häufig nach spiritueller Orientierung in der Bhagavad Gita, dem Neuen Testament, „The Light of Asia" (Die Leuchte Asiens, Edwin Arnolds poetische Nacherzählung von Buddhas Leben und Lehren) und Gandhis „Young India" und „Ethical Religion".

Seine Liebe zu Ram wuchs stetig, und je öfter er Seinen Namen wiederholte, desto mehr Freude und Erleichterung empfand er. Wenn ihn finanzielle Sorgen und andere Schwierigkeiten bedrängten, unterbrach er, wenn immer möglich, seine Beschäftigung und meditierte über Ram. Wenn er auf der Straße ging, wiederholte er den göttlichen Namen.

Zunehmend verlor die Welt für ihn ihre Anziehungskraft. Er verkürzte den Schlaf auf ein Minimum, seine Kleidung bestand fortan aus Handgesponnenem. Er aß nur noch einmal am Tag. Seine Jacke hatte er abgelegt und trug nur noch einen *Dhoti*, den er achtlos um sich geschlungen hatte, und ein loses Hemd und eine weiße Mütze, die allesamt aus *Khaddar* bestanden. Er war sehr dünn und blass geworden. Er ging mit einem abwesenden Blick durch die Straßen und sprach nur noch wenig und nur, wenn unbedingt nötig. Ständig hörte man ihn das Mantra vor sich hinsummen. Er stand um vier

---

[1] Ramdas: World, S. 55
[2] s. Homepage des Anandashram: https://anandashram.org/common-q-a-faqs-for-a-spiritual-aspirant/ (25.5.2024)

Uhr morgens auf, ging zum Kadri-Hügel und nahm dort im Wasserspeicher sein Bad. Dann setzte er sich auf einen Felsen, um bis sieben zu meditieren. Später gab er sogar das Mittagessen auf. Er lebte von Kartoffeln und Obst und aß nur, wenn er hungrig war. Seinen Zahnersatz tat er nicht mehr in den Mund. Eine bloße Matte genügte ihm als Bett, aber er wachte sowieso fast die ganze Nacht und wiederholte sein Mantra. Seine Verwandten und Freunde waren sehr besorgt und versuchten, ihn wieder zu einer normalen Lebensweise zurückzubringen.

Schließlich fasste er den Entschluss, endgültig das weltliche Leben hinter sich zu lassen und fortzugehen. Der Zufall kam ihm zu Hilfe, da seine Frau und seine Tochter einige Tage bei seinem Schwiegervater verbrachten. Er besorgte sich zwei orangefarbene Tücher und färbte vier seiner *Khaddar*-Gewänder in Ocker. Dann schrieb er einen Brief an seine Frau und einen an einen guten Freund.

An Rukmabai schrieb er:

27. Dezember 1922

Liebe Schwester,

ich wähle diese Anrede, weil Du fortan für mich wie eine Schwester sein wirst.

Sri Ram, dem ich mich voll und ganz überantwortet habe, hat mich aus meinem alten Leben abgerufen. Ich ziehe – mit Seinem süßen Namen auf den Lippen – als Wandermönch hinaus in die Welt. Du weißt, dass ich nur eines erstrebe: die Liebe und Gnade Sri Rams. Diesem Ziel widme ich den Rest meines Lebens. Ich bin bereit, dafür jedes Leid – mag es auch noch so schwer sein – auf mich zu nehmen. Vielleicht werden wir uns nicht mehr begegnen – auf keinen Fall jedoch als Mann und Frau.

Weiche nicht ab vom Pfad der Wahrheit, und leite Rame (Ramabai) an, das gleiche zu tun! Gib die Arbeit am Spinnrad nicht auf! Sie wird dazu beitragen, dass Du glücklich und zufrieden bist. Lass auch Rame diese Arbeit verrichten!

Sri Rams Segen für Dich und Rame! Er wird Euch beschützen!

Dein Dich liebender

P. Vittalrao[1]

Am nächsten Morgen um fünf Uhr brach Vittal zu seiner großen Wanderschaft auf. Er war inzwischen achtunddreißig Jahre alt. Er nahm den Madras-Mail und fuhr bis Erode, wo er am Abend ankam. Er hatte 25 Rupien bei sich sowie einige Kleider und Bücher, unter denen die Gita, Light of Asia und das Neue Testament waren.

Sein Buch „Auf der Suche nach Gott" (In Quest of God) umfasst den Zeitraum von einem Jahr nach diesem Ereignis.

---

[1] Ramdas: In Quest, S. 13 f. Rukmabai konnte die Entscheidung ihres Mannes nicht verstehen und versuchte wiederholt, ihn zurückzuholen. Erst später wuchs ihr Verständnis. Sie machte, wie von Vittal empfohlen, das Spinnrad zu ihrer Beschäftigung.

Auf der Suche nach Gott

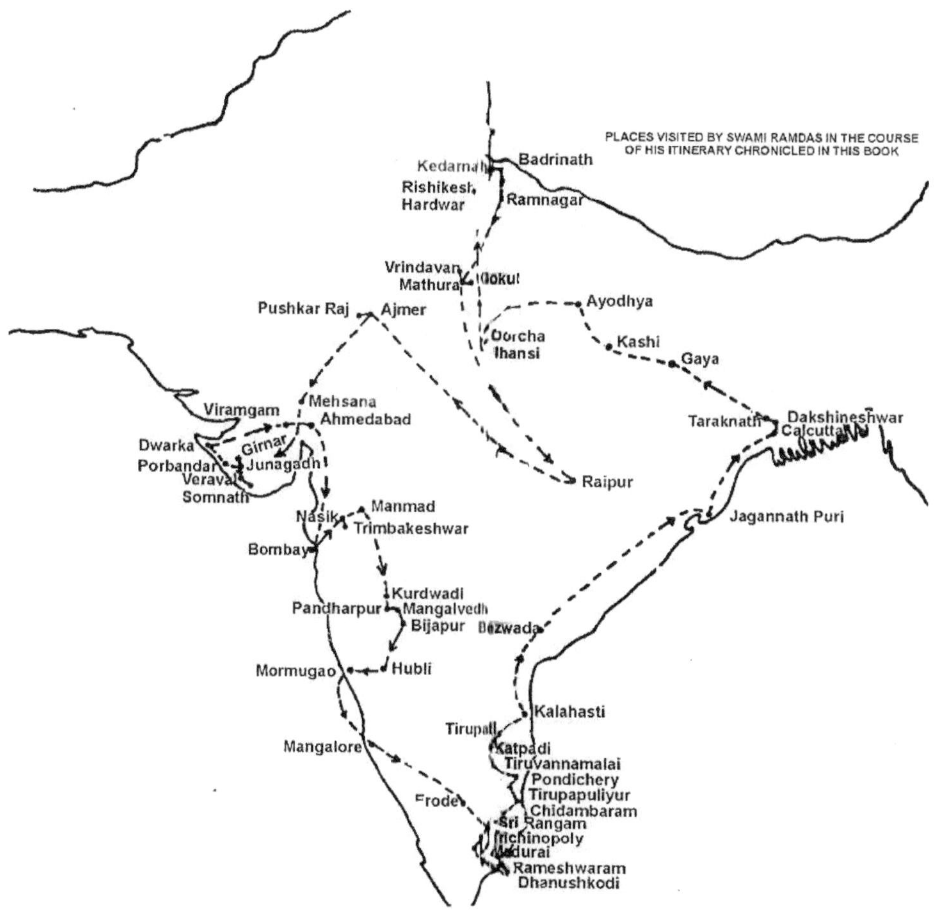

Stationen der ersten Pilgerreise von Ramdas

Ramdas wird zum Bettelmönch und geht auf Pilgerreise

Ramdas Erzählung aus „Auf der Suche nach Gott" beginnt mit der letzten Phase seines Familienlebens. Fortan berichtet er selbst.

Fast ein Jahr lang kämpfte sich Ramdas durch eine Welt voller Sorgen, Ängste und Schmerzen. Es war eine Zeit von schrecklichem Stress und Unruhe, die er selbst verursacht hatte. In diesem völlig hilflosen Zustand voller Elend schrie er in seinem Herzen: „Wo ist Erleichterung? Wo ist Ruhe?" Der Schrei wurde gehört, und aus der großen Leere kam die Stimme: „Verzweifle nicht! Vertraue Mir, und du sollst frei sein" – und dies war die Stimme von Ram. Diese ermutigenden Worte Rams erwiesen sich als ein Rettungsring, der einem Mann zugeworfen wird, der in den stürmischen Wellen einer tobenden See um sein Leben kämpft. Die große Gewissheit besänftigte das schmerzende Herz des hilflosen Ramdas wie sanfter Regen, der auf durstige Erde fällt. Von da an wurde ein Teil der Zeit, die früher ganz den weltlichen Angelegenheiten gewidmet war, für die Meditation Rams verwendet, die ihm wirklichen Frieden und Erleichterung schenkte. Allmählich wuchs die Liebe zu Ram, dem Geber des Friedens. Je mehr Ramdas über Seinen Namen meditierte und ihn aussprach, desto größer wurde die Erleichterung und Freude, die er fühlte. Die Nächte, die frei von weltlichen Pflichten waren, wurden im Laufe der Zeit fürs Ram-*Bhajan* genutzt, mit kaum einer oder zwei Stunden Schlaf. Seine Hingabe für Ram nahm sprunghaft zu.

Tagsüber, als Ramdas von Sorgen und Ängsten geplagt wurde – Geldsorgen und andere Sorgen – kam Ram ihm auf unerwartete Weise zu Hilfe. Wann immer er also frei von weltlichen Pflichten war – sei es auch nur für einen kurzen Zeitraum – meditierte er über Ram und sprach Seinen Namen aus. Wenn er auf der Straße ging, rief er immer wieder „Ram, Ram". Die Dinge der Welt verloren für Ramdas ihre Anziehungskraft. Bis auf eine oder zwei Stunden in der Nacht gab er den Schlaf um Rams willen auf. Finessen in Kleider wurden durch grobes *Khaddar* ersetzt. Das Bett wurde durch eine bloße Matte ersetzt. Zwei Mahlzeiten wurden auf eine Mahlzeit pro Tag reduziert, und nach einiger Zeit wurde auch diese zugunsten von Kochbananen und gekochten Kartoffeln aufgegeben. Chilis und Salz wurden völlig gemieden. Kein Geschmack außer für Ram. Die Meditation über Ram ging unaufhaltsam weiter. Sie nahm die Stunden des Tages und die sogenannten weltlichen Pflichten in Beschlag.

In dieser Phase kam eines Tages Ramdas' Vater zu ihm – von Ram geschickt –, nahm ihn zur Seite und gab ihm die *Upadesh* des Ram-Mantras „Sri Ram, Jai Ram, Jai Jai Ram". Er versicherte ihm, dass, Ram ihm ewiges Glück schenken würde, wenn er dieses Mantra immer wiederholen würde. Diese Einweihung durch den Vater, der danach von Ramdas als *Gurudev* angesehen wurde, beflügelte den Aspiranten in seinem spirituellen Fortschritt. Immer wieder wurde er von Ram dazu angehalten, die Lehren Sri Krishna*s* in der Bhagavad Gita, von Buddha in „The Light of Asia", von Jesus Christus im Neuen Testament, von Mahatma Gandhi in „Young India" und „Ethical Religion" zu lesen. Die junge Pflanze der *Bhakti* zu Ram wurde auf diese Weise in der elektrisierenden Atmosphäre genährt, die durch den Einfluss dieser großen Männer auf den Geist des bescheidenen Ramdas entstand. Zu dieser Zeit dämmerte es ihm langsam, dass Ram die einzige Wirklichkeit war und alles andere falsch war. Während das Verlangen nach dem Genuss weltlicher Dinge schnell abnahm, wurde auch die Rücksicht auf „mich und mein" schwächer. Das Gefühl von Besitz und Beziehung verschwand. Alle Gedanken, der ganze Verstand, das ganze Herz, die ganze Seele waren auf Ram konzentriert, Ram der alles zudeckt und aufsaugt.

Eines Nachts, während er die Süße Seines Namens trank, wurde Ramdas dazu gebracht, in folgender Weise zu denken: „Oh Ram, wenn Dein Sklave Dich gleichzeitig so mächtig und so liebevoll findet, und derjenige, der Dir vertraut, sich des wahren Friedens und Glücks sicher sein kann, warum sollte er sich nicht ganz auf Deine Barmherzigkeit verlassen, die nur möglich ist, wenn er alles aufgibt, was er „mein" nennt? Du bist alles in allem für Deinen Sklaven. Du bist der einzige Beschützer in der Welt. Die Menschen sind verblendet, wenn sie erklären: ‚Ich tue dies, ich tue das. Dies gehört mir, jenes gehört mir.' Alles, oh Ram, gehört Dir, und alle Dinge werden allein von Dir getan. Das einzige Gebet Deines Sklaven an Dich ist, ihn unter Deine vollständige Führung zu nehmen und sein ‚Ich'-Sein zu beseitigen."

Dieses Gebet wurde erhört. Ramdas' Herz stieß einen tiefen Seufzer aus. Ein vager Wunsch, allem zu entsagen und im Gewand eines Bettlers auf der Suche nach Ram über die Erde zu wandern, wehte durch seinen Geist. Jetzt veranlasste ihn Ram, wahllos das Buch „The Light of Asia" aufzuschlagen, das zu diesem Zeitpunkt vor ihm lag.

Seine Augen ruhten auf den Seiten, auf denen die große Entsagung des Buddha beschrieben wird, der sagt: „Denn nun ist die Stunde gekommen, in der ich dieses goldene Gefängnis, in dem mein Herz gefangen ist, verlassen werde, um die Wahrheit zu finden, die ich von nun an um aller Menschen willen suchen will, bis sie gefunden ist."

Dann schlug Ramdas das Neue Testament auf und stieß auf die folgenden eindeutigen Worte von Jesus Christus: „Und jeder, der um meines Namens willen Häuser oder Brüder, Schwestern, Vater, Mutter, Kinder oder Äcker verlassen hat, wird dafür das Hundertfache erhalten und das ewige Leben gewinnen."[1]

Dann wurde er auf die gleiche Weise veranlasst, sich auf die Bhagavad Gita zu beziehen, und er las das folgenden *Sloka*: „Gib alle Pflichten auf und

---

[1] Mt 19,29

komme allein zu Mir, um Zuflucht zu finden. Sorge dich nicht. Ich werde dich von allen Sünden befreien.“[1]

Ram hatte sich also durch die Worte dieser drei großen *Avatare* – Buddha, Christus und Krishna – geäußert, und sie alle wiesen denselben Weg: Entsagung.

Sofort fasste Ramdas den Entschluss, um Rams willen alles aufzugeben, was er bis dahin als sein Eigen betrachtet hatte, und die Welt des *Samsara* zu verlassen. Während dieser Zeit war seine Kleidung sehr einfach. Sie bestand aus einem Stück Stoff, das den Oberkörper bedeckte, und einem weiteren, das um den Unterleib gewickelt war. Am nächsten Tag besorgte er sich zwei Kleidungsstücke in *Gerrua* oder rotem Ocker.[2] Er schrieb in derselben Nacht zwei Briefe, einen an seine Frau, die er seit einiger Zeit als seine Schwester ansah, und einen an einen guten Freund, den Ram mit Ramdas in Kontakt gebracht hatte, um ihn von seinen Schulden zu befreien.

Der Entschluss war gefasst. Um fünf Uhr morgens verabschiedete er sich von einer Welt, die für ihn jede Anziehungskraft verloren hatte und in der er nichts mehr finden konnte, was er sein Eigen nennen konnte. Der Körper, der Geist, die Seele – alles wurde Ram zu Füßen gelegt, dem ewigen Wesen, das voller Liebe und Barmherzigkeit war.

Der Morgenzug brachte Ramdas von Mangalore nach Erode, einem Eisenbahnknotenpunkt. Er hatte eine Summe von 25 Rupien und einige Bücher mitgenommen, darunter die Gita und das Neue Testament.

In Erode fand er sich seltsam hilflos, ohne Pläne oder Gedanken für die Zukunft. Er wusste nicht, wohin Ram ihn führen würde. Er irrte eine Weile umher, und als die Dunkelheit hereinbrach, ging er zu einer kleinen, niedrigen Hütte am Straßenrand und fand am Eingang eine Mutter mittleren Alters vor, die er um etwas zu essen bat. Die freundliche Mutter nahm ihn sofort in ihrer Hütte auf und servierte ihm Reis und Quark. Die Mutter war sehr gütig. Nur mit großer Mühe konnte sie dazu gebracht werden, etwas Geld für das Essen anzunehmen.

---

[1] Gita 8,66

[2] Das ockerfarbene Gewand ist das Gewand der Entsagung für einen Bettelmönch (*Sannyasin*) im Gegensatz zum weißen Gewand des Verheirateten.

Als er die Hütte verließ, ging er zum Bahnhof. Er legte sich dort in eine Ecke und ruhte sich eine Weile aus. Er wusste nicht, was er tun oder wohin er gehen sollte. Um Mitternacht läutete eine Glocke, die die Ankunft eines Zuges ankündigte. Er stand auf. Ein Tamile in seiner Nähe fragte, wohin er wolle. Ramdas war nicht in der Lage, etwas darauf zu antworten. Ram allein konnte seine Zukunft bestimmen. Dieser Freund versprach Ramdas, ihn bis nach Trichinopoly mitzunehmen, wohin er unterwegs war. Ramdas gab ihm Geld für den Kauf einer Fahrkarte, und beide stiegen in den Zug. Es war Abend, als der Zug den Bahnhof von Trichinopoly erreichte.

Er stieg aus dem Zug und ging in die Stadt. Die ganze Zeit über, den ganzen Weg von Mangalore, erklang das göttliche Mantra von Sri Ram auf seinen Lippen. Er konnte es nie vergessen. Das Aussprechen von Rams Namen allein stärkte und ermutigte ihn. In der Nacht ruhte er auf der Veranda eines Hauses am Straßenrand aus. Am nächsten Morgen machte er sich zu Fuß auf den Weg nach Srirangam, etwa sieben Meilen von Trichy entfernt, wo er gegen acht Uhr eintraf.

Hier wurde Ramdas zum ersten Mal in das Geheimnis von Rams Absicht eingeweiht, ihn aus seinem früheren Leben und Umfeld herauszuholen. Der Zweck war, ihn auf eine Pilgerreise zu heiligen Schreinen und Flüssen mitzunehmen.

In Srirangam floss der wunderschöne Fluss Kaveri in seiner ganzen Reinheit und Majestät. Er ging zum Fluss und badete in seinem klaren Wasser. Hier am Ufern des Kaveri legte er auf Rams Befehl das Gewand eines *Sannyasin* an. Es war ein bedeutsamer Schritt, und indem er ihn tat, gab Ram ihm eine völlig neue Geburt. Die weißen Kleider, die er zuvor getragen hatte, wurden dem Kaveri geopfert, der sie in seinem rauschenden Wasser davontrug. Er zog die orangefarbene Kleidung an und sprach das folgende Gebet:

„Oh Ram! Oh unendliche Liebe, Beschützer aller Welten! Es ist allein Deinem Wunsch zu verdanken, dass Dein demütiger Sklave dazu gebracht wurde, *Sannyas* zu nehmen. In Deinem Namen allein, oh Ram, hat er das *Samsara* aufgegeben und alle Fesseln und Bindungen durchtrennt.

Oh Ram, segne Deinen armen Verehrer mit Deiner Gnade. Möge Ramdas mit Kraft, Mut und Glauben ausgestattet sein, um in Deinem Namen, Ram, die folgenden Gelübde auszuführen und alle Prüfungen und alle Arten von

Entbehrungen zu ertragen, die den Weg eines *Sannyasin* auf seinem Weg durch das raue und gefahrvolle Leben eines Bettelmönchs ausmachen:

1. Dieses Leben soll von nun an ganz der Meditation und dem Dienst für Sri Ram geweiht sein.

2. Strenges Zölibat wird eingehalten. Alle Frauen werden als Mütter betrachtet.

3. Der Körper soll mit der durch *Bhiksha* beschafften Nahrung oder mit dem, was als Almosen angeboten wird, erhalten werden.“[1]

Die Aufregung einer neuen Geburt, eines neuen Lebens mit der süßen Liebe von Ram war zu spüren. Ramdas' kämpfende Seele überkam der Friede. Der innere Aufruhr war beendet. Rams eigene Hände schienen den Kopf seines Sklaven zu berühren – Ram segnete. Oh Tränen, fließt weiter, aus reiner Freude über die Befreiung! Kummer, Schmerz, Angst und Sorge – alles verschwand, um nie wieder zu kommen. Alle Ehre gebührt Dir, Ram. Der große Segen kam von Ram: „Ich nehme dich unter Meine Führung und Meinen Schutz – bleibe immer Mein Ergebener – dein Name soll Ramdas [Diener Rams] sein.“

Ja, Ramdas, was für ein großes Privileg es ist, der Diener von Ram zu werden, der ganz Liebe, Güte, völliges Erbarmen, völliges Verzeihen ist!

Nun kam er zu einem *Dharmashala* in der Nähe des Flusses und fand einige *Sadhus* vor, die am Durchgang, der zur Hauptstraße hinausführte, auf dem Boden saßen. Sie waren damit beschäftigt, das Ram-*Bhajan* zu singen, begleitet von Zimbeln und *Ektar*. Sie sangen den glorreichen Namen von Ram. Ramdas hockte sich neben die beiden jungen *Sannyasins* und stellte sein *Lota*, das er in Trichy erworben hatte, vor sich hin, um *Bhiksha* von den Pilgern zu empfangen, die nach ihrem Bad vorbeikamen. Das *Bhajan* der beiden jungen Verehrer war wirklich sehr lieblich. Die Zeit verging sehr angenehm.

Gegen zwölf Uhr mittags war das *Bhajan* zu Ende. Die jungen *Sadhus* bemerkten, dass nur drei Viertel-*Anna*-Stücke auf dem vor ihnen ausgebreite-

---

[1] Normalerweise erfolgt dieser Ritus des *Sannyas* (der Entsagung) formell in Anwesenheit eines anderen *Sannyasin*, der ihm nach dem Bad die neuen Kleider und den neuen Namen gibt.

ten Tuch lagen, alles, was sie für den Tag bekommen hatten. (Eine *Anna* ist 1/16 Rupie.) Mit einem enttäuschten Blick meinte einer von ihnen: „Seit dem Morgen singen wir den Ruhm Gottes, und Er hat uns nur so viel gegeben. Der Hunger rumort im Magen. Wie sollen wir Essen beschaffen, oh Gott? Ist das *Bhajan* vom Morgen bis jetzt nur neun *Pies* wert?" (Ein *Pies* ist ein Zwölftel einer *Anna*.)

Diese Frage wurde von Ramdas sogleich beantwortet: „Nein, junge Brüder, eurem *Bhajan* kann kein Wert beigemessen werden. Gott ist immer gütig und liebevoll. Er verlässt niemals diejenigen, die sich auf Ihn verlassen. Ram hat durch seinen bescheidenen Sklaven Geld für euer heutiges Essen geschickt." Mit diesen Worten gab er den *Sadhus* eine Rupie von dem Betrag, den er bei sich trug. Die armen *Sadhus* starrten ihn verblüfft an. Ihre Augen füllten sich mit Tränen. Sie riefen: „Oh Gott, Deine Wege sind wunderbar – verzeih Deinen unwürdigen Sklaven. Wir haben an Dir und Deiner Liebe gezweifelt. Gib, dass wir in Zukunft niemals tadeln, sondern alle Leiden in Deinem Namen geduldig ertragen."

Dann verließen die *Sadhus* den Ort. Ramdas schaute in sein eigenes *Lota* und entdeckte darin zwei *Pies*. Sein Herz hüpfte vor Freude beim Anblick dieser kleinen Münzen – den ersten Erlös seiner *Bhiksha*! Mit den Münzen kaufte er zwei kleine Kochbananen und aß sie mit großem Vergnügen.

Zu dieser Zeit saß ein anderer *Sadhu* in derselben Reihe rechts neben ihm, während die jungen *Sadhus* von vorhin links von ihm gesessen hatten. Nun erkundigte sich dieser *Sadhu*, wohin Ramdas gehen wollte. Er konnte natürlich keine Antwort auf diese Frage geben. Das konnte nur Ram. Da er keine Antwort erhielt, schlug der *Sadhu* vor, Ramdas mit sich nach Rameswaram zu nehmen, wohin er unterwegs war.

Oh Ram, Deine Güte ist in der Tat sehr groß. Um Deinen hilflosen Sklaven zu führen, hast Du diesen *Sadhu* zu ihm geschickt. Warum? Er kann für keinen anderen gehalten werden als für Ram selbst.

Von Zeit zu Zeit traf Ramdas *Sadhus*, die ihn nicht nur auf der Pilgerreise führten, sondern sich auch um ihn kümmerten. Alle diese *Sadhus* sollen durch Rams Willen Sadhuram heißen.

Der Führer wurde sofort akzeptiert. Ramdas hatte noch etwa neun Rupien bei sich, die er dem Sadhuram übergab und sich dabei sehr erleichtert fühlte.

Geld mit sich zu tragen bedeutet, Angst mit sich zu tragen, denn es lenkt die Aufmerksamkeit von Zeit zu Zeit darauf. Nachdem er das Geld übergeben hatte, schlug er dem Sadhuram vor, die Rupien in Ein-*Anna*-Münzen umtauschen zu lassen und sie an die Armen zu verteilen, die an den Türen der Tempel bettelten. Diesen Wunsch erfüllte er. Nun warf sich Ramdas mehr denn je mit nur zwei Kleidern und ein paar Büchern – all seinen Besitztümern in der Welt – auf die Unterstützung von Ram. Er machte sich mit dem Sadhuram, den Ram als Führer geschickt hatte, auf den Weg. Er führte ihn zum Bahnhof, und beide stiegen in einen Zug, der nach Rameswaram fuhr. Keine Fahrkarte – Ram war die Fahrkarte und alles in allem.

Während Ramdas im Zug saß, setzte er seine Meditation über Ram fort. Der Zug fuhr weiter, bis er einen Bahnhof erreichte, der etwa sechs Meilen von Rameswaram entfernt lag. Hier kam ein Fahrkartenkontrolleur in das Abteil, in dem Ramdas und sein freundlicher Führer saßen. Nachdem er die Fahrkarten der anderen Fahrgäste kontrolliert hatte, wandte er sich an die *Sadhus* und rief: „Fahrkarten, Fahrkarten!“

„Keine Fahrkarten, Bruder, wir sind *Sadhus*“, lautete die Antwort.

„Ohne Fahrkarten könnt ihr nicht weiterreisen. Ihr müsst hier aussteigen“, sagte der Kontrolleur.

Ramdas stand sofort auf und sagte zum Sadhuram, dass es Rams Wunsch sei, dass sie an diesem Ort aussteigen sollten. Der Sadhuram murrte über das Vorgehen des Kontrolleurs. Ramdas erwiderte: „Bruder, wir können nicht die ganze Strecke nach Rameswaram mit dem Zug fahren. Pilgerreisen sollte man zu Fuß machen. Aber irgendwie war Ram so freundlich, uns bis hierher mit dem Zug mitzunehmen. Wir müssen nur eine Strecke von sechs Meilen gehen, um Rameswaram zu erreichen. Es ist der Wille Rams, dass wir diese Strecke zu Fuß zurücklegen sollen. Sei fröhlich, Bruder.“

Sie machten sich auf den Weg. Als sie etwa zwei Meilen zurückgelegt hatten, brachte Ram sie mit einem Barbier in Kontakt. Seit er von Mangalore aufgebrochen war, hatte sich Ramdas noch nicht rasiert. Hier bekam er also zum ersten Mal seinen Bart, Schnurrbart und Kopf rasiert, wie es sich für einen *Sannyasin* gehört.

Im Tempel von Rameswaram,
Wikimedia Commons, Foto: Mathanagopal, 2008

Als sie sich Rameswaram näherten, kamen sie zu einem Becken am Straßenrand namens Lakshman Kund. Nachdem sie in dieser Zisterne gebadet hatten, kamen sie an einer Reihe von kleinen Tanks vorbei, die verschiedene Namen trugen.

Schließlich lenkte Ram ihre Schritte zu dem berühmten Tempel von Rameswaram. Der Tempel ist ein gigantisches Bauwerk. Man verliert sich tatsächlich in den verwirrenden Passagen, Korridoren und Gängen, die zum Ort der Anbetung führen. Als die *Sadhus* sich dem Allerheiligsten näherten, fanden sie die Tür offen – der zeremonielle Gottesdienst für Rameshwar [Shiva] war in vollem Gange. Oh Ram! Aller Ruhm gebührt Dir! Die Gelegenheit und der Ort versetzten Ramdas Seele in Freudenschauer.

Hier kam Ramdas in Kontakt mit einigen *Mahatmas*, die auf ihrer Pilgerreise dorthin gekommen waren, von denen einer, Swami Govindananda, sehr freundlich zu ihm war. Der Swami sagte, er gehöre zum *Math* von Sri Siddharudha Swami von Hubli, und lud Ramdas zum *Shivaratri*-Fest im Hubli-*Math* ein, das in Kürze stattfinden sollte.

Ramdas blieb zwei Tage in Rameswaram. Der Sadhuram schlug vor, die Pilgerreise fortzusetzen, und führte ihn zum Bahnhof. Sie stiegen in einen Zug, der weiter nach Süden fuhr, und erreichten einen Ort namens Dhanushkodi. Als sie ausgestiegen waren, folgte Ramdas dem Sadhuram in Richtung Meer. Ramdas, der immer mit der Meditation von Ram beschäftigt war, hatte das Gefühl, sich in einem Traum zu bewegen – Ram, seine einzige Suche, sein einziger Gedanke, sein einziges Ziel.

Es waren etwa zwei Meilen bis zu der Stelle am Meeresufer, wo der Legende nach Sri *Ramachandra* die berühmte Brücke zur Überquerung des Meeres nach Lanka gebaut hatte. Auf halbem Weg zum Strand begann es zu nieseln. Die Jahreszeit war kalt, die Kleidung spärlich, aber Rams Freundlichkeit und Gnade waren sehr groß. Als sie zum äußersten Süden dieses vorspringenden Stücks sandigen Landes hinuntergegangen waren, badeten beide im Meer.[1]

Nach einem Tag Aufenthalt fuhren sie mit dem Zug nach Madura und erreichten bald die Stadt. Der Tempel von Madura wurde besichtigt. Der Meenakshi-Tempel ist ein wunderschöner Gebäudekomplex, in dem der Bildhauer sein ganzes Können unter Beweis gestellt hat. Die lebensgroßen, symmetrischen, in Stein gehauenen Statuen scheinen aus den breiten Säulen herauszutreten, die die obere Struktur des Tempels stützen. Sein Anblick ist, kurz gesagt, sehr imposant.

Am nächsten Tag wollte der Sadhuram weiterziehen. Bevor er dies tat, sagte er zu Ramdas, dass seine Pflicht, ihn nach Rameswaram zu führen, beendet sei und dass es ihm erlaubt sein sollte, sich von ihm zu trennen, um zum Wohnort seines Gurus zu gehen. Der Sadhuram war die ganze Zeit über sehr freundlich zu ihm gewesen und hatte sich auf allen Etappen der Reise sehr liebevoll um ihn gekümmert. An einem bestimmten Eisenbahnknotenpunkt

---

[1] Rameswaram im Süden Indiens ist eng mit der Legende von Rama, Sita und *Hanuman* im Epos Ramayana verbunden. Der Dämonenkönig Ravana hatte Rams Gefährtin Sita nach Lanka entführt, und der Affe *Hanuman* und Rama versuchten alles, von Dhanushkodi aus nach Lanka zu gelangen, um sie zu befreien.

verließ er Ramdas. Zuvor beteuerte er jedoch Ramdas, dass der Zug ihn nach Chidambaram[1] bringen würde, einem bekannten Schrein.

Der Meenakshi-Tempel von Madura,
Wikimedia Commons, Foto: Bernard Gagnon, 2006

Der Tempelkomplex von Chidambaram,
Wikimedia Commons, Foto: mujeebcpy, 2019

---

[1] Chidambaram ist wegen des bekannten Nataraja-Tempels ein bedeutender Pilgerort.

Deckengemälde im Tempel von Chidambaram,
Wikimedia Commons, Foto: Richard Mortelt, 2017

Gegen Mittag fuhr der Zug in den Bahnhof Chidambaram ein. Ramdas stieg auf dem Bahnsteig aus. Er war jetzt ohne Führer. Ram hatte ihn zu einem Kind gemacht, ohne Pläne, ohne Gedanken an den nächsten Moment, sondern mit einem Geist, der immer an Ram dachte. Er traf einige Pilger auf dem Weg in die Stadt und folgte ihnen.

Zur Mittagszeit erreichte er das Gelände des Tempels von Chidambaram. Er ging hinauf zum Eingang, konnte aber keinen Zutritt erhalten, da niemand, ohne das Eintrittsgeld von vier *Annas* zu zahlen, eingelassen wurde. Er war ohne einen einzigen *Pies*, was er aber keineswegs bedauerte. Er wanderte eine Zeit lang durch die Ruinen, die den Tempel umgaben, und setzte sich nach einem Bad auf einen langen Stein in einem abgelegenen Teil in die Sonne. Es war jetzt etwa ein Uhr. Ramdas, der die ganze Zeit in das Ram-*Japa* vertieft war, öffnete sein kleines Bündel mit Büchern, nahm die Bhagavad Gita heraus und begann zu lesen. Er hatte noch nicht einmal ein halbes Dutzend Verse gelesen, als ein stämmiger Tamile auf ihn zukam und neben ihm Platz nahm.

Maharaj", erkundigte er sich, „darf ich wissen, ob du heute etwas gegessen hast?"

„Nein", antwortete Ramdas, „aber Ram sorgt vor. Bis jetzt hatte ich keine Sorge und keinen Gedanken daran. Du erinnerst mich daran, Freund."

„Kannst du mir sagen, was für Nahrung du zu dir nimmst?", fragte der Freund weiter."

„Kochbananen, bitte", erwiderte Ramdas.

Sofort stand der Freund auf, verschwand und kam nach kurzer Zeit mit einem Dutzend Kochbananen zurück, die er vor Ramdas hinlegte und ihn zum Essen drängte. Oh Ram, Deine Wege sind wunderbar!

Nach der Mahlzeit bat der Tamile, der von Ram selbst gesandt worden war, um sich um die Bedürfnisse seines bescheidenen Anhängers zu kümmern, Ramdas, ihm zu folgen. Am Eingang des Tempels bezahlte er acht *Annas*, das Eintrittsgeld für beide, und führte ihn in den Tempel. Nach dem *Darshan* der Götterstatuen zeigte er ihm das gesamte Innere des Tempels. Eine Seltenheit hier ist, dass das Dach des Hauptgebäudes mit Goldplatten bedeckt ist. Der von Ram gestellte Führer war sehr freundlich zu ihm. Im Tempel gab es in dieser Nacht eine große *Puja* und auch eine Prozession, die von Tausenden besucht wurde. Als all dies vorbei war, war es schon nach Mitternacht. Der tamilische Freund besorgte Ramdas einen Platz, wo er die Nacht verbringen konnte. Er gab Ramdas zu verstehen, dass er nur ein Pilger aus einer benachbarten Stadt sei, der gekommen war, um an der *Puja* und Prozession teilzunehmen, und dass er mit dem frühen Morgenzug zurückkehren wollte und durch Ramdas' kurze Gesellschaft für immer gesegnet sei. Ramdas' Herz war zu voll für Worte. Rams Freundlichkeit war unbeschreiblich.

Am nächsten Morgen ging Ramdas zusammen mit anderen Pilgern zum Bahnhof. Aber wohin er fahren sollte und mit welchem Zug, wusste er nicht. Sein Vorstellungsvermögen, um Pläne zu schmieden und Informationen zu suchen, war völlig abwesend. Ohne einen Führer fühlte er sich hilflos. Er verließ sich in allen Dingen auf Ram, an den er sich jeden Augenblick seiner Existenz erinnerte.

Als er den Bahnhof erreichte, stand ein Zug da, aber er wusste nicht, woher er kam und wohin er fuhr. Er ging zum Einlass hinauf und wollte gerade den Bahnsteig betreten, als der Schaffner ihm den Weg versperrte und sagte, dass er ohne Fahrkarte nicht einsteigen dürfe. Das war alles Rams Wille. Ram wollte nicht, dass er mit diesem Zug reiste. Wahrscheinlich würde er in eine Richtung fahren, wo Ramdas keine Pilgerstätten antreffen würde. Ram wusste es am besten.

In einiger Entfernung vom Bahnhof waren einige Steine unter einem Baum aufgeschichtet. Ramdas ging dorthin, setzte sich auf die Steine und machte mit seiner Meditation über Ram weiter. Es war schon nach Mittag, als ein weiterer Zug eintraf. Ramdas verließ den Ort und betrat den Bahnsteig, wobei ihn diesmal niemand am Einlass hinderte, denn dieser Zug war der richtige für ihn.

Hier kam er in Kontakt mit einem *Sadhu*, der sich sofort seiner annahm. Ram gab ihm einen weiteren Führer. Beide stiegen in den Waggon. Der neue Sadhuram war sehr fürsorglich. Er fragte ihn, wohin er zu gehen gedenke. Ramdas war verblüfft über diese Frage. Die einfache Wahrheit war, dass er es nicht wusste. Er antwortete: „Ram weiß es, und da du von Ram gesandt wurdest, um ihn zu führen, solltest du wissen, wohin er als nächstes gehen soll.“

Daraufhin sagte der Sadhuram: „Nun, ich bringe dich nach Tirupapuliyur und von dort nach Tiruvannamalai.“

„Wie du willst“, antwortete Ramdas. „Du bist Ram. Ramdas folgt dir, wohin du ihn auch bringst.“

Jetzt fuhr der Zug ab. Auf dem Vordersitz gegenüber von Ramdas saßen zwei junge Hindus mit englischer Ausbildung. Beide starrten eine Zeit lang den seltsamen, sorglosen und wunderlichen *Sannyasin* vor ihnen, d.h. Ramdas, an. Dann bemerkte einer von ihnen zum anderen auf Englisch (sie dachten, dass der *Sannyasin* vor ihnen der englischen Sprache nicht mächtig war): „Sieh dir den *Sadhu* uns gegenüber genau an. Glaube mir, er gehört zu einer Klasse von *Sannyasins*, die perfekte Betrüger sind. Der Kerl hat diese Lebensweise nur angenommen, um seinen Lebensunterhalt zu bestreiten. Dieser Mann ist ein echter Hochstapler und Schwindler.“

Diese Bemerkung fand die Zustimmung des anderen, der eine ähnliche Meinung über den armen Ramdas hatte. Sie sagten noch etwas, das er wegen des rollenden Geräusches des fahrenden Zuges nicht deutlich verstehen konnte. Oh Ram, wie nett von Dir, Ramdas in eine Situation zu bringen, in der er auf diese Weise von sich sprechen hören muss!

Anstatt sich zu ärgern, schickte er ein Gebet zu Ram, um die jungen Männer für ihre Offenheit zu segnen. Ramdas konnte nicht widerstehen, seine Dankbarkeit gegenüber diesen Freunden auszudrücken, und wandte sich daher mit zum Gruß gefalteten Händen an sie: „Oh liebe Freunde! Es ist Ramdas eine große Freude, zu gestehen, dass er mit der Meinung, die ihr über ihn geäußert habt, völlig übereinstimmt. Es stimmt, dass er ein Betrüger ist. Er hat sich einfach das Gewand eines *Sannyasin* angezogen, um damit seinen Lebensunterhalt zu bestreiten. Aber noch etwas ist an ihm zu bemerken: Er ist verrückt nach Ram, und jeden Moment schreit er zu Ihm, ihn rein zu machen und nur um Rams willen zu leben. Außerdem ist es seine bescheidene Einbildung, dass Ram ihn auf diese Pilgerreise mitnimmt, um ihn zu reinigen."

Diese Rede überraschte die beiden Freunde, nicht so sehr wegen ihrer Bedeutung, sondern wegen der Erkenntnis, dass der vagabundierende *Sannyasin* Englisch verstand und daher den Sinn ihrer Bemerkungen, die er nicht verstehen sollte, begriffen hatte. Eine plötzliche Veränderung kam über sie, und beide fielen ihm zu Füßen und baten ihn um Verzeihung für ihre „unbedachten Bemerkungen", wie sie es nannten. Daraufhin wurden sie sehr fürsorglich und freundlich. Sie erkundigten sich, ob er etwas zu essen brauche. Dies brachte ihm in Erinnerung, dass er den ganzen Tag über nichts gegessen hatte, einen Umstand, den er völlig vergessen hatte. Daraufhin erzählte er den beiden Freunden, dass er hauptsächlich von Früchten lebte und gerne jedes Almosen von ihnen annehmen würde.

Nach einiger Beratung mit dem Sadhuram überreichten sie ihm etwas Geld für den Kauf von Früchten für Ramdas. Rams Wege sind in der Tat unergründlich. Er ist ganz Liebe und Freundlichkeit!

Pondicherry, Tiruvannamalai

Zu gegebener Zeit erreichten sie Tirupapuliyur, und Ramdas wurde vom Sadhuram in das Haus eines alten Verwandten gebracht, wo er auf der Veranda die Nacht verbrachte. Am nächsten Morgen riet ihm der Sadhuram, zu einigen von ihm genannten Häusern zu gehen, um Almosen zu erhalten. „Sieh her, Maharaj", sagte der gutherzige Sadhuram, „du brauchst Geld für deine Kochbananen und Milch. Gewöhnliche Lebensmittel können leicht beschafft werden, aber für dein Essen brauchst du Geld." Er führte Ramdas zu einer Straße, die auf beiden Seiten von den Häusern der *Vakils* gesäumt war. „Geh von Haus zu Haus. Vielleicht geben sie dir etwas. Ich werde an der anderen Ecke auf dich warten."

Ramdas, der immer auf die Anweisungen seines Führers hörte, tat, wie ihm geheißen. Er bettelte an den Türen von etwa einem halben Dutzend Häusern und erhielt eine Handvoll Kupfermünzen und andere Münzen, die er alle dem Sadhuram gab, der beim Zählen feststellte, dass es etwa zehn *Annas* waren.

„Dein Ram ist wirklich freundlich", bemerkte der Sadhuram und lächelte. „Diese Summe wird für zwei Tage reichen."

Im Laufe des Tages wurde über Pondicherry gesprochen. Ramdas erfuhr, dass es nur etwa zwanzig Meilen von Tirupapuliyur entfernt lag. In ihm keimte der Wunsch, diesen Ort zu besuchen, um den *Darshan* von Sri Aurobindo, dem großen bengalischen Heiligen, zu haben. Er sagte es dem Sadhuram, und dieser stimmte sofort zu.

Am nächsten Morgen vor Sonnenaufgang brachen beide zu Fuß auf und wanderten in Richtung Pondicherry. Gegen zwei Uhr nachmittags erreichten sie die Außenbezirke der Stadt. Als sie in die Stadt kamen, erkundigten sie sich nach dem Haus oder Ashram, in dem der heilige Sri Aurobindo lebte. Nachdem sie einige Zeit herumgesucht hatte, wies ein Freund auf das Tor eines palastartigen Gebäudes, wo, wie den *Sadhus* gesagt wurde, der Heilige residierte. Als Ramdas eingetreten war, erkundigte er sich bei zwei jungen Bengalen, die er in einem der Räume am Eingang des Gebäudes traf, ob der heilige Sri Aurobindo besucht werden könne. Einer von ihnen antwortete: „Herr, es tut mir leid, aber Sri Aurobindo hat sich zurückgezogen und wird ein Jahr lang niemandem eine Audienz gewähren."

Ramdas bat um die Gunst, nur einen Blick auf den großen Mann werfen zu
dürfen, was ihm genügte. Selbst diese Gunst konnte nicht gewährt werden.
Es war alles Rams Wunsch. So ging er hinaus und erklärte dem Sadhuram,
der draußen wartete, die Umstände. Während dies geschah, kam ein Polizist
zu den *Sadhus* und sagte: „Freunde, ihr werdet auf dem Polizeirevier erwartet. Ihr müsst mir folgen." Der Sadhuram erschrak, zog Ramdas zur Seite
und flüsterte ihm zu, dass der Polizist sie höchstwahrscheinlich auspeitschen
werde. Ramdas meinte, sie sollten den Polizisten begleiten und die Zukunft
in die Hände von Ram legen.

Nach etwa einer halben Meile Fußmarsch erreichten sie die Polizeistation.
Die *Sadhus* standen vor einem großen Mann mittleren Alters mit grimmi-
gem Blick und einem schön geschwungenen und gezwirbelten Schnurrbart.
Er sagte etwas in strengem Ton, was nicht zu verstehen war, denn er musste
es auf Französisch gesagt haben. Ramdas antwortete auf Englisch, doch der
Mann, bei dem es sich um einen Polizeiinspektor zu handeln schien, starrte
ihn nur an, um deutlich zu machen, dass er das Gesagte nicht verstanden
hatte. Dann begann ein Gespräch zwischen ihm und dem Sadhuram auf Tamil. Die Bedeutung dessen, was der Polizeiinspektor sagte, war, dass die
Sadhus nur zwei Stunden Zeit hätten, um aus der Stadt zu verschwinden.
Daraufhin wandte der Sadhuram ein, dass sie müde Pilger seien, die nach
einem Fußmarsch von zwanzig Meilen am Stück etwas Ruhe bräuchten. Sie
würden gerne über Nacht in der Stadt bleiben und am nächsten Morgen gehen. Diese Antwort stellte den Inspektor nicht zufrieden, sondern schien ihn
auch ein wenig beleidigt zu haben, denn er redete jetzt schnell, seine Augen
funkelten und seine Hände zwirbelten wütend seinen Schnurrbart. Die Frist
von zwei Stunden wurde auf eine Stunde verkürzt, und er warnte sie, dass
sie dafür bezahlen müssten, wenn sie den Anweisungen nicht sofort Folge
leisteten. Diesmal waren seine Worte mit einigen ausgewählten Schimpf-
wörtern gewürzt. Der Sadhuram drängte Ramdas, sich unter Einsatz seines
Lebens schnell aus diesem Ort davonzumachen. Der arme Mann war sowohl
erschrocken als auch verärgert über die scharfen Worte des Inspektors.

Etwa vier Meilen von Pondicherry entfernt wählte der Sadhuram die Veranda eines geschlossenen Ladens als Nachtlager. Am nächsten Morgen
machten sie sich auf den Rückweg nach Tirupapuliyur, das sie um zwei Uhr
nachmittags erreichten.

Am folgenden Tag brachte der Zug die beiden *Sadhus* nach Tiruvannamalai. Hier führte ihn der Sadhuram zum Haus eines Goldschmieds, mit dem er bekannt war. Der Goldschmied war ein frommer Mann. Er drängte die beiden *Sadhus*, als Gäste in seinem Haus zu bleiben. Ramdas bewohnte einige Tage lang eine geschlossene Veranda im Haus dieses Freundes, um zu meditieren und sich auszuruhen. Morgens und abends ging er zusammen mit dem Sadhuram zu dem riesigen Tempel von *Mahadev*[1].

Ramana Maharshi (1879-1950)

Eines Tages nahm ihn der freundliche Sadhuram zum *Darshan* eines berühmten Heiligen des Ortes namens Sri Ramana Maharshi mit. Sein Ashram lag am Fuße des Berges von Tiruvannamalai. Es war ein strohgedeckter

---

[1] Gemeint ist der große Arunachaleswara-Tempel, ein weiterer bedeutender Shiva-Tempel in Tamil Nadu.

Schuppen. Die beiden Besucher betraten den Ashram, trafen den Heiligen an und warfen sich zu seinen heiligen Füßen nieder. Es war wirklich ein gesegneter Ort, an dem dieser große Mann lebte. Er war jung, aber auf seinem Gesicht lag eine Gelassenheit und in seinen großen Augen ein leidenschaftsloser Blick der Zärtlichkeit, der alle, die zu ihm kamen, in den Bann des Friedens und der Freude zog.

Ramdas erfuhr, dass der Heilige Englisch konnte. So sprach er ihn an: „Maharaj, hier steht ein demütiger Sklave vor dir. Hab Erbarmen mit ihm. Seine einzige Bitte an dich ist, ihm deinen Segen zu geben."

Der Maharshi wandte seine schönen Augen Ramdas zu und schaute ihm einige Minuten lang aufmerksam in die Augen, als ob er Ramdas durch diese Augen seinen Segen erteilen würde. Er schüttelte den Kopf, um auszudrücken, dass er gesegnet sei. Ein Schauer unaussprechlicher Freude durchfuhr Ramdas. Sein ganzer Körper bebte wie ein Blatt im Wind. Oh Ram, was für eine Liebe Du hast!

Der Sadhuram und er verabschiedeten sich von dem *Mahatma* und kehrte zum Haus des Goldschmieds zurück.

Ramdas wollte auf Veranlassung von Ram hin einige Zeit in der Einsamkeit verbringen und trug die Angelegenheit dem Sadhuram vor. Der Sadhuram war stets bereit, seine Wünsche zu erfüllen. Ohne Zeit zu verlieren, nahm er Ramdas mit auf den Berg hinter dem großen Tempel[1]. Er kletterte hoch hinauf und zeigte ihm viele Höhlen. Von diesen wurde eine kleine Höhle für Ramdas ausgewählt, die er am nächsten Tag bezog. In dieser Höhle lebte er fast einen Monat lang in tiefer Meditation über Ram. Dies war das erste Mal, dass er von Ram für Seinen *Bhajan* in die Einsamkeit geführt wurde. Er empfand die größten Glücksgefühle, denn hier konnte er ungestört mit Ram kommunizieren. Er wälzte sich tatsächlich in einem Meer von unbeschreiblichem Glück. Den Geist auf diese Quelle der Glückseligkeit – Ram – zu richten, bedeutet reine Freude!

Einmal, als er tagsüber in den Wahnsinn von Rams Meditation versunken war, kam er aus der Höhle und entdeckte einen Mann, der etwas entfernt vom Höhleneingang stand. Unbewusst lief er auf ihn zu und umschloss ihn

---

[1] Gemeint ist der Arunachala.

in einer festen Umarmung. Diese Aktion von Ramdas erschreckte den
Freund zutiefst, der dachte, dass es ein Verrückter sei, der sich so verhielt,
und deshalb fürchtete, von ihm verletzt zu werden. Es stimmte, Ramdas war
verrückt – ja, er war verrückt nach Ram, aber es war eine harmlose Verrückt-
heit, was der Besucher später erkannte. Die unwiderstehliche Anziehungskraft, die er zu diesem Freund verspürte, war auf die Wahrnehmung von
Ram in ihm zurückzuführen. „Oh Ram, Du bist gekommen, Du bist gekommen!" – Mit diesem Gedanken war Ramdas auf ihn zugelaufen. Manchmal
fühlte er sich dazu getrieben, die Bäume und Pflanzen, die in der Nähe der
Höhle wuchsen, in seine Arme zu schließen. Ram zog ihn aus allen Richtungen an. Oh, die verrückte und liebende Anziehungskraft von Ram! Oh
Ram, Du bist Liebe, Licht und Glückseligkeit. So verbrachte er seine Tage
in dieser Höhle.

Der Arunachala, wo Ramdas meditierte

Um sich zu ernähren, stieg er morgens den Berg hinunter, ging in die Stadt,
bettelte von Tür zu Tür und erhielt von den freundlichen Müttern des Ortes
eine Handvoll Reis in seinem kleinen *Lota*. Wenn das *Lota* etwas mehr als
halb voll war, kehrte er in die Höhle zurück. Er sammelte ein paar trockene
Zweige und entfachte ein Feuer, über dem er den Reis in dem gleichen *Lota*
kochte. Wasser war verfügbar. Ein kleiner Bach mit reinem, kristallklarem
Wasser floss den Hügel vor der Höhle hinunter, und in diesem Bach war es

auch sehr erfrischend, das tägliche Bad zu nehmen. Dieser gekochte Reis stillte seinen Hunger. Er aß ihn ohne Salz oder irgendetwas anderes und nur einmal am Tag. Um mit ihm diese einfache Kost zu teilen, besuchten Eichhörnchen die Höhle. Furchtlos fraßen sie ihm zuweilen aus den Händen. Ihre Kameradschaft war eine Quelle großer Freude für Ramdas. Jeden Tag wanderte er über die Hügel inmitten von Sträuchern, Bäumen und Felsen – Rams sorgloses, gedankenloses Kind! Es war alles in allem ein einfaches und glückliches Leben, das er in diesem Rückzugsort auf dem Berg führte. Der gutherzige Sadhuram traf ihn jeden Tag – entweder oben auf dem Berg oder in der Stadt, wenn er für *Bhiksha* herunterkam. Dann kam der Tag, an dem er den Befehl von Ram erhielt den Ort zu verlassen – wohin, das wusste nur Ram.

Tirupati

An einem frühen Morgen gegen vier Uhr kam Ramdas vom Berg herunter und ging geradewegs zum Bahnhof. Er fand einen wartenden Zug vor, ging ungehindert auf den Bahnsteig und stieg in ein Abteil ein. Einige Minuten später setzte sich der Zug in Bewegung. Wohin würde der Zug ihn bringen? Es ging ihn nichts an, dies zu erfahren. Ram irrt sich nie, und völliges Vertrauen in Ihn bedeutet volle Sicherheit und beste Führung.

Der Zug fuhr bis zum Bahnknotenpunkt Katpadi. Hier brachte Ram ihn mit einem Sadhuram in Kontakt. Er versprach, ihn nach Tirupati zu bringen, in welche Richtung der Zug unterwegs war. Oh Ram, Deine Pläne werden in der Tat immer geheimnisvoll ausgeführt. Der neue Sadhuram und er reisten zusammen und stiegen am Bahnhof von Tirupati aus. Nachdem sie gegessen hatten, lenkten sie ihre Schritte zum Tirupati-Hügel, stiegen die etwa 700 Stufen hinauf und erreichten den Gipfel des Hügels gegen acht Uhr abends. Dann mussten sie noch etwa drei Meilen über fast ebenes Gelände wandern. Es war eine mondhelle Nacht, aber die Kälte dort oben war intensiv.

Kurz vor Mitternacht erreichten sie den Balaji-Tempel. Am Eingang des Tempels brannte ein Feuer, um das Menschen saßen. Die fröstelnden *Sadhus* eilten dorthin, drängten sich unter diese Freunde und wärmten sich Hände und Füße. Ram war wirklich gütig! Kurze Zeit später befahl der Torhüter des Tempels allen, zu gehen, da es an der Zeit war, das Haupttor zu schließen. So mussten sie widerwillig den Platz am Feuer aufgeben. Der Sadhuram bat den Wächter, ihm und Ramdas zu gestatten, die Nacht im Tempel zu verbringen, doch diese Bitte wurde nicht erfüllt. Es war alles Rams Wille.

Es war nun dunkel, und sie mussten sich einen Platz suchen, an dem sie die Nacht verbringen konnten. Es gab einige massive Gebäude – *Dharmashalas* – die alle offen waren. Die *Sadhus* ließen sich in einem dieser Gebäude nieder. Der Sadhuram begann, über die Kälte zu murren, und sagte: „Swami, an Schlaf ist in dieser Nacht nicht zu denken. Die Kälte lässt uns kein Auge zutun."

„Umso besser", antwortete Ramdas. „Dann kann die ganze Zeit dem Ram-*Bhajan* gewidmet werden."

„Das ist für dich in Ordnung", meinte der Sadhuram, „aber ich würde vorschlagen, diesen Ort zu verlassen, sobald der Tag anbricht. Eine weitere Nacht in dieser Notlage wird uns sicherlich zu reinen Holzscheiten erstarren lassen."

Der Sadhuram erhielt keine Antwort von Ramdas, der mit der Meditation über Ram beschäftigt war. Er legte sich hin, drehte sich in die Form einer Acht und bedeckte seinen Körper mit seinem dünnen Baumwolltuch, dem einzigen Tuch, das er hatte. Dieses Tuch war zu klein, um ihn vollständig zu bedecken, obwohl er eine Position einnahm, in der seine gebeugten Knie bis zu seiner Nase hochgezogen waren.

„An Schlaf ist nicht zu denken", sagte der Sadhuram erneut.

Armer Freund! Ram stellte ihn auf eine harte Probe, alles nur zu seinem Besten.

Die Nacht verging. Am frühen Morgen, als der Tag anbrach, schlug der zitternde *Sadhu* vor, den Hügel hinabzusteigen. Aber Ramdas meinte, dass sie noch etwa drei Meilen weitergehen und den Wasserfall namens Papanasini besuchen sollten. Der allgemeine Glaube besagt, dass derjenige, der in diesem Wasserfall badet, von all seinen Sünden reingewaschen wird. Daher der Name. Der Sadhuram stimmte zu, und beide gingen zu dieser Stelle und badeten im Wasser, das mit großer Wucht von einem Felsen herabstürzte. Da es nun heller Tag war, konnte man die Berggipfel in allen Richtungen deutlich sehen. Die schöne Landschaft und die Täler, die sich den Augen darboten, waren einfach hinreißend.

Als sie das Bad beendet hatten, eilte der Sadhuram den Hügel hinunter, gefolgt von Ramdas. Noch vor dem Abend erreichten sie die Stadt. Am selben Abend bestiegen beide einen Zug, der nach Norden fuhr.

Sie reisten nach Kalahasti. Nach einem eintägigen Aufenthalt brachen sie nach Jagannath Puri auf. Es war Mittag. Der Sadhuram und Ramdas saßen im Zug. An einer kleinen Station betrat ein Fahrkartenkontrolleur, ein europäisch gekleideter Christ, den Waggon und kam auf die *Sadhus* zu, um nach den Fahrkarten zu fragen.

„*Sadhus* haben keine Fahrkarten, Bruder, denn sie haben kein Geld und wollen auch keines haben", sagte Ramdas auf Englisch.

Der Fahrkartenkontrolleur erwiderte: „Du kannst Englisch sprechen. Gebildet, wie du bist, kannst du nicht ohne Fahrkarte reisen. Ich muss euch beide bitten, auszusteigen."

Der Sadhuram und er stiegen auf Geheiß des Kontrolleurs aus. „Es ist alles Rams Wille", versicherte Ramdas seinem Führer.

Sie befanden sich nun auf dem Bahnsteig, und es blieb noch etwas Zeit, bis der Zug losfahren würde. Der Fahrkartenkontrolleur verspürte unterdessen das Bedürfnis, mit Ramdas zu sprechen, der mit dem Sadhuram auf die Abfahrt des Zuges wartete.

„Nun", begann der Kontrolleur und schaute Ramdas an. „Darf ich wissen, mit welchem Ziel du auf diese Weise reist?"

„Ich bin auf der Suche nach Gott", lautete seine einfache Antwort.

„Man sagt, Gott sei überall", beharrte der Kontrolleur. „Worin besteht dann der Sinn, auf der Suche nach Ihm umherzurennen, während er genau an dem Ort ist, von dem aus du dich auf die Suche gemacht hast, wie du sagst?"

„Richtig, Bruder", antwortete Ramdas. „Gott ist überall, aber Ramdas will diese Tatsache bewiesen haben, indem er an alle Orte geht und Seine Gegenwart überall beweist."

„Nun denn", fuhr der Kontrolleur fort, „wenn du Gott überall entdeckst, wo du hingehst, musst du Ihn auch hier sehen, an diesem Ort, wo du jetzt stehst."

„Gewiss, Bruder", erwiderte Ramdas. „Er ist hier, genau an dem Ort, an dem wir stehen."

„Kannst du mir sagen, wo Er ist?", fragte der Kontrolleur.

„Sieh, Er ist hier und steht vor mir", rief Ramdas begeistert aus.

„Wo, wo?", rief der Kontrolleur ungeduldig.

„Hier, hier!", sagte Ramdas lächelnd und klopfte dem Kontrolleur auf die breite Brust. „In der großen Gestalt, die vor ihm steht, das heißt in dir selbst, sieht Ramdas deutlich Gott, der überall ist."

Eine Zeit lang schaute der Kontrolleur verwirrt drein. Dann brach er in ein herzhaftes Lachen aus. Er öffnete die Tür des Abteils, aus dem er die *Sadhus* gebeten hatte auszusteigen, und forderte sie auf, wieder einzusteigen. Sie taten es, gefolgt von ihm. Er saß einige Zeit mit den *Sadhus* im Zug.

„Ich will euch nicht belästigen, Freunde. Ich wünsche euch allen Erfolg bei eurer Suche nach Gott." Mit diesen Worten verließ er schließlich den Waggon, und der Zug rollte weiter. Oh Ram, Dein Name sei gepriesen!

Am Mittag des nächsten Tages sah Ram, der liebende Vater aller, dass die *Sadhus* ohne Essen unterwegs waren, und veranlasste einen Fahrkartenkontrolleur, sie zu bitten an einem Bahnhof zwischen Bezwada und Jagannath Puri auszusteigen. Ramdas kann sich nicht an den Namen des Bahnhofs erinnern. Als sie aus dem Bahnhof kamen, gingen sie in Richtung Stadt, besorgten sich etwas zu essen, erfrischten sich und kehrten am Abend zum Bahnhof zurück, wo sie die Nacht verbrachten.

Am nächsten Tag mussten sie denselben Zug wie am Vortag nehmen. Es gab einige Schwierigkeiten, die natürlich alle nur dem Schein nach Schwierigkeiten waren, denn Rams Wege sind immer geheimnisvoll. Sowohl der Fahrkartenkontrolleur als auch der Bahnhofsvorsteher wollten diese *Sadhus* nicht in den Zug lassen. Als der Zug ankam und die *Sadhus* in den Waggon steigen wollten, hinderten diese beiden Beamten sie in strikter Erfüllung ihrer Pflichten daran, trotz der Bitte des Sadhuram. Die Fahrgäste auf dem Bahnsteig waren alle in die Waggons gestiegen. Die beiden *Sadhus* und die Bahnbeamten standen allein auf dem Bahnsteig. Der Kontrolleur und der Bahnhofsvorsteher behielten sie im Auge, damit sie sich nicht in den Zug schlichen. Oh Ram, wie wunderbar bist Du!

Es blieb noch einige Zeit bis zur Abfahrt des Zuges. Nun kam ein Bahnpolizist auf die *Sadhus* zu und forderte sie auf, in einen Waggon zu steigen. Aber der Sadhuram sagte ihm, dass der Fahrkartenkontrolleur es ihnen nicht erlauben würde. Der Polizist ging daraufhin zum Kontrolleur und Bahnhofsvorsteher, setzte sich für die *Sadhus* ein und sagte: „Seht, diese *Sannyasins* verdienen es, in den Zug zu kommen. Was die Fahrkarten betrifft, so kann man nicht erwarten, dass sie Geld mit sich führen, denn Geld ist nicht ihr Ziel wie bei den weltlichen Menschen."

Diese Worte überzeugten die Bahnbeamten nicht. Sie erwiderten natürlich zu Recht: „Es ist gegen die Vorschriften, jemandem zu erlauben, ohne Fahrkarte mit dem Zug zu fahren. Es ist also sinnlos, für sie zu plädieren.

Außerdem vergisst du, dass dein Vorschlag gegen deine Pflicht als Polizist im Dienst der Eisenbahngesellschaft verstößt.“

Diese Antwort verärgert den Polizisten sehr. Er war der festen Überzeugung, dass diese *Sadhus* irgendwie mit dem Zug fahren durften.

Es war nun fast Zeit, dass der Zug abfuhr. Der freundliche Polizist war sehr unruhig. Seine Augen bekamen einen verzweifelten Blick. Er ging schnell zum Zug, öffnete die Tür des Waggons und winkte den *Sadhus*, einzusteigen, was sie auch taten. Das geschah alles in einem Augenblick. Doch der Fahrkartenkontrolleur beobachtete dies aus der Ferne und kam sofort herbeigerannt.

„Mit welcher Berechtigung hast du den *Sadhus* erlaubt, in den Zug zu steigen?“, fragte der Beamte zornig.

Der Polizist, der groß und kräftig war, stellte sich vor die geschlossene Tür des Waggons und lehnte sich mit dem Rücken dagegen.

„Hör zu, Bruder“, antwortete er mit kühler, fester Stimme, „in einem solchen Fall gibt es keine höhere Autorität als das Diktat des eigenen Gewissens, das mit Recht als die Eingebung Gottes betrachtet wird.“

„Ich werde dein Handeln melden, und du wirst dich dafür verantworten müssen!“, warnte der Fahrkartenkontrolleur.

„Gewiss, mein Freund“, antwortete der Polizist, „wenn ich durch deinen Bericht aus dem Dienst entlassen werden sollte, bin ich bereit, alle Konsequenzen zu tragen. Aber weder du noch sonst jemand auf Erden darf die *Sadhus* daran hindern, mit diesem Zug zu fahren.“

Der Beamte war über die Haltung des Polizisten sehr verwirrt und suchte den Bahnhofsvorsteher, der gerade dabei war, das Signal für die Abfahrt des Zuges zu geben. Der Pfiff ertönte, und der Zug setzte sich in Bewegung. Der Beamte starrte einfach nur hilflos auf den von den *Sadhus* besetzten Waggon.

Der Zug fuhr weiter. Sie erreichten Jagannath Puri am Abend und verbrachten die Nacht auf der Veranda eines *Dharmashala*. Auch hier war es sehr kalt. Am nächsten Morgen stiegen sie zu einem großen Becken außerhalb der Stadt hinauf, und machten sich nach Bad und Waschungen auf den Weg zum berühmten Jagannath-Tempel[1], dessen schöne weiße Kuppel von jedem Ort in der frommen Stadt aus zu sehen war. Nun befanden sich der Sadhuram und Ramdas am großen Tor des Tempels. Doch wie erlangte man Zutritt? Der Eingang war durch den Ansturm der Pilger völlig verstopft. In der dichten, kämpfenden Menschenmenge wurde viel gestoßen, geschoben und getreten.

Jagannath-Tempel in Puri,
Wikimedia Commons, Foto: Naveen Patnaik, 2020

Angesichts dieser Situation sagte Ramdas, der die Hände zum Gruß gefaltet hatte: „Oh Ram! Wie kann Dein armer Sklave in diesem Gewühl von Menschen Zugang finden und Deinen *Darshan* erhalten? Es scheint keine Chance für ihn zu geben, der ein schwacher und hilfloser *Fakir* ist."

Kaum waren diese Worte ausgesprochen, als aus der Menge am Eingang ein hochgewachsener Brahmane kam, ihn bei der Hand nahm, zur Tür führte, sich einen Weg bahnte, indem er mit aller Kraft durch die dichte Menschenmenge drängte, und den verwirrten Ramdas mit sich führte. Es erschien alles wie ein Traum! Ramdas war sich seines Körpers nicht mehr bewusst und tauchte in die Gemeinschaft mit dem allmächtigen Ram ein. In etwa fünf Minuten stand er vor der großen Statue von Jagannath. Der Brahmane hielt

---

[1] Der Jagannath-Tempel in Puri ist einer der bedeutendsten vishnuitischen Tempel. Jagannath bedeutet „Herr des Universums" und ist eine abstrakte Form von Krishna.

ihn immer noch an der Hand. Ramdas berührte mit seinem Kopf die Füße der Götterstatue. Danach führte ihn der Brahmane durch den Tempel. Oh Ram, welche Worte können Deine Freundlichkeit gegenüber Deinem Sklaven ausdrücken! Aller Ruhm gebührt Dir! Während des ganzen Rundgangs war er in eine seltsame Ekstase versunken, und die Tränen flossen in Strömen aus seinen Augen. Welche unbeschreibliche Freude! Oh, ein einziger Augenblick dieses Daseins wiegt alle Freuden der Welt auf. Wenige Minuten später waren er und der brahmanische Führer wieder an dem Ort, von dem er ihn abgeholt hatte. Hier besorgte der Brahmane etwas *Prasad*, d.h. gekochten Reis, und steckte ihn Ramdas in den Mund.

„Nun ist meine Arbeit beendet", sagte er und wollte in den Tempel zurückgehen. Aber bevor er dies tat, fühlte sich Ramdas irgendwie genötigt, ihn zu fragen: „Bruder, wie kommt es, dass du so freundlich zu einem wandernden *Sadhu* bist und ihn zum *Darshan* in den Tempel gebracht hast?"

„Jagannath allein kann deine Frage beantworten", antwortete der Brahmane. „Kaum hatte ich dich gesehen, überkam mich ein seltsames und plötzliches Verlangen, dich mitzunehmen und dir den *Darshan* von Jagannath zu verschaffen. Warum ich das tat, kann ich nicht erklären – es war alles das Werk Gottes." Es war sicherlich Rams Werk!

Am selben Abend führte der Sadhuram Ramdas zum Bahnhof, wo sie in einen Zug stiegen. Der Zug fuhr mit den beiden *Sadhus* weiter nach Norden, bis er die Station vor dem großen Howrah-Bahnhof erreichte. Es ist die Vorschrift der Eisenbahngesellschaft, an diesem Bahnhof von allen Fahrgästen die Fahrkarten einzusammeln. Dementsprechend betrat ein anglo-indischer Freund, ein Fahrkartenkontrolleur, den Wagen und verlangte von den *Sadhus* ihre Fahrkarten. Die *Sadhus* mussten natürlich gestehen, dass sie keine besaßen. Daraufhin forderte der strenge Kontrolleur die *Sadhus* auf, auszusteigen, da es, wie er sagte, gegen die Vorschrift verstieß, ohne Fahrkarten mit dem Zug zu reisen. Dieser Aufforderung kamen die beiden *Sadhus* sofort nach. Es war Rams Wunsch. Es war etwa acht Uhr abends, und es war ein kleinerer Bahnhof. Sie mussten in der Nähe des Einlasses stehen bleiben, bis der Zug abfuhr. Dann wurde die Aufmerksamkeit des anglo-indischen Freundes wieder auf die *Sadhus* gelenkt. Er kam zu ihnen und befahl ihnen, sich zu setzen. Sofort setzten sich die *Sadhus* hin.

„Nein, nicht dort“, sagte der Freund und deutete mit dem Finger ein paar Meter zu seiner Linken. Die *Sadhus* standen sofort auf, gingen zu dem bezeichneten Platz und setzten sich dorthin.

„Nicht dort, nicht dort“, rief der christliche Freund erneut, der einen Sinn für Humor zu haben schien. „Auf diese Seite“, sagte er und zeigte auf seine rechte Seite. „Steht schnell auf und setzt euch hierhin.“

Die *Sadhus* taten, wie ihnen geheißen, und nahmen den neuen Platz ein, der ihnen gezeigt wurde. Zum dritten Mal kam von dem Freund der Befehl, sich an einen anderen Platz zu setzen, der auch sofort befolgt wurde. Da sagte der Sadhuram murrend zu Ramdas: „Swami, das ist ein seltsamer Mann. Seine einzige Absicht scheint zu sein, uns zu ärgern.“

„Nein, Bruder, du verstehst die Freundlichkeit dieses Freundes falsch“, antwortete Ramdas. „Wir haben so lange im Zug gesessen, dass unsere Beine steif geworden sind. Um die Steifheit zu beseitigen und die Blutzirkulation anzuregen, lässt uns der freundliche Freund hin und her gehen und bittet uns, uns hinzusetzten und wieder aufzustehen. Es ist alles zum Besten. Ram sei gepriesen für seine Güte und Liebe.“

Diese Antwort schien den Sadhuram nicht zu befriedigen, und er meinte: „Deine Philosophie ist für einen armen *Sadhu* wie mich sehr schwer zu verstehen.“

Während dieses Gesprächs war der christliche Freund verschwunden. Nun kehrte er mit einer Bullaugenlaterne zurück und richtete sie direkt auf die *Sadhus*. Er ließ das Licht zuerst auf die Gesichter der *Sadhus* fallen, einen nach dem anderen, und dann auf die Umgebung. Mit Hilfe des Lichts entdeckte er die Tasche und den Messingtopf des Sadhuram sowie das Bücherbündel und den winzigen Aluminiumtopf von Ramdas.

„Das will ich haben“, sagte der Freund, nahm den Messingtopf des Sadhuram und stellte ihn neben sich, woraufhin der arme Sadhuram ganz blass wurde. Dann zog der Freund seine Tasche zu sich heran, öffnete sie, untersuchte ihren Inhalt, fand aber nichts, was er mitnehmen konnte, und gab sie zurück.

„Was hast du noch?“, fragte er, seine Aufmerksamkeit nun auf Ramdas gerichtet.

In der Zwischenzeit hatte Ramdas seinen Topf und das Paket mit den Büchern vor den christlichen Freund gelegt.

„Bruder“, antwortete Ramdas, „diese beiden Artikel gehören dir. Du kannst sie gerne haben, denn Ramdas hat sie zu keiner Zeit besessen. Sie gehören jedem, der sie verlangt.“

„Ich will diesen kleinen Topf nicht“, meinte er. „Der aus Messing ist besser. Was hast du in diesem Päckchen?“

Als er es aufmachte, fiel sein Blick auf das Neue Testament im Taschenbuchformat, das ganz oben in dem Päckchen lag.

Er fragte Ramdas: „Was hast du mit diesem Buch zu tun?“

„Alles, Bruder“, antwortete Ramdas.

„Glaubst du an Christus?“, fragte er.

„Warum nicht? Christus ist auch ein Gesandter Gottes, der zur Rettung der Menschheit gekommen ist.“

Diese Antwort berührte das Herz des Freundes. Er trat dicht an Ramdas heran und sagte: „Meister, bitte verzeih deinem Diener, der dir viel Ärger bereitet hat, ohne dich zu kennen.“

Mit diesen Worten führte er die beiden in den Bahnhof und bot ihnen zwei Stühle an. Der Messingtopf wurde natürlich dem Sadhuram zurückgegeben, was wieder Farbe und Licht in sein trauriges Gesicht brachte. Oh, Christus sei gepriesen! Der anglo-indische Freund wurde sehr freundlich und bot an, ihnen Tee usw. zu besorgen, was Ramdas dankend ablehnte.

„Sieh her, Meister, in etwa einer halben Stunde kommt ein anderer Zug. Ich werde dafür sorgen, dass ihr beide einen bequemen Sitzplatz darin bekommt. Dann könnt ihr nach Howrah weiterfahren. Nochmals: Euer Diener bedauert sehr, wie man euch behandelt hat, und bittet euch um Verzeihung.“

Oh Ram, oh Christus, Du hast eine seltsame Art, Deinen demütigen Sklaven zu prüfen. Oh Ram, Du bist ein Geheimnis, aber Du bist die Liebe – die Güte selbst. Wer Dir vertraut, oh Ram, ist sich Deiner vollen Unterstützung sicher. Das ist alles, was man von Dir wissen kann, und das genügt. Deine Wege zu verstehen, ist für Deinen demütigen Verehrer nicht nur unmöglich, sondern auch unnötig. Sich in Deiner unendlichen Liebe zu sonnen, ist an sich schon das höchste Glück. Das Kind bittet um die Liebe der Mutter, bekommt sie und ist zufrieden. Wo ist dann noch Platz, um mehr als dies zu verlangen?

Zu gegebener Zeit traf der Zug ein, und der christliche Freund beschaffte in einem Abteil bequeme Plätze für die *Sadhus*, wie versprochen. Der Zug fuhr los und erreichte den Bahnhof Howrah gegen 22 Uhr.

Kalkutta, Dakshineswar

Beide *Sadhus* machten sich in der Dunkelheit auf den Weg. Sie kamen an das Ufer des Ganges und überquerten die große Brücke. Es war sehr kalt. Auf der anderen Seite angekommen, wandten sie sich nach links und kamen zu einem Tempel. Hier fanden sie ein Brett, auf dem sie die Nacht verbrachten. Frühmorgens am nächsten Tag wanderten sie nach Kalkutta. Als sie sich nach dem *Kali*-Tempel erkundigten, wurden sie nach Kalighat, etwa sieben Meilen von der Stadt entfernt, verwiesen. Zu gegebener Zeit, erreichten sie Kalighat, gingen geradewegs zum Tempel und standen vor der großen Statue von *Kali* aus schwarzem Stein. Sie streckte ihre große rote Zunge aus dem geweiteten Mund.

„Oh Mutter des Universums", betete Ramdas, „segne Dein schwaches und hilfloses Kind. Möge Dein demütiger Sklave alle Frauen als Mütter betrachten, die Deine göttliche Form repräsentieren." Auch hier empfand Ramdas ein Gefühl von unaussprechlicher Freude und völliger Hingabe an den göttlichen Willen. Tränen strömten aus seinen Augen. Das war alles der Gnade der Mutter zu verdanken. Die *Sadhus* blieben zwei Tage lang im *Dharmashala* an diesem Ort.

Auf dem Rückweg nach Kalkutta erreichten sie erneut das Ufer des Ganges. Auf Drängen von Ram schlug Ramdas vor, nach Dakshineshwar hinüberzufahren, und so bestiegen sie ein Dampfschiff, das sie über den Ganges brachte. Am Ufer stiegen sie aus. Es war zehn Uhr abends. Die Nacht war dunkel. Sie erkundigten sich bei einigen Freunden nach dem Weg, der nach Dakshineshwar führte, und gingen, wie angewiesen, von Straße zu Straße und dann durch Felder, wobei sie den Weg verloren, weil sie keinen Führer hatten. Es war alles Rams Werk, der seine Anhänger prüfte. Doch durch Seine Gnade erreichten sie schließlich um Mitternacht den Eingang des berühmten Tempels. Das große, massive Tor war verschlossen. Sie klopften. Das Tor öffnete sich, und eine hohe Stimme wollte wissen: „Wer ist da?"

„Zwei wandernde *Sadhus*, die für den *Darshan* von *Kali* gekommen sind", antwortete Ramdas.

„Ihr könnt jetzt nicht reinkommen. Kommt morgen wieder."

Der *Kali*-Tempel in Dakshineswar

Mit diesen Worten wollte der Freund das Tor vor den *Sadhus* schließen, aber die beiden kamen trotz seiner Ermahnungen leise herein. Später stellte sich heraus, dass er der Nachtwächter war. Sie betraten den großen Tempelplatz, fest entschlossen, nicht umzukehren, bis sie den *Darshan* von *Kali* erhalten hatten. Der freundliche Nachtwächter ließ sich erweichen und sagte den Pilgern, dass sie den *Darshan* von *Kali* erhalten könnten, aber sie sollten nicht daran denken, über Nacht im Tempel zu bleiben, da dies gegen die Regeln verstieße.

„Das ist *Kalis* Angelegenheit und geht uns im Moment nichts an", antwortete Ramdas.

Sie gingen zu der Stelle, von der ein Licht ausging, und fanden sich vor der Statue von *Kali* stehen. Ein Schauer der Freude durchfuhr Ramdas' Körper beim Anblick der Gestalt von *Kali,* dem Schönheitsideal von Sri Ramakrishna Paramahamsa, dem bekannten Heiligen von Dakshineshwar.

Während sie mit gefalteten Händen vor der Götterstatue standen, kam ein Freund aus dem Tempel, ging zu den *Sadhus* und gab ihnen etwas von *Kalis Prasad* zu essen. Ramdas fragte dann, ob es der Wunsch von Mutter *Kali* sei, ihnen Zuflucht für die Nacht im Tempel zu gewähren. Der Freund – er war der *Pujari* – zögerte und sagte: „Nach den Regeln des Tempels ist es

Außenstehenden nicht erlaubt, im Tempelbezirk zu übernachten. Da es aber schon fast Mitternacht ist, wäre es in der Tat schlimm, euch in die Dunkelheit und Kälte hinauszuschicken."

Die Statue der *Kali* im Tempel von Dakshineswar

Dann führte der gütige *Pujari*-Freund die *Sadhus* zu einem offenen *Dharmashala* am Ufer des Ganges. Er versorgte sie mit Nahrung und drängte sie zum Essen. Rams Freundlichkeit kennt keine Grenzen. An diesem Ort war an Schlaf nicht zu denken. Es war durch die kühle Brise, die vom Fluss her wehte, nicht nur sehr kalt, sondern sie wurden auch ständig von einem Heer von Moskitos angegriffen.

„Das ist ein schrecklicher Zustand", rief der Sadhuram aus. „In Tirupati gab es nur die Kälte, die vergleichsweise erträglich war, aber hier ist sie gepaart mit den heftigen Moskitostichen."

„Es ist in Ordnung, Freund", antwortete Ramdas. „Rams Freundlichkeit kann man nicht genug loben. Er hat eine höchst wirksame Methode gefunden, Ramdas wach zu halten, damit er das Ram-*Bhajan* ausführen kann, ohne dass ihn der Schlaf übermannt."

„Gut, gut", war alles, was der *Sadhu* sagte, der nun damit beschäftigt war, die geflügelten Gäste zu vertreiben, indem er mit dem Tuch, mit dem er seinen Körper bedeckt hatte, hin und her schlug. Der *Sadhu* verbrachte eine sehr unruhige Nacht, beschwerte sich und murrte, während Ramdas sich bemühte, alles zu ertragen, indem er seinen Geist in die Meditation Rams vertiefte, der ihn in kurzer Zeit seinen Körper vergessen ließ, und in diesem Zustand blieb er fast die ganze Nacht.

Der Tag war gerade angebrochen, als der Sadhuram aufstand und Ramdas bat, ihm zu folgen. Er wusste nicht, wohin er gehen sollte. Aber eines wollte er: so schnell wie möglich von diesem Ort weg. Sie hatten sich kaum hundert Meter vom Tempel entfernt, als sie den *Pujari* trafen, der in der Nacht zuvor so gastfreundlich zu ihnen gewesen war.

„Wohin geht ihr so früh?", rief der gutherzige Freund. „Ihr solltet nicht weggehen, bevor ihr das Mittagsmahl, das *Prasad* von *Kali*, eingenommen habt. Bitte geht zum Tempel zurück."

Diese Einladung musste angenommen werden, und beide kehrten zum Tempel zurück. Rams Wege sind in der Tat geheimnisvoll!

„Wascht euch und eure Kleider im Ganges", schlug der *Pujari* vor. „Zu gegebener Zeit werdet ihr zum Mittagessen eingeladen werden."

Wie von ihm vorgeschlagen, stiegen die beiden eine Reihe von Stufen hinab, die zum heiligen Fluss führten, in dem sie badeten und auch ihre Kleider wuschen. Als sie im Tempelhof ankamen, breiteten sie die nassen Kleider zum Trocknen in der Sonne aus und setzten sich hin, um sich zu wärmen.

Die folgenden Gedanken gingen Ramdas durch den Kopf: „Oh Ram, Du hast Deinen unwürdigen Sklaven wegen der Größe des Heiligen, Sri Ramakrishna, der hier einst wirkte und dessen Lehren sich über die ganze Welt verbreitet haben, in diesen Tempel gebracht. Du hast Deinen Sklaven daran gehindert, den Ort am Morgen zu verlassen. Nach dem Mittagessen muss er sich von dem Ort verabschieden. Doch bevor er das tut, wäre es nicht gut, oh Ram, Deinen Sklaven mit dem Ort vertraut zu machen, an dem der große Heilige lebte und seine Übungen und Meditationen durchführte?"

Kaum waren fünf Minuten vergangen, nachdem ihm diese Gedanken durch den Kopf gegangen waren, als ein junger, hochgewachsener *Sannyasin*, gekleidet in einen Mantel, der ihm fast bis zu den Füßen reichte, und mit Sandelholz beschmierter Stirn zu Ramdas kam und sich neben ihn setzte. Nachdem sie sich gegrüßt hatten, sagte er: „Bruder, hast du nicht von Sri Ramakrishna Paramahamsa, dem großen Heiligen von Dakshineshwar, gehört, der hier vor vielen Jahren lebte?"

„Ja, Freund, Ram hat seinen Diener hierhergebracht", antwortete Ramdas, der sich über die unergründlichen Wege Rams wunderte.

„Nun denn", sagte der bengalische *Sadhu*, denn er war ein Bengale, „komm mit mir. Ich werde dir alle Orte zeigen, die mit seinem Leben in Verbindung stehen."

Oh Ram, mit welchen Worten soll Dein armer, ungebildeter Sklave die Tiefen des Brunnens Deiner Liebe zu Deinem Diener ermessen? Kaum hat er seinen Wunsch geäußert, wird er auch schon erfüllt!

Der bengalische *Sadhu* führte den demütigen Ramdas (der Sadhuram begleitete ihn nicht) in einen Raum, der einen Teil der Gebäudereihe ausmachte, die den quadratischen Hof des Tempels umgab. Der Raum war verschlossen. Der freundliche *Sadhu* rief nach dem Schlüssel, öffnete die Tür und ließ Ramdas hinein. Oh, was für eine Freude! Drinnen stand ein Feldbett, auf dem eine Bettdecke und zwei Kissen lagen, die Sri Ramakrishna benutzt hatte und die zur Erinnerung an ihn aufbewahrt wurden. Ramdas näherte sich ihnen und legte ehrfürchtig seinen Kopf abwechselnd auf sie. Er spürte den elektrisierenden Einfluss der Atmosphäre in diesem Raum. Ein Freudenschauer nach dem anderen durchlief ihn. Dann legte er sich flach auf den Boden, rollte sich überall hin und fühlte dabei eine unaussprechliche Ekstase der Glückseligkeit. Oh Ram, der Boden war durch den Tritt der heiligen Füße dieses heiligen Mannes gesegnet. Etwa eine halbe Stunde verging, und er wälzte sich immer noch auf dem Boden. Sein Gesicht strahlte in einem seltsamen Licht unendlicher Freude.

Der bengalische *Sadhu* stand einfach nur da und starrte auf das Spektakel. Schließlich kam er zu sich und meinte, dass sie gehen sollten, da auch noch andere Orte besucht werden müssten. Höchst widerwillig stand Ramdas auf und verließ diesen himmlischen Ort. Er war in einem Zustand völliger Verträumtheit. Der *Sadhu* führte ihn zu einem Garten hinter dem Zimmer und wies auf eine Gruppe von fünf Bäumen, Panchavati genannt, um die herum eine kreisförmige Plattform aus Erde und Steinen aufgeschichtet war.

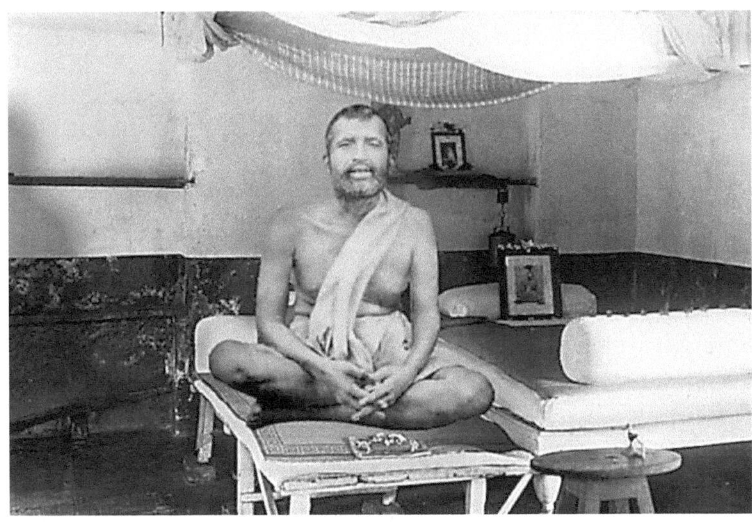

Ramakrishna (1836-1886) in seinem Zimmer in Dakshineswar

„Hier pflegte der *Paramahamsa* häufig zu sitzen und seinen Schülern *Upadesh* zu geben", erklärte der *Sadhu*.

Dann führte er ihn zu einer kleinen Hütte, in der, wie er sagte, der Heilige immer in *Samadhi* oder tiefer Meditation über sein Lieblingsideal – Mutter *Kali* – saß.

Als sie zum *Kali*-Tempel zurückkehrten, führte der bengalische *Sannyasin* die beiden *Sadhus* ans Gangesufer, wo sich die Anlegestelle für Dampfschiffe befand. Von hier aus zeigte er ihnen den Belur-*Math*, den Hauptsitz der Ramakrishna-Bewegung auf der anderen Seite des Ganges. Er besorgte Fahrkarten für Ramdas und den Sadhuram und begleitete sie zum Dampfschiff. Zuvor schlug er ihnen vor, bei der Weiterfahrt mit der Bahn einen Halt an einem Schrein namens Taraknath oder Tarakeshwar einzulegen, der einen Besuch wert sei. Dieser Vorschlag wurde beherzigt, da er von Ram selbst stammte, dessen Freundlichkeit bei jedem Schritt dieser wunderbaren und denkwürdigen Pilgerreise zu spüren war.

Taraknath-Tempel in Tarakeshwar,
Wikimedia Commons, Foto: Sankha Karfa, 2009

Nach einem Besuch im Belur-Math stiegen sie in einen Zug in Richtung Westen.

Am Morgen trafen sie am Bahnhof von Tarakeshwar ein, wo sie ausstiegen. Sie begaben sich direkt zum Taraknath-Tempel. Nach dem Bad und *Darshan* machten sie sich auf den Weg in die Stadt. Sie erfuhren, dass ein großzügiger *Raja* täglich vierzig bis fünfzig *Sadhus* mit einem üppigen Mittagessen versorgte. Als sie den Ort erreichten, warteten sie zusammen mit vielen anderen vor dem *Dharmashala*.

Gegen elf Uhr rief ein alter Freund, der Leiter des *Kshetra*, die *Sadhus*, zählte die entsprechende Anzahl ab und ließ sie, einen nach dem anderen, herein. Alle *Sadhus* setzten sich auf einer langen Veranda in zwei Reihen einander gegenüber, und es wurden Blattteller vor sie hingelegt. Als das Essen serviert wurde, kam ein neuer *Sadhu* mittleren Alters herein und verlangte Essen. Der Leiter der *Kshetra* weigerte sich zunächst, ihn aufzunehmen, da die Zahl der zu versorgenden Personen erreicht war. Doch als der *Sadhu* erwähnte, dass er seit zwei Tagen nichts mehr gegessen hatte, wurde auch ihm ein Blatt angeboten, und er setzte sich an einen Platz, der zufällig genau Ramdas gegenüber lag. Das Abendessen bestand aus Weizenfladen, die ziemlich dick waren und einen Durchmesser von fast vierzig Zentimeter hatten, etwas *Bhajee* oder Curry und Süßigkeiten. Zunächst wurden jedem zwei Fladen und Süßigkeiten serviert. Die Fladen aus gemahlenem Weizenmehl waren zäh wie Gummi. Ramdas fehlte es an Zähnen – insgesamt hatte er nicht einmal ein halbes Dutzend in seinem Mund. Selbst diejenigen, die alle Zähne besaßen, mussten sich mit den Fladen abmühen, bevor sie sie hinunterwürgen konnten.

Es wurde beobachtet, dass der *Sadhu*, der als letzter zum Essen gekommen war und vorne saß, seine Portion in weniger als zwei Minuten aufgegessen hatte. Man servierte ihm noch vier Fladen, die ebenfalls in Windeseile verschwanden. Wieder vier weitere, und sie ereilte das gleiche Schicksal! Der *Sadhu* wartete auf mehr! Der alte Freund befahl dem Koch, den gesamten Vorrat an Fladen aus der Küche zu holen. Dann wandte er sich an den *Sadhu* und sagte: „Maharaj, du kannst so viele nehmen, wie du willst“, und er servierte ihm einen weiteren Fladen, zwei, drei, vier und so weiter und so fort, bis es zwanzig waren. Doch der *Sadhu* wollte nicht aufhören. Noch vier. Zu diesem Zeitpunkt richtete sich die Aufmerksamkeit aller *Sadhus* auf diesen gefräßigen Esser. Alle begannen, ihn beim Essen zu beobachten. Aber der *Sadhu* selbst war ruhig und entschlossen. Fladen um Fladen verschwand. Es war ihm gleichgültig, was um ihn herum geschah. Nach jedem vierten oder fünften Fladen trank er Wasser aus einer großen Messingkanne, die er neben sich stehen hatte. Die meisten der dort anwesenden *Sadhus* konnten nicht mehr als vier Fladen essen. Bei einigen waren es nicht mehr als sechs. Aber der phänomenale *Sadhu* hatte insgesamt 34 Fladen serviert bekommen. Ihm wurde auch mehr *Bhajee* oder Curry und Süßigkeiten serviert. Er aß alles auf und trank dazu noch nebenbei einen Krug Wasser.

Die Angelegenheit wird hier nicht aus Respektlosigkeit gegenüber dem *Sadhu* erzählt, sondern um dem Leser über den Fall eines Mannes zu berichten, der einen enormen Appetit hatte und damit die wunderbare *Maya* von Ram vorführte.

Nach zwei Tagen Aufenthalt am Schrein verließen Ramdas und der Sadhuram diese Reisestation und gingen nach Gaya, wo sie den *Darshan* im Tempel erhielten und ein Bad im heiligen Fluss Phalguni nahmen. Am nächsten Tag brachen sie auf und erreichten den berühmten Schrein des Nordens – Kashi.

Kashi, Jhansi

Varanasi (Kashi),
Wikimedia Commons, Foto: Steve Evans, 2005

Die Stadt Kashi[1] ist eine Stadt mit prächtigen Tempeln, deren Kuppeln und Türme der Gegend am Ufer des heiligen Flusses Ganges Charm verleihen. Ganz Indien erkennt zu Recht an, dass Kashi eines der wichtigsten Heiligtümer Hindustans ist. Jeden Tag strömen Tausende von Pilgern aus allen Teilen Indiens an diesen Ort.

Als Ram mit Ramdas im Winter auf diese Pilgerreise ging, war die Kälte hier sehr groß, und der Sadhuram und er besaßen nicht genügend Kleidung. Da sie im Freien am Ufer des Flusses schliefen, war die Kälte besonders für den Sadhuram deutlich spürbar. Der Sadhuram wurde täglich ungeduldiger. Sein Hauptziel, in den Norden zu reisen, schien nach dem Besuch von Kashi erfüllt zu sein. Nun wollte er nach Südindien zurückkehren. Rams Wille. Nichts geschieht in dieser Welt, was nicht Seinem göttlichen Willen unterliegt. Rams Wege sind unergründlich.

---

[1] auch Benares, heute Varanasi am Ganges

Am nächsten Tag brachte der Zug den Sadhuram und Ramdas nach Ayodhya, den Ort, an dem Sri *Ramachandra* gelehrt und regiert hat. Es war bereits dunkel, als die Pilger den Ort erreichten. Sie übernachteten in einer offenen Baracke für Reisende außerhalb des Bahnhofs. Es war sehr kalt. Der Sadhuram schlug vor, dass sie sich Rücken an Rücken hinlegen sollten. Auf diese Weise tauschten sie ihre Körperwärme aus und wärmten sich gegenseitig. Wirklich eine originelle Idee! So verging die Nacht.

Am nächsten Tag machten sich beide früh auf den Weg in die Stadt und dann zum Sarayu-Fluss. Nachdem sie sich Hände und Füße gewaschen hatten, schlug der Sadhuram vor, kein Bad zu nehmen, da es zu kalt sei. Als sie vom heiligen Fluss zurückkehrten, besuchten sie verschiedene *Mandirs* von Sri *Ramachandra* und *Hanumanji*[1], besorgten sich in einem *Kshetra* etwas zu essen und nahmen noch in der gleichen Nacht einen Zug in Richtung Bombay.

Die nächste Station war Jhansi. Hier war der Fahrkartenkontrolleur sehr streng. Er zog diese *Sadhus* sowie viele andere aus anderen Waggons aus dem Zug und brachte sie alle in die Nähe des Ausgangs, der aus dem Bahnhof herausführte. Insgesamt waren es etwa zehn *Sadhus*. Der Fahrkartenkontrolleur ließ sie alle in einer Reihe auf einer Seite des Ausgangs stehen. Die Fahrgäste verließen nun den Bahnhof, und der Beamte sammelte die Fahrkarten am Tor ein, wobei er den *Sadhus*, die nur eine Armlänge von ihm entfernt stehen mussten, den Rücken zuwandte. Der erste in der Reihe war ein junger *Sannyasin* mit einem *Jatah* oder einem Büschel verfilzter Haare auf dem Kopf. Jedes Mal, wenn der Beamte eine kurze Pause vom Einsammeln der Fahrkarten hatte, drehte er sich um, griff nach dem *Jatah* des jungen *Sadhus*, der ihm am nächsten stand, und schüttelte heftig seinen Kopf. Im nächsten Moment musste er sich wieder mit dem Einsammeln der Fahrkarten beschäftigen. Als sich der Strom der Fahrgäste verringerte und eine Pause eintrat, griff er erneut nach dem Kopf des *Sadhus* und schüttelte ihn oder schlug mit der Faust auf ihn ein. Während dies geschah, sah Ramdas, als er in das Gesicht des *Sadhus*, der neben ihm in der Schlange stand, blickte, ein glückliches Lächeln. Der *Sadhu* schien die Behandlung zu genießen. Er war ruhig und zufrieden.

---

[1] Das Anhängen von ji an einen Namen bedeutet Vertrautheit.

Ramdas, der auch in den Genuss kommen wollte, bat den *Sadhu*, den Platz mit ihm zu tauschen und ihm so die einmalige Gelegenheit zu bieten, die Aufmerksamkeit des Fahrkartenkontrolleurs zu erhalten. Aber der *Sadhu* ließ sich nicht dazu überreden, seine beneidenswerte Position aufzugeben. Immer wieder ließ der Beamte dem willigen *Sadhu* diese Behandlung angedeihen. Dies dauerte fast eine halbe Stunde. Schließlich war das Einsammeln der Fahrkarten beendet. Nun war der Beamte von der Arbeit befreit und wandte sich direkt an die *Sadhus*, von denen Ramdas der zweite in der Reihe war, um sie einen nach dem anderen grob zu behandeln. Ramdas war sehr erleichtert zu sehen, dass er endlich an der Reihe war. Der Beamte kam auf ihn zu, ergriff fest seine Hand und sah in sein Gesicht, in dem er ein höchst willkommenes Lächeln entdeckte, hell und strahlend. Sofort ließ er seine Hand los und trat ein paar Schritte zurück, als hätte er nachgedacht. Es war Ram, der am Werk war. Im nächsten Augenblick forderte er alle *Sadhus* auf, den Bahnhof zu verlassen. Daraufhin verließen alle *Sadhus* den Bahnhof, einer nach dem anderen.

Jetzt war es etwa zwei Uhr nach Mitternacht. Es war stockdunkel. Also suchten die *Sadhus* einen Platz auf dem Bahnhof, um sich für die Nacht auszuruhen. Doch die Bedingungen dafür waren alles andere als günstig. Der Bahnhof war mit Passagieren überfüllt. Jeder verfügbare Winkel in dem Teil des Bahnhofs, der für die Reisenden bestimmt war, war besetzt, und sie lagen alle verstreut auf dem Boden und schliefen in fantastischen Stellungen. Ramdas und der Sadhuram krochen in die Nähe einer Säule, wo beide Platz fanden, um sich auf ihre Beine zu setzen. Auch hier herrschte strenge Kälte. Die *Sadhus* saßen dicht beieinander und drückten sich so eng aneinander, dass sie fast zu einem Stück geformt schienen. Das Ram-*Bhajan* ging weiter. Ramdas döste ein, wo er saß. Er wachte erst wieder auf, als er von einer lauten, schrillen Stimme geweckt wurde, die alle Fahrgäste aufforderte, aufzustehen und den Bahnhof zu verlassen. Dies war der Befehl der Bahnpolizei.

Ramdas öffnete die Augen und wurde sich sofort seines Körpers bewusst, der sich in einem merkwürdigen Zustand befand. Die Beine waren vor Kälte so steif geworden, dass er sie nicht durchdrücken konnte, und bei einem Blick auf sie stellte er außerdem fest, dass sie vom Knie abwärts geschwollen waren und auch die Füße, als hätten sie Elefantiasis. Indem er sie jedoch etwa fünf Minuten lang mit beiden Händen zügig rieb, konnte er die versteiften Gelenke lösen. Langsam erhob er sich und humpelte ein Stück weit. Als er weiterging, verschwand die Steifheit.

Gegen acht Uhr morgens erreichten sie die Stadt Jhansi, etwa vier Meilen vom Bahnhof entfernt. Nachdem sie sich erkundigt hatten, gingen sie sofort zu einem *Dharmashala* und ruhten sich eine Weile aus. Auf Anraten des Sadhuram lenkten sie ihre Schritte zum Basar und besorgten sich etwas Mehl und andere Lebensmittel von einem wohltätigen Händler. Der Sadhuram bereitete ein paar *Rotis* und *Dal*-Curry zu. Nach dem Essen blieben sie bis zum Abend im *Dharmashala*. Dann schlug der Sadhuram vor, zum Bahnhof aufzubrechen, den sie noch vor Einbruch der Dunkelheit erreichten. Derselbe Fahrkartenkontrolleur von voriger Nacht stand am Tor. Ramdas ging zu ihm und bat ihn um die Erlaubnis, sie mit dem Nachtzug nach Bombay fahren zu lassen. Obwohl er zunächst einwilligte, verweigerte er ihnen bei der Ankunft des Zuges um zwei Uhr morgens den Zutritt zum Bahnsteig. Das war alles Rams Wunsch. Sie mussten also eine weitere Nacht im Bahnhof verbringen, was zum zweiten Mal Kälte, Steifheit und geschwollene Gliedmaßen bedeutete. Um acht Uhr erreichten sie Jhansi, das etwa vier Meilen vom Bahnhof entfernt lag.

Der Gemütszustand des Sadhuram war miserabel. Als sie zum *Dharmashala* kamen, trafen sie zwei Telugu-*Sadhus*. Der Sadhuram beschloss nach einem kurzen Gespräch mit diesen *Sadhus* sofort, die Gesellschaft von Ramdas aufzugeben und sich ihnen anzuschließen. Es war wieder alles Rams Werk. Seine Wege sind immer unergründlich. Völlige Hingabe an Ihn bedeutet keine Angst, keine Furcht, keinen Schmerz und alle Sicherheit. Etwa eine halbe Stunde später wurde Ramdas in der Gesellschaft von Ram, dessen Namen er unaufhörlich aussprach, allein gelassen. Die neuen *Sadhus* und der Sadhuram, der so lange sein Führer und sozusagen seine Ziehmutter gewesen war, verließen das *Dharmashala*. Ramdas meditierte über Ram, ohne sich um die Trennung des Sadhuram zu kümmern, denn die völlige Hingabe an den Willen Rams hatte ihn aller Sorgen und Ängste um die Zukunft beraubt. So verging die Zeit mit Ram-*Bhajan*, als zwei Freunde zu ihm kamen, ihm zwei *Anna*-Stücke in die Hand drückten und vorschlugen, er möge sich auf dem Basar etwas zu essen kaufen und sein Fasten brechen. Dementsprechend lenkte er seine Schritte zum Basar. Als er dort in einem Süßwarenladen etwas zu essen kaufte, spürte er, wie jemand an seinem Ellbogen zog. Er drehte sich um und hörte, wie der Freund ihn ansprach: „Maharaj, ein *Seth* (Kaufmann) bittet dich, zu ihm zu kommen."

Ramdas folgte sofort dem Freund, der ihn in einen Laden führte, in dem Weizensäcke aufgestapelt waren. Als er den Laden betrat, kam ein Freund aus dem Laden und warf sich Ramdas, dem Bettelmönch, zu Füßen. Der Freund erhob sich mit gefalteten Händen und bat ihn, *Bhiksha* in seinem Haus anzunehmen. Dieser Freund war der Kaufmann, der nach ihm geschickt hatte. Dann wurde er gebeten, sich auf eine dicke, weiße Matratze mit Polstern zum Anlehnen – *Gadi* genannt – zu setzen. Aber Ramdas war ein bescheidener Sklave Rams. Also zog er es vor, auf dem Boden zu sitzen. Es wurde ihm ein Jutesack angeboten, auf den er sich setzte.

Nach dem Essen setzte sich der gutherzige Kaufmann neben ihn und stellte ihm einige Fragen über seine Reise usw. Die Fragen wurden alle ordnungsgemäß im Sinne von Rams Willen beantwortet, der allein sein einziger Führer war. Er erzählte dem *Seth* von Rams Güte und Liebe zu seinen *Bhaktas* und wie der Mensch, der Ram vertraut, keinen Kummer kennt und unter allen Umständen glücklich sein kann. Rams Namen auf den Lippen zu haben, bedeutet Freude, reine Freude, nichts als Freude.

Der Händler war sichtlich berührt, als er diese Worte hörte, denn er war selbst ein großer Rama-*Bhakta*. „*Sitaram, Sitaram*", lag ihm immer auf der Zunge. Nach einigen Gesprächsminuten bat der *Seth* Ramdas, einige Tage bei ihm zu bleiben. Er sagte, dass Ramdas' Körper, der sich in einem äußerst verwahrlosten Zustand befand, gepflegt werden müsse und dass Ram Ramdas speziell zu diesem Zweck zu ihm geschickt habe. Es muss hier erwähnt werden, dass seine Kleidung nur noch aus Lumpen bestand. Mahadev Prasad – so war der Name des Händlers, in dessen Obhut er von Ram gegeben worden war, versorgte ihn mit neuen, mit *Gerrua* gefärbten Kleidern und kümmerte sich in jeder Hinsicht um ihn. Mahadev gewann ihn sehr lieb. Nachts saß er neben dem schlafenden Ramdas und drückte seine Füße, trotz dessen Protest. Oh, die Güte, mit der er den armen und bescheidenen Ramdas überschüttete, war grenzenlos.

Einen Monat lang wurde er von Mahadev festgehalten. Den ganzen Tag und die ganze Nacht über wollte er die Gesellschaft von Ramdas nicht aufgeben.

Auf seine Bitte hin erklärte Ramdas ihm die Bedeutung einiger *Slokas* aus der Bhagavad Gita mit Hilfe des kleinen Verstandes, mit dem er von Ram bedacht worden war, und Mahadev las ihm im Gegenzug das monumentale Werk von Tulsidas – das Ramayana in Hindi – vor und erklärte es ihm. Alle Menschen in seinem Haus waren sehr gastfreundlich zu Ramdas. Um ihn vor einer Erkältung zu bewahren, ließ Mahadev für den zarten Ramdas eine enge Wolljacke anfertigen.

Als Ramdas ihm eines Tages sagte, dass es Rams Wunsch zu sein schien, weiterzuwandern, wollte er sich nur ungern von Ramdas trennen. Um zu vermeiden, dass er sofort ging, begleitete er ihn in ein Dorf namens Oorcha, das etwa sechs Meilen von der Stadt entfernt lag. Der Ort ist berühmt für den Tempel von Sri *Ramachandra*. Nachdem Mahadev Prasad dafür gesorgt hatte, dass eine Mutter, die in der Nähe des Tempels lebte, für ihn das Essen brachte, kehrte er in die Stadt zurück. Seine Abschiedsworte waren: „Du kannst so lange hierbleiben wie du willst oder Ram es wünscht. Wenn Er will, dass du den Ort verlässt, komm bitte zurück zu mir nach Jhansi."

Ramdas wanderte am Ufer des schönen Flusses des Ortes entlang. Als er etwa zwei Meilen gewandert war, stieß er auf eine Reihe von *Samadhis* oder Gräber – einige waren sehr alt und baufällig – über denen kegelförmige Türme errichtet worden waren, die hoch in die Luft ragten. Als er sich später im Dorf erkundigte, erfuhr er, dass es sich um die Gräber von Frauen handelte, die *Sati* vollzogen hatten – ein Brauch, der in früheren Zeiten üblich war. Dieser Ort wird heute als Einäscherungsplatz genutzt. Auf ihm stehen viele Bäume, und es herrscht eine wunderbare Ruhe. Wie von Ram angeregt, beschloss er, eines der Gräber als seinen Rückzugsort zu besetzen.

Am Mittag ging er in den Tempel, um die von der alten Mutter zubereitete Verpflegung, die aus ein paar salzlosen *Rotis* und gekochten Kartoffeln bestand, entgegenzunehmen. Die ganze Nacht saß er beim Ram-*Bhajan* in diesem Grab. Die Nächte wurden in Ekstase verbracht. Rams Gegenwart war in der Luft zu spüren, die er atmete. Morgens, wenn er das bezaubernde Mantra „Om Sri Ram Jai Ram Jai Jai Ram" laut rezitierte, setzten sich Vögel, kleine und große, und Eichhörnchen auf die Brüstung und hörten gespannt und aufmerksam dem Klang des großen *Pranava* OM zu! Am Abend wirkte derselbe Klang „OM" wie ein Zauber auf die Ziegen und Ochsen, die zum Grasen in die Nähe des Grabes kamen. Sie hoben ihre Köpfe, spitzten die Ohren, blieben stehen und saugten den Klang auf. Oh Ram, es ist zweifelsfrei bewiesen, dass Du in den Herzen aller Geschöpfe wohnst. Die schlafenden Seelen der Vögel in der Luft und der Tiere auf den Ebenen werden durch den Ruf von Rams glorreicher Stimme geweckt!

Während seiner Besuche im Dorf versuchten die Dorfbewohner, Ramdas davon abzubringen, sich nachts in diesem Dschungel aufzuhalten, und warnten ihn vor Tigern und anderen wilden Tieren, da der von ihm bewohnte Ort Teil eines dichten und ausgedehnten Waldes war. Aber wenn der allmächtige Ram da war, um ihn zu retten, wo gab es da für ihn Angst und vor wem? Ram ist allgegenwärtig – in allen Dingen, in allen Wesen, in allen Kreaturen. Er blieb acht Tage dort, als er von Ram den Befehl erhielt, weiterzuziehen.

Eine kleine Begebenheit, die sich hier ereignete, muss an dieser Stelle festgehalten werden. Eines Tages, als er mit seinem *Lota* in der Hand durch den kleinen Basar dieses Ortes ging, verspürte er Durst. Während er weiterging, näherte er sich einer Reihe kleiner, niedriger Hütten auf einer Straßenseite. Er ging zu einer von ihnen und fand am Eingang eine alte Mutter sitzen. Er bat sie, ihm etwas Wasser in sein *Lota* zu geben. Die alte Mutter schüttelte den Kopf und sagte: „Maharaj, du kannst kein Wasser aus meinen Händen nehmen."

„Darf Ramdas den Grund für diesen Einwand erfahren?", fragte Ramdas.

„Der Grund ist einfach", sagte die Mutter. „Ich gehöre einer sehr niedrigen Kaste an – kurz gesagt, ich bin eine Barbiers-Frau."

„Und wenn schon", sagte Ramdas, nicht im Geringsten überrascht. „Du bist Ramdas' Mutter. Stille doch bitte den Durst deines Sohnes."

Sie freute sich sehr über diese Antwort und brachte einen Sitz für ihn und ihr Wassergefäß, aus dem sie etwas Wasser in sein *Lota* goss. Er löschte seinen Durst, indem er sich auf den von ihr so freundlich angebotenen Sitz setzte. Nun sagte die alte Mutter, dass sie völlig unglücklich sei. Alleingelassen in der Welt, verbrachte sie ihre Tage und Nächte in Schmerz, Angst und Sorge. Daraufhin versicherte Ramdas ihr: „Oh Mutter, es gibt keinen Grund für Angst und Furcht oder für ein Gefühl der Einsamkeit, wenn es Ram gibt, der uns alle beschützt. Ram ist immer in unserer Nähe."

„Aber eine arme, willensschwache Frau wie ich besitzt keinen Glauben an Ram, denn ich bin eine Sünderin." Bei diesen Worten brach die Mutter in Tränen aus.

„Du solltest Glauben haben, liebe Mutter. Verzweifle nicht. Ram ist immer der Freund der Armen und Demütigen", sagte Ramdas.

„Dann zeige mir den Weg", bat die alte Mutter.

„Wiederhole den Namen ‚Ram' zu jeder Tageszeit und nachts, wenn du wach bist. Du kannst sicher sein, dass du dich nicht einsam oder unglücklich fühlst, solange du diesen glorreichen Namen aussprichst. Wo dieser Name erklingt oder über ihn meditiert wird, gibt es keinen Kummer, keine Angst – nein, nicht einmal den Tod."

Mit diesen Worten machte sich Ramdas auf den Weg, als sie ihn bat, sie am nächsten Tag wieder zu besuchen. Wie von ihr gewünscht, ging er am folgenden Tag etwa zur gleichen Zeit zu ihrer Hütte.

„Nun Mutter, wie geht es dir?", fragte er.

Auf dem Gesicht der Mutter lag ein fröhliches Lächeln. Sie sagte, dass sie seinen Rat befolgt habe und sich von Angst und Sorgen befreit fühle. Dann bot sie ihm einige *Ladoos* an, die sie, wie sie sagte, aus dem Süßwarenladen geholt hatte.

„Mutter, das ist nicht das, was Ramdas will. Er will etwas, das du selbst zubereitet hast", sagte er.

Daraufhin ging sie in die Hütte und holte für ihn ein *Roti* oder Brot, das sie selbst gebacken hatte, das er mit großem Vergnügen aß. Später sah er sie noch einmal wieder, als sie damit beschäftigt war, „Ram, Ram!" zu rufen.

Auf Rams Befehl hin kehrte Ramdas nach Jhansi zurück, wo Mahadev Prasad ihn herzlichst empfing und drängte, noch einige Tage bei ihm zu verbringen. Zu dieser Zeit brachte Ram ihn in Kontakt mit mehr als einem Dutzend Freunden in Jhansi, die alle sehr gastfreundlich zu ihm waren. Von ihnen war ein junger Freund namens Ramkinker besonders liebenswürdig.

Eines Tages, hörte Ramdas in einem Gespräch, dass es im Himalaya zwei Heiligtümer gab – Kedarnath und Badrinath – und dass der Weg dorthin sehr beschwerlich sei, und auch die Kälte dort sei sehr groß. Oh Ram, das war alles dein Vorschlag. Er war immer von gefährlichen Reisen und Orten fasziniert. Über Kedarnath hatte er in den großartigen Schriften des großen Mahatma Swami Rama Tirtha gelesen. Ram drängte, und er entschloss sich, diese Heiligtümer zu besuchen, wie schwierig der Weg auch sein mochte, der zu ihnen führte. Er erzählte seinen Freunden von Rams Wunsch. Mahadev und andere, die seinen schwachen Körper so sehr schätzten, waren von dieser Idee zunächst nicht begeistert. Sie sagten, die Reise sei schrecklich, besonders für Ramdas, dessen Körper so schwach und ausgezehrt war. Er antwortete ihnen: „Ram hat seine Erlaubnis gegeben, und Ramdas gehorcht, indem er volles Vertrauen in Ihn setzt. Es ist Rams Aufgabe, dafür zu sorgen, dass für ihn gesorgt wird. Selbst wenn sein Körper nach Rams Willen abfallen würde, würde er sich nicht beschweren. Er gehört ganz Ram – er muss gehen.“

Sofort schlug Ramkinker, der junge Freund, vor, ihn auf seiner Reise nach Kedarnath und Badrinath zu begleiten. Er musste also noch einige Tage länger in Jhansi bleiben, damit Ramkinker genügend Zeit hatte, um seine Vorbereitungen für die Reise zu treffen.

Einige andere Ereignisse im Zusammenhang mit seinem Aufenthalt in Jhansi müssen hier erzählt werden, bevor er seine Pilgerreise zum Himalaya beschreibt. Nachdem er seinen Entschluss gefasst hatte, wurde er von Ramkinker aufgenommen, der ihn in einem Ram-*Mandir* in der Nähe seines eigenen Hauses unterbrachte und sich sorgfältig um seine persönlichen Bedürfnisse kümmerte. In diesem *Mandir* gab es einen *Pujari*, der als Pandaji bekannt war. Oh Pandaji, wie gütig du warst! Jeden Tag zur Mittagszeit schlenderte Ramdas in der heißen Sonne hinaus und lief zwei oder drei Stunden lang durch die Straßen von Jhansi. Die Hitze der Mittagssonne war zu dieser Jahreszeit sehr groß, aber er achtete nicht darauf. Als Pandaji dies eines Tages beobachtete, behandelte er ihn wie ein Kind, und warnte ihn: „Sieh her, Maharaj, du gehst jeden Tag zur Mittagszeit hinaus und wanderst in der heißen Sonne umher. Dein Kopf, der sauber rasiert ist, ist immer unbedeckt. Wenn du eigensinnig bist, werde ich dich im Tempel einsperren müssen, bevor ich weggehe.“

Mit dieser Drohung – ein Zeichen seiner großen Liebe zu Ramdas – zwang er ihn am Nachmittag zum Schlafen und verließ das *Mandir* für seine Mittagsmahlzeiten erst, wenn er sah, dass Ramdas schlief.

Ramdas hielt sich etwa zehn Tage lang im Ram-*Mandir* auf. An den Abenden kamen Freunde aus der Stadt und stellten ihm verschiedene Fragen über Ram. Er versuchte, sie durch solche Antworten zu befriedigen, die ihm von Ram selbst eingegeben wurden. Einmal kam ein bestimmter Freund, um mit ihm eine Diskussion über eine religiöse Angelegenheit zu führen.

Seine erste Frage war: „Wer bist du?"

„Ich bin Ramdas", lautete seine einfache Antwort.

„Nein, das ist eine Lüge", erwiderte der Freund. „Du bist Ram selbst. Wenn du erklärst, dass du Ramdas bist, weißt du nicht, was du sagst. Gott ist überall und in allem. Er ist in dir, und deshalb bist du Er. Bekenne es sofort."

„Gewiss, lieber Freund, Gott ist überall", antwortete Ramdas. „Aber gleichzeitig muss beachtet werden, dass Gott einer ist. Und wenn Er in dir ist und überall um dich herum, darf ich dann demütig fragen, wem du diese Frage stellst?"

Nachdem der Freund eine Weile nachgedacht hatte, sah er sich veranlasst, zu sagen: „Nun, ich habe die Frage an mich selbst gestellt."

Diese Antwort war ein verzweifelter Versuch, seine erste Behauptung zu entkräften. Wenn er sagen würde, dass die Frage an Ramdas gestellt wurde, wäre das ein klares Gefühl von Dualität des Diskutierenden – von „ich" und „du".

„Tatsächlich spricht Ram nicht. In dem Moment, in dem Er spricht, ist Er nicht Ram. Sprechen schafft immer ein Gefühl der Dualität – der Sprecher und der Angesprochene. Ram ist eins und unteilbar. Es ist schiere Unwissenheit, wenn ein Mensch, dessen Ego ein großes Hindernis für seine vollständige Verwirklichung der Einheit Gottes ist, sagt, dass er Gott ist", erwiderte Ramdas.

Der Freund beharrte noch einige Zeit auf seinem Argument und gab es schließlich auf. Auf den Wunsch von Ramdas, der gerne einige Tage an einem zurückgezogenen Ort verbringen wollte, brachten ihn die Freunde aus Jhansi in einen Garten etwa eine Meile von der Stadt entfernt, wo es einen kleinen Schuppen gab. Hier lebte er für einige Tage und wurde jeden Abend von Freunden besucht.

Die Reise in den Himalaya

Blick über Rishikesh,
Wikimedia Commons, Foto: Vikram Singh Valera, 2021

Die Freunde in Jhansi versorgten Ramdas mit allem, was er für die Reise in den Himalaya brauchte, und der Tag der Abreise kam. Viele begleiteten ihn zum Bahnhof, um sich von dem bescheidenen Ramdas und Ramkinker zu verabschieden.

Zur gegebenen Zeit erreichten sie Haridwar. Haridwar[1] ist, wie der Name schon sagt, das Tor zu den großen Heiligtümern des Himalaya. Hier blieben die Pilger zwei Tage. Es ist sehr schön, das Gangesufer zu besuchen, wo sich *Sannyasins, Sannyasinis, Sadhus, Bhaktas,* Brahmanen und fromme Mütter

---

[1] auch Eingangstor zu Gott genannt

aufhielten – alle mit Bädern, Waschungen und Gebeten beschäftigt. Oh Ram, Du manifestierst Dich deutlich an diesem heiligen Ort!

Nun begann die Reise in den Himalaya. Ramdas und Ramkinker stiegen immer höher hinauf und erreichten den Ort Rishikesh.

Rishikesh ist ein sehr schöner Ort. Die Landschaft am Ufer der heiligen Ganga sind einfach bezaubernd. In der Ferne sind die hohen Gipfel der Berge zu erkennen, die mit weißem Nebel bedeckt sind und bis zu den Wolken reichen, die über ihnen hängen. Bei näherer Betrachtung sieht man hohe, gigantische Felsen mit dichten Wäldern, einer Mischung aus grünen, gelben und roten Farbtönen von Blättern, Laub und Blüten. Ein noch näherer Blick zeigt das kristallklare Wasser der heiligen Ganga, die in aller Ruhe und Majestät dahinfließt und in ihrem Schoß riesige Felsbrocken offenbart, die ihr reißender Strom in vergangenen Zeiten niedergerissen und rund und glatt gemacht hat. Oh Ram, Du bist erhaben! Auf der einen Seite des großen Flusses sieht man eine Reihe von kleinen strohgedeckten Hütten, ordentlich und sauber – Ashrams von *Sannyasins*.

Ramkinker nahm Ramdas in eine dieser Hütten mit. Das Innere der Hütte war mit den einfachsten Möbeln ausgestattet – einem Bambusbett, dessen zwei Pfosten die Säulen der Hütte bildeten, auf dem ein Hirschfell ausgebreitet war und ein *Kambal* oder eine Decke, die gefaltet am Fußende lag. Ein ehrwürdiger alter *Sannayasin* hockte auf dem Hirschfell. An einem Pflock hing sein *Kamandal* aus einer schwarzen Muschel. Außer einem kleinen Stück Stoff und einem Ersatz-*Kaupin*, die draußen in der Sonne trockneten, besaß er keine weitere Kleidung. Auf dem sandigen Boden der Hütte lag eine Bambusmatte, und in einer Ecke befanden sich zwei schwarze Steine, ein großer und ein kleiner, zum Zerkleinern von Mandeln und anderen harten Nahrungsmitteln, deren Schalen zu brechen waren. Das Antlitz des Heiligen war ruhig und friedlich. Er begrüßte Ramkinker und Ramdas mit einem fröhlichen Lächeln, und sie setzten sich auf die Matte, nachdem sie sich zu den Füßen des *Mahatma* niedergeworfen hatten. Er bot den Gästen Kardamom an und unterhielt sich mit ihnen auf einfache, kindliche Weise über die Heiligen, die in den dichten Wäldern am gegenüberliegenden Gangesufer lebten, wo sie vielleicht jahrelang *Tapasya* übten und den gewöhnlichen Menschen unbekannt waren.

Sein schöner Rat an Ramdas war, so lange wie möglich für sein *Sadhana* in der Einsamkeit zu bleiben, denn es gibt kein besseres Mittel zur Kontrolle des Geistes. Er war freundlich, liebenswürdig, einnehmend und gut. Oh Ram, Du warst es in all Deiner Herrlichkeit selbst, dem Ramdas unter diesem einfachen Dach begegnete. Und noch etwas: Dieser Heilige hatte eine große Vorliebe für Vögel. Er ließ es sich nicht nehmen, jeden Tag sein Essen mit ihnen zu teilen. Sie warteten auf den Bäumen vor der Hütte auf ihren Anteil. Er sprach sehr liebevoll von ihnen.

Nachdem sie die Hütte verlassen hatten, wanderten Ramkinker und Ramdas zum Ufer von Mutter Ganga, wo sie eine Reihe von *Sannyasins* in orangefarbenen Gewändern sahen, deren Gesichter fröhlich leuchteten. Sie waren alle für ihr übliches morgendliches Bad im heiligen Wasser herausgekommen.

Er verbrachte hier drei Tage in aller Ruhe und Fröhlichkeit. Ramkinker war so freundlich, sich um Ramdas' Essen zu kümmern. Es gab zwei große *Annakshetras* in Rishikesh, die täglich alle *Sannyasins* mit Essen versorgten.

Am vierten Tag machten sie sich auf den Weg hinauf in die Berge. Als sie immer höher stiegen, war die Landschaft einfach zauberhaft. Auf der rechten Seite rauschte die heilige Ganga in ihrer ganzen Pracht bergab, und zur Linken boten hohe, felsige Hügel voller Bäume gleichzeitig einen aufregenden und fesselnden Anblick. Die ganze Luft dort war aufgeladen mit der göttlichen Gegenwart Rams. Die fernen Hügel und Täler, der vielfarbige Himmel, an dem die weißen Schäfchenwolken fantastische Formen annahmen, die schneebedeckten Berge, die Hunderte von Meilen entfernt in der Sonne strahlten, als wären sie mit silbernen Tüchern bedeckt, all das war in der Tat ein imposanter Anblick.

Als Ramdas weiterging, trank er immer mehr von der Pracht von Rams Unendlichkeit und war verloren im Rausch des Ganzen. Oh Ram, Deine Güte zu Deinem Sklaven ist wirklich grenzenlos. Täglich wanderten Ramkinker und Ramdas in schnellem Tempo weiter. Ramdas fühlte keine Müdigkeit, keinen Schmerz, kein Unbehagen irgendeiner Art. Er war so frisch wie immer. Das alles verdankte er Rams Gnade, dessen Name ihm stets auf den Lippen lag. So wurde ein Berg nach dem anderen überquert, und je höher sie kletterten, desto großartigere Szenen taten sich vor ihrem staunenden

Blick auf. Es war eine Reise in das Land der Verzauberung. Es war alles ein bezaubernder Traum, erfüllt von Rams Herrlichkeit und Größe.

Ramdas lief schnell, ja, er flog geradezu. Sogar schwierige Anstiege wurden im Handumdrehen bewältigt. Die meiste Zeit war er sich seines Körpers nicht bewusst. Sein Geist war ganz mit Ram verschmolzen, der ihm in diesen zauberhaften Szenen erschien. Die unermüdlichen Pilger kletterten immer höher. Ramkinker, der ein schweres Bündel zu tragen hatte, beschwerte sich über Ramdas' Lauftempo, da er nicht mit ihm Schritt halten konnte. Aber Ramdas war nicht sein eigener Herr. Ram war sein Herr. An einem bestimmten Ort verfehlten sie einander, was beide beunruhigte. Doch Ram brachte sie an einem Ort namens Rudraprayag wieder zusammen.

Der erste Ort, den Ramdas und Ramkinker auf den Höhen besuchten, war Trijugnarain. Der Aufstieg zu diesem Ort war steil. Es war ein von schneebedeckten Bergen umgebenes Plateau. Daher war es hier sehr kalt. Die Pilger blieben einen Tag dort.

Nach einem kurzen Abstieg wurde eine weitere Hügelkette erklommen. Hier war der Weg schmal, zerklüftet und gefährlich. Brüchige, wackelige Brücken mussten passiert werden, und an drei Stellen waren große Schneeflächen zu überqueren.

Als Ramdas und sein freundlicher Führer immer höher hinaufstiegen, erreichten sie schließlich Kedarnath. Dies war in der Tat ein großartiger Ort. Es war ein flaches Land inmitten von hoch aufragenden, schneebedeckten Bergen. Die Kälte hier war extrem streng.

In Kedarnath vollbrachte Ramdas eine äußerst schwierige Leistung – alles durch Rams Gnade. Er bestieg einen der umliegenden hohen Felsen, die mit Schnee bedeckt waren. Natürlich folgte ihm Ramkinker. Während sie hinaufstiegen, mussten sie sich an dem derben Gras festhalten, das auf dem Berg wuchs. Es war ein steiler Aufstieg. Fast die Hälfte des Weges begleitete Ramkinker ihn. Dann weigerte er sich, mit Ramdas weiter hinaufzuklettern, sowohl wegen der Kälte als auch wegen der Gefahr, abzurutschen. Währenddessen stieg Ramdas, der sich in die Hände von Ram begeben hatte, immer höher hinauf, bis er den Gipfel des Berges erreicht hatte, und berührte den schmalen, kegelförmigen Gipfel. Dabei stieß er einen Triumphschrei im

Namen von Sri Ram aus und rief aus voller Kehle: „Om Sri Ram Jai Ram Jai Jai Ram!" Oh Ram, was für ein glorreiches Wesen Du bist!

Der Tempel von Kedarnath,
Wikimedia Commons, Foto: Nehasnaps0306, 2022

Nun war der Abstieg höchst gefährlich. Ein unachtsamer Schritt oder ein leichtes Ausrutschen bedeutete einen Sturz und den sicheren Tod. Doch wenn Ram führt, wo ist da die Angst? Welcher Gefahr kann man nicht kühn begegnen? Er kroch langsam den Berg hinunter, nein, er rutschte hinunter. Während er das tat, begannen weiße, feste Schneeflocken zu fallen. Er war ohne warme Kleidung hinaufgestiegen. Aber durch Rams Gnade fühlte er weder Kälte noch Angst. Schließlich brachte Ram ihn sicher den Berg hinunter. Er brauchte fünf Stunden, um diesen Auf- und Abstieg zu bewältigen. Die Höhe des Berges mag über eine Meile betragen haben. An der Quelle des Flusses Mandakini, der an der Stelle entspringt, wo der Schnee schmilzt, nahm er sein Bad. Das Wasser war natürlich sehr kalt, aber welche Kälte kann dem etwas anhaben, den Ram beschützt!

In Kedarnath gibt es einen Tempel, einige Geschäfte und Wohnhäuser.

Nach einem Tag Aufenthalt reiste er auf Anraten von Ramkinker weiter. Nachdem die Pilger einige Kilometer hinabgestiegen waren, begannen sie, eine weitere Bergkette zu erklimmen. Sie stiegen immer weiter hinauf. Erneut sahen sie herrliche, bezaubernde Landschaften.

Am Fuße eines Berges kamen sie zu einem Rastplatz, an dem sich ein kleines Becken namens Gauri Kund befand, in dem sich heißes Wasser aus einer Quelle sammelte. Es gab auch ein weiteres Becken, in dem das Wasser eine gelbe Farbe hatte. Von dort aus machten er und Ramkinker sich auf den Weg nach oben. Sie legten kilometerlange Steigungen zurück. Der Weg war jetzt nicht mehr so schlimm wie der, der nach Kedarnath führte. Tagelang wanderten sie weiter und näherten sich schließlich Badrinath, auch Badrinarayan genannt. Als sie noch etwa eine halbe Meile von dem Ort entfernt waren, setzten sie sich auf den Weg und betrachteten die Badrinath-Berge. Der Anblick war betörend. Um die Landschaft zu beschreiben, ist die arme Feder von Ramdas völlig unzureichend und untauglich. Als er den Anblick betrachtete, verlor er für eine Weile das Körperbewusstsein und wurde eins mit den hohen Bergen, inmitten derer er saß. In Badrinath befindet sich die Quelle des Flusses Alaknanda.

Während des Aufstiegs auf diese Höhen mussten die Pilger an drei oder vier Stellen weite Schneelandschaften überqueren. Ramdas wanderte mit nackten Füßen über sie. Diese Schneedecken sind Gletscher. Unter der Oberfläche dieser riesigen Schneebretter fließt das Wasser in großen Strömen bergab zum unten liegenden Fluss. Es wird erzählt, dass viele Pilger auf der dünnen Schneeschicht, die unter ihren Füßen nachgab, ausrutschen und von den Sturzbächen mitgerissen wurden.

Badrinath wurde erreicht. Es ist ein flaches Tal, das wie Kedarnath auf allen Seiten von hohen Bergen umgeben ist. Hier steht der Tempel von Badrinarayan aus weißem Marmor. Auch an diesem Ort gibt es einen Wasserspeicher mit heißem Wasser, das aus einer heißen Quelle stammt und von den Bergen herabfließt. Alle Pilger badeten in diesem Becken. Es war sehr kalt. Aber Ram war freundlich und gnädig. So spürte Ramdas die strenge Kälte nicht sonderlich.

Er hatte Schwierigkeiten, Einlass in den Tempel für den *Darshan* von Badrinarayan zu erhalten, da ein großer Andrang von Pilgern vor dem Tor herrschte. Aber einige kränkliche Menschen durften durch eine schmale Seitentür eintreten, an der zwei *Pandas* oder Brahmanen als Wächter eingesetzt waren. Hier suchte er Einlass. Einer der *Pandas* sagte: „Wenn du krank bist, kannst du reinkommen."

Die Umgebung von Badrinath,
Wikimedia Commons, Foto: Kp.vasant, 2015

Der Tempel von Badrinath,
Wikimedia Commons, Foto: Rawatakhilesh, 2019

„Nein, Ramdas ist nicht krank“, antwortete Ramdas.

„Nun, dann tu so, als wärst du krank, wenn du es nicht bist“, schlug der Pandaji vor.

„Niemals“, erwiderte Ramdas. „Er will den *Darshan* von Badrinath nicht, indem er eine Lüge erzählt. Es ist gegen das Gebot von Ram.“

Mit diesen Worten wandte er sich ab. Aber der freundliche Pandaji nahm ihn sofort bei der Hand, verschaffte ihm den *Darshan* von Badrinath und gab ihm auch etwas *Prasad*. Oh Ram! Du prüfst Deinen Sklaven auf verschiedene Arten.

Nachdem sie einen Tag in Badrinath verbracht hatten, traten die *Sadhus* ihre Rückreise an. Nach mehreren Tagen Fußmarsch kamen sie in einen Ort namens Ramnagar, von wo aus die Eisenbahnlinie in Richtung Süden verläuft. Insgesamt betrug die im Himalaya zurückgelegte Strecke vierhundert Meilen, und die Zeit von Haridwar nach Ramnagar betrug vierzig Tage.

In Ramnagar stiegen er und Ramkinker in den Zug, der nach Mathura fuhr. Von hier aus wollte Ramkinker, der krank war, nach Jhansi zurückzukehren. Während der ganzen Zeit war er für Ramdas mehr als eine Mutter gewesen. Er hatte sich sehr um ihn gekümmert. Es war Rams Wunsch, dass ein solcher Freund ihn verlassen sollte. Dementsprechend verließ Ramkinker Mathura in Richtung Jhansi. Ramdas war nur wenige Minuten allein, denn Ram schickte einen anderen *Sadhu* in das *Dharmashala*, wo sie Rast gemacht hatten, um ihn mitzunehmen.

Mathura, Gokul, Vrindavan

Mathura ist der Geburtsort der großen Inkarnation Sri Krishna. Sri Krishna ist die wahrhaftige Verkörperung der Liebe. Sein unvergänglicher Name lebt immer noch frisch und in all seiner ursprünglichen Herrlichkeit in den Köpfen aller Menschen in Indien. Die Bhagavad Gita ist unübertroffen in der Tiefe ihrer Philosophie. Sie zeigt das eine Ziel auf, auf das hin alles menschliche Streben ausgerichtet sein sollte, die letzte Vollendung allen Lebens und aller Existenz. Mathura erinnert noch immer lebhaft an das Kind Krishna und sein bezauberndes Leben, was die Vielzahl von *Mandirs* im Ort, in denen er täglich in Form von bunt gekleideten Idolen verehrt wird, zeigen.

Am Tag seiner Ankunft in Mathura ging Ramdas auf der Suche nach dem heiligen Fluss Jamuna in die Stadt. Ram, der immer bereit war, ihm zu helfen, brachte ihn nun mit einem Brahmanen in Kontakt. Er kam aus eigenem Antrieb auf Ramdas zu und schlug vor, ihn zum Fluss zu führen.

Am heiligen Jamuna angekommen, wusch Ramdas zuerst seine Kleider und stieg dann in den Fluss hinab, um ein Bad zu nehmen. Doch zuvor stellte er sein kleines *Lota* auf eine der Steinstufen, auf die er auch seine Brille legte. Als er mit dem Bad fertig war, kehrte er zu der Stelle zurück, auf die er das *Lota* gestellt hatte, und kam nur einen Augenblick zu spät, denn ein Affe schnappte sich die Brille. Ohne Brille konnte er Gegenstände in der Ferne nicht mehr deutlich sehen. Der Brahmanenführer war verärgert, aber Ramdas, sagte unbeirrt: „Das war alles Rams Wunsch", und dachte bei sich, dass Ram vielleicht sein schwindendes Augenlicht wiederherstellen wollte. Doch der Brahmane gab sich damit nicht zufrieden. Er bat zwei Jungen, die in der Nähe standen, dem Affen nachzurennen und die Brille zu beschaffen. In der Zwischenzeit sprang der Affe von einem Turm des Tempels zum anderen, dicht gefolgt von einer Reihe anderer Affen, die dachten, der erste hätte etwas Essbares ergattert. Nach etwa einer Viertelstunde kehrten die Jungen mit der unversehrten Brille zurück. Es war nur ein Test von Ram für seinen bescheidenen Sklaven gewesen.

Nach dem Besuch einiger Krishna-Tempel, wohin der Brahmanenführer ihn brachte, begab er sich am nächsten Tag in Begleitung eines neuen Sadhuram nach Govardhan. Govardhan liegt vierzehn Meilen von Mathura entfernt. Sie erreichten diesen Ort zur Mittagszeit.

Krishna hält den Govardhan-Hügel mit seinem kleinen Finger hoch.
National Museum of Asian Art, ca. 1790

Der Govardhan-Felsen,
Wikimedia Commons, Foto: Ekabhishek, 2017

Hier befindet sich der berühmte Hügel von Govardhan, der von Sri Krishna hochgehoben und auf der Spitze seines kleinen Fingers gehalten worden sein soll, um die Kühe und Kuhhirten – seine Spielkameraden – vor den schweren Regengüssen zu schützen, die der zornige Gott Indra herabschickte. Aber dieser Hügel ist fast verschwunden und hat sich nahezu auf das Niveau des umliegenden Landes abgeflacht. Die aus dem Hügel herausgeschlagenen Steine wurden größtenteils für den Bau von Häusern an diesem Ort verwendet. Nur ein Felsen ist erhalten geblieben, der von einem Eisenzaun umgeben und mit einem Dach versehen ist. Auf diesen Felsen gießen die Pilger Ghee, Milch, Quark usw. aus und bringen ihre *Puja* dar. Auch von diesem Felsen werden von den Pilgern Stücke abgeschlagen und als Andenken mitgenommen.

Nachdem sie sich in einem *Dharmashala* verpflegt hatten, ruhten Ramdas und der Sadhuram am Nachmittag eine Weile aus. Am Abend waren der Sadhuram und er auf der Straße der Stadt unterwegs. Als sie durch die Stadt gingen, hörten sie ein *Bhajan* aus der Ferne. Ram führte ihn und den Sadhuram dorthin, und sie fanden sich in einem kleinen Ram-*Mandir* wieder. Vor den Statuen saßen etwa ein halbes Dutzend Heilige und sangen zu den Klängen von Zimbeln, Tamburin und *Mridang* den glorreichen Namen Rams. Fast vier Stunden blieb er an diesem Ort, in den bezaubernden Klang von Rams Namen vertieft.

Ramdas, der den Sadhuram verpasst hatte, ging allein nach Gokul, das etwa fünf Meilen entfernt lag. Ah! Gokul ist der Ort, an dem Sri Krishna als Kind aufwuchs, seine Spiele spielte und seine außergewöhnlichen Kräfte zur Schau stellte. Hier fließt auch der gesegnete Jamuna. Vielleicht war es hier in diesem Fluss, dass Sri Krishna auf der giftigen Schlange Kaliya geritten ist und getanzt hat.

Nach einem eintägigen Aufenthalt kehrte er nach Mathura zurück, von wo aus er nach Vrindavan, das etwa sechs Meilen entfernt lag, weiterpilgerte.

Vrindavan[1] ist ein sehr reizvoller Ort. Hier fließt der Jamuna in seiner ganzen Zahmheit und Reinheit. Am Flussufer gibt es wunderschöne natürliche Gärten mit Neem- und anderen Bäumen. Unter ihrem kühlen Schatten zu

---

[1] Vrindavan ist mit dem jugendlichen Krishna verbunden, der sich dort mit den *Gopis*, Milchmädchen, traf, von denen Radha das bekannteste war.

sitzen, wenn die frische Brise aus dem Schoß der Mutter Jamuna über den Ort weht, ist wie der Himmel selbst. Er war von diesem Ort bezaubert, blieb zwei Wochen am Flussufer und machte den trockenen Sand zu seinem Bett und Sitzplatz für die Nacht und den Schatten der Bäume ein wenig oberhalb zu seinem Ruheplatz für den Tag. Die Mondscheinnächte waren ganz bezaubernd. Die Luft schien mit der Gegenwart des aus Liebe inkarnierten Sri Krishna aufgeladen zu sein, und wenn eine sanfte Brise wehte, schien sie die betörende Musik von Sri Krishnas Flöte und den silbernen Klang der bimmelnden Glöckchen seiner gesegneten tanzenden Füße zu Ramdas' Ohren zu tragen. Ab und zu erhob sich eine tiefe, weiche und klangvolle Stimme in der Luft – *„Radheshyam, Radheshyam"* (Krishna und Radha). Ramdas lebte dort in einem Zustand der völligen Ekstase und Verzückung. Die Tage vergingen unbewusst. Der ganze Aufenthalt schien ein einziger langanhaltender, süßer und angenehmer Traum zu sein.

In Vrindavan besuchte er viele Krishna-*Mandirs*, von denen das Ranganath-*Mandir* ein riesiges und malerisches Bauwerk ist. Es ähnelt einer Festung, die von hohen, massiven Mauern umgeben ist. Das Tor und die inneren Gebäude und Dächer sind alle aus kunstvoll behauenem Stein gefertigt.

Endlich kam der Befehl von Ram, weiterzupilgern. Als er nach Mathura zurückkehrte, stieg er auf Wunsch der Freunde des Ortes in einen Zug.

Raipur, Amer

Der Zug brachte Ramdas nach Raipur. Rams Wege sind geheimnisvoll. So wusste er nicht, warum Ram ihn nach Raipur gebracht hatte, da es kein Wallfahrtsort ist. Nachdem er in Begleitung eines *Sadhus*, den Ram ihm freundlicherweise zur Verfügung gestellt hatte, zu Mittag gegessen hatte, gingen sie auf Vorschlag des Sadhuram in einen wunderschönen Garten des Ortes. Nachdem Ramdas im Wasser eines Kanals gebadet hatte, breitete er ein kleines Hirschfell, das er bei sich trug, unter dem Schatten eines Baumes aus und legte sich darauf. Kaum hatte er die Augen geschlossen, als ihn jemand leicht an den Schultern rüttelte. Als er die Augen öffnete, entdeckte er einen jungen Muslim neben sich.

„Entschuldige die Störung, Herr", sagte der junge Freund auf Hindustani.

Ramdas setzte sich auf und erkundigte sich, was er wollte.

„Ich bin gekommen, um mich mit dir zu unterhalten. Ich möchte wissen, ob du an Mohammed glaubst", sagte der junge Freund.

„Warum nicht? Er ist einer der größten Propheten Gottes", antwortete Ramdas.

„Warum sagst du ,einer der Propheten'? Warum nicht der einzige Prophet?", warf der muslimische Freund ein.

„Junger Bruder, obwohl Mohammed ein Weltlehrer ist, gibt es auch andere, die ebenso große Lehrer sind – zum Beispiel Buddha, Jesus Christus und Krishna – und in unseren Tagen Mahatma Gandhi. Wenn du versuchen würdest, die Botschaft zu verstehen, die sie der Welt überbringen, würdest du feststellen, dass sie im Wesentlichen übereinstimmen und der Menschheit das gleiche Ziel vor Augen führen."

Diese Worte machten einen tiefen Eindruck auf den muslimischen Freund. Das Gespräch wurde noch einige Zeit fortgesetzt, unter anderem über Ramdas' Erfahrungen. Der junge Freund gewann ihn so lieb, dass er sich entschloss, ihm zu folgen, wohin er auch ging. Es war eine plötzliche Eingebung. Ramdas sagte ihm, dass er das nicht tun solle, da er keine Anweisung von Ram habe, ihn mitzunehmen. Nach einigem Zureden ließ er sich dazu überreden, die Idee aufzugeben. Aber er wollte etwas von Ramdas als

Andenken haben. Ramdas sagte, dass er durchaus bereit sei, ihm alles zu geben, was er bei sich habe. Er müsse ihn nur darum bitten. Der Freund bat um das Hirschfell, und es wurde ihm sofort ausgehändigt. Er sagte, während er es entgegennahm: „Mit diesem Fell möchte ich mein *Namaz* (das Gebet zu Allah) verrichten, während ich darauf sitze, und es wird mich jedes Mal an dich erinnern.“

Beim Abschied fragte er Ramdas, wohin er als nächstes gehen würde. Er antwortete, dass Ram beabsichtigte, ihn nach Ajmer zu bringen.

„Nun, das ist gut“, sagte der Freund. „Wenn du dort bist, dann versäume es nicht, dem berühmten muslimischen Heiligtum Khaja Pir einen Besuch abzustatten. Jeder Moslem kann dir den Weg dorthin zeigen.“

Dies waren prophetische Worte. Zu gegebener Zeit erreichte Ramdas Ajmer. Es war Nacht. Während er sich auf dem Bahnhof ausruhte, störte ihn ein Polizist auf und vertrieb ihn. Als er zusammen mit einigen anderen *Sadhus*, die ebenfalls mit demselben Zug gekommen waren, umherstreifte, forderte die Bahnpolizei sie alle auf, den Bahnhof zu verlassen. Er suchte sich einen Platz unter einem Baum vor dem Bahnhof innerhalb des Geländes. Aber auch hier störte ihn der Polizist auf und vertrieb ihn. Nach längerem Herumstreifen fand er schließlich einen Platz unter einem anderen Baum in einer weit entfernten Ecke des Bahnhofsgeländes. Da er nichts mehr hatte, was er auf dem Boden hätte ausbreiten können, legte er sich auf den nackten Boden. Als seine Nase in die Nähe des Bodens kam, nahm er den starken Geruch von Urin wahr. Oh Ram, wie gütig du bist! Du lässt deinen demütigen Sklaven alle möglichen Erfahrungen machen – alles zu seinem Besten.

Dieser Zustand lehrte ihn, was für eine Torheit es ist, viel aus diesem vergänglichen Körper zu machen, und er half ihm auch sehr, seine wahre Position zu finden, die in der Tat sehr, sehr niedrig ist. Um ihm diese Erfahrung zu verschaffen, oh Ram, bist Du als Polizist erschienen und hast diesen Umstand herbeigeführt. Hier schlief Ramdas, das Kind von Ram, fest bis zum Morgen in der liebevollen Umarmung dieses allmächtigen Wesens – Ram.

Bei Tagesanbruch ging er in die Stadt. Als er durch die dicht bevölkerten Straßen von Ajmer ging, ohne zu wissen, wohin er geführt wurde – er war immer in die Betrachtung von Ram vertieft – hielt ein großer, stämmiger Muslim Ramdas an und gab ihm ein Zeichen, ihm zu folgen. Er hat in solchen Angelegenheiten keine Wahl. Er denkt immer, dass alle Rufe von Ram kommen. Sofort gehorchte er dem muslimischen Führer, ohne zu wissen oder sich darum zu kümmern, wohin sein Freund ihn führte. Sie gingen fast eine Meile durch die Straßen und blieben schließlich an einem gewölbten Tor stehen. Der Freund trat ein, dicht gefolgt von ihm. Nachdem sie einen Innenhof durchquert hatten, eine Treppe hinabgestiegen und dann durch ein Tor gegangen waren, kam eine schöne *Masjid* (Moschee) in Sicht. Als er hineinging, fand er sich vor einem riesigen silbernen *Mandapam* oder *Tabooth* wieder, das malerisch gewölbt und geschnitzt war. „Das ist Khaja Pir"[1], rief der muslimische Freund. „Knie hier nieder und bekenne dich als *Chela* von Mohammed."

Das *Dargah* (Grab) von Khawaja, Ajmer,
Wikimedia Commons, Foto: Shahnoor Habib Munmun, 2010

Sofort kniete Ramdas, wie von ihm befohlen, in aller Ehrfurcht nieder. Dann blickte er zu dem gütigen Freund auf und sagte: „Bruder, es ist nicht nötig, dass er sich als Mohammeds *Chela* bekennt, denn er ist bereits Mohammeds *Chela*."

---

[1] Khaja Pir ist das berühmte Grab des Sufi-Heiligen Khawaja Moinuddin Chishti.

Oh Ram, oh Mohammed! Wie wunderbar sind Deine Wege! In Erfüllung des Wunsches dieses jungen muslimischen Freundes aus Raipur hast Du Ramdas zu dem heiligen Schrein der Muslime gebracht. Aller Ruhm gebührt Dir, oh Ram, oh Mohammed!

Der muslimische Freund führte ihn von diesem heiligen Ort fort und ließ ihn auf der Hauptstraße zurück. Bald darauf wurde er von einem *Sannyasin* namens Swami Ramachandra aufgenommen – einem Mann mit reinem und zartem Herzen. Er war Ramdas sehr zugetan und verpflichtete sich, sich in jeder Hinsicht um ihn zu kümmern. Oh Ram! Wie kann Dein unwissender Sklave Deine Wege verstehen? Er weiß nur so viel – Du bist ganz Güte, ganz Liebe. Zuerst erkundigte sich der Swamiji im Basar nach einem *Annakshetra*, und nachdem er die Information und zwei *Chits* (Bons) für Mahlzeiten erhalten hatte, brachte er ihn dorthin und führte ihn nach dem Essen zu einem Rasthaus, wo er sein karges Bettzeug mit Ramdas teilte, obwohl dieser Einwände erhob.

Der Swamiji und er blieben drei Tage in Ajmer und brachen dann nach Pushkar Raj auf. Sie wanderten etwa fünf Meilen auf dem Berg und erreichten ein großes natürliches Wasserreservoir, auf dessen einer Seite Tempel und *Dharmashalas* errichtet worden waren. Hier verbrachte Ramdas fünf Tage mit Ram-*Bhajan*.

Swami Ramachandra musste noch einige Tage länger in Pushkar Raj bleiben. So verließ Ramdas auf Rams Anweisung hin allein den Ort in Richtung Ajmer, wo er sich die Gesellschaft eines anderen *Sadhus* sicherte. Da Rams Wille sie daran hinderte, mit dem Zug zu reisen, gingen sie etwa sechzehn Meilen zu Fuß und stiegen dann in einen Zug. Dort trafen die *Sadhus* einen anderen *Sannyasin* und fuhren mit ihm bis zum Bahnhof eines Ortes namens Dharmapuri, wo sie ausstiegen und direkt zum Ashram eines *Sadhus* gingen, der in der Nähe des *Mandirs* von *Mahadev* wohnte. Der *Sadhu* hieß die Gäste herzlich willkommen und versorgte sie mit Unterkunft, Essen etc.

Ramdas wurde gedrängt, einige Tage in diesem Ashram zu bleiben. Der Sadhuram verließ den Ort nach einem Aufenthalt von zwei Tagen und setzte seine Reise fort. Eine Woche verging in diesem Ashram, als zwei *Sannyasins* aus einem Nachbardorf zu Besuch kamen und ihn in ihren Ashram mitnahmen, der in einem Dschungel lag. Er blieb in diesem Dschungel, den er fürs

Ram-*Bhajan* als hervorragend geeignet hielt. Die *Sannyasins* waren sehr freundlich zu ihm. In diesem Dschungel gab es ein kleines *Mandir* von Narahari[1]. Das Innere dieses *Mandirs* war ein perfektes Quadrat. Die Seiten entsprachen genau der Körpergröße von Ramdas. Mit Ausnahme von einer oder zwei Stunden Schlaf in der Nacht wiederholte er die ganze Nacht das glorreiche Mantra von Sri Ram.

Im Dschungel wimmelte es von Wildschweinen, Schlangen, Skorpionen und anderen giftigen Kreaturen. Jede Nacht umzingelte eine Herde von etwa zwanzig bis dreißig Wildschweinen das *Mandir*, dessen Tür immer offenstand. Die wilden Tiere kamen, um mit ihren Rüsseln Wurzeln aus dem sumpfigen Land rund um das *Mandir* auszugraben, denn diese Wurzeln waren ihre Nahrung. Ramdas ging in den Nächten hinaus, wenn sie in der Nähe waren. Aber durch Rams Gnade schadeten sie ihm nie. Die Dorfbewohner, die tagsüber zu ihm kamen, warnten ihn vor den wilden Bestien. Aber völliges Vertrauen in Ram bedeutet vollen Schutz und keine Angst. Außerdem wurde das *Mandir* Tag und Nacht von langen schwarzen Schlangen besucht, doch keine von ihnen belästigte ihn. Jeden Morgen, wenn er das Sacktuch hochhob, das die freundlichen *Sannyasins* für Ramdas als *Asan* oder Sitzplatz ausgebreitet hatten und das er nachts auch als Bett benutzte, entdeckte er darunter eine Reihe von rötlich-gelben Skorpionen. Aber keiner von ihnen stach ihn.

Ramdas blieb durch Rams Befehl für etwa eineinhalb Monaten in diesem Dschungel. Die Nachmittage verbrachte er meist in der Gesellschaft von Kuhhirten, die in diesen Wald kamen, um ihr Vieh zu weiden. Sie spielten auf Flöten und bereiteten ihm das Vergnügen, ihrer süßen Musik zu lauschen. Diese Jungen erschienen ihm wie fröhliche kleine Krishnas. Durch Rams Gnade erwies sich der Aufenthalt dort insgesamt als äußerst erfreulich.

Eines Tages befahl Ram Ramdas, weiterzuziehen. Dementsprechend verließ er den Dschungel gegen den Willen der *Sannyasins*, die wollten, dass er noch einige Monate blieb. Ram übergab ihn in die Obhut eines Händlers am Bahnhof, der sich bereit erklärte, ihn so weit zu begleiten, wie er reiste.

---

[1] Narahari ist ein *Avatar* Vishnus.

Ein Vorfall, der sich hier ereignete, muss jetzt erzählt werden. Als der Kaufmann und Ramdas in den Zug einsteigen wollten, gab es einen großen Andrang von Fahrgästen, und der Kaufmann musste sich durchdrängen, um in einen Waggon zu gelangen, was er auch tat, gefolgt von Ramdas. Kaum hatte er sich gesetzt, sagte der Kaufmann zu ihm: „Maharaj, jemand hat mir meinen Ledergeldbeutel mit fünfzehn Rupien und die Fahrkarte gestohlen." Und er zeigte seine Westentasche, deren Innenfutter für die Entnahme des Geldbeutels sauber herausgeschnitten war. Das alles musste ein paar Sekunden gedauert haben. Der Händler sagte: „Was soll ich tun? Ich habe weder Fahrkarte noch Geld. Darf ich die Angelegenheit bei der Bahnpolizei anzeigen?" Der Zug wollte gerade losfahren.

„Da du ihn um Rat fragst", sagte Ramdas, „bittet er dich, die Angelegenheit zu verschweigen. Es hat keinen Sinn, sich darüber aufzuregen oder einen Aufstand zu machen. Was die Fahrkarte betrifft, so kannst du ohne sie zu deinem Ziel reisen. Unterwegs oder am Ausstiegsbahnhof, wenn die Fahrkarte von den Bahnbeamten verlangt wird, kannst du ihnen erklären, wie du die Geldbörse und die Fahrkarte verloren hast. Als Beweis dafür kannst du ihnen die zerrissene Westentasche zeigen."

Dieser Rat des bescheidenen Ramdas überzeugte den Kaufmann nicht. Er war nicht zufrieden, bis er die Angelegenheit der Bahnpolizei gemeldet hatte. Nun kam ein Polizeibeamter in das Abteil und begann, viele ärmlich gekleidete und bescheidene *Sadhus* zu belästigen, indem er sie zwang, ihm ihre Taschen und Bündel zur Kontrolle auszuhändigen. Da er bei ihnen nichts fand, richtete sich seine Aufmerksamkeit als Nächstes auf eine Gruppe einfach gekleideter Dorfbewohner, deren große Turbane alle heruntergezogen und deren Mäntel und Kleidung durchwühlt wurden. Bei einem von ihnen entdeckte man schließlich eine Summe von zwanzig Rupien. Diesem Mann stellte der Polizist nun eine Reihe von scharfen, argwöhnischen Fragen, wie er in den Besitz des Geldes gekommen sei. Er erklärte, dass er nur der Verwalter der Summe sei, die allen Freunden dieser Gruppe gehöre.

Zu diesem Zeitpunkt war der befreundete Kaufmann bereits angewidert und reumütig, weil er sah, dass viele unschuldige Menschen wegen seines Verlustes schikaniert wurden. Das bei den Dorfbewohnern gefundene Geld und auch die Fahrkarten wurden von der Polizei einbehalten und erst nach mehreren Stationen an die Besitzer zurückgegeben.

In der Zwischenzeit hatte der Vorfall für viel Ärger und Unruhe gesorgt. Nun kam der Kaufmann zu Ramdas, verneigte sich vor ihm und sagte: „Maharaj, wie dumm von mir, dass ich nicht auf deinen goldenen Rat gehört habe. Sieh nur, was für ein Durcheinander ich aus der ganzen Angelegenheit gemacht habe. Wie vielen unschuldigen Menschen habe ich Leid zugefügt. Verzeih deinem Sklaven."

„Bitte Ram um Verzeihung, Freund", war Ramdas' einzige Antwort. Durch diesen Vorfall lehrte Ram Ramdas die schöne Moral, dass er niemals den Fehler begehen sollte, Geld bei sich zu tragen oder zu besitzen, was nichts anderes als Ärger und Unheil bedeutet. Es wird zu Recht gesagt: „Geld ist die Wurzel allen Übels."

Junagad, Dwarka

Nun brachte der Zug Ramdas zum Bahnhof von Junagad. Es war mittags. Er war ohne Führer. Am Stadttor erkundigte er sich bei einem Polizisten, ob es an diesem Ort ein Ram-*Mandir* gäbe. Er antwortete, dass es zwei Meilen entfernt eines gäbe, und zeigte ihm den Weg dorthin. Ramdas ging weiter und erkundigte sich unterwegs häufig. Schließlich erreichte er das hohe Tor des Ram-*Mandirs*. Als er eintrat, wurde er vom *Mahant* des Ashrams begrüßt, bei dem er etwa eine Woche lang blieb. Hier war er in der Gesellschaft von sechs anderen *Sadhus*, die ebenfalls Gäste des gutherzigen *Mahants* waren. Alle von ihnen waren sehr freundlich zu Ramdas.

Ram vollbrachte hier zwei Wunder. Einer dieser *Sadhus* hatte seit zwei Wochen Fieber, und trotz verschiedener Behandlungen ging es ihm so schlecht wie immer. Er war bettlägerig, ausgemergelt und blass. Außerdem war er entmutigt und ärgerte sich über seine Krankheit. Als Ramdas seinen Zustand sah, konnte er nicht widerstehen, zu seinem Bett zu gehen. Er setzte sich neben ihn, bot sich an, ihm zu helfen, und begann sanft, seine Beine zu massieren. Als der kranke *Sadhu* das bemerkte, setzte er sich auf und sagte, er sei es nicht wert, von ihm eine solche Aufmerksamkeit zu erhalten. Er bat Ramdas um seinen Segen, dass er am nächsten Tag wieder gesund sein möge. Ramdas sagte, er sei nur ein demütiger Sklave Rams und habe kein Recht, jemanden zu segnen.

„Segne mich im Namen von Ram", bat er.

„Nun, Bruder", sagte Ramdas, „möge Sri Ram – der Beschützer von allen – dich bis morgen früh mit Gesundheit segnen."

In dieser Nacht war Ram damit beschäftigt, den *Sadhu* zu heilen, denn am nächsten Morgen war er völlig fieberfrei und ging mit guter Laune und Gesundheit umher. Diese wunderbare Heilung durch Ram, für die Er den bescheidenen Ramdas zu Seinem Werkzeug gemacht hatte, erregte im Ashram großes Aufsehen. So wurde er zum Objekt beträchtlicher Aufmerksamkeit und Liebe von allen im Ashram.

Etwa drei oder vier Tage später erkrankte ein anderer *Sadhu*. Auch er bat Ramdas, ihn auf dieselbe Weise zu segnen, wie er es mit dem anderen getan hatte. Ramdas betete erneut zu Ram wie gewünscht. Oh Ram, was für ein mächtiges Wesen Du bist! Auch der zweite *Sadhu* erholte sich bis zum nächsten Morgen. Aller Ruhm gebührt Dir, Ram!

Die vielen Tempel auf dem Girnar,
Wikimedia Commons, Foto: Jalodiadeepak, 2021

Der *Dattatreya*-Tempel auf dem Girnar,
Wikimedia Commons, Foto: Sachinvenga, 2014

Ramdas sollte nicht lange in diesem Ashram bleiben. Eines Tages traf er denselben *Sannyasin*, der ihn nach Dharmapuri gebracht hatte. Dieser hatte eine große Zuneigung zu Ramdas gefasst und nahm ihn mit in einen anderen Ashram, der einem bekannten *Sannyasin* aus Junagad namens Kashigirji gehörte. In diesem Ashram oder *Akhada*, wie er genannt wurde, wurde Ramdas von allen *Sannyasins* geliebt – es gab etwa fünfzehn von ihnen.

Rams Absicht, ihn nach Junagad zu bringen, war, es ihm zu ermöglichen, den berühmten Hügel von Girnar zu erklimmen – den Sitz von Guru *Dattatreya* und Mutter *Ambaji*. Er äußerte diesen Wunsch gegenüber Kashigirji, der ihm vorschlug, ihn zu begleiten. Rams Freundlichkeit ist in der Tat sehr groß. Es wurde ein Tag festgelegt, und eines Nachts stiegen er, Kashigirji und sechs weiteren *Sannyasins*, die ebenfalls zur Gruppe gehörten, die Stufen zum Girnar hinauf. Die Gesamtzahl der Stufen, die zu überwinden waren, um den Gipfel des Berges zu erreichen, betrug etwa 9.000. Sie legten 6.000 Stufen zurück und erreichten etwa um drei Uhr früh den Ashram eines *Sannyasin* namens Shankargirji. Hier wurde für die Nacht eine Pause eingelegt. Auf dem Hügel war es sehr kalt. Ram war freundlich, und sein *Bhajan* war so süß.

Am nächsten Morgen stieg die Gruppe weiter hinauf und erreichte zuerst den Tempel von Mutter *Ambaji* und, nachdem sie weitere Stufen hinaufgestiegen waren, den höchsten Gipfel dieser Hügel. Als sie sich diesem Gipfel näherten, wurden die Stufen unregelmäßig und rutschig, aber Ram führte alle sicher hinauf. Hier auf dem Gipfel befinden sich die Fußabdrücke von Guru *Dattatreya*. Hunderte von Pilgern erklimmen täglich diese Hügel für den *Darshan* dieser heiligen Fußabdrücke. Am Rand dieses Gipfels zu sitzen und den Blick rundherum schweifen zu lassen, bietet dem Betrachter einen höchst faszinierenden Anblick. Die bezaubernde Landschaft auf allen Seiten – die fernen, grün und gelb gefärbten Hügel, der weite, blaue Himmel und die dünnen, silbrigen Streifen von Wasser, die an den glatten und glänzenden Seiten der Felsen hinabfließen – all das sind Szenen, die den Betrachter in mystische und himmlische Regionen erheben.

Beim Abstieg besuchte die Gruppe auf halbem Weg einige Höhlen, die von *Mahatmas* bewohnt wurden, und hatte das ungewöhnliche Vergnügen ihrer Gesellschaft. Dann besuchten sie die Wasserreservoirs an den Hängen der

Berge. Schließlich kehrten sie am Mittag in den gastfreundlichen Ashram von Shankargirji zurück.

Nach dem Abendessen begab sich die Gruppe auf den Weg nach unten und erreichte am Abend Junagad.

Am nächsten Tag klagten alle *Sannyasins* der Gruppe über Steifheit und Schmerzen in den Gliedern. Einige von ihnen konnten zwei oder drei Tage lang nur humpeln. Aber Ram war so gütig zu Ramdas, dass er keine Schmerzen oder Steifheit in seinen Beinen spürte.

Nun machte Ram ihn mit zwei jungen Freunden, Maganlal und Kantilal, bekannt, die beide große Liebe für ihn empfanden. Er verbrachte ein paar sehr glückliche Tage in ihrer Gesellschaft. Sie gingen jeden Abend mit ihm in die öffentlichen Gärten und Haine.

Die Ruine des Tempels von Somnath,
Wikimedia Commons, Foto: D.H. Sykes, 1869

Von Veraval aus besuchte er die Ruinen und den Tempel von Somnath.[1] Er betrat die unterirdische Höhle, in der sich die riesige Statue von Somnath befand, stand vor der Götterstatue und spürte Ekstase in der Gegenwart von

---

[1] Der Tempel von Somnath ist Shiva geweiht. Somnath heißt wörtlich „Beschützer des Mondgottes". Der Tempel wurde in den 50er Jahren wieder aufgebaut.

Somnath. Anschließend badete er im Fluss, der etwas entfernt vom Tempel lag.

Als Ramdas nach Veraval zurückgekehrt war, sagte er zu einem Händler-Freund, er wolle Prachi und Muddi Goraknath besuchen und werde sich am nächsten Morgen zu Fuß auf den Weg machen.

„Nein, Swamiji", sagte der freundliche Kaufmann, „du darfst nicht zu Fuß gehen. Ich werde einen Ochsenkarren für dich mieten, denn die Straße zu diesen Orten ist so schlecht, dass sogar ein Pferdewagen nicht hinfahren kann. Außerdem musst du eine Strecke von sechzehn Meilen zurücklegen, was für einen schwachen Mann wie dich eine große Entfernung ist."

Obwohl Ramdas gegen den Vorschlag war, ließ er sich von dem Freund überreden, zusammen mit einigen anderen Freunden, die ebenfalls nach Prachi wollten, in einem Wagen Platz zu nehmen. Der Freund steckte ein kleines Tuch in seine Tasche, an dem zwei Rupien für die Fahrt nach Prachi und zurück befestigt waren. Der Wagen fuhr noch vor Tagesanbruch los. Sie hatten noch keine halbe Meile zurückgelegt, als Ramdas sah, wie der Fahrer die Ochsen mit einem schweren Stock schlug. Er konnte diesen Anblick nicht ertragen. Es war, als ob die Schläge seinen eigenen Rücken trafen. Er bat den Fahrer, die Ochsen nicht zu verletzen. Dieser erwiderte, dass die Ochsen nicht gehen würden, wenn man sie nicht züchtigte. Ram befahl Ramdas, sofort aus dem Wagen auszusteigen. Nachdem er ihm eine Rupie für die Fahrt bezahlt hatte, stieg er aus, ging die Strecke zu Fuß und erreichte Prachi gegen Mittag.

Unterwegs traf er einen anderen Mann, der aus der entgegengesetzten Richtung kam, und beide grüßten einander mit „Ram, Ram". Nachdem er weitergegangen war, fragte Ramdas den Mann, warum er einen so großen Abstand zu ihm einhielte, worauf dieser antwortete, dass er ein *Paria* sei.

„Oh, aber du bist trotzdem Ramdas' Bruder." Mit diesen Worten ging Ramdas auf ihn zu und nahm ihn bei der Hand. Der Mann starrte Ramdas verwirrt an. „Ich bin ein *Dhed*", sagte er erneut.

„Ramdas ist dein Bruder", wiederholte Ramdas. „Ein Mann, der den Namen Ram auf seinen Lippen trägt, ist einem Brahmanen überlegen. In den Augen Rams sind alle gleich."

Bis zum Abschied sprach Ramdas weiter mit ihm über den Ruhm von Ram. Dann trennte der Mann sich von Ramdas, der sich daraufhin in die Gesellschaft eines muslimischen Freundes begab, der ein mit Waren beladenes Pferd am Zügel führte. Dieser Freund, dessen Wesen einfach und kindlich war, bereitete Ramdas durch seine Gesellschaft viel Vergnügen, bis er Prachi erreichte. Er badete in dem großen Becken, besuchte mehrere *Mandirs*, traf zwei *Sadhus* des Ortes, machte sich dann auf den Rückweg und erreichte am Abend den Schrein von Muddi Goraknath. Hier verbrachte er eine Nacht in der Gesellschaft der *Sadhus* des Tempels, einer Höhle, zu der man nur über eine Steintreppe hinabsteigen konnte.

Er brach am nächsten Morgen nach Veraval auf und kam am Vormittag an. Das Erste, was er tat, war, dem Händler den Restbetrag von einer Rupie zurückzugeben. Er war den ganzen Weg mit Enthusiasmus gegangen und hatte, wie es seine Gewohnheit war, das heilige Ram-Mantra wiederholt. Am nächsten Tag fuhr er mit dem Zug zurück nach Junagad. Maganlal und Kantilal hießen ihn herzlich willkommen. Sie drängten ihn, noch einige Tage in Junagad zu bleiben. Er willigte ein, vorausgesetzt, dass ihm erlaubt wurde, in der Einsamkeit zu bleiben, wo er seine Tage in völliger Hingabe an Ram und in Meditation über Ihn verbringen konnte. Dementsprechend bestimmte Ram einen Ort, der Muchkund Rishis Ashram genannt wurde. Dieser lag inmitten eines dichten Dschungels auf einem Hügel auf dem Weg nach Girnar, etwa vier Meilen von Junagad entfernt. Hier gibt es einen Tempel, der in Ruinen lag, neben einer Reihe von vernachlässigten *Samadhis*. Der Ort sah folglich seltsam aus.

Ramdas blieb zehn Tage lang dort. Er entzündete ein kleines Feuer und hockte die ganze Nacht davor, um Ram-*Bhajan* zu singen. Hier gab es viele Fledermäusen und Tauben. Da es ein verlassener und furchterregender Ort war, betrachteten es die Leute der Stadt und die *Sadhus* als ein Privileg, den *Sannyasin* zu besuchen, der hier wohnte. Einige dieser wohlmeinenden Freunde informierten ihn zunächst über die angeblichen Schrecken des Ortes. Ihnen allen wurde gesagt, dass es keinen Platz für Furcht gibt, wenn der allmächtige Ram einen beschützt. Maganlal und Kantilal besuchten ihn täglich. Sie besorgten ihm von muslimischen Freunden eine hervorragende Übersetzung des Heiligen Koran ins Englische. Der Koran ist in der Tat ein großartiges Werk. Ramdas zog großen Nutzen aus dem Studium der Lehren des großen Propheten Mohammed.

Dann erhielt Ramdas von Ram den Befehl, den Ort zu verlassen. Er verließ Junagad mit dem Mitternachtszug und erreichte Porbandar. Von diesem Bahnhof aus ging er in die Stadt Sudamapuri.

Am selben Abend gingen er und zwei *Sadhus*, zu denen später noch zwei weitere stießen und eine fünfköpfige Gruppe bildeten, zu Fuß in Richtung Dwarka. Es war eine recht muntere Gruppe, von der ein alter, bärtiger *Sadhu* mit einem großen Turban auf dem Kopf, einem dicken *Kambal* auf dem Rücken, Holzsandalen in der einen Hand und einen zerbrochenen Messingtopf in der anderen, eine hölzerne Armlehne über der Schulter, eine Steppjacke am Körper und einem *Kaupin* um die Lenden, zum Anführer der Truppe wurde. Er war ein einfacher, bescheidener, gutmütiger und harmloser alter Heiliger. Fröhlich wanderten die *Sadhus* Meile um Meile. Jeder erzählte dem anderen etwas von seinen Erfahrungen. Ramdas war die ganze Zeit entweder damit beschäftigt, den Geschichten zuzuhören oder Rams süßen Namen zu wiederholen. In einem kleinen Dorf am Wegesrand wurde für die Nacht Halt gemacht. Seine Bewohner behandelten die *Sadhus* mit großer Gastfreundschaft.

Sehr früh am nächsten Morgen rief der Sadhuram, der Anführer, alle zum Aufbruch. Die *Sadhus* schüttelten den Schlaf ab, standen auf, schulterten ihre jeweiligen Bündel und machten sich auf den Weg. So reisten sie weiter und machten mittags und nachts in Dörfern Rast, bis sie den alten Schrein Muladwarka erreichten, der insgesamt zwanzig Meilen von Sudamapuri entfernt lag. Hier gab es einen Ashram, in dem beständig zwanzig bis dreißig wandernde *Sadhus* zu finden waren. Die Neuankömmlinge mischten sich in fröhlicher Gemeinschaft unter die *Sadhus* des Ashrams und besuchten den alten Tempel. Es heißt, dass Sri Krishna seinen ersten Aufenthalt an diesem Ort eingelegt hat, bevor er nach Dwarka oder Bet Dwarka, wie es genannt wird, ging.

Nachdem die Gruppe ein Stück weitergewandert war, erreichte sie Gomati Dwarka. Dieses Heiligtum gilt ebenfalls als wichtiger Wallfahrtsort wegen des heiligen Flusses Gomati, der hier einst floss, inzwischen aber ausgetrocknet ist. An seiner Stelle befindet sich jetzt ein Becken, in dem zu baden Pilger als ein großes Verdienst betrachten.

Nachdem sie im großen Tempel dieses Ortes *Darshan* erhalten und einen Tag in der Gesellschaft vieler anderer reisender *Sadhus* verbracht hatten, die täglich zu Hunderten kamen, zogen sie unter der Führung des ehrwürdigen Sadhuram weiter. Als sie am Bahnhof ankamen, stiegen sie in einen Zug, der bereits mit anderen *Sadhus* voll besetzt war. Dieser Waggon wurde „*Sitaram*"-Wagen genannt. Es war wirklich großzügig von der Eisenbahngesellschaft, die *Sadhus* auf dieser Strecke kostenlos reisen zu lassen. Es war ein ungewöhnlicher Segen Rams, Ramdas die Gesellschaft von fast vierzig *Sadhus* gesichert zu haben, die sich alle in vollkommener Freundschaft und Unschuld wie kleine Kinder beim Spielen verhielten. Jeder *Sadhu* war damit beschäftigt, sein Bündel oder seine Tasche zu öffnen und seinem Nachbar-*Sadhu* seine Kuriositäten zu zeigen wie Muschelschalen, *Rudrakshas* und kleine gerahmte Bilder von Göttern aus verschiedenen Heiligtümern, die er auf seiner Pilgerreise durch ganz Indien gesammelt hatte.

Schließlich brachte der Zug sie zur Endstation – einem kleinen Bahnhof. Hier stiegen sie aus und gingen zum Meeresufer, wo sie zwei Dampfboote eines Muslims besteigen durften. Als der Bootseigner die Erlaubnis erteilte, riefen alle *Sadhus* mit einer Stimme: „Mohammed Ki Jai!" Sie überquerten den Golf, und erreichten die Insel Dwarka.[1] Es war Nacht, als sie dort ankamen. Sie übernachteten in einem *Dharmashala*.

Am nächsten Morgen besuchte die Gruppe den berühmten Tempel von Dwarkanath (Krishna). Ramdas erlebte ein unbeschreibliches Gefühl der Verzückung und Freude, als er vor der Statue von Sri Krishna stand. Er blieb fast zwei Stunden lang in einem Zustand der völligen glückseligen Versenkung im Tempel. Danach wanderte er am Meeresufer entlang und sprang von Felsen zu Felsen, die ganze Zeit in die Meditation über Ram vertieft. Die *Sadhus* blieben zwei Tage lang hier. Am dritten Tag brachen sie auf Geheiß des Sadhuram zu ihrer Rückreise auf.

Nun ereignete sich ein Vorfall, der aufgeschrieben werden muss. Die Gruppe hatte wie üblich in einem bestimmten Dorf übernachtet und brach auf Befehl

---

[1] Dwarka am Arabischen Meer gehört zu den heiligsten Städten Indiens. Dort hatte Krishna nach der Erzählung des Mahabharata sein Königreich errichtet.

des Anführers bei Tagesanbruch auf. Der Sadhuram wachte etwas zu früh auf. Es war noch dunkel, und die *Sadhus* murrten, dass sie den Weg nicht richtig sehen konnten. Zwei weitere *Sadhus* hatten sich der Gruppe im Dorf angeschlossen. Es waren junge Männer. Einer von ihnen war völlig blind und wurde von dem anderen, der auf einem Auge blind war, geführt. Der Sadhuram versicherte der Gruppe, dass die Sonne bald aufgehen würde. Doch sie liefen fast zwei Stunden lang in der Dunkelheit weiter, stolperten, murrten und verfehlten hin und wieder den Weg. Der Tagesanbruch war noch so weit entfernt wie immer. Alle machten dem Anführer schwere Vorwürfe, aber der alte Sadhuram ging schweigend seinen Weg und gab keine Antwort auf die negative Kritik seiner Freunde. Er tappte selbst in der Dunkelheit umher und wurde sich bei jedem Schritt mehr und mehr bewusst, dass er den Weg verloren hatte und alle in eine unbekannte Richtung führte.

Der Krishna-Tempel in Dwarka,
Wikimedia Commons, Foto: Vishnupranay, 2014

Die Gruppe ging immer weiter. Sie kamen auf schlammigen Boden und fanden sich schließlich knietief im Schlamm stecken. Jetzt schrien alle wütend: „Halt!" Es war noch stockdunkel. Alle, außer natürlich der arme blinde *Sadhu*, richteten ihre Augen zum Horizont in der Erwartung, dass die Sonne aufgehen würde. Aber die Sonne war noch weit entfernt. Wieder murrten

einige der *Sadhus* und fragten den Sadhuram, was sie als nächstes tun sollten. Der Sadhuram antwortete nicht. Nach einiger Zeit fruchtloser Diskussion kamen sie zu dem einstimmigen Entschluss, dass sie dort bis zum Tagesanbruch warten sollten, denn der Versuch, sich zu bewegen, könnte ein
schlimmeres Schicksal heraufbeschwören – vielleicht einen Sturz in einen
Graben oder noch mehr im Schlamm zu versinken.

So verbrachten sie etwa eine Stunde bei großer Kälte in diesem Morast.
Schließlich tauchte der flammende Wagen des Sonnengottes am Horizont
auf und läutete einen Tag der Hoffnung und Freude ein. Die meisten *Sadhus*
der Gruppe waren nun entschlossen, die Führung des Sadhuram aufzugeben,
und zogen in Zweiergruppen weiter. Aber Ramdas, der die ganze Zeit über
still war – beschäftigt mit der Wiederholung von Rams Namen – hielt sich
an den Sadhuram, half ihm, seine Sandalen und sein *Lota* zu tragen, und
folgte ihm.

Obwohl die *Sadhus* eine Zeit lang getrennt waren, trafen sich alle am nächsten Bahnhof wieder. Hier stiegen sie in den Zug, der nach Norden fuhr. In
Viramgam mussten sie umsteigen. In dem Gedränge verpassten sich Ramdas
und der Sadhuram und trafen sich nicht wieder. Wahrscheinlich hatte der
Sadhuram, der nach Mathura weiterreisen wollte, einen Zug bestiegen, der
weiter nach Norden fuhr. Ramdas stieg mit einigen anderen *Sadhus* in einen
Zug in Richtung Bombay. Rams Freundlichkeit war so groß, dass der Zug,
in dem er saß, zufällig direkt nach Bombay fuhr, ohne dass er unterwegs
umsteigen musste.

Bombay

Der Zug hatte fast Ahmedabad erreicht, als ein Fahrkartenkontrolleur kam, um die Fahrkarten zu prüfen. Er fand etwa ein halbes Dutzend *Sadhus* im Waggon ohne Fahrkarten, unter denen sich natürlich auch Ramdas befand. Er gab den *Sadhus* den Befehl auszusteigen. Einer nach dem anderen stieg aus dem Waggon. Nun erhob sich auch Ramdas, aber der Fahrkartenkontrolleur, der ganz nahe bei ihm stand, legte seine Hand auf Ramdas' Schulter und drängte ihn, sich wieder zu setzen. „Maharaj, du brauchst nicht auszusteigen. Was ich gesagt habe, war nicht für dich bestimmt."

Gegen acht Uhr abends erreichte der Zug den Bahnhof Grant Road in Bombay. Hier verließ Ramdas den Bahnhof und begab sich auf Rams Geheiß direkt nach Bhuleshwar[1]. Er musste sich immer wieder nach dem Weg erkundigen. Im Tempel angekommen, verbrachte er die Nacht auf einer der Steinstufen des inneren Tempelbereichs.

Der Tag brach an. Ramdas hatte seine Waschung am Wasserhahn beendet und war gerade zu seinem Platz zurückgekehrt, als ihm ein Freund einen *Chit* (Essensbon) überreichte und ihn bat, sechs andere *Sadhus* zu begleiten, die ähnliche *Chits* besaßen. „Ihr seid alle von einem Kaufmann zum Abendessen in seinem Haus eingeladen", sagte er.

So folgten alle sieben *Sadhus* diesem Führer, der sie durch mehrere Straßen führte, bis sie zum Eingang des Hauses des Gastgebers kamen. Da noch Zeit vor dem Abendessen war, setzten sich die *Sadhus* in den Schatten der Bäume auf dem Gelände. Ramdas hatte sich soeben auf einen Holzstamm gesetzt, als ein *Sadhu* auf ihn zukam und sagte: „Swamiji, der *Chit*, der mir gegeben wurde, ist unterwegs verloren gegangen. Ich bin seit zwei Tagen ohne Essen unterwegs. Kann ich ein Abendessen ohne Bon bekommen?"

Die einzige Antwort, die Ram durch Ramdas in diesem Moment geben konnte, war, ihm schweigend und fröhlich seinen eigenen *Chit* zu überreichen und sofort den Ort zu verlassen.

Er irrte nun in der Sonne umher wie ein Verrückter. Warum sagen wir wie ein Verrückter? Er war wirklich verrückt – verrückt nach Ram. Er ging

---

[1] Bhuleshwar ist ein Stadtviertel im Süden von Bombay (heute Mumbai).

immer weiter. Unbewusst lenkte er seine Schritte zum Fort und wanderte von einer Straße zur anderen. An einer bestimmten Abzweigung des Fußweges sprach ein Mann mittleren Alters ihn an und bot ihm ein *Pies* an. Er erwiderte den Gruß, sagte aber, dass er kein Geld annehmen würde, sondern Früchte. Nebenan war eine Mutter, die Kochbananen verkaufte. Der Freund kaufte eine Kochbanane für den *Pies* und reichte sie Ramdas. Dann bat er Ramdas, sich zu setzen, und erzählte seine Geschichte. Er sagte, dass er nur einen Sohn hatte, der ein wahres Juwel war. Er war intelligent, sanftmütig, gut im Charakter, vielversprechend, zärtlich, liebevoll und gut aussehend – ein Musterbeispiel an Vollkommenheit – und dieser Sohn wurde vor etwa einem Monat von der Pest dahingerafft. Seit diesem schweren Verlust war er über den Schicksalsschlag wahnsinnig geworden. Deshalb bat er Ramdas, ihm einen Weg aufzuzeigen, wie er dieses Unglück ertragen konnte. Ramdas antwortete: „Bruder, über den Verlust deines Sohnes zu trauern, ist eine große Verblendung. Frei von diesem Kummer zu sein bedeutet, die Wirklichkeit zu erkennen. Es gibt nur einen Weg, um zu dieser Wirklichkeit zu erwachen, und der besteht darin, über Gott zu meditieren.“

„Wie kann ich das tun? Ich kann meinen Geist nicht kontrollieren“, sagte der Freund.

„Nun, dann beginne, das Mantra zu wiederholen, das Ram Ramdas befohlen hat, dir zu geben, und du wirst die unmittelbare Wirkung spüren.“

Mit diesen Worten gab er ihm die *Upadesh* in das Ram-Mantra und ließ es ihn fünfzehn Minuten lang ohne Unterbrechung wiederholen. Währenddessen kam ein Gefühl der Erleichterung in ihm auf. Dann erhob er sich, verabschiedete sich von Ramdas und sagte, dass er den richtigen Schlüssel gefunden habe, um das Tor des Friedens zu öffnen. Er gab außerdem zu, dass er seit der Wiederholung des Mantras Ruhe erfahren habe, und sagte, er würde nicht aufhören, es zu wiederholen. Dann verließ er den Ort. Ramdas setzte seinen verrückten Spaziergang fort.

Nun ging er durch die breite Straße, die an das Port-Trust-Gebäude und an die Docks angrenzte. Er ging immer weiter – jetzt durch ein Labyrinth von Straßen und Gassen, dann über Brücken und Bahnübergänge. Gegen fünfzehn Uhr befand er sich vor einem Gebäude, das ihm bekannt vorkam. Als er aufblickte, entdeckte er das Schild seines Bruders Ramakrishna Rao –

Porträtmaler von Beruf. Ram forderte ihn auf, die Treppe hinaufzusteigen, und in wenigen Minuten befand er sich im vorderen Zimmer, das der Künstlerbruder bewohnte. Er wurde von dem Bruder sehr herzlich empfangen. Bei diesem Bruder blieb er vier Tage lang.

Während seines Aufenthalts nutzte Ramdas den Morgen, um die verschiedenen Tempel von Bombay und die in der Nähe der Tempel lebenden *Sadhus* zu besuchen. Eine Nacht verbrachte er am großen Becken des Walkeshwar-Tempels, wobei er fast die ganze Nacht mit dem Ram-*Bhajan* wach blieb. Auf Rams Befehl hin beschloss er dann, aufzubrechen. Der freundliche Bruder begleitete ihn bis zum Bahnhof, besorgte ihm eine Fahrkarte nach Nasik und setzte ihn in den Nachtzug. Ramakrishna Raos Besorgnis um ihn war so groß, dass er ihm ein kleines Päckchen mit Kochbananen, Orangen und einigen Süßigkeiten aufdrängte. Der Zug fuhr los. Ram besorgte Ramdas die Gesellschaft eines anderen Freundes, der neben ihm auf derselben Bank saß. Er reiste mit Ramdas bis zwei Stationen vor Nasik. Den ganzen Weg sprach er von nichts anderem als von Ram. Ab und zu sang er über Ram und komponierte Lieder aus dem Stegreif. In der Tat war er verrückter nach Ram als Ramdas selbst. Hier lehrte Ram Ramdas, wie man wirklich verrückt nach Ihm wird. Es war ein vollkommenes Vergnügen, sein Gespräch und seine Lieder über Ram zu genießen. Es war alles Rams vorherbestimmter Plan, und Ram ist immer freundlich. Bevor sie ausstiegen, bat dieser Freund einen anderen Passagier, Ramdas zu führen und auf ihn aufzupassen. Zu gegebener Zeit erreichten sie Nasik.

Panchavati, Tapovan, Trimbakeshar, Pandharpur, Bijapur

Ramdas erreichte Panchavati[1]. Er sah den wunderschönen Fluss Godavari, an dessen Ufern es eine Reihe von *Kshetras* gab, die *Sadhus*, Brahmanen und arme Pilger ernährten. Zu einem von ihnen lenkte er seine Schritte. Auf der Veranda eines *Kshetra* fand er eine Anzahl von *Bairagis*, Bettelmütter mit ihren Kindern vor. Hier öffnete er, wie von Ram aufgefordert, das Päckchen mit Früchten, das ihm von Bruder Ramakrishna Rao mitgegeben worden war, leerte das Tuch, in dem sie verpackt waren, und verteilte sie an die kleinen Kinder in diesem Ort. Dadurch wurde er von einer ziemlich schweren Last befreit. Rams Anweisung lautet immer, sich nicht um Essen und Kleidung zu sorgen.

Dann ging Ramdas zum heiligen Fluss, wusch seine Kleider und setzte sich nach dem Bad ans Ufer, um über Ram zu meditieren. Die Zeit verging, und es war schon nach Mittag, als er aufstand und zu einem *Dharmashala* ging. Da kam ein grobschlächtiger Mann zu ihm, setzte sich neben ihn und fragte, ob er schon zu Mittag gegessen habe, was er natürlich verneinte.

„Komm", sagte er. „Ich werde dich an einen Ort bringen, wo du eine Mahlzeit bekommst."

Dann nahm er Ramdas bei der Hand, führte ihn ein kurzes Stück auf derselben Straße weiter und betrat ein hohes Gebäude, wo er sich erkundigte, ob es möglich sei, einem *Sadhu* Essen zu geben. Der Freund, dem diese Frage gestellt worden war, ging hinein, um die Angelegenheit zu klären. Währenddessen sagte der Führer: „Sieh her, Maharaj, du brauchst dir keine Sorgen um das Essen zu machen. Ich werde dafür sorgen, dass du auf jeden Fall etwas zu essen bekommst, auch wenn es hier nichts gibt."

„Wenn das Ram-*Bhajan* auf den Lippen von Ramdas ist, ist er immer weit entfernt von solchen Sorgen", antwortete Ramdas.

Später wurden in diesem *Kshetra* Mahlzeiten angeboten. Ram kümmert sich um alles. Seine Sorge um seine Anhänger ist tausendmal größer und lebendiger als die einer Mutter für ihr neugeborenes Kind.

---

[1] Panchavati an der Quelle des Godavari steht mit Rama in Verbindung. Nach der Mythologie hat er dort längere Zeit in der Verbannung verbracht.

Ram übergab nun Ramdas in die Hände eines pensionierten Kaufmanns, der im *Dharmashala* wohnte und ihm sehr zugetan war. Ohne sein Wissen deckte dieser Freund Ramdas um Mitternacht mit einer Decke zu, da er kein *Kambal* annahm, wenn es ihm angeboten wurde. Die Kälte am Ufer des Godavari war zu dieser Zeit extrem. Auf Drängen dieses Kaufmannsfreundes blieb Ramdas zwei Tage bei ihm. In der zweiten Nacht fragte ihn der Freund, ob er die Fähigkeit kultiviert habe, Träume herbeizuführen. Ramdas antwortete, dass er von diesem *Sadhana* nichts wisse. Er wisse nur, wie man den Namen von Ram ausspreche.

„Du kannst es, wenn du nur willst, Guruji", sagte der Freund. „Du musst zum Beispiel wünschen, von Ram die Gewinnzahlen des nächsten Derby Sweep zu erfahren, und die Zahl wird dir im Traum mitgeteilt werden."

„Ramdas verlangt nichts und niemanden außer Ram", antwortete Ramdas.

„Der gewonnene Betrag ist nicht für egoistische Zwecke bestimmt, sondern für die Ernährung der *Sadhus*", meinte der Freund.

„Ram kümmert sich um die Ernährung der *Sadhus*", erwiderte Ramdas.

Daraufhin wurde der Freund still. Dies war wieder ein Test von Ram, um herauszufinden, ob Ramdas dazu verleitet werden konnte, sich Reichtum zu wünschen.

Es gab noch einen anderen Vorfall. Im *Dharmashala* gab es ein krankes Mädchen das seit etwa vier Monaten an Fieber litt. Ramdas wurde von der Mutter des Mädchens gebeten, zu Ram für ihr Wohlergehen zu beten. Dementsprechend ging er zu ihrem Bett, und als er sie mit hohem Fieber vorfand, bat er Ram, sie mit Gesundheit zu segnen. Rams Wege sind immer unergründlich. Der Zustand des Mädchens besserte sich zwei Tage lang, doch dann wurde sie wieder krank. Ram allein kennt das Warum und Wozu.

Am nächsten Tag zur Mittagszeit wanderte Ramdas etwa drei Meilen und erreichte einen Ort namens Tapovan. Es heißt, dies sei der Ort gewesen, an dem Lakshmana, der Bruder von Sri *Ramachandra*, dem Ungeheuer Surpanakha die Nase abschnitt. Tapovan ist ein bezaubernder Ort. Hier fließt das klare Wasser des Godavari am Fuß niedriger Hügel vorüber. Wenn man auf einem dieser Hügel sitzt, sieht man rundherum eine sehr attraktive Landschaft. Auf einem großen Felsen liegen einige rechteckigen Höhlen nebeneinander. Etwa zehn Fuß über dem Grund des Felsens, an dem das Wasser des Flusses entlangrauscht, hatte Ramdas eine Höhle für das nächtliche *Bhajan* ausgemacht und kletterte nach seinem Bad im Fluss hinauf und besetzte sie. Die Nacht war sehr kalt. So tat er kein Auge zu. Er saß die ganze Nacht wach und wiederholte den heiligen Namen Rams. In Tapovan hatte er Gelegenheit, mehrere *Sadhus* zu treffen. Am nächsten Morgen kehrte er nach Panchavati zurück und blieb hier einen Tag lang.

Am nächsten Morgen machte sich Ramdas früh auf den Weg nach Trimbakeshwar, sechzehn Meilen von Panchavati entfernt. Er erreichte den Ort gegen drei Uhr nachmittags. Zuerst wurde der Tempel von Trimbakeshwar besucht. Dieser Ort erinnerte ihn an Kedarnath und Badrinath. Das Plateau, auf dem die Stadt und der Tempel gebaut sind, ist auf drei Seiten von hohen Bergen umgeben. Er erklomm diese Berge, einen nach dem anderen. Als erstes erklomm er den kleinen Hügel von Ambajee, dann der Berg Ganga Dwar und schließlich den noch höheren Berg Brahmagiri.[1]

Die Besteigung des Brahmagiri war ein denkwürdiges Ereignis. Ramdas stieg allein mit Ram auf den Lippen hinauf. Nachdem er die Spitze des Hügels erklommen hatte, kletterte er den Hang hinunter. Auf der anderen Seite stieß er auf ein kleines Becken und ein *Mandir* von *Shankar*, in dem sich ein *Sadhu* aufhielt. Ramdas wurde von dem *Sadhu* sehr gastfreundlich empfangen. Er erzählte die Geschichte von Gautamas *Tapasya* auf diesen Hügeln in alten Zeiten. Der *Sadhu* lebte hier allein in Gesellschaft einiger Affen, die auf dem Dach des Tempels herumliefen. Nachdem er mit Ramdas seine karge Kost geteilt hatte, zeigte er ihm einen schmalen Fußpfad auf dem Hügel, der ihn, wie er sagte, zu einem Ort namens Jatahshanker führen würde.

Also machte sich Ramdas in Begleitung eines Brahmanen-Pilgers auf den Weg. Doch der Brahmane begleitete ihn nur ein kurzes Stück, denn als ihr Weg durch Brombeersträucher, hochgewachsenes Gras und Schilf führte, verfehlten sie einander, da sie sich beide verlaufen hatten. Ramdas fand nun eine lange Reihe von Stufen vor, die in den Hügel gehauen waren. Hier stieg er hinunter und fand unten eine kleine Öffnung vor, aus der er auf der anderen Seite herauskroch und sich auf einem anderen Hügel wiederfand. Wieder

---

[1] Auf dem Brahmagiri (Berg von Brahma) haben der Mythologie nach der Weise Gautama und seine Frau Ahalya gewohnt.

ging er ein Stück weiter und stieß auf einen ähnlichen Gang, und als er auch hier hinunterstieg, kam er auf der anderen Seite auf einem anderen Hügel wieder heraus.

Der Tempel von Trimbakeshwar,
Wikimedia Commons, Foto: Abhideo21, 2019

Der Brahmagiri,
Wikimedia Commons, Foto: Coolgama, 2014

Er ging weiter, nun durch dorniges Gestrüpp und dichtes Schilfgebüsch. Endlich erreichte er das Ende des Gipfels. Hier tauchte am äußersten Rand des Abhangs so etwas wie ein Trampelpfad auf.

Jetzt stand Ramdas am Rande eines gewaltigen Abgrunds. Von hier aus konnte man zum Fuß des Hügels senkrecht nach unten sehen, viele hundert Meter tief. Jeder Versuch, den Abhang zu betreten, war ein sehr gefährliches Unterfangen. Aber eine seltsame Faszination schien Ramdas ergriffen zu haben. Er kroch langsam den Hang hinunter. Er hielt sich an dem dünnen, vertrockneten Gras fest, das auf dem Hügel wuchs, und gebrauchte beide Hände. Er befand sich nun auf dem Hang. Es war ein Zustand, in dem jeder Augenblick zählte, aber er war sorg- und furchtlos. Plötzlich gab das getrocknete Gras in seiner linken Hand nach, und sein linker Fuß rutschte ab. Ramdas war selbst jetzt noch ruhig und unbeirrt – seine Lippen sprachen laut Rams Namen aus. Das war eine sehr harte Prüfung für Rams Schutzkräfte. Aber nichts ist unmöglich für den allmächtigen Ram. Ramdas' andere Hand ergriff einen Stein, der etwas wackelte. Durch Konzentration aller Kräfte fand er an dieser Stelle sein Gleichgewicht wieder und zog das Bein, das abrutschte, hoch. Dies alles war nur durch die Hilfe von Ram möglich. Es war Ram allein, der ihn hochzog. Wenige Minuten später befand er sich wieder auf demselben Weg, der ihn zum Abgrund geführt hatte. Auf dem Rückweg stieß er auf ein kleines Becken mit reinem Quellwasser. Hier traf er den Brahmanen-Pilger wieder, den er verpasst hatte. Jatahshanker war nicht zu finden. Sie gingen zum *Mandir* zurück und erreichten noch vor dem Abend Trimbakeshwar.

In dieser Nacht konnte Ramdas nicht umhin, immer wieder an die wunderbare Art und Weise zu denken, in der Ram ihn gerettet hatte, als er im Begriff war, den Abgrund hinunterzustürzen. Noch am selben Abend stieg er auf eine kleine Anhöhe und verbrachte einige Zeit im Ashram eines Maratha-Heiligen.

Am nächsten Morgen verließ Ramdas den Ort und reiste nach Panchavati, das er am Nachmittag erreichte. Er besuchte den Sri *Ramachandra-Mandir* von Panchavati und hatte den *Darshan* mehrerer *Sadhus* am Ufer des Godavari. Am nächsten Tag ging er zum Bahnhof und fuhr mit dem Nachtzug weiter über Manmad und Kurduwadi nach Pandharpur.

Der Vitoba-Tempel von Pandharpur,
Wikimedia Commons, Foto: Parag Mahalley, 2017

Vithoba[1] aus Pandharpur ist in der Tat eine sehr beliebte Gottheit. Er wird von Pilgern aus allen Teilen Indiens besucht. Hunderte von ihnen kommen täglich mit diesem Ziel nach Pandharpur. Es heißt, dass an wichtigen Festtagen Tausende von Menschen zu diesem Ort strömen. Hier fließt der schöne Fluss Chandrabhaga. Ein wenig entfernt von den Ufern dieses Flusses befindet sich der Tempel von Vithoba.

Ramdas blieb fünf Tage in Pandharpur und wohnte in Gesellschaft von zwei *Sadhus* in einem kleinen *Mandir* von *Shankar* am Ufer des heiligen Flusses. Ram ist sehr gütig. Hier erfuhr Ramdas, dass Mangalvedha nur zwölf Meilen von Pandharpur entfernt lag. Eines Morgens wanderte er diese Strecke und erreichte Mangalvedha zur Mittagszeit.

Ramdas brach nun durch Rams Befehl zu Fuß nach Bijapur auf, das vierzig Meilen von Mangalvedha entfernt lag. Auf dem Weg dorthin kam er durch eine Reihe von Dörfern, und in fast allen Dörfern wurde er von den dort ansässigen *Sadhus* begrüßt. In einigen Orten drängten die Dorfbewohner

---

[1] Die Gottheit Vithoba oder Vittal, eine Manifestation von Vishnu oder Krishna, wird v.a. in Maharashtra verehrt und ist eng mit der *Bhakti*-Bewegung verbunden. Ramdas Geburtsname Vittal bezog sich auf diese Gottheit.

Ramdas dazu, für zwei oder drei Tage bei ihnen zu bleiben. So erwies sich die Reise durch die Gnade von Ram als höchst erfreulich. Schließlich erreichte er am Abend Bijapur. Er ging direkt zu einem Ram-*Mandir*, erhielt nach der *Puja* etwas *Prasad*, und verbrachte die Nacht in einem kleinen Schuppen, der an den Tempel angebaut war.

Am nächsten Morgen forderte Ram ihn auf, sich nach einem großherzigen Händler umzusehen, der *Sadhus* mit Lebensmitteln versorgte, denn in jeder Stadt gibt es solche wohltätigen *Bhaktas*. Ramdas hatte es aufgegeben, sich selbständig um solche Dinge zu kümmern, denn Lebensmittel waren für ihn nicht von Nutzen, da er nicht kochte. Wenn ihm etwas zu essen gegeben wurde, nahm er es an, ansonsten nicht. Aber in diesem speziellen Fall wollte Ram es. Nachdem er zwei oder drei Stunden lang von einem Basar zum anderen, von einer Gasse zur anderen und von einem Geschäft zum anderen gelaufen war, wurde er schließlich an einen Ort geführt, wo er etwas Weizenmehl, *Dal*, andere Lebensmittel und einen *Anna* erhielt. Ramdas band diese Dinge in ein Stück Stoff und ging durch die überfüllten Straßen, ohne zu wissen, wohin er gehen sollte. Als er sich in der Mitte der Straße befand, wurde er durch den Ruf eines jungen Mannes aufgehalten, der von einem mehrstöckigen Gebäude auf ihn zukam.

„Maharaj, würdest du dich herablassen, heute in meinem Haus *Bhiksha* anzunehmen?", fragte er. „Wenn ja, kannst du um zwölf Uhr zu diesem Haus kommen."

Es war etwa zehn Uhr. Ramdas nahm die Einladung an, ging weiter und setzte sich schließlich auf die äußere Veranda eines Geschäftes, das geschlossen war. Es waren noch keine zehn Minuten verstrichen, als er in einiger Entfernung einen alten Mann mit einer Gebetsschnur aus großen *Rudraksha*-Perlen um den Hals sah, der in der heißen Sonne vor einem Haus stand und um Almosen bat. Nun klatschte Ramdas in die Hände und winkte den alten Bettler herbei. Er kam. Nach der gegenseitigen Begrüßung nahm er neben Ramdas Platz. Ramdas überreichte ihm nun, wie von Ram aufgefordert, das Bündel mit Weizenmehl usw. und auch das *Anna*-Stück. Kaum hatte Ramdas das getan, starrte der Bettler Ramdas mit einem ernsten, unsicheren und leeren Blick an. Dann ließ er sich zu Ramdas' Füßen nieder, umklammerte sie, blickte auf und sagte: „Endlich hat Gott sich mir gezeigt!

Du bist kein anderer als Gott, zu dem ich all diese Jahre gebetet habe." Dann rief er erneut aus: „Träume ich, oder ist das Wirklichkeit?"

Nun war Ramdas völlig verwirrt und konnte die Ursache für sein seltsames Verhalten nicht verstehen.

„Was ist los mit dir, Bruder?", fragte Ramdas.

„Maharaj, es ist so", antwortete er. „Seit dem Morgen bin ich auf der Suche nach Almosen. Bis jetzt konnte ich nur einen halben *Anna* bekommen (er zeigte zwei Viertel-*Anna*-Stücke). Zu Hause habe ich eine alte, kranke Frau und zwei Kinder, die ich ernähren muss. Mit leeren Händen nach Hause zu gehen, bedeutet den Hungertod dieser unschuldigen Kinder. Ich habe in aller Demut zu Gott gebetet, aber ich hatte schon fast die Hoffnung verloren, als du – den ich als Gott selbst ansehe – mich gerufen und Essen angeboten hast."

Das Golgumata,
Wikimedia Commons, Foto: Meesanjay, 2010

Oh Ram, was für eine beklagenswerte Geschichte! Oh Ram, wie viele gibt es auf der Welt, die immer am Rande des Hungers sind! Diese Begebenheit wird hier im Detail erzählt, um die Schärfe des Elends des Verhungerns deutlich zu machen, das unter den armen, unterdrückten Klassen herrscht. Oh reiche Brüder, oh reiche Mütter, oh Ram!

Nachdem er sich von dem alten Freund getrennt hatte, ging Ramdas zum Haus des Kaufmannsfreundes, der ihn eingeladen hatte. Sowohl der Kaufmann als auch seine Frau behandelten den armen Ramdas sehr freundlich. Sie drängten ihn, zwei Tage lang in ihrem Haus zu bleiben.

Während dieser Zeit besuchte er das Jumma *Masjid*[1], einen riesigen, imposanten Bau. Er stieg auf den Turm und auf die Galerie des Golgumata[2], eines gigantischen Bauwerks. Die meisterhafte Architektur dieses Gebäudes ist in der Tat wunderbar. In der hohlen Kuppel des Gebäudes hallt der kleinste Ton im Inneren siebenmal wider. Außerdem wird der Schall verstärkt. Ein Mann, der in der Nähe dieses gigantischen Gebäudes steht, erscheint im Vergleich dazu wie eine Ameise. Ram zeigte Ramdas all diese wundervollen Dinge.

---

[1] eine bekannte Moschee in Bijapur
[2] ein berühmtes muslimisches Mausoleum

Sri Siddharudha Swami

Siddharudha Swami (1836-1929)

Jetzt nahm Ramdas einem Zug, der weiter nach Süden fuhr und schließlich Hubli erreichte. Die Idee, nach Hubli zu fahren, war ihm von Bruder Ramakrishna Rao aus Bombay in den Kopf gesetzt worden, der ein großer *Bhakta* des berühmten Heiligen von Hubli, Sri Siddharudha Swami[1], ist. Ram brachte ihn hierher, um den *Darshan* dieses großen Weisen zu erhalten.

Es war schon nach Mittag, als er den *Math* von Sri Siddharudha, der etwa drei Meilen vom Bahnhof entfernt war, erreichte. Als er den *Math* betrat, wurde er Sri Siddharudha vorgestellt, vor dessen Füßen er sich ehrfürchtig niederwarf. Hier verbrachte er zehn sehr glückliche Tage. Morgens und abends wurden religiöse Texte gelesen und vorgetragen. Ramdas hörte zu, ja, er trank die Worte der Weisheit, die aus dem Mund des gelehrten Weisen kamen. Ram hatte die Dinge so in die Wege geleitet, dass die *Upadesh*, die der Swami an diesen Tagen gab, genau das beinhaltete, was Ramdas in

---

[1] Ramdas hatte Siddharudha Swami bereits zuvor getroffen, und er hatte ihn tief beeindruckt.

seinem spirituellen Fortschritt weiterbrachte. Sri Siddharudha war ein großer Yogi in fortgeschrittenem Alter. Er war freundlich, leutselig, gastfreundlich und voller Gelassenheit.

Nun erreichte Mangalore die Nachricht, dass Ramdas sich im *Math* in Hubli
aufhielt. Seine frühere Frau, jetzt aber seine Mutter (wie alle Frauen für
Ramdas Mütter sind) und sein Kind kamen dorthin, um ihn zu holen. Sri
Siddharudha Swami wurde davon unterrichtet, und der gutherzige Heilige
riet ihm, mit ihnen nach Mangalore zu gehen. Ramdas befolgte den Befehl,
weil er spürte, dass er von Ram selbst kam. Ram meint es immer gut, und
Er tut alles zum Besten.

Die Mutter (d.h. Ramdas' frühere Frau) schlug ihm vor, ins weltliche Leben
(*Samsara*) zurückzukehren, worauf er antwortete: „Oh Mutter, das ist alles
das Werk von Ram. Ram allein hat den bescheidenen Ramdas von den Fesseln des weltlichen Lebens befreit, und er wohnt nun zu Rams heiligen Füße.
Er ist jetzt der Sklave von Ram und betet zu Ihm, ihn immer als solchen zu
erhalten. Ihm zu vertrauen, Seine höchste Schutzmacht über alles anzuerkennen und zu glauben, dass Er allein der Urheber aller Handlungen und der
Besitzer aller Dinge ist, ist der einzige Weg, sich vom Elend des Lebens zu
befreien. Deshalb, oh Mutter, wirf deine Last der Sorgen und Ängste ab und
nähere dich den göttlichen Füßen Rams, lebe dort immer in Frieden und
Glück. Das ist alles, um was der arme Ramdas dich bitten kann."

Unter der freundlichen Fürsorge und Begleitung der Mutter fuhr er mit dem
Zug und ab Mormugao mit dem Dampfschiff, das sie zu gegebener Zeit nach
Mangalore brachte. Als die Gruppe den Hafen erreichte, ging Ramdas auf
Geheiß von Ram voraus und lenkte seine Schritte direkt zum Kadri-Hügel,
wo er die Nacht verbrachte. Am nächsten Tag besuchte er nach Rams Willen
das Haus von Bruder Sitaram Rao – ein Bruder aus der alten Verwandtschaft
und ein großer *Bhakta* von Ram. Ein paar Tage später hatte er das Glück des
Darshan von seinem *Gurudev* (Vater aus alter Verwandtschaft), der ihm die
Upadesh des göttlichen Ram-Mantras gegeben hatte. Nun (das ist 1923),
bleibt Ramdas auf Rams Befehl in einer Höhle namens Panch Pandav auf
dem Kadri-Hügel, lebt dort ein ruhiges Leben, widmet seine ganze Zeit dem
Reden, Schreiben und meditiert über den allliebenden und glorreichen Ram.

Om Sri Ram Jai Ram Jai Jai Ram!

117

Mit der Schau Gottes

In der Panch Pandav Höhle

Die Panch Pandav Höhlen bei Mangalore,
Wikimedia Commons, Foto: Adityamadhava83, 2011

Die Panch Pandav Höhlen[1] befindet sich zwei Meilen von der Stadt Mangalore entfernt auf dem Kadri-Hügel. Von den sechs Höhlen auf diesem Hügel war die Höhle von Ramdas die größte. Sie ist so gelegen, dass die Sonnenstrahlen in der Morgendämmerung direkt die Dunkelheit der Höhle durchdrangen und sie mit ihrem goldenen Glanz erfüllten. Er blieb fast drei Monate lang in dieser Höhle. Damals war er in ein grobes *Khaddar*-Tuch gekleidet und benutzte als *Asan* und Bett ein bloßes Hirschfell. Eine winzige Tonschale mit Baumwolldocht und Kokosöl diente ihm als Lampe. Außerdem gehörte eine kupferne Wasserkanne zu seiner Ausrüstung an diesem

---

[1] Die Pandav Höhlen dienten ursprünglich buddhistischen Mönchen als Unterkunft. Im Epos Mahabharata wird erzählt, dass die Pandavas, die fünf Söhne des Königs Pandu, hier während ihres Exils wohnten, daher der Name.

einsamen Rückzugsort. Seine Ernährung bestand aus Milch und Kochbananen, die er zweimal am Tag zu sich nahm.

Tagsüber hatte er einen Strom von Besuchern aus der Stadt und anderen Teilen des Bezirks bei sich. Mit unverhohlenem Vergnügen lauschten sie den Geschichten über seine Reisen und Erlebnisse während seiner einjährigen Abwesenheit. Die Besucher stammten aus allen Kasten und Glaubensrichtungen. Hindus, Christen und Muslime wetteiferten miteinander, um ihm die Freude ihrer Gesellschaft zu gewähren. Auch wandernde *Sadhus* und *Sannyasins* beglückten ihn mit ihren Besuchen.

Er diskutierte mit den Hindus über das eine, höchste *Brahman* als die einzige Ursache von Schöpfung, Erhaltung und Zerstörung. Diese große Wirklichkeit hat sich in Indien und anderen Teilen der Welt in verschiedenen Zeitaltern inkarniert, um das Böse zu unterwerfen und die Herrschaft von Liebe und Rechtschaffenheit zu errichten. Rama, Krishna, Buddha, die großen *Rishis*, *Mahatmas* und Heiligen weisen auf das eine Ziel als das höchste Ziel des Lebens hin, nämlich die Befreiung und Vereinigung mit Gott. Das menschliche Leben ist einzig und allein dazu bestimmt, diesen gesegneten Zustand zu erlangen. Der höchste Herr sitzt in den Herzen aller Wesen und Kreaturen. Er ist absolute Existenz, Bewusstsein und Glückseligkeit – *Satchidananda*. Du kannst Ihn durch zielgerichtete Verehrung und vollständige Selbsthingabe verwirklichen. Der erste Schritt auf dem Weg zu diesem Ziel ist Reinheit und Geisteskontrolle, die durch Konzentration erlangt wird.

Eine einfache Methode zur Konzentration ist die ständige Wiederholung des göttlichen Namens und die Ausführung aller Handlungen als Opfer für den Herrn. Du kannst Gott mit jedem Namen anrufen: Rama, Krishna, Shiva oder jedem anderen Namen, der dir lieb und teuer ist. Der Name selbst ist *Brahman*. Die Wiederholung des Namens in Verbindung mit der Meditation über die Eigenschaften Gottes reinigt den Geist. Gebete, Hymnen und Fasten sind notwendige Hilfsmittel. Du musst die göttlichen Eigenschaften von Mitgefühl, Frieden und Vergebung entwickeln. Gott offenbart sich in dem Herzen, in dem diese veredelnden Tugenden wohnen. Nun löst das göttliche Licht, das in dir leuchtet, den Ego-Sinn auf, und deine Identität mit der Gottheit wird verwirklicht. Diese Erfahrung gewährt dir das Wissen um die Unsterblichkeit.

Danach verweilst du in einem göttlichen Bewusstsein, und deine Sichtweise wird universell und bringt dir höchsten Frieden und Ekstase. Nun siehst du das ganze Universum als den Ausdruck Gottes, den du in dir entdeckt hast. Nun ist Gott für dich überall, in jedem und allem. Diese transzendente Sichtweise erschließt die unendliche Quelle der Liebe in deinem Herzen – eine Liebe, die den gesamten Kosmos erfüllt und umarmt. Alle Unterscheidungen verschwinden in der Gleichheit dieser Sichtweise. Dieser höchste Zustand der Glückseligkeit schenkt dir Befreiung und unsterbliche Freude. Glaube, dass Inkarnationen oder göttliche Lehrer wie Jesus Christus, Mohammed, Zarathustra und andere ebenfalls Manifestationen der gleichen großen Wahrheit sind. Wahrlich, all die verschiedenen Religionen sind so viele Wege, die die Menschheit zu dem einen, universellen Gott führen.

Zu den Muslimen sprach Ramdas von Allah und Mohammed. Allah bedeutet der Allmächtige. Der Islam bedeutet der Weg zum Frieden. Gott ist in der Tat alle Macht und aller Friede. Der Prophet Mohammed hat den Islam unter den kriegerischen und unwissenden Stämmen Arabiens verbreitet, um in ihnen den Geist des Friedens, der Liebe und der Brüderlichkeit zu wecken.

Er lehrte den Weg zu Allah, dem Allmächtigen. Wie soll man Ihn erreichen? Er sagt: „Überlasst euren Willen Allahs Willen. Habt volles Vertrauen in Seine Allmacht und begreift, dass alles nach Seinem Willen geschieht." Die Selbsthingabe ist der von Mohammed aufgezeigte Weg. Er betonte, dass Hingabe nur durch vollkommene Selbstbeherrschung durch Gebet und Fasten möglich ist. Er fordert seine Anhänger auf, mindestens fünfmal am Tag *Namaz* oder Gebete zu sprechen. Diese Gemeinschaft würde sie in ständiger Erinnerung an Gott halten und eine starke Grundlage für ein Leben in Reinheit und Frieden bilden. Voraussetzung dafür ist, dass sie Liebe, Mitgefühl und Freundlichkeit gegenüber allen Mitmenschen praktizieren. Er vertrat die Ansicht, dass sie Toleranz gegenüber anderen Glaubensrichtungen üben sollten, die die strebenden Seelen ebenfalls zu Gott führen. Sein Diktum lautet: Es sollte keinen Zwang in der Religion geben. Er legte besonderen Wert auf Nächstenliebe, Aufrichtigkeit, Ehrlichkeit und Mitgefühl. Er predigte, dass Einheit, die aus Selbstaufopferung und gegenseitiger Liebe entsteht, die Einheit und Allmacht Gottes erkennen lässt. Die Einheit unter den Menschen zu verwirklichen bedeutet, in dem einen Gott zu wohnen – im Haus der ewigen Macht und des Friedens – und ewiges Leben zu erlangen.

Zu den Christen sagte Ramdas: An Christus zu glauben bedeutet, ihn als euer Ideal zu akzeptieren. Dein einziges Ziel sollte sein, das Christus-Ideal zu erreichen und seinem reinen und selbstlosen Leben gerecht zu werden. Lass den Gedanken an das Christus-Ideal von deiner Seele Besitz ergreifen und dein Leben und seine Aktivitäten inspirieren. Christus ist eine Verkörperung der göttlichen Liebe. Er definiert Gott als Liebe, und er ist gekommen, um diese Wahrheit in seinem Leben zu beweisen. Was ist das Wesen der Liebe, die er verkündet? Sie ist eine Mischung aus Sanftmut, Reinheit und Barmherzigkeit. Selig ist, wer vom Duft der Liebe erfüllt ist, denn dann ist er ein wahres und angenommenes Kind Gottes – die Liebe Gottes ist in ihm offenbar geworden. Er ermahnt: Liebt einander, und Gott wohnt in euch. Es ist diese höchste Liebe, die euch in das Bild Gottes verwandelt. Diese höchste Liebe ermöglicht es euch, in das Reich der ewigen Glückseligkeit einzugehen. Das Himmelreich ist nichts anderes als ein glückseliges Bewusstsein, das aus dem ewigen Leben geboren wird. Christus offenbart das Geheimnis dieses Reiches, wenn er sagt: „Das Himmelreich ist in euch." Der Vater und der Sohn sind eins. Die Identifikation mit dem Sohn ist die Identifikation mit dem Vater. Der Vater ist der ewige Friede, der sich im

Sohn manifestiert – die unendliche Liebe. Dein Leben sollte also von Christus beherrscht werden, der Liebe ist. Dann führt er dich in das Reich des Vaters, den absoluten Frieden. Denke nicht, dass Christus der einzige Weg zur Erlösung ist. Große Seelen haben schon lange vor Christus die Fackel der göttlichen Erkenntnis hochgehalten, um die Welt zu erleuchten. Christus hielt Demut für die höchste Tugend, Liebe und Mitgefühl für alle gleichermaßen für das Kriterium des Verhaltens und Ergebenheit in den Willen Gottes für das Mittel zur Erlangung des Himmelreichs oder des ewigen Lebens und Friedens.

Ramdas gehört keinem bestimmten Glaubensbekenntnis an. Er ist der festen Überzeugung, dass alle Glaubensbekenntnisse, Glaubensrichtungen und Religionen verschiedene Wege sind, die letztlich zum selben Ziel führen. Schon der Anblick eines Muslims erinnert ihn an Mohammed, eines Christen an Jesus Christus, eines Hindus an Rama, Krishna oder Shiva, eines Buddhisten an Buddha, eines Parsen an Zoroaster. All die großen Lehrer der Welt stammen von einem Gott – der ersten, ewigen Ursache aller Existenz. Ob in der Gita, der Bibel, dem Koran oder dem Zend Avesta, wir finden dieselbe Note, die eindringlich erklingt, nämlich, dass die Selbsthingabe der höchste Weg zur Befreiung oder Erlösung ist.

Um zu der Lebensweise zurückzukehren, die Ramdas in der Höhle führte: Er stand frühmorgens gegen drei Uhr auf und lief direkt zu den Wassertanks, um zu baden. Obwohl der Weg zu den Tanks uneben und riskant war, verzichtete er auch in der dunkelsten Nacht nicht auf sein morgendliches Bad. Nach dem Bad saß er bis zum Tagesanbruch auf dem *Asan* in Meditation. Einige Tage lang bestand seine Meditation nur aus der mentalen Wiederholung des Ram-Mantras. Dann hörte das Mantra automatisch auf, und er sah ein kleines, kreisförmiges Licht vor seinem geistigen Auge. Dies bereitete ihm ein Gefühl der Freude. Nachdem diese Erfahrung Tage anhielt, spürte er ein blendendes Licht, das vor seinen Augen aufblitzte und ihn schließlich durchdrang und absorbierte. Nun erfüllte ein unaussprechlicher Rausch von Glückseligkeit jede Pore seines Körpers. Wenn dieser Zustand eintrat, vergaß er anfangs seine Hände und Füße und dann allmählich seinen ganzen Körper. Verloren in diesem Trance-Zustand saß er zwei bis drei Stunden lang da. Ein subtiles Bewusstsein für äußere Objekte blieb in diesem Zustand noch erhalten.

Einige Freunde besuchten ihn frühmorgens, wenn er in Trance versunken war, und er nahm ihre Anwesenheit nur verschwommen wahr. Er konnte Geräusche von Gesprächen hören, wenn überhaupt, nur Geräusche ohne Sinn und Bedeutung für ihn. Wann immer er in Trance fiel, spürte er ihren Griff so fest, dass er ihn nicht leicht abschütteln konnte. Sie dauerte längstens drei Stunden. Nachdem er wieder zu seinem Körperbewusstsein zurückgekehrt war, sang er für sich selbst einige Hymnen zur Verherrlichung Gottes und rezitierte laut das Mantra. Außer wenn er sich unterhielt, las oder schrieb, sprach er den ganzen Tag über ununterbrochen das Mantra.

Die Tranceerfahrung bewirkte eine weitere Veränderung, nämlich dass der Schlaf danach zu einem Zustand von Halbwachheit oder Bewusstsein wurde, in dem er mit reiner Ekstase erfüllt war. Manchmal, mitten in der Nacht, stattete ihm ein Freund einen Überraschungsbesuch ab. Obwohl Ramdas sich im Trancezustand befand, konnte er bereits bemerken, dass der Freund kam, wenn er noch eine halbe Meile von der Höhle entfernt war. Während dieser Zeit widmete sich Ramdas, wie vom Herrn gewollt, zwei Stunden nach Mitternacht der Arbeit an dem Buch „Auf der Suche nach Gott". In den letzten Tagen in der Höhle nahm der Trancezustand auch die Stunden des Tages in Anspruch, in denen keine Besucher anwesend waren. Das Sprechen des Mantras hörte von selbst auf, und er transzendierte das Körperbewusstsein.

Hierzu ist eine einzigartige Erfahrung erwähnenswert. Eines Morgens stand er in der Höhle, betrachtete die goldene Kugel der aufgehenden Sonne und spürte, wie die Trance ihn überkam und wie er bald völlig in ihr versunken war. Einige Zeit verging, und er kehrte zu der Körpervorstellung zurück. Ein beiläufiger Blick nach unten offenbarte ihm eine Schlange, die sich um sein rechtes Bein gewunden hatte. Ihre gespaltene Zunge leckte lebhaft an seinem großen Zeh. Ramdas war von diesem Anblick nicht betroffen. In derselben reglosen Haltung beobachtete er die liebevolle Aufmerksamkeit der Schlange. So vergingen eine oder zwei Minuten. Allmählich entrollte sich das Reptil und kroch aus der Höhle. Er erinnert sich, dass er es so angesprochen hatte: „Oh geliebter Ram, warum hast du es so eilig, zu gehen?" Die *Lila* des Herrn ist wirklich wunderbar. Alle Formen sind die Seinen, und Er spielt auf verschiedene Weise. Der Schlangenfreund empfand eine so große

Liebe zu Ramdas, dass er ihn drei Tage lang jeden Morgen aufsuchte und dann für immer verschwand.

In Übereinstimmung mit einem eindeutigen Befehl des Herrn im Innern legte er sieben Tage lang ein Schweigegelübde ab. Trotz des Drucks von Freunden konnte er es nicht vor der festgelegten Zeit brechen, denn er fühlte sich in dieser Angelegenheit völlig hilflos. Sicherlich hatte Gott die vollständige Herrschaft über seinen Diener.

Ramdas hatte eine Gruppe von Aussätzigen unter den Banyanbäumen auf dem Maidan in Mangalore beobachtet. Einer der Aussätzigen, dessen Krankheit schon weit fortgeschritten war, wurde jeden Tag von einem kleinen, stämmigen Jungen in einem Handkarren von Tür zu Tür gefahren, um Almosen zu erhalten. Das Gesicht dieses Leprakranken war durch die Krankheit so stark entstellt, dass seine Gesichtszüge nicht mehr zu erkennen waren. Sein ganzes Gesicht war eine einzige große Wunde – rot und eitrig. Seine Augenlider, Nase und Lippen waren von der Krankheit zerfressen.

Im Auftrag des Herrn verpflichtete sich Ramdas, diese Aussätzigen mittags zu speisen. Die freundlichen Besucher der Höhle waren so gut, ihnen Essen anzubieten. Er sammelte täglich in drei Häusern Essen und ging dann zum Maidan, den er gegen ein Uhr nachmittags erreichte, und gab ihnen zu essen. Der Aussätzige, der den schlimmsten Aussatz hatte, wurde zuerst bedient. Da auch seine Zehen und Finger der Lepra zum Opfer gefallen waren, konnte er das Essen nur mit großer Mühe zum Mund führen. Während er aß, war Ramdas damit beschäftigt, die Fliegen zu vertreiben, die sich auf seinem Gesicht niederließen, das er zu anderen Zeiten mit einem Stück Stoff bedeckte. Ramdas musste auch den Eiter, der ihm über die Wangen in den Mund lief, wegwischen. Das restliche Essen wurde dann an den Jungen und andere Aussätzige verteilt.

Der Herr übertrug ihm diesen Dienst für etwa zwei Monate. Die ganze Zeit über empfand er keine Müdigkeit, Abscheu oder Widerwillen und erfüllte die Aufgabe mit Begeisterung, die von einer zweckfreien Ekstase durchdrungen war. Einige Tage bevor er die Höhle verließ, wurde die Speisung plötzlich durch den Befehl des Herrn unterbrochen. Oh Herr, Du ernährst alle Deine Geschöpfe auf Deine eigene, unergründliche Weise. Ramdas ist nur ein Werkzeug in Deinen allmächtigen Händen.

Bald nachdem die Speisung der Aussätzigen beendet war, kam ein Malayali, das heißt ein Mann, der aus Malabar stammte, zu Ramdas in die Höhle, um einige Tage bei ihm zu bleiben. Er war so abgemagert, dass er nur noch Haut und Knochen war. Ramdas dankte Gott dafür, dass Er ihm eine weitere Gelegenheit gegeben hatte, Ihm in Form dieses abgemagerten Malayali zu dienen. Ramdas fand diesen Freund selten in einer gesprächigen Stimmung vor. Er sagte nur hin und wieder mit schwacher Stimme: „Krishna, *Sharan, Sharan*". Ramdas lief sowohl mittags als auch abends in die Stadt hinunter, um durch Betteln Essen für diesen willkommenen Gast zu sammeln. Oh Herr, Deine Manifestationen sind höchst erstaunlich. Die Leprakranken und der Malayali, denen er diente, bist Du selbst in diesen Gestalten. Das gesamte Universum ist Deine Selbstoffenbarung, in der Du Dich in einer Vielzahl von Masken manifestierst. Du bist die eine, absolute Wahrheit, geburts- und todlos, reines *Satchidananda*, ewige Existenz, Wissen und Glückseligkeit.

Unter den täglichen Besuchern sind auch eine Ziege und eine Kuh zu erwähnen. Beide kamen regelmäßig in die Höhle, um sich ihren Anteil an Kochbananen zu holen. Die Ziege spielte vertrauensvoll mit Ramdas. Sie tanzte auf seinem Sitz und kletterte manchmal auf seine Schultern. Die Kuh hingegen kam leise zum Eingang, nahm mit ausgestrecktem Hals eine Banane und ging dann weg.

Die gütige Mutter – Ramdas' Frau in seinem alten Leben – lag einige Tage lang mit Fieber im Bett wegen der Strapazen der Reise mit dem Dampfschiff, als sie ihn von Hubli nach Mangalore begleitet hatte. Er besuchte sie alle zwei oder drei Tage, bis sie sich erholt hatte.[1] Bei einem dieser Besuche war Krishnarao, ein angesehener Heiliger aus Puttur, im Haus. Er setzte sich auf Ramdas' Platz neben die kranke Mutter. Als Ramdas ihn sah, warf er sich zu seinen Füßen nieder und setzte sich.

Krishnarao fragte: „War es nötig, dem Leben als Haushälter völlig zu entsagen und das *Diksha* des *Sannyas* anzunehmen?"

---

[1] Rukmabai wohnte wieder bei ihrem Vater. Sie versuchte weiterhin alles, ihn zu überreden, wieder nach Hause zu kommen, und machte ihm schwere Vorwürfe, sie und seine Tochter allein gelassen zu haben. Sein Schwiegervater meinte, er könne auch zuhause sein Ramnam weiterüben. Ramdas ließ sich jedoch nicht beirren. In diesem Zusammenhang muss auch das folgende Gespräch mit Krishnarao gesehen werden. Später waren Rukmabai und Ramabai oft in seinem Ashram.

„Ram wollte es so. Ramdas konnte es nicht verhindern“, antwortete Ramdas.

„Dann muss dein Ram wunderbar sein. Darf ich wissen, wo Er ist?“, fragte er.

„Er wohnt in den Herzen aller, denn Er ist alldurchdringend“, erwiderte Ramdas.

„Ich kann Ihn nicht sehen. Wie können wir wissen, dass es Sein Wille ist, der uns führt?“

„Er ist für das gewöhnliche Auge unsichtbar, kann aber durch eine geläuterte Sichtweise gesehen werden“, antwortete Ramdas. „Nur wenn du Ihn siehst, erkennst du, dass es Sein Wille ist, der deine Handlungen lenkt. Freiheit von Anhaftung und völlige Hingabe an Ihn sind die Bedingungen für diese höchste Sichtweise.“

„Ich kann nicht ganz verstehen, was du sagst“, beharrte Krishnarao. „Ich glaube, dass das weltliche Leben nicht aufgegeben werden muss, um Gott zu erkennen.“

„Stimmt“, erwiderte Ramdas. „Ramdas gehört immer noch zur Welt, nicht nur teilweise, sondern ganz und gar. Sein Geliebter ist nicht nur in bestimmten Personen, sondern Er wohnt in all Seiner Macht und Herrlichkeit in allen Wesen, Geschöpfen und Dingen.“

Hier endete das Gespräch. Ramdas verließ das Haus und kehrte in die Höhle zurück.

Eines Tages gegen fünf Uhr abends kam ein 14-jähriger *Saraswat*-Junge, der die Höhle gelegentlich besuchte, herein. Er war in Tränen aufgelöst. Mit einem Ausbruch von Verzweiflung rief er aus: „Rama, ich werde in Zukunft immer bei dir wohnen. Ich werde dich nicht aufgeben. Ich möchte mein Leben Ramnam (der Wiederholung des Namens Rams) widmen.“

„Ram[1], du kannst nicht hierbleiben“, meinte Ramdas. „Deine Eltern werden sich Sorgen um dich machen. Geh zu ihnen zurück.“

---

[1] Ramdas sprach alle männlichen Personen, deren Namen er nicht kannte, mit Ram oder der Koseform Ramji an.

„Ich habe nichts mit Eltern, Haus und der Welt zu tun. Du bist mein alles in allem“, sagte der Junge. „Ich werde weiterhin den heiligen Namen in deiner Gesellschaft wiederholen.“

„Das kannst du auch zuhause tun“, schlug Ramdas vor. „Es ist nicht notwendig, dass du bei ihm bleibst, um den Namen auszusprechen.“

„Nein“, sagte er, „ich kann den Namen nicht zuhause aussprechen. Ich bin gezwungen, in die Schule zu gehen, vor der ich einen Ekel empfinde.“

„Was ist denn so schlimm daran, die Schule zu besuchen?“ fragte Ramdas.

„Oh, ich habe genug davon. Ich geriet in die Gesellschaft gewisser Jungen, die immer unkeusche Gespräche führten, und mein Geist wurde schrecklich abgelenkt. Ich werde nie wieder eine Schule betreten.“

Ramdas antwortete: „In diesem Fall darfst du die Schule nicht besuchen, sondern musst dich zu Hause in Hingabe üben, um rein zu bleiben. Du bist zu jung, um den geplanten Schritt ohne Rücksprache mit deinen Eltern zu tun. Lass dich von ihnen leiten. Sie meinen es immer gut. Gib nur nicht auf, den heiligen Namen auszusprechen. Vertraue Ihm, dessen Namen du aussprichst. Meide die Gesellschaft von Jungen, die deinen Geist verunreinigen.“

„Bitte mich nicht, zurückzugehen. Mein Vater, meine Mutter, mein Lehrer und alle anderen sind du.“ Mit diesen Worten ging der Junge in die Höhle und setzte sich in eine dunkle Ecke, um mit dem Ram-*Japa* fortzufahren. Ramdas ging zu ihm hinein und forderte ihn erneut auf, in die Stadt zurückzukehren, da es schon dunkel wurde. Eine Zeit lang blieb er standhaft und wollte nicht nachgeben, doch schließlich willigte er ein, zu seinen Eltern zurückzukehren. Die Nacht war angebrochen, und es war nun ziemlich dunkel. Also bot Ramdas ihm an, ihn nach Hause zu begleiten. Während er mit dem Jungen den Hügel hinabstieg, traf er einen Freund mit einer Laterne, der ihn zu einer *Kirtan*-Party im Haus seines Meisters einlud. Ramdas gab den Jungen in seine Obhut und bat den Freund, ihn nach Hause zu bringen, während er zur Kirtan-Party ging.

Einige Tage später kam ein anderer junger Mann, ein kanaresischer Brahmane, der gerade die Teenagerjahre überschritten hatte, in der Abenddämmerung herein und schlug vor, sich mit Ramdas zusammenzutun. Auch hier hatte das Schulleben ihn von zuhause, seinen Verwandten und Freunden vertrieben. Dieser junge Mann war sehr stur und weigerte sich trotz Ramdas' größten Bemühungen, zu seinen Freunden zurückzukehren. Er blieb die Nacht über. Er verschwand tagsüber, wanderte ziellos auf dem weitläufigen Gelände des Kadri-Hügels umher und kehrte in der Nacht in die Höhle zurück. Er kümmerte sich nicht um Nahrung. Ramdas teilte mit ihm das wenige Essen, das er bekam und das nur aus einer kleinen Menge Milch und ein paar Kochbananen bestand. Etwa eine Woche lang lebte der junge Mann wie ein apathischer Einsiedler. In der letzten Nacht seines Aufenthalts blieb er weg, tauchte aber am nächsten Morgen wieder auf. Seine Kleidung war mit braunen Flecken von Erde beschmutzt. Er sagte, er habe die Nacht im Freien auf dem Hügel verbracht und sich auf den nackten Boden gelegt.

Am Mittag kam eine Gruppe von vier Männern in die Höhle. Es waren die Freunde des jungen Mannes. Seine Eltern lebten in einem Dorf, und er war wegen der Schule in Mangalore. Seine Freunde baten ihn, mit ihnen zu gehen, aber er weigerte sich rundheraus. Daraufhin wandten sie sich an Ramdas, damit er ihn umstimme. Ramdas versicherte ihnen, dass er seine ganzen Überredungskünste eingesetzt habe, um ihn zur Rückkehr nach Hause zu bewegen, es ihm aber nicht gelungen sei. Dennoch rief er den jungen Mann zu sich und legte ihm die Hand auf die Schultern. „Ram, bereite deinen Eltern nicht noch mehr Kummer und Schmerz. Geh bitte zurück." So seltsam es erscheinen mag, der junge Mann gehorchte nun und ging mit seinen Freunden mit, die auf der Suche nach ihm gekommen waren.

Zwei Jahre nachdem die bedeutende Veränderung über ihn gekommen war, war Ramdas bereit, in die tiefsten Tiefen seines Wesens einzudringen, um den unveränderlichen, ruhigen und ewigen Geist Gottes zu erkennen. Dabei musste er Name, Form, Gedanke und Wille – jedes Gefühl des Herzens und jede Fähigkeit des Verstandes – transzendieren. Die Welt erschien ihm damals als ein schemenhafter Schatten – ein träumerisches Nichts. Die Vision war damals hauptsächlich innerlich. Sie galt nur der Herrlichkeit des *Atman* in Seiner ursprünglichen Reinheit, Seinem Frieden und Seiner Freude als alldurchdringender, immanenter, statischer, unsterblicher und leuchtender Geist.

In den früheren Stadien ging diese Sichtweise gelegentlich verloren und zog ihn in das alte Leben der Vielfalt mit seinem Aufruhr von Sympathie und

Abneigung, Freude und Kummer zurück. Aber er wurde wieder in die Stille und Ruhe des Geistes hineingezogen. Bald war ein Stadium erreicht, in dem dieses Verweilen im Geist zu einer ständigen und unveränderlichen Erfahrung wurde, von der er nicht mehr abfiel. Dann trat ein noch erhabenerer Zustand ein. Seine bis dahin innere Vision projizierte sich nach außen. Zunächst blendete ihn immer wieder ein Blick dieser neuen Sichtweise. Dies war das Wirken der göttlichen Liebe. Er hatte das Gefühl, als ob sich seine Seele wie beim Aufblühen einer Blume ausgeweitet hatte und gleichsam wie ein Blitz das ganze Universum umgab und alles in einem subtilen Heiligenschein aus Liebe und Licht umfasste. Diese Erfahrung schenkte ihm eine unendlich größere Glückseligkeit als im vorherigen Zustand. Nun begann Ramdas auszurufen: „Ram ist alles! Er ist jeder und alles!" Dieser Zustand dauerte einige Monate und verschwand wieder. Wenn er nachließ, rannte er instinktiv in die Einsamkeit. Wenn er vorhanden war, mischte er sich frei in die Welt und predigte die Herrlichkeit der göttlichen Liebe und Glückseligkeit.

Mit dieser nach außen gerichteten Schau begann Ramdas' Mission. Ihre Fülle und Großartigkeit wurden ihm während seines Aufenthalts in der Kadri-Höhle offenbart, und hier wurde die Erfahrung nachhaltiger und kontinuierlicher. Die Schau Gottes leuchtete in seinen Augen, und er sah in allen Dingen nur noch Ihn. Nun stieg Welle um Welle der Freude in ihm auf. Er erkannte, dass er ein Bewusstsein voller Glanz, Macht und Glückseligkeit erlangt hatte.

Ramdas gab die Höhle auf und nahm sein Wanderleben wieder auf. Er gab allen, die mit ihm in Berührung kamen, ein wenig von der unaussprechlichen Glückseligkeit, die er genoss. Wo immer er hinkam, drängten sich große Menschenmengen um ihn. Bei ihrem Anblick durchdrang die göttliche Liebe sein ganzes Wesen. In einem Zustand vollkommener Ekstase lieferte er sich selbst mit Liebe und Freude aus.

Kollur, Kasaragod, Kudlu, Kadri-Hügel

H. Umanathrao, eine reine und selbstlose Seele, kam mit seiner treuen Frau aus Kundapur, einer kleinen Stadt im Norden von Süd-Kanara, um Ramdas zu sich nach Hause zu holen. Ramdas verließ die Kadri-Höhle. Das Ziel von Umanathrao war, ihm den *Darshan* eines ehrwürdigen Heiligen zu verschaffen, der sich im berühmten Mukambika-Tempel in Kollur aufhielt. Noch am selben Abend erreichten sie Kundapur. Sie reisten mit einem Autobus. Der Freund stellte ihm ein separates Zimmer im oberen Stockwerk eines Hauses zur Verfügung, das seinem eigenen gegenüber lag. Ramdas verbrachte etwa eineinhalb Monaten in Umanathraos erfreulicher Gesellschaft.

Ein Monat verging, und Ramdas erinnerte Umanathrao an die geplante Reise nach Kollur. Sofort wurden Vorkehrungen für den Aufbruch getroffen. Ramdas, Umanathrao und ein weiterer Freund überquerten den Fluss mit einem Boot und kamen zur Straße, die durch einen dichten Wald nach Kollur führte. Hier stiegen sie in einen Ochsenkarren. Der Weg war schmal und zerklüftet und führte durch einen ausgedehnten Dschungel, der sich entlang des gesamten Weges nach Kollur ausbreitete. Im Dschungel wimmelte es von wilden Tieren. Kollur wurde erreicht, ohne dass sich unterwegs etwas Wichtiges ereignet hatte.

Kollur ist ein kleines Dorf auf einer Hochebene, das auf drei Seiten von den hohen Kotashadri-Hügeln begrenzt wird. Ein dichter Wald aus riesigen Bäumen, die auf diesen hoch aufragenden Hügeln wachsen, verleiht dem Ort eine eigentümliche Majestät und Faszination. In der Mitte des Dorfes befindet sich der Schrein von Mukambika, der Mutter des Universums. Umanathrao führte Ramdas direkt zu dem Außengebäude des Tempels, wo der Heilige wohnte. Ramdas verneigte sich vor dem Heiligen. Er schien über siebzig Jahre alt zu sein. Seine Augen waren groß und grünlich, und ihr Ausdruck war distanziert und teilnahmslos, aber mit einem Schimmer von Zärtlichkeit und Heiterkeit. Er besaß einen wallenden grauen Bart, der seinem vollen, strahlenden Gesicht Heiligkeit und das Licht der Weisheit verlieh. Er saß nur mit einem *Kaupin* bekleidet auf dem Boden. Nachdem er sich nach dem Wohlergehen der Besucher erkundigt hatte, begann er sogleich mit religiösen Gesprächen.

Er erzählte eine ganze Reihe von Geschichten aus dem Bhagawat und anderen Quellen. Er hielt wortgewandte Reden über *Bhakti* oder die Liebe zu Gott. In der Begeisterung der Vorträge zitterte sein Körper vor spiritueller Verzückung. Immer wieder schloss er die Augen und saß für eine oder zwei Minuten still da, sein Gesicht erhellt von einem seltsamen, spirituellen Glühen. Er bezeichnete seinen Körper als einen Affen, der für alle möglichen Tricks anfällig sei.

„Sieh", sagte er und zeigte auf seinen Körper, „dieser Affe spielt oft seine Streiche. Die Gliedmaßen sind durch Rheuma so verkrampft, dass sie sich weigern, sich frei zu bewegen." Und er fügte kichernd hinzu: „Der Affe macht immer Gesten und Bewegungen." Seine Beine waren so schwach, dass er kaum ohne Hilfe gehen konnte. Er lebte allein und war dennoch immer fröhlich und zufrieden. Seine Kritik am weltlichen Leben war scharf und streng. Der Heilige nahm die Anwesenden mit seinen erhabenen Reden bis spät in die Nacht in Beschlag. Er wurde nicht müde, über Gott und seine Herrlichkeiten zu sprechen. Wenn er alleine war, war er damit beschäftigt, mit Bleistift den Namen „Ram" aufzuschreiben, mit dem er viele Notizbücher gefüllt hatte.

Insgesamt dauerte der Aufenthalt bei dem Heiligen nur drei Tage. Am zweiten Tag gesellte sich ein junger, blinder *Sadhu* zu ihnen, der von einer älteren, verwitweten Dame geführt und betreut wurde. Der *Sadhu* schien etwa zwanzig oder zweiundzwanzig Jahre alt zu sein. Wegen zwei Kataraktflecken an den Pupillen war er stockblind geworden. Dr. Umanathrao ging zu ihm und untersuchte seine Augen. Er gab ihm zu verstehen, dass eine einfache Operation sein Augenlicht wiederherstellen würde und dass er bereit wäre, das für ihn zu tun. Der *Sadhu* sagte: „Lieber Herr, ich möchte nichts von dem, was du sagst. Ich bin vollkommen zufrieden mit dem Schicksal, das Gott mir beschert hat. Was kümmert mich der äußere und vergängliche Sehsinn, wenn der innere sich geöffnet hat? Ersterer ist ein Fallstrick, und Gott hat mich in Seiner unendlichen Barmherzigkeit dessen beraubt, damit meine innere Sicht umso reiner und herrlicher wird. Ich bin glücklich und fröhlich in der Betrachtung des göttlichen Herrn, der in den Herzen aller wohnt. Möge Er mich immer im Einklang mit sich halten." Während er so sprach, füllten sich seine Augen, deren Licht erloschen war, mit Tränen, und sein Gesicht erstrahlte in einem wunderbaren Glanz.

Die drei Tage in der Gesellschaft dieser Heiligen vergingen wie im Flug. Bevor sie das Dorf verließen, besuchte die Gruppe den Schrein von Mukambika. Dann kehrten sie nach Kundapur zurück. Ramdas blieb noch zwei Wochen bei Umanathrao und reiste anschließend nach Mangalore. Auf dem Weg dorthin machte er zwei Tage lang in Udupi Rast, wo er K. Anandrao traf, eine reine Seele, die ein zurückgezogenes Leben führte und sich in Enthaltsamkeit übte. Ramdas genoss seine höchst erfreuliche Gesellschaft. Anandrao las ihm ausgewählte Zitate aus verschiedenen philosophischen Werken vor, die er studiert hatte. In der Tat vermittelte er Ramdas die Essenz der höchsten Wahrheit. Er war voller Liebe und Freundlichkeit. In diesem Zusammenhang kann Ramdas nicht umhin, die bemerkenswerte Liebe und Achtung zu erwähnen, mit der er von allen behandelt wurde, auch von den Mitgliedern der Familie, der er in seinem früheren Leben angehörte.

Nach einem mehrtägigen Aufenthalt in Udipi reiste Ramdas nach Mangalore weiter, wo er nur eine kurze Zeit blieb. P. Anandrao, ein älterer Bruder aus seinem früheren Leben, wollte ihn unbedingt nach Kasaragod bringen – eine Stadt südlich von Mangalore, wo er lebte. Auf Ramdas' Bitte hin sorgte er dafür, dass er ein kleines Zimmer in einem neu erbauten *Dharmashala* inmitten von drei Tempeln beziehen konnte. In der Nähe der Tempel befanden sich zwei Wasserspeicher, in denen er sein morgendliches Bad nahm. Anandrao war sehr gütig und liebevoll. Er war sehr auf Ramdas' Bequemlichkeit bedacht. Das kleine Zimmer war mit den einfachen Dingen des Lebens für Ramdas ausgestattet. Es enthielt eine weiche Matte, ein ausgebreitetes Hirschfell, zwei ockerfarbene *Khaddar*-Tücher, ein paar Matten für Besucher, eine Sturmlaterne, einen Schirm aus Blättern, eine kupferne Wasserkanne und einige religiöse Bücher. Über dem Sitzplatz war auch ein Stück Pappe an die Wand genagelt, auf dem das göttliche Ram-Mantra in fetten kanaresischen Buchstaben geschrieben stand. Ramdas gibt diese Einzelheiten an, da ein merkwürdiges Ereignis in engem Zusammenhang mit ihnen steht. Er ernährte sich von Milch, Früchten und gekochtem Reis.

In den ersten Tagen versammelten sich Scharen von Besuchern in dem Rasthaus, um ihn zu sehen. Die meisten von ihnen waren Schuljungen. Viele ernsthafte Verehrer besuchten ihn ebenfalls. In den Nächten wurde er oft zu *Kirtan*-Partys mitgenommen, bei denen die populären frommen Lieder der großen indischen Heiligen gesungen wurden. Diese Lieder enthalten die

Essenz der erhabenen hinduistischen Philosophie. Sie handeln von Hingabe, Wissen und Entsagung. In ihrer direkten Art erheben sie den Geist und erfüllen ihn mit göttlicher Inbrunst. Unter den Hymnen sind die von Kabir und Tukaram am beliebtesten. Ihre Gedichte sind in der Tat seltene Juwelen spirituellen Denkens, in denen sich perfekter Rhythmus, erhabener Idealismus und reines Gefühl vermischen.

Am Nachmittag war Ramdas mit der Lektüre der englischen Übersetzung von Tulsidas' Ramayana beschäftigt und damit, es in die Landessprache der Verehrer zu übertragen, die sich in den kleinen Raum drängten. Sie saugten den spirituellen Nektar von Tulsidas unsterblichem Werk mit Begierde auf.

Eines Tages kam ein junger Mann, der von Niedergeschlagenheit und Verzweiflung geplagt war, zu Ramdas. Er erzählte die Geschichte seines Kummers. Ramdas riet ihm, das Ram-Mantra zu wiederholen, und versicherte ihm, dass alles gut werden würde. Der Freund besuchte Ramdas danach jeden Tag, und man fand ihn in das *Japa* des Ramnam versunken. Einige Tage vergingen. Da kam er mit einem heiteren Gesicht zu Ramdas und erzählte ihm, dass das drohende Unglück an ihm vorbeigegangen sei, ohne ihn auch nur im Geringsten zu treffen. Aller Sieg gebührt dem mächtigen Namen! Der Name des Herrn hat zweifelsohne die Macht, Unwissenheit, Schmerz und Elend zu vertreiben. Deshalb werden Heilige auf der ganzen Welt nicht müde, den Namen zu verherrlichen.

Ramdas machte eine weitere außergewöhnliche Erfahrung, die es wert ist, im Detail erzählt zu werden. An einem regnerischen Tag gegen zehn Uhr abends betrat eine seltsam aussehende Person sein Zimmer. Der Mann war in Lumpen gekleidet, und sein Haar war zerzaust. Er trug ein kleines Bündel an einem groben Palmstock bei sich. Er sah aus, als sei er verrückt. Er kam herein und setzte sich neben Ramdas.

„Darf ich mich heute Nacht hier ausruhen?", fragte er in einem seltsamen Singsang. Ramdas antwortete, er sei herzlich willkommen.

Er setzte sich auf die Matte und öffnete sein Bündel, das ein bizarres Sortiment an kleinen Stoffffetzen in verschiedenen Farben enthielt. Er nahm die Fetzen heraus und verstreute sie auf dem Boden. Dann warf er einen Blick auf Ramdas und lachte fröhlich.

Ramdas dachte bei sich: „Oh Herr, Du kommst in wunderbarer Verkleidung."

Nach einer Weile sammelte der seltsame Besucher die Fetzen wieder ein und legte sie in das Bündel zurück. Dann näherte er sich Ramdas und sang ein populäres kanaresisches Lied, das lautete: „Du bist der immer reine, allbarmherzige und geheimnisvolle Govinda (Krishna)." Er sang diese Strophe in seiner eigenen, besonders leidenschaftlichen und beeindruckenden Art. Er sprach kanaresisch. Plötzlich hörte er zu singen auf, schaute direkt in Ramdas' Gesicht und sagte: „Sieh, meine Kleider sind alt und abgenutzt. Würdest du dich nicht von einem Gewand von dir trennen und es mir geben?" und deutete auf das Gewand, das Ramdas trug. Ramdas entledigte sich sofort des Gewandes und übergab es ihm. Der Besucher faltete es sorgfältig zusammen und legte es neben sich.

Mit gebieterischer Stimme sprach er weiter: „Jetzt wollen wir schlafen. Dimme das Licht, aber lösche es nicht." Gehorsam führte Ramdas aus, worum er ihn gebeten hatte. Der Besucher legte sich hin und gab vor, zu schlafen, und Ramdas tat es ihm gleich. Fünf Minuten waren noch nicht verstrichen, als er sich aufsetzte und Ramdas aufforderte, sich ebenfalls aufzusetzen. Ramdas fügte sich. Das Licht wurde aufgedreht.

„Ich muss noch etwas mehr verlangen", sagte er.

Ramdas erwiderte: „Alles in diesem Raum ist Rams Eigentum, und da du Er bist, hast du ein Recht darauf. Du kannst frei fragen und es dir nehmen."

Inzwischen hatte Ramdas sein Ersatzgewand angezogen. „Ich brauche auch das Gewand, das du gerade angezogen hast", sagte er und streckte seine Hand danach aus. Ohne ein Wort überließ Ramdas ihm das zweite Gewand.

Einige Minuten vergingen, dann sagte er: „Ich brauche einen Wassertopf. Wenn du nichts dagegen hast, kannst du mir den dort drüben geben", und zeigte auf das Gefäß in der Ecke des Raumes. Ramdas leerte das Wasser aus dem Topf und reichte ihn ihm. Wie von ihm gewünscht, band Ramdas die Dinge zu einem Bündel zusammen. Dann verlangte er die Matte, das Hirschfell, die Laterne, den Regenschirm, das Ersatz-Lendentuch, eines nach dem anderen in fast regelmäßigen Abständen.

Ramdas spürte, dass Gott ihn prüfen wollte, ob er noch einen Sinn für Besitz hatte. Sein hingebungsvolles Leben erlaubte keine Anhaftung an die Dinge der Welt. Wann immer er die Dinge an diesen fremden Freund verschenkte, tat er dies in einem Geist von beglückender Spontaneität. Gerührt wandte er sich an den Besucher: „Oh Herr, Deine Prüfungen sind wunderbar. Alles gehört Dir und Dir allein." Daraufhin brach der Besucher in sein übliches lässiges Lachen aus. Er verlangte auch ein paar religiöse Bücher, die im Zimmer lagen. Alle Gegenstände waren nun in einem Tuch verschnürt und bildeten ein ziemlich großes Bündel.

Später sagte er warnend: „Sieh her, du hast mir viele wertvolle Gegenstände gegeben. Es ist möglich, dass du deine Torheit bereuen könntest, wenn ich mit ihnen weg bin. Was sagst du dazu?"

„Nein, überhaupt nicht", antwortete Ramdas schnell, „denn du nimmst deine eigenen Sachen mit. Ramdas hat keinen Grund zum Bereuen."

„Nun denn", sagte er, „gib mir das Brett an der Wand." Auch es vergrößerte noch das Bündel.

Der Raum war nun fast leer. Es war Monsun, und es begann stark zu regnen. Die Nacht war fortgeschritten. Es war etwa drei Uhr morgens. Ramdas trug nur noch ein *Kaupin*.

„Eine Sache noch", rief er. „Ich könnte auch die Brille brauchen, die du trägst." Die Brille wurde ihm ordnungsgemäß ausgehändigt. Er untersuchte sie und meinte, dass sie ihm passen würde.

„Noch etwas", sagte er.

„Du kannst alles verlangen", antwortete Ramdas. „Ramdas hat sein ganzes Leben dir geweiht."

„Gib mir das *Kaupin*, das du trägst", bat er ruhig. Es bestand nun kein Zweifel mehr, dass Gott selbst hier war, um ihn entscheidend zu prüfen. Ramdas löste mit perfekter Nonchalance, die aus völliger Selbsthingabe geboren war, das *Kaupin* von seinem ansonsten nackten Körper und bot es ihm an. Doch bevor Ramdas es ganz ausziehen konnte, hielt ihn der fremde Freund mit seiner Hand davon ab und sagte: „Nein, nein, du darfst es behalten. Ich brauche es nicht." Dann fragte er eifrig: „Kannst du mir folgen?"

Ramdas verlor keine Zeit, um zu antworten: „Auf jeden Fall."

„Nicht jetzt, ein andermal", sagte er und machte sich zum Aufbruch bereit. Es regnete inzwischen in Strömen. In der einen Hand hielt er die Laterne, in der anderen den Regenschirm und den Palmstock mit dem Bündel, das er sich über die Schulter geworfen hatte. Als er auf der Treppe stand, rief er zum Abschied mit großem Nachdruck: „Was denkst du von mir? Ich bin nicht verrückt. Ich bin es nicht."

„Du bist Er, du bist Er", keuchte Ramdas – seine Kehle war vor Rührung zugeschnürt.

Der Freund stieg die Treppe hinunter und ging davon.

Ramdas kehrte in sein Zimmer zurück, und in dem Moment, als er sich auf den Boden setzte, versank er in eine tiefe Trance. Es war helllichter Tag, als er aus der Trance erwachte. Er sah eine große Menschenmenge vor seiner Tür stehen, unter ihnen auch Anandrao. Die Nachricht war ihnen von dem Diener überbracht worden, der Ramdas seine Morgenmilch und Früchte gebracht hatte. Sie nahmen an, dass ein Dieb mit den fehlenden Gegenständen aus dem Zimmer verschwunden sein musste, und erkundigten sich bei ihm, wie das alles passiert sei.

Ramdas antwortete nur: „Der Herr Ram gibt durch eine Gestalt und nimmt durch eine andere."

Diese kurze und rätselhafte Erklärung stellte sie natürlich nicht zufrieden. Also musste er ihnen den Vorfall der vergangenen Nacht detailliert schildern. Alle lauschten der Geschichte mit atemlosem Interesse. Einer von ihnen schlug vor, den Schurken zur Strecke zu bringen und gefangen zu nehmen.

„Was hat er denn verbrochen?", fragte Ramdas. „Er hat nur seine eigenen Sachen genommen." Und er fügte hinzu: „Es gibt kein Gesetz auf Erden, das ihn dafür bestrafen kann. Er ist kein Schurke. Er ist der Herr selbst."

Ein unbezähmbares Lächeln erhellte die Gesichter aller, die ihn hörten. Sie schienen ihn verstanden zu haben und zerstreuten sich leise. Vor dem Mittag desselben Tages richtete Anandrao, der so gütig und liebevoll war, das Zimmer neu ein, sodass es wieder aussah, als sei nichts entfernt worden. Ein paar Tage später musste der neue Wasserkrug durch einen anderen ersetzt werden, da der zweite in den Besitz einer wandernden *Sannyasini* übergegangen war, die ihn dringend benötigte.

Anandrao versuchte, die Brille zu ersetzen, aber Ramdas lehnte mit den Worten ab: „Der Herr hat Ramdas die Brille geraubt, weil er sie in Zukunft vielleicht nicht mehr braucht. Sein Wille geschehe." Seitdem kommt Ramdas ohne Brille aus, da seine Sehkraft vollständig wiederhergestellt wurde.

Eines Abends, als Ramdas soeben die Abhandlung über *Raja-Yoga* von Swami Vivekananda las, kam in seinem Herzen der Wunsch auf, *Pranayama* zu üben. Kaum war dieser Gedanke in seinem Kopf, trat ein junger *Raja-Yogi* in den Raum und setzte sich neben ihn. Ramdas erkannte sofort, dass der Herr den Yogi gesandt hatte, um ihn in dieser großen Wissenschaft zu unterweisen.

Noch in derselben Nacht weihte der *Raja-Yogi* Ramdas in die Geheimnisse von *Raja-Vidya* oder der königlichen Wissenschaft, wie er sie nannte, ein. Von da an war Ramdas hauptsächlich mit der Praxis von *Asana* und *Pranayama* beschäftigt. Mit zunehmender Praxis überkam ihn eine völlige Stille und Frieden. Dementsprechend verschwand der Anreiz zum Lesen und Reden. Er wurde ruhig und still. Diese Veränderung wurde von den täglichen Besuchern bemerkt. Sein Hunger, der bis dahin geschlummert hatte, wurde geweckt, und er musste größere Mengen an Nahrung zu sich nehmen als gewöhnlich. Die Regel der *satwischen* Ernährung war gebrochen. Unter der Anstrengung der *Pranayama*-Praxis fühlte er sich körperlich sehr schwach. Ein Verlangen nach Einsamkeit, um die neuen Erfahrungen an einem ungestörten Ort zu machen, überkam ihn. Er bat Anandrao um eine Ortsveränderung, der sofort veranlasste, ihn an einen Ort zu bringen, der etwa zwei Meilen von Kasaragod entfernt lag.

Kudlu ist eine ländliche Gegend zwei Meilen nördlich von Kasaragod. Ramdas wurde in einem gefliesten Haus mit drei Zimmern am Hang eines Tals untergebracht, über dem sich eine weite, unbewohnte Hochebene mit viel Grün und Sträuchern erstreckte. Vor dem Haus befand sich eine flache Grube, aus der auf einer Seite ein schmaler Strahl reines, sprudelndes Wasser kam, der aus einer verborgenen Quelle gespeist wurde. Majestätische Stille herrschte im Tal. Es war ein geeigneter Aufenthaltsort für die ungestörte Meditation. Es war Gottes Wille, dass Ramdas an einem solchen Ort leben sollte. Mit großer Ernsthaftigkeit begann Ramdas mit der Praxis des *Pranayama*. Lange Stunden saß er bei dieser Übung. In Bezug auf das Essen wurde er höchst exzentrisch. Die Vorräte kamen von Anandrao, der ihn jeden Morgen besuchte, um sich um seine Bedürfnisse zu kümmern. Seine reine Liebe ließ ihn mit bemerkenswerter Geduld Ramdas' unzählige Marotten und Launen bezüglich des Essens ertragen. Ramdas änderte seine Ernährung von Tag zu Tag und machte schließlich einige Tage lang eine reine Wasserdiät. Dann kehrte er wieder zu den üblichen Lebensmitteln zurück.

Diese Ernährungsexperimente, verbunden mit der unablässigen Praxis des *Pranayama*, ließen seinen Körper abmagern und schwächten ihn allmählich. Der Geist verfiel in einen Zustand vollkommener Lustlosigkeit und Trägheit. Es schien, als sei er in die Tiefen einer unaussprechlichen Stille und Ruhe hinabgestiegen. Die Übung ging immer weiter. Das Aussprechen des Mantras hörte ganz auf. Alle Stunden des Tages und der Nacht waren fast ununterbrochen der Kontrolle des Atems gewidmet. Manchmal fiel er wegen Überanstrengung hin, und er war ausgemergelt und schlaff. Der *Raja-Yogi*, der ihn eingeweiht hatte, kam zu Besuch. Er beobachtete den heftigen Kampf, den er durchmachte, und ermutigte ihn weiterhin. Er riet Ramdas, den Körper richtig zu ernähren. Eine Sache wurde Ramdas jedoch klar. Diese Übung versetzte dem Gedächtnis, dem Verstand und den subtileren Gefühlen des Herzens den Todesstoß. Der Geist wurde leer und trocken. Untätigkeit und Stille waren die Folge.

Es war der Wille des Herrn, dass Ramdas auch diese Erfahrung des *Pranayama* machen sollte – eine vom großen Weisen Patanjali vorgeschriebene Art der Geisteskontrolle. Diese Disziplin ist ein Teil des *Ashtanga-Yoga*, wie er von dem Weisen gelehrt wurde. Es ist für den Aspiranten erforderlich, alle acht Regeln des Yogas zu befolgen, von denen *Asan* und *Pranayama* zwei sind. *Brahmacharya* oder Enthaltsamkeit wird als absolut notwendig erachtet, ebenso wie eine wachsame Führung durch einen erfahrenen Yogalehrer. Der Weg ist nicht für alle Menschen gedacht. Haushälter, die mit den Angelegenheiten des Lebens beschäftigt sind, tun gut daran, ihn zu meiden, denn die Nichteinhaltung der Regeln dieses Yogas führt wahrscheinlich zu einem nicht funktionierenden Gehirn und anderen Krankheiten. Für den Haushälter ist die beste Konzentrationsübung die Wiederholung des göttlichen Namens und hingebungsvolle Musik, mit anderen Worten, der Weg der *Bhakti* oder Hingabe.

Die Praxis des *Pranayama* wurde einen Monat lang unvermindert fortgesetzt. Dann gab Ramdas sie auf. Die übliche Wiederholung des Mantras wurde wieder zu einer automatischen Funktion der Zunge. Die Aktivität kehrte zurück, und er unternahm lange Spaziergänge auf der Wiese, sowohl morgens als auch abends. Er wanderte ziellos umher. Der weite Blick auf die grüne Vegetation ringsum fesselte ihn. Er beobachtete seine eigene Einsamkeit – sein Geist ruhte im Schoß des bewegungslosen Geistes der Stille. Die Welt um ihn herum sah wie eine riesige, glitzernde Leinwand aus, auf die ein Meister Bilder in verschiedenen Farben gemalt hatte. Die grüne Erde unten und die blaue Weite oben waren in den hellen Glanz der Sonne getaucht.

An diesem glücklichen und ungestörten Rückzugsort erfreuten Insekten und Vögel Ramdas mit ihrer Gesellschaft. Sie kamen ohne Zögern in die Räume und spielten furchtlos herum. Sie schienen instinktiv verstanden zu haben, dass er ihr Freund war. Für Ramdas waren sie Manifestationen der großen Wahrheit, die er verehrte und liebte. Er teilte seine Mahlzeiten mit ihnen.

An diesem Ort verfasste er, inspiriert vom Herrn, einige Gedichte, Gebete und Aufsätze. Diese sind bereits in dem Buch „At the Feet of God" veröffentlicht worden.

Es war Monsun, und die Nächte wurden von heftigen Schauern begleitet. In einer denkwürdigen Nacht waren die Regenfälle ungewöhnlich heftig. Es gab ohrenbetäubende Donnerschläge, denen Blitze vorausgingen. Regen und Sturm tobten in ihrer ganzen Wut. Eine rauschende Wassermasse prallte gegen das Haus. Jeder Donnerschlag erschütterte das Gebäude bis ins Fundament. Der wütende Wind pfiff durch die Fenster ohne Läden, und sintflutartige Regenschauer prasselte in den Raum.

Mitten in diesem Kampf der Urgewalten saß Ramdas in einem Zustand vollkommener Erhabenheit unbewegt im Raum und beobachtete den Verlauf der schrecklichen Szene. Die Schrecken des Sturms berührten ihn nicht. Die Wahrheit – Gott in ihm – sprach zu ihm: „Ich bin im Sturm, im Wind und im Regen. Ich bin im Donner und in den Blitzen. Ich bin der aktive Schöpfer, der barmherzige Beschützer und der unbarmherzige Zerstörer. Ich bin alles in allem. Ich bin alles."

Der Sturm wütete weiter. Ramdas hörte einen plötzlichen Aufprall auf dem Boden etwa zwei Meter von sich entfernt. Er drehte sich in die Richtung, aus der das Geräusch kam, und entdeckte eine große, pechschwarze Wildkatze, die dastand und ihn anstarrte. Sie war vom oberen Ende der Mauer heruntergesprungen. Ihre glänzenden Augen leuchteten in der schummrigen Ecke des Raumes. Ramdas stand sofort auf, nahm die Laterne und ging auf sie zu. Sie war etwa doppelt so groß wie eine gewöhnliche Katze – groß, hager und wild. Sie wartete nicht auf Ramdas' Annäherung, sprang auf die nächstgelegene Fensterbank, schlängelte sich durch die Eisengitter hinaus und verschwand im Regen und in der Dunkelheit draußen. Bis zum Morgen genoss Ramdas den glorreichen Kampf der Elemente.

Ramdas kehrte nach Kasaragod zurück und reiste dann nach Mangalore.

Ramdas erreichte Mangalore mit dem Abendzug und machte sich direkt auf den Weg zum Kadri-Hügel. Er kam zu einem *Dharmashala*, das in der Nähe der berühmten Seven Tanks lag. Das Rasthaus wurde von einem jungen Mann namens Madhav geführt. Der Junge begrüßte ihn mit echter Freude. Er bot Ramdas ein Hirschfell an, auf das er sich auf einer erhöhten Plattform setzte. Madhav war ein gut gebauter, gesunder Junge. Er empfand eine große und beständige Liebe und Achtung für Ramdas.

Ramdas fand, dass das Wesen des Jungen rein und liebenswert war. Ein Kaufmann der Stadt hatte ihm die Verantwortung für die Pilgerherberge übertragen und versorgte ihn mit dem Nötigsten. Seine Zeit gehörte ihm, die er mit Meditation verbrachte. Er war in der Tat ein ernsthafter Sucher nach der Wahrheit. Er war einfach und arglos. Ramdas fühlte sich schon beim ersten Anblick seltsam zu ihm hingezogen. Er fragte Ramdas, wie er seinen ruhelosen Geist kontrollieren könne. Ramdas gab ihm das Ram-Mantra, und von da an hatte er das Mantra immer auf den Lippen.

Als Ramdas den Wunsch äußerte, an einem vollkommen einsamen Ort zu sein, schlug Madhav die Höhle vor, die sich nur wenige Meter oberhalb des *Dharmashala* auf dem Hügel befand. Diese Höhle war erst kürzlich wieder aufgebaut worden, indem die Lehmwände am Eingang erhöht wurden. Ramdas stand auf und bat den Jungen, ihn zu der Höhle zu führen. Die Höhle war ein schmales, niedriges Loch, in das sich eine Person legen konnte. Die Lehmwände waren noch nicht getrocknet, und der Boden war feucht. Sie hatte eine kleine Tür mit Fensterläden. Ramdas betrat die Höhle und sagte zu Madhav, dass er beschlossen hatte, die Nacht und einige weitere Tage in der Höhle zu verbringen. Madhav breitete das Hirschfell auf dem Boden der Höhle aus und kehrte dann in die Pilgerherberge zurück.

Ramdas' Aufenthalt in der Höhle war von vielen Fastenzeiten geprägt. Aber abgesehen von seiner extremen körperlichen Schwäche während des Fastens, war er vollkommen gelassen und fröhlich. Es muss hier angemerkt werden, dass er jedes Mal, wenn Gott ihn zum Fasten inspirierte, ein großes Hochgefühl erlebte, ähnlich dem eines hungriger Menschen, wenn er ein üppiges Festmahl vorgesetzt bekommt.

Insgesamt blieb er eineinhalb Monate lang in der Höhle. Er erhielt Besuche von vielen Verehrern der Stadt. Gelegentlich ging er auch abends in die Stadt, um an *Kirtan*-Veranstaltungen teilzunehmen.

Inzwischen hatte Madhav eine große Zuneigung zu Ramdas entwickelt. Eines Tages erzählte Ramdas ihm, dass der Herr wollte, dass sein Kind, also Ramdas, ein weiteres Mal ein Wanderleben führen sollte. Nun flehte der Junge mit kläglicher Stimme, dass er mit ihm gehen dürfe. Er fügte hinzu, dass es für ihn das reinste Elend wäre, von Ramdas getrennt zu leben. Daraufhin warnte Ramdas ihn: „Nun, Ram, der Weg, den Ramdas geht, ist ein schwerer Weg. Für ihn haben Gefahr und Tod keinen Schrecken. Du musst wissen, dass er ein rücksichtsloser, wilder und furchtloser Wanderer ist. Er fordert absichtlich das Leiden heraus, weil er darin Freude entdeckt hat. Dein Fall ist anders. Sei also gewarnt. Versuche nicht, ihn zu begleiten."

Madhav wollte sich nicht überreden lassen. Er war sehr hartnäckig und versicherte Ramdas, dass er bereit sei, jede Prüfung in seiner Begleitung durchzustehen, ihn aber niemals aufgeben würde. Ramdas musste sich damit abfinden.

Ramdas beschloss, sich zu Fuß über Gokarna – einem bedeutenden Pilgerort an der Westküste Indiens – auf eine lange Reise in den Norden zu begeben, und gab Madhav Bescheid. Madhav bereitete alles für die Reise vor. Er rüstete sich mit einigen Kochutensilien und Lebensmitteln aus, die er in eine für diesen Zweck vorbereitete Tasche steckte. Zu diesem Zeitpunkt richtete er eine Bitte an Ramdas. Er wollte seinen Namen ändern und bat Ramdas, ihm einen neuen Namen vorzuschlagen. Ramdas gab ihm den Namen Ramcharandas, den er fortan trug. Daher wird Ramdas ihn von nun an Ramcharandas nennen.

Gokarna

Der *Mahadev*-Tempel von Gokarna,
Wikimedia Commons, Foto: Gerth Michael, 2010

Etwa um drei Uhr morgens in einer mondhellen Nacht verließen Ramdas und Ramcharandas Mangalore. Ramdas ging in zügigem Tempo, und Ramcharandas war ihm dicht auf den Fersen. Sie kamen durch viele Dörfer und machten am Mittag in der Nähe einiger strohgedeckter Hütten in einem Kokospalmenhain Halt. Ganz in der Nähe befand sich ein Brunnen. Ramcharandas bereitete etwas *Khichadi* zu. Nach dem Essen ruhten sie sich etwa zwei Stunden lang im kühlen Schatten der Bäume aus. Nach einigen Zwischenstopps auf dem Weg erreichten sie schließlich Gokarna.

Gokarna ist wegen seines bekannten Schreins von *Mahadev* ein Wallfahrtsort. Der Ort liegt an der Küste. Der Tempel ist etwa einen halben Kilometer vom Meeresufer entfernt. Er ist groß und nach altem Vorbild gebaut. Das wichtigste jährliche Fest des Tempels ist *Shivaratri*. Ramdas war vierzehn

Tage vor diesem Festtag dort eingetroffen. Die Pilger aus verschiedenen Landesteilen strömten nun zu diesem großen Anlass herbei.

Ramcharandas und Ramdas kamen gegen Mittag an. Sie wurden zum Abendessen in das Haus eines prominenten Händlers des Ortes eingeladen, wo sie mit großer Freundlichkeit und Liebe behandelt wurden. Dann gingen sie zum *Mahadev*-Tempel und sahen am Eingang zum Außenhof eine Menge Pilger. Die *Sadhus* drängten sich auf beiden Seiten des Haupttores des Tempels, um einen Platz zu ergattern, denn hier erhielten sie die größte Aufmerksamkeit von den Pilgern, die mit ihren Opfergaben kamen.

„Swamiji, wir wollen uns ebenfalls hier niederlassen. Es ist noch Platz für uns“, schlug Ramcharandas vor.

„Ram“, erwiderte Ramdas, „wie wäre es, wenn wir uns an einem abgelegenen Ort niederlassen? Das scheint mir das Richtige zu sein.“

„Nein, Swamiji“, unterbrach Ramcharandas ihn, „das ist der beste Ort für uns, denn wir haben den doppelten Vorteil: in der Nähe der *Murti* von *Mahadev* zu sein und außerdem die Gesellschaft der *Sadhus* zu haben.“

Seine Gründe erwiesen sich als unanfechtbar, und Ramdas fügte sich. Ein Teil des Bodens wurde von ihm sofort von Kieselsteinen und loser Erde befreit. Er breitete einige Ersatztücher darauf aus, um zu zeigen, dass der Platz reserviert war. Die Nacht brach herein. Sie nahmen ihre Plätze auf dem begehrten Stück Boden ein. Ramcharandas war stolz auf ihren Platz, da er in der zweiten Reihe rechts vom Haupteingang lag. Vor Einbruch der Dunkelheit waren beide Seiten des Eingangs bis zum Ende der Wand von *Sadhus* besetzt. Von den *Sadhus* zu ihrer Linken war der ältere der Guru und der jüngere der *Chela* (Schüler).

„Ramgiri, bereite das *Chilam* (die Pfeife) vor“, sagte der Guru mit schroffer, autoritärer Stimme zu seinem *Chela*.

„In Ordnung, Maharaj-ji“, antwortete der *Chela* kleinlaut.

Der *Chela* nahm die Umhängetasche von der Schulter und holte zwei kleine Beutel heraus – ein *Chilam* oder eine Tonpfeife, eine Spule aus Kokosseil und eine Streichholzschachtel. Aus einem der Beutel holte er einen gepressten Klumpen grüner Blätter – *Ganja* – heraus, legte ihn zärtlich auf seine linke Handfläche und tränkte ihn reichlich mit Wasser aus seinem *Lota*.

Nachdem er die Samen entfernt und das Wasser ausgepresst hatte, öffnete er den anderen Beutel und holte mit den Fingern eine ordentliche Prise trockenen gelben Tabak heraus. Dann mischte er den Tabak mit dem gewaschenen *Ganja* in seiner Handfläche. Nun presste er die Mischung zu einem kleinen Kuchen und legte ihn auf seinen Oberschenkel. Als Nächstes schnitt er ein kleines Stück des Kokosseils ab, formte es zu einem Ring und zündete es an. Während es brannte, stopfte er das *Chilam* mit der Mischung aus *Ganja* und Tabak. Schnell legte er mit seinen Fingern den zu roter, glühender Asche verbrannten Kokosring in die Öffnung des *Chilam*. „Maharaj-ji", rief er seinem Guru zu, der gerade in ein Gespräch mit einem anderen *Sadhu* vertieft war, der von der anderen Seite gekommen war, um die Vorbereitung für eine *Ganja*-Pfeife zu sehen. Der *Chela* bot seinem Guru das *Chilam* an. Mit vor Zorn geröteten Augen knurrte der Guru ihn an: „Idiot, wo ist mein *Safi* (das kleine Stück Stoff, das zum Rauchen des *Chilam* benutzt wird)? Wie kannst du es wagen, mir das *Chilam* ohne es anzubieten, du Narr?"

Der *Chela* suchte wie ein verängstigtes Tier nach dem Lappen, während sein Guru die ganze Zeit vor Wut kochte. Er bekam das Ding in die Finger, und kaum hatte er es nass gemacht, entriss der Guru es ihm und rollte es auf das untere Ende des *Chilam*. Bevor er es an seine Lippen führte, sang er mit lauter, schriller Stimme die übliche Anrufung an *Shankar*, den Herrn von Kailas: „Bom – Bom – *Mahadev* – Kailaspati – Bholanath – *Shankar*", usw. Dann hob er die Pfeife an seinen Mund und nahm einen langen Zug, wobei er ein scharfes, zischendes Geräusch von sich gab. Er senkte die Pfeife und ließ den Rauch aus seinem hochgezogenen Mund entweichen, als wäre er der Schornstein einer Lokomotive, die eine Rauchwolke ausstößt.

Das *Chilam* wurde nun an den Gast, den anderen *Sadhu*, weitergereicht, der mit den Augen eines Falken darauf wartete, dass er an die Reihe kam. Während er das *Chilam* handhabte, sagte der Guruji nebenbei: „Ramgiri ist ein perfekter Esel", und bezog sich dabei auf seinen *Chela*. „Er ist ein dummer und nutzloser Kerl. Er war noch schlimmer, aber er hat sich etwas gebessert, seit er in meiner Gesellschaft ist."

Diese Worte des Gurus schienen wie ein brennendes Eisen in die Seele des *Chela* eingedrungen zu sein. Sie müssen sein Inneres aufgewühlt und zum Kochen gebracht haben. Er errötete, und seine fest zusammengepressten Lippen zeigten, dass er versuchte, seine Gefühle zu unterdrücken. Jetzt war er mit dem *Chilam* an der Reihe. Er nahm es dem Gast-*Sadhu* aus der Hand und benutzte sein eigenes *Safi*, denn der Guru würde es immer als unter seiner Würde betrachten, dem *Chela* zu erlauben, sein *Safi* zu benutzen, und begann zu rauchen. Wieder war der Guruji an der Reihe, und die Pfeife wurde ihm gereicht. Ein paar Minuten vergingen.

Das *Ganja* hatte begonnen, seine Wirkung auf die Gehirne der Raucher auszuüben. Während der Rausch den Geist des Gurus einlullte, weckte er in dem *Chela* den Geist der Revolte. Sein seit langem aufgestauter Zorn – eine Flamme, die durch die ständigen Beleidigungen und Misshandlungen durch seinen Guru genährt worden war – brach sich in seiner ganzen Wut Bahn. Mit einem Blick voller Verachtung und einem herablassenden Lächeln für seinen Guru brach es aus ihm hervor: „Ich habe genug von dir, du Bestie! Zwölf lange Jahre habe ich die Beleidigungen ertragen, mit denen du mich überschüttet hast. Du warst grausam und herzlos. Du hast mich schlimmer behandelt als einen Hund. Die ganze Zeit über war ich sanftmütig, unterwürfig und gehorsam. Ich habe dir aufrichtig gedient, so gut ich konnte. Ich dachte zunächst, ich könnte durch meinen Dienst für dich die Wege der Hingabe und des Wissens verstehen. Ich sehnte mich nach einem Leben in Freiheit auf der Grundlage der Schau Gottes. Jetzt habe ich herausgefunden, dass du nur ein Abenteurer bist, gemein und verachtenswert, unwissend und eingebildet – aber zu spät. Denn das Laster des *Ganja*-Konsums, das du mir beigebracht hast, hat mich versklavt und an deine hasserfüllte Person gebunden. Ich habe oft hart gekämpft, um mich von dir zu lösen, aber vergeblich. Ich bin untrennbar in den Fängen dieses verhängnisvollen Lasters gefangen – und du, Schuft, hast dieses Verderben für deine egoistischen Zwecke herbeigeführt. Der Rausch dieser seelenzerstörenden Droge hat meinen Willen geschwächt, mein Gedächtnis zerstört und mein Denkvermögen verzerrt. Unter dem Einfluss dieser Droge begann ich wie ein Wahnsinniger zusammenhanglos zu brabbeln. Ich wusste nicht, dass ich in einen bodenlosen Abgrund der Verdammnis hinabsteigen würde – hinabgezogen von deinen erbarmungslosen Händen. ‚Oh Gott‘, rief ich oft, ‚rette mich, rette mich!‘ Trotz meines unveränderten Zustands vertraute ich auf Ihn. Ich war sicher, dass Er mir helfen würde. Der Tag ist gekommen. Ich gebe dich für immer auf. Gott hat mich endlich weggerufen. Gelobt seist Du, oh Herr.“

Jetzt waren seine Augen feucht von Tränen, er zitterte wie ein Blatt im Wind. Er stand auf, ging geradewegs auf den äußeren Eingang zu und verschwand in der Dunkelheit.

Diese Szene wurde von allen *Sadhus* aufmerksam beobachtet. Ramdas wandte sich an Ramcharandas und fragte: „Was hältst du davon, Ram?"

„Ich habe mit dieser Unruhe nicht gerechnet", antwortete er.

„Ramdas hingegen genoss das Ganze – es war ein sehenswertes Schauspiel. Aber was hältst du davon, wenn wir morgen umziehen?"

„Warum nicht? Auf jeden Fall", erwiderte Ramcharandas schnell.

Am nächsten Morgen verließen Ramdas und Ramcharandas den Ort und gingen aus dem Tempelbereich. Nachdem sie ihre Mittagsmahlzeit im Haus eines anderen Verehrers eingenommen hatten, der ebenfalls gastfreundlich war, machten sie sich auf den Weg zum Strand.

Inzwischen war es etwa vier Uhr nachmittags, und sie befanden sich am Strand mit Blick auf das tosende Meer. Als Ramdas sich umsah, fiel sein Blick auf den nahen Hügel, der ins Meer ragte. Er wandte sich an Ramcharandas und sagte: „Ram, lass uns auf diesen Hügel steigen und sehen, ob wir einen Platz zum Übernachten finden können. Vom Gipfel des Hügels aus können wir eine schöne Aussicht auf das Meer und das Land haben."

Ramcharandas stimmte zu, und sie gingen in Richtung des Hügels. Sie mussten durch die Wellen am Ufer waten. Das Wasser war nicht tief. Sie erreichten das Ufer und kletterten einen Hang hinauf, wo sie auf ein kleines Wasserreservoir stießen, das von einer nie versiegenden Quelle gespeist wurde. Sie tranken an der Quelle das kühle und süße Wasser und stiegen weiter hinauf. Hier befand sich der kleine Tempel einer *Devi*. Der *Pujari* erzählte ihnen, dass die Quelle und der Wasserspeicher den Namen Rama-tirtha trugen. Sie gingen an der Quelle vorbei und stiegen noch höher hinauf. Ramdas ging voran. Nach ein paar Metern erreichten sie den Gipfel des Hügels, der aus einem weiten, hügeligen Plateau bestand. Etwa eine Achtel-meile entfernt erblickten sie ganz oben ein längliches, solides Gebäude aus Stein. Ramdas stapfte schweigend darauf zu, dicht gefolgt von Ramcharan-das.

Als sie das Bauwerk erreichten, stellten sie fest, dass es aus einer einzigen Felsmasse gehauen war. Das Dach war eine niedrige Kuppel, die aus demselben Gestein wie die dicken Wänden bestand. Sie betraten die Felsenkammer. Sie hatte eine kubische Form. Die Bodenfläche betrug etwa zehn Fuß im Quadrat. Das Innere der Kuppel ähnelte einer hohlen Schale. Der Eingang führte durch zwei schmale, bogenförmige Gänge die ausreichend hoch waren und sich gegenüberlagen.

„Ram", sagte Ramdas zu Ramcharandas, „hier werden wir während unseres Aufenthalts in Gokarna übernachten."

Ramcharandas sah sich um, und die Aussicht gefiel ihm nicht, denn vom Meer her wehte eine kalte Brise über den Ort.

„In der Nacht wird es hier extrem kalt sein", bemerkte er.

„Wir sind unterwegs, um im Namen Gottes Leiden zu ertragen", warf Ramdas ein. „Zumindest ist das das Geheimnis von Ramdas' Leben. Lass uns fröhlich der Situation begegnen, in die Gott uns gestellt hat."

Ramcharandas schwieg, was eine halbe Zustimmung bedeutete. Nach einer Weile schlug er vor: „Swamiji, um uns gegen die Kälte zu schützen, sollten wir wenigstens ein Feuer haben. Ein Stückchen weiter unten am Hang gibt es eine Baumgruppe. Unter ihr können wir eine ausreichende Menge trockener Zweige sammeln, die uns für die Nacht ausreicht."

Ramdas willigte ein. Beide machten sich auf den Weg zu den Bäumen, sammelten in ihren Tüchern eine ziemlich große Menge an Zweigen und kehrten in die Felsenkammer zurück. Die Sonne ging gerade am fernen Horizont unter und beleuchtete den Hügel und die ganze Umgebung mit ihrem goldenen Glanz. Ramdas blieb stehen und schaute auf das Meer. Es war ein großartiger Anblick.

Die Nacht warf allmählich ihren dunklen Mantel über Land und Meer. Er wandte sich der Felsenkammer zu. Die Brise hatte sich nun zu einem Sturm entwickelt. Ramcharandas war damit beschäftigt, Feuer zu machen. Als Ramdas in die Kammer blickte, sah er, dass der ungeduldige Junge ein halbes Dutzend Streichhölzer verbraucht hatte, um die trockenen Zweige anzuzünden, und es ihm nicht gelungen war. Die starke Brise, die in die Kammer wehte, erlaubte kein Feuer. Selbst die Zweige wurden vom Wind weggefegt.

Auch die Kälte hatte zugenommen. Ramcharandas ließ sich nicht so leicht entmutigen. Er zündete ein Streichholz nach dem anderen an und bemühte sich gleichzeitig, die Zweige an ihrem Platz zu halten, aber vergeblich. Voller Entrüstung warf er die leere Streichholzschachtel zu Boden, wandte sich mit einem unzufriedenen Gesicht an Ramdas und rief vehement: „Swamiji, kein Feuer für die Nacht!"

Der Sturm hatte sich inzwischen zu einem Orkan entwickelt. Selbst das Gewand am Körper konnte nicht mehr gehalten werden. Der Wind war eiskalt. Sie suchten Zuflucht in einer Ecke der Kammer. Auch dort blies der Wind mit voller Kraft.

„Was für ein Schlamassel", brummte Ramcharandas und hatte Mühe, die Decke fest an seinen Körper zu drücken. Ramdas war die Komik der Situation mehr als alles andere aufgefallen, und er konnte sich ein herzhaftes Lachen nicht verkneifen.

„Es ist Gottes Wille, Ram. Er meint es immer gut", tröstete ihn Ramdas.

Die Nacht war stockdunkel, und an eine Flucht von diesem Ort war nicht zu denken. Ramcharandas holte tief Luft, schlich auf Ramdas zu und hielt sich wie ein Kaninchen beim Fressen dicht an ihn.

„Ram, was ist das für ein Spaß!" sagte Ramdas.

„Ein guter Scherz, in der Tat!", knurrte Ramcharandas. „Anstatt während deines Aufenthalts in Gokarna die Nächte hier zu verbringen, auch morgen und die folgenden Tage, sollten wir lieber gleich bei Tagesanbruch die Füße in die Hand nehmen und aus Gokarna verschwinden."

Bei diesen Worten wälzte sich Ramdas vor unkontrolliertem Lachen auf dem Boden, und Ramcharandas hatte dieses Mal den guten Humor, sich an der Heiterkeit zu beteiligen.

„Die Frage über morgen ist für morgen", sagte Ramdas. „Jetzt über die Gegenwart. Wiederhole immer wieder das Ram-Mantra. Da der Schlaf das *Japa* nicht stören kann, lass uns die Stunden mit dem Gedenken an den Herrn füllen."

Obwohl die Lippen vor Kälte zitterten, ging das *Japa* unglaublich zügig voran. Schließlich hat jeder Umstand, in den Gott uns versetzt, seine eigenen Vorteile, wenn wir sie nur sehen würden.

Der Morgen brach an. Als die ersten Lichtstrahlen der aufgehenden Sonne die Finsternis vertrieben, drang eine Stimme aus dem Inneren der Decke von Ramcharandas. Er hatte sich ganz in das Tuch gehüllt und klammerte sich hartnäckig an dessen Ecken fest.

„Swamiji, was will Ram, dass wir als nächstes tun? Wenn ich vorschlagen darf …“

Ramdas ahnte, worauf er hinauswollte, und sagte: „Ja, Ram, wir werden Gokarna verlassen und noch weiter nach Norden gehen. Lass uns aufbrechen.“

Bei diesen Worten sprang Ramcharandas fast aus der Ecke, in der er sich verkrochen hatte. Er schulterte seinen Beutel, nahm das Wassergefäß oder *Lota* und war im Nu bereit, aufzubrechen. Sie stiegen hinab und kamen auf die Hauptstraße. Nach zehn Meilen Fußmarsch erreichten sie eine Quelle und einen Wasserspeicher inmitten des Dschungels. Hier machten sie Rast, und mit den Vorräten, die Ramcharandas bei sich trug, bereitete dieser einige *Rotis* und *Dal* zu. Ein Bad in der kühlen Quelle und die einfache Kost erfrischten sie. Sie ruhten sich im Gras im Schatten der Bäume aus, bis die Hitze der heißen Sonne nachließ.

Goa, Supa, Narsobawadi

Sie zogen weiter, bis sie Karwar erreichten, wo sie an einem *Dharmashala* Halt machten. Am nächsten Morgen setzten sie ihre Reise fort. Gegen vier Uhr abends sahen sie einen Fluss, den sie überqueren mussten. Sie waren in der Nähe der Provinz Goa – ein portugiesisches Gebiet, dessen Grenze nur wenige Meilen entfernt lag.

Am nächsten Tag erreichten sie gegen Mittag die Grenze. Als sie das Tor passieren wollten, wurden sie unsanft von einem riesigen Hund aufgehalten, der auf dem Weg stand und sie bedrohlich anbellte. Aus einer Hütte, einige Meter weiter rechts, rief ein Mann: „Ihr könnt nicht passieren, wenn ihr nicht Rechenschaft über euch ablegt. Kommt her, alle beide.“

Daraufhin gingen sie zu der Hütte. Der Mann, ein Katholik, war der Torwächter. Als er ihre mit *Gerrua* gefärbte Kleidung sah, erklärte er, dass die Regierung von Goa einen Erlass herausgegeben habe, der es *Sadhus* verbiete, ihr Gebiet zu betreten.

„Warum sind sie so hart zu den *Sadhus*?“, fragte Ramcharandas.

„*Sadhus*! Feine Kerle sind das!“, sagte der Torwächter mit einer Prise Sarkasmus. „Kürzlich wurde das Haus eines reichen Mannes in Goa von einem wandernden *Sadhu* ausgeraubt, und die Polizei ist immer noch hinter ihm her. Daher der Befehl zu ihrem Ausschluss. Ihr solltet also besser den Weg zurückgehen, den ihr gekommen seid.“

„Bruder, denkst du, dass wir zu dieser Art von *Sadhus* gehören?“, fragte Ramcharandas und fügte hinzu: „Wir versichern dir, dass wir niemandem etwas Böses wollen.“

„Mir steht es nicht zu, zu beurteilen, wer ein wahrer und wer ein falscher *Sadhu* ist. Ich bin nur hier, um Befehle zu befolgen. Ihr könnt nicht passieren“, erwiderte er bestimmt.

Ramcharandas setzte seine ganze Beredsamkeit und Überzeugungskraft ein, denn er wollte sehnlichst den Kuladevi-Tempel in Goa besuchen, den ursprünglichen Tempel, dem alle *Saraswats* in Süd- und Westindien die Treue hielten, aber es war vergeblich. Nach wiederholten Bitten sagte der Torwächter: „Ich kann euch den Zutritt unter einer Bedingung gestatten, dass ihr eure Kleidung wechselt, d.h. dass ihr die farbigen Kleider gegen weiße tauscht und euch als normale Reisende und nicht als *Sadhus* ausgebt.“

Ramdas beobachtete die ganze Zeit über die Szene. Nun wandte sich Ramcharandas mit fragendem Blick an ihn.

„Ram“, sagte Ramdas, „es scheint Gottes Wille zu sein, dass wir nicht das Gebiet von Goa betreten. Was den Wechsel der Kleidung angeht, so ist Ramdas nicht dafür. Er würde lieber zurückgehen, als etwas gegen den Willen Gottes zu tun, der in seinem Herzen wohnt. Sicherlich ist es Sein Wille, dass wir zurückkehren.“

Sie verließen den Ort, erreichten vor Einbruch der Dunkelheit wieder das Dorf, aus dem sie gekommen waren, und verbrachten die Nacht in einem kleinen Zimmer eines Rasthauses. Ramcharandas war zutiefst enttäuscht.

Am nächsten Morgen gingen sie auf den Basar, wo ein freundlicher Ladenbesitzer, ein Katholik, ihnen vorschlug, über Kadra in den Norden zu reisen, wohin sie mit einer Fähre übersetzen konnten. Der Ladenbesitzer versorgte sie mit einigen Keksen und Brot. Dann gingen sie zum Flussufer und stiegen in ein großes Boot, das nach Kadra fuhr. Es wurde ein Fahrpreis von einer *Anna* pro Person erhoben, die Ramcharandas von den wenigen *Annas*, die er besaß, bezahlen musste. Das Boot kam nur langsam voran und legte unterwegs oft an, weil es auch Fracht transportierte. Doch in der Abenddämmerung erreichten sie Kadra.

Als die Nacht hereinbrach, setzte starke Kälte ein. Da sie in der örtlichen Raststätte keinen Platz fanden, suchten sie Schutz auf der offenen Veranda des Büros des Dorfvorstehers, das direkt am Fluss lag. Eine kalte Brise wehte vom Fluss her. Auch hier wurde die Nacht auf ähnliche Weise verbracht wie in der Felsenkammer auf dem Ramatirtha-Hügel.

Bei Tagesanbruch brachen sie auf. Nun mussten sie einen allmählich ansteigenden Pfad entlang eines Hügels durch einen dichten Dschungel nehmen. Einige Reisende, die lange Stöcke mit einem Spieß an einem Ende trugen und aus der entgegengesetzten Richtung kamen, warnten sie vor wilden Bären. Wenn sie den Namen des Herrn auf ihren Lippen trugen, wo war da die Angst? Wie üblich ging Ramdas in zügigem Tempo, dicht gefolgt von Ramcharandas.

Gegen Mittag erreichten sie ein kleines Dorf, wo sie eine Pause einlegten. Nach dem Bad aßen sie ein paar gekochte Kartoffeln, ruhten sich eine Stunde lang aus und brachen dann wieder auf. Der Dschungel dehnte sich noch weiter aus. Sie bewegten sich nun auf ebenem Gelände. Bei Sonnenuntergang erreichten sie das Dorf Coomarwadi. An diesem Tag hatten sie von Tagesanbruch bis zum Sonnenuntergang sechsunddreißig Meilen zurückgelegt – die Entfernung von Kadra nach Coomarwadi.

Sie reisten weiter nach Supa, wo sie einige Tage verbrachten und sich viele Besucher um Ramdas scharten.

Am nächsten Tag brachen die *Sadhus* aus Supa auf. Nach dem Besuch von Castle Rock brachte sie der Zug über Londa nach Belgaum. Von Belgaum aus wanderten sie zu Fuß nach Shahapur. Hier versagten die Kochkünste von Ramcharandas. Er bediente Ramdas mit halbgekochtem Gemüse, mit dem er hart kämpfen musste, bevor er es die Kehle hinunterwürgen konnte. Nach einem nächtlichen Halt zogen sie weiter. Während sie durch dieses fruchtbare Land kamen, trafen sie auf Zuckerrohrfelder. Die Bauern waren so freundlich, die Wanderer einzuladen, und boten ihnen kühle Getränke aus Zuckerrohrsaft und Palmzucker an.

Bei ihrer Weiterreise mussten sie weite Teile des hügeligen Landes durchqueren. Hier muss ein Wort über den Zustand ihrer Füße gesagt werden. Die unaufhörliche tägliche Reise auf hartem, felsigem Boden hatte ihre Fußsohlen so sehr abgenutzt, dass sie Blasen, Wunden und tiefe Schnitte aufwiesen. Ungeachtet dessen ging Ramdas wie üblich in schnellem Tempo, aber Ramcharandas murrte und hinkte hinter ihm her.

Gegen Mittag erreichten sie eine Stadt im Herzen einer ausgedehnten Hochebene. Im Umkreis von mehreren Kilometern um den Ort herum gab es kaum eine menschliche Besiedlung. Als sie in die Stadt kamen, beschafften sie sich Almosen von den Tempeln des Ortes. Sie suchten sich einen kleinen Raum in einem Rasthaus am Straßenrand, um ihre Mahlzeit zuzubereiten. Während Ramcharandas kochte, saß Ramdas, dem er nie erlaubte, in irgendeiner Weise zu helfen, auf der offenen Veranda. Plötzlich kam ein muslimischer Händler und setzte sich in eine Ecke der Veranda Ramdas gegenüber. Der muslimische Freund begann ein lebhaftes Gespräch, in dessen Verlauf er viele Einzelheiten über diese Wanderer erfuhr. Der Muslim war gerührt vom Anblick der zerstochenen und aufgerissenen Füße der beiden. In seinem zarten Herzen erwachte die Liebe, und er sagte: „Es ist mein großer Wunsch, dass ihr eure Mahlzeit aus meinen Vorräten zubereitet bekommt."

Er nahm Ramcharandas mit auf den Basar und kehrte mit erstklassigem Reis im Wert von einer Rupie, der einen natürlichen süßen Geruch besaß, *Dal* und *Ghee* zurück. Als das Essen fertig war, sagte der Freund: „Ich habe vor, fünf Rupien für euch auszugeben. Der Restbetrag von drei Rupien soll für eure Fahrkarten für den Autobus verwendet werden, der von hier nach Kolhapur fährt. Der Bus fährt in einer Stunde ab. Eure Füße sind in einem so schlechten Zustand, dass ich möchte, dass ihr wenigstens diese dreißig Meilen mit dem Bus fahrt."

Gott ist wirklich voller Liebe und Mitgefühl. Der freundliche Muslim setzte sie sicher in den Bus und verließ sie.

Um fünf Uhr abends erreichten sie den Bahnhof von Kolhapur. Ramdas fragte den Busfahrer, der ebenfalls ein Muslim war, nach dem Fahrpreis von Kolhapur zum Bahnhof Sheroi, der nächstgelegenen Haltestation auf der Bahnstrecke nach Narsobawadi. Er sagte, dass der Fahrpreis für jeden etwa eine Rupie betragen würde. Nun fand Ramdas heraus, dass Ramcharandas nur eine Rupie und etwas Kleingeld besaß. Ramdas war natürlich bereit, zu Fuß zu gehen, wenn die vorhandenen Mittel für eine Reise mit der Eisenbahn nicht ausreichten. Der Busfahrer beobachtete sie genau. Als er feststellte, dass sie nicht genug Geld für zwei Fahrkarten hatten, drückte er Ramcharandas eine Rupie in die Hand und sagte: „Jetzt ist es für beide in Ordnung. Ihr könnt mit dem Zug fahren."

Woher kam diese spontane Hilfe? Sicherlich aus dem Herzen eines fühlenden und liebenden Gottes!

Es war schon dunkel, als sie den Bahnhof von Sheroi erreichten. Narsobawadi lag etwa neun Meilen vom Bahnhof entfernt. Als sie in der Dunkelheit nach einem Platz zum Ausruhen suchten, kamen sie zu einem *Maruti*-Tempel, in dem sie die Nacht verbrachten. Am frühen Morgen des nächsten Tages brachen sie auf und erreichten Narsobawadi vor Mittag.

Eine kleine Begebenheit, die eine ganz eigene Bedeutung hat, verdient es, hier erwähnt zu werden. Als die *Sadhus* gemeinsam Almosen von Tür zu Tür sammelten, meinte ein kritischer Verehrer, der auch einer der Bettler war: „Ah! Da gehen der Guru und sein *Chela* – ein lustiges Paar", und deutete auf Ramdas und Ramcharandas.

Ramdas verlor keine Zeit, um ihm zu versichern, dass sie nicht Guru und *Chela* seien, sondern Ram und sein Diener. Ramdas sei der Diener und der andere Ram.

Bald nach dem Essen verließen die *Sadhus* Narsobawadi und wanderten über Sangli und Miraj in Richtung Pandharpur. Ihren Füßen ging es immer schlechter. Dennoch zogen sie weiter und unterbrachen ihre Wanderung nur in den Nächten. Stachlige Bäume und Sträucher sind die charakteristischen Merkmale dieses Teils von Maharashtra. Die Bäume am Weg waren voller Dornen, von denen Büschel auf den Weg fielen. Zusätzlich zu den Wunden und Schwellungen an den Füßen drangen nun auch noch scharfe Dornen in sie ein. Ramcharandas schrie vor Schmerz auf, wenn ihn ein Dorn stach. Jedes Mal riet Ramdas nur zu einem einzigen Heilmittel, und das war das unaufhörliche Gedenken an Gott durch Wiederholung Seines göttlichen Namens, was das Vergessen des Körpers und seiner Schmerzen bedeutete.

Während sie weitergingen, sprach Ramdas über die völlige Abhängigkeit von Gott. „Ram, du trägst eine Tasche mit Kochutensilien und Proviant bei dir. Um Mahlzeiten zu kochen, musst du auf die Suche nach Brennstoff, Getreide usw. gehen. Unser Leben ist ein Leben in Freiheit, das nicht durch diese Belastungen behindert werden sollte. Gott ernährt die Vögel des Himmels und die Tiere des Feldes. Würde Er nicht auch uns ernähren, die wir uns ganz in Seine Hände begeben haben? Unsere Aufgabe ist es, unseren Geist mit Seinem Gedenken zu füllen und uns um nichts anderes zu kümmern. Ramdas schlägt also vor, den Beutel aufzugeben und auch mit dem Betteln um Nahrung aufzuhören. Dann wirst du wissen, wie wunderbar Gott für uns sorgt."

„Was sollen wir mit der Tasche und den Dingen darin tun?", fragte Ramcharandas.

„Warte, Gott wird uns den Weg zeigen", antwortete Ramdas.

Kurz nach diesem Gespräch erreichten sie gegen Mittag eine kleine Grashütte am Straßenrand, die von einem *Sadhu* bewohnt wurde. Hier hielten sie an, um ihren Durst an einem benachbarten Brunnen zu stillen. Der *Sadhu* war wegen einer Augenkrankheit kurzsichtig. Er war sehr gastfreundlich. Er bat sie, bei ihm zu Mittag zu essen. Sie stimmten zu. Mit der Hilfe von Ramcharandas bereitete der alte *Sadhu* die Mahlzeiten zu. Der *Sadhu* hatte nur Tontöpfe zum Kochen. Als das Essen fertig war, gab der einfache *Sadhu* zuerst seinen Gästen zu essen, nachdem er sie im orthodoxen Stil verehrt hatte. Dann aß er von den Essensresten, die die Gäste übriggelassen hatten. Nach einer kurzen Ruhepause bereiteten sie sich vor, sich auf den Weg zu machen.

Ramdas wandte sich an Ramcharandas und sagte: „Ram, Gott hat nicht lange gezögert, eine Gelegenheit zu schaffen, damit wir uns von der Tasche und den Utensilien trennen. Er will, dass wir die Tasche dem *Sadhu* hier geben. Der *Sadhu* braucht Metallgefäße. Lass also die Gegenstände bei ihm und auch das Geld, das du besitzt."

Ramcharandas war eine reine Seele. Freudig übergab er dem *Sadhu* die Tasche. Es behielt noch eine kleine Tasche, die ein schwarzes Hirschfell enthielt, das für Ramdas bestimmt war und das er nicht hergeben wollte, und ein *Lota* mit einem Becher, das er in der Hand hielt. Was Ramdas betraf, so hatte er außer dem Gewand, das er anhatte, den langen Mantel, den er in Supa bekommen hatte, über seine Schultern gelegt.

Die Sonne brannte immer noch heiß. Sie setzten ihre Reise fort. Nach über einer Meile suchten sie für eine Weile Schutz unter einem Neembaum. Ramcharandas nahm die Tasche von seiner Schulter und legte sie auf den grasbewachsenen Boden. Das *Lota* war immer noch in seiner Hand. Ramdas breitete den Mantel auf dem Boden aus und setzte sich darauf. Nun fuhr Ramdas fort, über die Eigenschaften der Selbsthingabe zu sprechen.

„Das Gefühl des Besitzes ist ein großes Hindernis für die Verwirklichung Gottes", begann er. „Die Vorstellung von ‚ich' und ‚mein' muss völlig verschwinden, bevor der Aspirant absolute Freiheit und Frieden in der Vereinigung mit Gott finden kann. Wahrlich, alles gehört dem Herrn, der in den Herzen aller Geschöpfe und Dinge wohnt. Die Anhaftung an irgendein äußeres Objekt verengt unsere Sicht, erschafft das Ego und lässt die falsche Vorstellung entstehen, dass wir von Gott, d.h. vom universellen Leben und Geist getrennt sind. Um also das Ziel – ewige Freiheit und Glückseligkeit – zu erreichen, sollten wir das Ego aufgeben und alles Leben und alle Formen als die Manifestation der einen, ihnen zugrundeliegenden und innewohnenden Wahrheit betrachten, die universal und ewig ist."

Ramcharandas hörte dem, was Ramdas sagte, mit großer Konzentration zu, und Ramdas war völlig in der Wahrheit dessen, was er vortrug, versunken. Dann standen sie auf und gingen weiter. Als sie etwa anderthalb Meilen zurückgelegt hatten, entdeckten sie, dass Ramcharandas die kleinere Tasche nicht bei sich trug.

„Ram, was ist aus deiner anderen Tasche geworden?", fragte Ramdas.

Er schaute überrascht und erwiderte: „Was ist aus deinem Mantel geworden, Swamiji?"

Beide hatten nämlich vergessen, die Sachen von dem Platz mitzunehmen, wo sie unter dem Baum geruht hatten.

„Warte hier, Swamiji", rief Ramcharandas. „Es ist nicht weit von hier aus. Ich werde zurückkehren und die Sachen holen."

„Nichts dergleichen, Ram", antwortete Ramdas. „Gott dachte, dass selbst diese Gegenstände für uns überflüssig sind. Deshalb hat er uns von ihrem Besitz befreit. Warum sollten wir sie dann noch einmal holen?"

Wie unfehlbar sind die Wege des Herrn! Es war klar, dass der Herr wollte, dass sie sich ganz auf Ihn verließen. Seine Gnade kommt auf Seine Anhänger herab, um den Schatten der Ichhaftigkeit – die Wurzel aller Unwissenheit – zu vertreiben, damit wir unsere vollkommene Einheit mit Ihm erkennen können.

Die *Sadhus* zogen weiter, bis sie ein Dorf erreichten, wo sie im *Maruti*-Tempel Rast machten. Ihre Regel war normalerweise, sich mit einer Mahlzeit am Tag zufrieden zu geben. In den Nächten nahm Ramcharandas nur leichte Speisen zu sich, wenn sie erhältlich waren.

In fast jedem Dorf in Maharashtra – übrigens in ganz Indien – gibt es einen Tempel und eine Pilgerraststätte in der Nähe des Tempels. Während dieser Reise verbrachten sie ihre Nächte immer entweder in einem Tempel oder in einer Pilgerraststätte. Sie begannen ihre Wanderung stets in den frühen Morgenstunden. Zur Mittagszeit gingen sie in ein Dorf, in dem sie eine Rast einlegen mussten.

„Denk daran, Ram", wies Ramdas ihn an, „dass wir nicht um unser Essen betteln sollten. Überlass die Angelegenheit ganz dem Herrn. Lass uns einfach zu einem Tempel gehen und dort bei der Wiederholung Seines Namens verweilen."

Als sie das Dorf erreichten, betraten sie einen Tempel von Vittal und nahmen auf der Veranda Platz. Es war kurz vor 12 Uhr mittags. Ein Besucher des Tempels, der die *Sadhus* sah, fragte: „Warum sitzt ihr hier untätig herum? Es ist Zeit für das Mittagessen. Geht zum Ort der Brahmanen, wo ihr um eure Mahlzeiten betteln könnt."

Ramdas antwortete nicht, und auch Ramcharandas schwieg. Der Mann ging weg. Eine halbe Stunde verging. Ramcharandas zeigte durch seinen Blick, dass er zunehmend skeptisch wurde. Etwa zehn Minuten später kam ein anderer Mann und fragte sie: „Habt ihr zu Mittag gegessen?"

Ramdas verneinte.

„Wie wollt ihr ein Mittagessen bekommen?", fragte er.

„Der Herr sorgt dafür", lautete Ramdas' ruhige Antwort. Die Worte schienen zu wirken.

„Der Herr, von dem du sprichst, bittet mich, euch zum Essen in mein Haus einzuladen, aber es gibt ein Problem. Ich gehöre der Kaste der Schneider an. Ich weiß nicht, ob ihr bereit seid, Essen aus meinen Händen anzunehmen", sagte er.

„Du bist in den Augen der *Sadhus* der Herr selbst, also gibt es keine Einwände", erwiderte Ramdas.

„Ich komme sofort wieder", sagte er und verschwand, um bald darauf mit einem Wassergefäß und einem Seil zurückzukehren. Er brachte die *Sadhus* zu einem Brunnen und gab ihnen ein Bad. Dann führte er sie zu seinem Haus, das nur wenige Meter vom Tempel entfernt war. Sie wurden von der Frau und den Kindern des Schneiders mit großer Freude und Freundlichkeit empfangen. Mit großer Liebe servierte die Familie den beiden eine üppige Mahlzeit. Sie verließen das Haus, kehrten zum Tempel zurück und ruhten sich einige Zeit aus. Dann brachen sie wieder auf.

Unterwegs fragte Ramdas Ramcharandas: „Glaubst du nicht, dass es Gott selbst war, der uns mit solcher Liebe gespeist hat?"

Ramcharandas war nicht in der Stimmung zu reden und schwieg. Der Tag verging. Ein neuer Tag brach an. Zur Mittagszeit fanden sie sich in einem anderen Dorf wieder. Auch hier machten sie im örtlichen Vithoba-Tempel Rast. Die Sonne hatte den Höhepunkt überschritten. Die Zeit verging wie im Flug, und es war fast ein Uhr. Es gab keine Anzeichen von Essen. Ramcharandas wurde ungeduldig und unruhig.

„Swamiji, Vithoba ist dieses Mal sehr langsam. Ich fürchte, Er hat uns ganz vergessen."

„Gib jeden Gedanken an Essen auf, Ram. Denk einfach an Ihn. Wir sollten uns Seinem Willen unterwerfen", ermahnte Ramdas ihn.

Ramcharandas wartete noch einige Zeit und sah, dass nichts kam. Dann sagte er, dass er ein Nickerchen machen würde, und legte sich hin. Aber wo blieb der Schlaf, während der Hunger heftig an seinem Magen nagte? Hin und wieder hob er das Tuch über seine Augen und spähte in Richtung Straße. Jeden Augenblick hielt er Ausschau nach Essen. Es mochte zwei Uhr sein, als Ramcharandas sich plötzlich aufsetzte und rief: „Swamiji, Swamiji, schließlich kommt Vithoba. Sieh, da ist Er auf der Straße und läuft zu uns!"

Tatsächlich eilte ein dunkelhäutiger Mann zum Tempel. Er kam direkt zu den *Sadhus* und erkundigte sich, ob sie etwas gegessen hätten. Als er eine negative Antwort erhielt, verließ er sie und kehrte in wenigen Minuten mit zwei Tellern Essen zurück. Er stellte die Teller vor die *Sadhus* hin und forderte sie auf, zu essen. Das Drängen war natürlich unnötig. Sie begannen sofort zu essen. In diesem Moment betrat auch eine etwa zehnköpfige *Kirtan*-Gruppe den Tempel. Sie brachten Zimbeln, ein *Mridang* und eine *Veena* mit. Sie sangen Lieder von Tukaram und tanzten, während die *Sadhus* aßen. Was zeigte all dies? Gott hatte sich nicht damit begnügt, ihnen nur Nahrung für den Körper zu geben, sondern hatte auch für einen geistlichen Leckerbissen gesorgt. Das sind die gnädigen Wege des Herrn!

Pandharpur, Shetphal, Hubli

Schließlich erreichten sie Pandharpur mit dem berühmten Schrein der Gottheit Vithoba.

Früh am nächsten Morgen lenkten sie ihre Schritte zum Chandrabhaga-Fluss. Hier brachte Ramcharandas eine unerwartete Bitte vor. „Swamiji, ich möchte, dass du mich formell in *Sannyas* einweihst. Ich möchte mir den Kopf rasieren und meine Kleider mit Ocker färben lassen, bevor ich mich im heiligen Fluss wasche."

Ramdas war von diesem seltsamen Vorschlag überrascht und antwortete: „Ram, dein Vorschlag ist erstaunlich. Versteh doch, *Sannyas* ist nichts, was dir ein anderer aufzwingen oder in das du eingeweiht werden kannst. *Sannyas* bedeutet nicht, sich den Kopf zu rasieren und orangefarbene Gewänder anzuziehen. Es bedeutet ein Zustand des inneren Verzichts auf die Anhaftung an die vergänglichen Objekte der Welt. Der bloße Wechsel des Aussehens und der Kleidung ist Heuchelei, wenn man sich in Geist und Herz nicht dem Herrn hingegeben hat. Wenn du eine echte geistige Abneigung gegen die Sinnesobjekte empfindest und Ekstase erfährst bei der Erinnerung an den Herrn, der in dir und überall auf der Welt wohnt, verändere auf jeden Fall deine Kleidung und dein Aussehen wie du willst, vorausgesetzt du bist sicher, dass eine solche Veränderung dir in deinem geistigen Wachstum hilft und dein Glaube und deine Überzeugung gefestigt ist. Vergiss nicht, dass das Ziel die Schau Gottes ist. Nun musst du die Sache selbst entscheiden. Ein anderer kann sie nicht für dich lösen. Ramdas kann dir nur seine eigenen Erfahrungen darlegen. Er trägt orangefarbene Gewänder, weil das Tuch, wenn er es ansieht, ihn jedes Mal daran erinnert, dass er sein Leben ganz dem Herrn geweiht hat. Er gehört niemandem außer Ihm, der unendliche Liebe und Glückseligkeit ist. Also höre auf die Stimme Gottes in dir und handle."

Ramcharandas hörte schweigend zu und ging nicht weiter darauf ein. Sie beendeten die Waschung im Fluss und setzten sich eine Zeit lang in den Sand.

„Swamiji", schlug Ramcharandas vor, „wir sollten diesen Ort für mindestens vier oder fünf Tage nicht verlassen. Der Zustand unserer Füße ist einfach beklagenswert. Sie sind im Moment für weitere Anstrengungen völlig ungeeignet."

Als Antwort musste Ramdas ausführlich über ein Thema mit Ramcharandas sprechen, zu dem ihn Ram schon seit einiger Zeit inspiriert hatte. „Versteh Ramdas nicht falsch. Nimm an, dass er in erster Linie dein bester Wohltäter ist. Du bist seit der Zeit, als du mit ihm in Kontakt kamst, äußerst freundlich und gut zu ihm gewesen. Du hast auch sehr viel gelitten. Ramdas hatte dich gewarnt, dass es sich als schmerzhaft erweisen würde, dein Los mit ihm zu teilen. Es ist jedoch gut, dass du mit ihm die Unannehmlichkeiten und Prüfungen der langen Reise von Mangalore nach Pandharpur geteilt hast. Die Erfahrung ist ein großer Lehrmeister. Nun willst du, dass Ramdas einige Tage hierbleibt, damit die Wunden an den Füßen heilen, während die Stimme in seinem Inneren ihm befiehlt, noch heute Abend von hier aufzubrechen, und er muss der Stimme gehorchen. Ramdas wird dich nicht in seinen weiteren Leidensweg hineinziehen, wenn es offensichtlich ist, dass du darauf nicht vorbereitet bist. Außerdem wird dir eine Reise allein sehr guttun. Ein unabhängiges Leben wird dir mehr Vertrauen in Gott geben. Sein ständiges Gedenken wird dir ein Bewusstsein von Stärke und Sicherheit vermitteln. So wirst du in deiner völligen Abhängigkeit von Ihm vollkommen furchtlos werden. Gib deine sklavische Anhänglichkeit an Ramdas auf. Wandere selbst umher. Gott wohnt in dir. Sei dir Seiner Gemeinschaft immer bewusst."

Ramcharandas' Anhänglichkeit und Liebe zu Ramdas hatte ein solches Ausmaß erreicht, dass die Trennung von Ramdas für ihn kein gewöhnlicher Abschiedsschmerz bedeutete, mit dem Ergebnis, dass Ramdas' Ratschläge an ihm abprallten.

„Swamiji", wandte er ein, „ich kann den Gedanken an eine Trennung von dir nicht ertragen. Ich kann dich nicht einfach verlassen."

Seine Haltung war fest und unnachgiebig. Die Zeit verging. Ramdas verfiel in eine teilnahmslose Stimmung. Die Sonne stand schon hoch. Ramcharandas brach das Schweigen. „Swamiji, sollen wir zu einem der *Annakshetras* gehen? Es ist bald Zeit."

Beide wanderten in die Stadt. Als sie durch die Straßen gingen, kamen sie zum bekannten *Annakshetra,* wo Ramdas bei seinem letzten Besuch in Pandharpur zu Abend gegessen hatte. Das *Kshetra* versorgte täglich sechs *Sadhus* mit reichhaltigen Mahlzeiten. Als sie den Ort erreichten, fand Ramdas sieben *Sadhus* vor, die am Eingang des *Kshetra* warteten. Der Leiter des Hauses würde sechs von ihnen auswählen. Ramdas wollte den Ort verlassen, um bei der Auswahl nicht in Konkurrenz zu den anderen zu stehen. Er hatte dies bereits bei einer früheren Gelegenheit in einem anderen *Kshetra* dieser Stadt getan. Aber da war Ramcharandas, der sich natürlich weigerte, die Mahlzeiten ohne ihn einzunehmen. Also blieb er.

Zur üblichen Zeit erschien der Leiter mit einem Notizbuch, in das er die Namen der *Sadhus* eintrug, die er für das Abendessen auswählen wollte, und er wählte sechs *Sadhus* aus, darunter Ramdas und Ramcharandas. Die übrigen *Sadhus* gingen, bis auf einen, der den Leiter bat, ihn auch mitzunehmen. Der Leiter sagte ihm, dass er das nicht tun könne, da die Regel nur für sechs Personen gelte. Er fügte außerdem hinzu, dass er erst am Vortag seine Chance bekommen habe. Ramdas stellte fest, dass die Verlockung für den *Sadhu* das luxuriöse Essen war, das in diesem besonderen *Kshetra* serviert wurde. Als der *Sadhu* sah, dass sein Flehen vergeblich war, bat er Ramdas, ein gutes Wort für ihn einzulegen. Ramdas bat den Leiter mit gefalteten Händen: „Ramji, nimm ihn auch mit. In einem Speisehaus kann ein zusätzlicher Mann untergebracht werden."

Mit ein paar scharfen Worten unterbrach der Leiter seine Fürsprache und sagte: „Kümmern dich um deine eigenen Angelegenheiten."

Die glücklichen Sechs wurden gebeten, ins Haus zu kommen. Ramdas ging zusammen mit den anderen hinein. Er war benommen und deprimiert. Der zusätzliche *Sadhu* wurde zurückgelassen. Es wurden Mahlzeiten für sechs Personen serviert. Der Gedanke an den *Sadhu* draußen beunruhigte ihn. Die Mahlzeit schritt voran. Er konnte kaum etwas essen. Es war ein Abendessen mit süßen Kugeln und Kuchen. Als er mit dem Essen fertig war, ging er hinaus, und was sah er? Der zusätzliche *Sadhu* saß immer noch auf der Türschwelle. Bei seinem Anblick fühlte sich Ramdas, als würde plötzlich ein eiskalter Wasserstrahl über ihn gegossen. Die Haare standen ihm zu Berge, und er spürte einen tiefen Schmerz im Herzen wie von einem Stich. Ramdas rief Ramcharandas schnell zu sich und fragte ihn, ob er etwas zu essen dabeihabe.

„Ja", antwortete er, „ich habe etwa ein halbes Seer (etwa ein Pfund) gebratene Kichererbsen, die ich in mein Tuch gebunden habe."

„Gib es sofort dem *Sadhu* und auch das Geld, das du besitzt."

Man gab ihm das halbe Seer und auch ein paar *Annas*, aber Ramdas' Herzschmerz wurde dadurch nicht geheilt.

„Ram, Gott will, dass Ramdas diesen Ort sofort verlässt", sagte Ramdas.

Er verließ den Ort im Laufschritt, mit Ramcharandas auf den Fersen. Sein Herz bebte vor unkontrollierbaren Gefühlen. Tränen liefen ihm über die Wangen, und er weinte unaufhörlich wie ein Kind. Ramcharandas sah ihn mit fragendem Blick an. Ramdas rannte weiter, bis er die Bahngleise erreichte. Hier wurde er langsamer, aber er weinte immer noch. In seinem tiefen Kummer sagte er: „Oh Herr! Warum hast Du ihn das tun lassen? Warum hast Du ihn veranlasst, im *Kshetra* eine Mahlzeit zu sich zu nehmen, während draußen ein hungriger Mann ohne eine solche auskommen musste? Du hast ihn angewiesen, etwas höchst Schändliches und Grausames zu tun." Da überwältigten ihn die aufsteigenden Tränen, und er weinte bitterlich. Und erneut: „Oh Herr! Warum hast Du ihm nicht rechtzeitig geraten, entweder zu Gunsten des zusätzlichen *Sadhus* auf sein Blatt mit Essen zu verzichten oder wenigstens später das Blatt an den *Sadhu* zu übergeben und sich von dem Ort zu entfernen? Du, oh Herr, bist sein einziger Führer in allen Angelegenheiten. Was hast Du nun aus ihm gemacht? Einen ganz und gar selbstsüchtigen Menschen. Wie grausam von ihm, dass er sich so verhalten hat!", und er weinte und weinte.

„Swamiji", unterbrach ihn Ramcharandas, „dein Kummer ist ziemlich unvernünftig, wenn man deine Errungenschaften und deine Einstellung zum Leben betrachtet. Du hast mir die ganze Zeit über die Wahrheit eingehämmert, dass alles durch Gottes Willen geschieht und Er es immer gut meint. Die Art und Weise, in der Er dich in diesem Fall handeln ließ, kann also nur gut sein. Warum dann dieses Wehklagen?"

„Du hast vollkommen recht, Ram", antwortete Ramdas. „Gott tut alles zu seinem Besten. Er allein war es, der ihn dazu veranlasst hat, so zu handeln, wie er es tat. Er ist es auch, der ihn dazu bringt, Reue zu empfinden, zu klagen und zu weinen, wie er es tut."

Ramcharandas wurde still. Ramdas lief nun unbekümmert auf dem losen Schotter neben den Eisenbahnschwellen. Er hatte vielleicht drei Meilen zurückgelegt, als ein Heulen von hinten seine Aufmerksamkeit erregte und ihn innehalten ließ. Er blickte zurück. Ramcharandas saß ein paar Meter weiter hinten auf einer Schwelle.

„Swamiji, meine Füße schmerzen fürchterlich. Ich kann nicht laufen. Die spitzen Steine spielen mir übel mit."

Ramdas sprang auf den glatten Fußweg an der einen Seite hinunter und rief Ramcharandas zu, ihm zu folgen. Sie gingen in langsamem Tempo weiter.

„Ram", sagte Ramdas, „siehst du den kleinen Bahnhof in einiger Entfernung? Geh dorthin und steige in einen Zug, der in Richtung Kurduwadi fährt. Ramdas geht alleine weiter. Doch er ist nicht allein. Er hat Ram in Form des Kummers, der ihn heimgesucht hat, um mit ihm Gemeinschaft zu halten. Er wird ihn nähren und seine Gesellschaft genießen. Geh, sei tapfer, Gott ist mit dir. Geh in den Norden. Besuche Orte und sammle Erfahrungen. Aber vergiss eines nicht, den Namen des Herrn. Seinen Namen auszusprechen, gibt dir das Bewusstsein, dass Er immer bei dir ist."

Während Ramdas ihn anwies, sahen sie in einiger Entfernung einen Zug, der von Pandharpur aus auf sie zukam.

„Hier kommt der Zug. Lauf sofort zum Bahnhof, um ihn zu erwischen", wies Ramdas ihn an.

Jetzt setzte sich durch die Notwendigkeit Rams Wille durch. Höchst widerwillig verabschiedete sich Ramcharandas endgültig von Ramdas und ging so schnell zum Bahnhof, wie er es unter diesen Umständen konnte.

Ramdas sah Ramcharandas in den Zug einsteigen. Nun wanderte er ziellos umher. Oft brach er in Tränen aus, wenn er an das Abendessen dachte. Der Kummer stumpfte seinen Verstand bis zur Apathie ab. Trost fand er nur, wenn er sich in sich selbst zurückzog und in die stille Tiefe seines Wesens eintauchte. In der Nacht machte er in der Raststätte eines kleinen Weilers am Wegesrand Halt. Einer der Dorfbewohner bot ihm etwas zu essen an, was er jedoch ablehnte. Er war nicht in der Stimmung, etwas zu essen.

Auf diese Weise wanderte er zwei Tage lang ohne Nahrung von Dorf zu Dorf. Er kümmerte sich nicht um Essen und rührte auch nichts an, wenn man es ihm vorsetzte. Er fühlte nun eine Art Trockenheit im Herzen. Seine Füße waren durch Dornenstiche und Blasen geschwollen. In diesem Zustand erreichte er am dritten Tag ein Dorf namens Shetphal. Er ging in den *Maruti*-Tempel, legte seinen müden Körper auf den harten Steinboden, deckte sich mit seinem einzigen Tuch zu und ruhte sich aus. Es war Mittagszeit. Er hatte sich kaum eine halbe Stunde ausgeruht, als er die Schritte von jemandem hörte, der in den Tempel kam. Er hatte seinen Kopf mit dem Tuch bedeckt. Der Besucher hatte seine *Puja* für *Maruti* in etwa fünf Minuten ausgeführt, näherte sich Ramdas und fragte: „Wer bist du?“

Ramdas blieb stumm. Da zog der Besucher das Tuch von Ramdas‘ Gesicht und fragte ihn: „Warum liegst du so da? Hast du heute etwas gegessen?“

Ramdas antwortete: „Es ist der Wille Rams, dass er nicht essen soll“ und wollte sich gerade wieder zudecken, als der Fremde Ramdas am Arm packte und ihn in eine aufrechte Position zog. Er war ein großer, starker Mann. Dann zerrte er Ramdas fast gewaltsam mit sich und sagte: „Es ist Rams Wille, dass du eine Mahlzeit in meinem Haus einnimmst. Komm mit. Ich werde nicht zulassen, dass du hungerst.“

Ramdas musste sich fügen. Das Haus des guten Freundes bestand aus einem langen, schmalen Raum zur Straße hin, dessen vorderer Teil als Laden für verschiedene Waren und dessen hinterer Teil als Wohnung genutzt wurde. Er führte Ramdas direkt in den Innenraum, wo ein junges Mädchen mit der Zubereitung einer Mahlzeit beschäftigt war.

„Kind“, sagte er zu seiner Tochter – denn das war sie – „bediene zuerst diesen *Sadhu*. Koche für ihn ein paar weiche *Rotis*, denn er hat keine Zähne.“ Er breitete einen Jutesack auf dem Boden aus und ließ Ramdas darauf Platz nehmen. Dann sagte er: „Maharaj, ich bin ein armer Kleinhändler“, und zeigte auf das Mädchen. „Das ist meine einzige Tochter. Ich habe keine Frau. Das Mädchen ist unverheiratet. Du wirst also keine Einwände haben, von ihren Händen zu essen.“

Nun war das Essen fertig. Der freundliche Ladenbesitzer mischte in einem Messingteller zwei *Rotis* mit einer Menge *Dal*-Curry und verarbeitete das Ganze zu einem weichen Brei. Dann fütterte er Ramdas mit seinen eigenen Händen, so wie eine Mutter ihr Kind füttert.

„Herr, leistest Du Wiedergutmachung für das, was Du ihn im *Annakshetra* von Pandharpur hast tun lassen?", dachte Ramdas. Welche Liebe! Welche Güte!

Ramdas verabschiedete sich von dem Ladenbesitzer, wanderte weiter und erreichte Anjangaum, nachdem er durch viele Dörfer gekommen war. Hier auf der Straße führte ihn ein Mann zum Haus des *Kulkarni*, des Dorfbeamten.

Ramdas betrat einen altmodischen, quadratischen Häuserblock und setzte sich auf eine der Veranden. Auf der gegenüberliegenden Seite schliefen zwei Männer, deren Körper unter weißen Laken verborgen waren. Draußen auf der Veranda war niemand zu sehen. Es war etwa zehn Uhr vormittags. Wie es seine Gewohnheit war, summte er das Ram-Mantra vor sich hin. Der Klang des göttlichen Namens schien einen der Schläfer aus seinem Schlummer geweckt zu haben. Er rieb sich die Augen und setzte sich auf, wodurch auch der andere geweckt wurde. Letzterer ging hinein, während ersterer Ramdas ansah und ihn fragte, was er wolle.

„Ram hat seinen Diener für *Bhiksha* hierhergeschickt", antwortete Ramdas. Diese Worte schienen eine elektrisierende Wirkung auf den Fragesteller zu haben. Er lud Ramdas ein, auf einer Matte Platz zu nehmen. Nun fuhr Ramdas fort, spontan über die Herrlichkeit Gottes und die Macht Seines Namens zu sprechen. Bald darauf gesellte sich der andere Freund zu ihnen. Der erste war der *Kulkarni*, der Hausherr, Madhavrao mit Namen, und der zweite war sein Familienpriester Govind Joshi, ein Bewohner von Upalai, einem Dorf etwa drei Meilen von Anjangaum entfernt. Beide liebten Ramdas auf den ersten Blick. Madhavrao strotzte nur so vor Güte. Er zog Ramdas' Bein zu sich und begann, seine Fußsohlen zu reiben.

„Die Füße sind nicht nur abgenutzt und geschwollen, sondern es stecken auch Dornen darin", bemerkte er.

Joshi und Madhavrao arbeiteten zügig mit zwei Nadeln an Ramdas' Sohlen und zogen alle Dornen heraus. Die Freunde bemerkten die tiefen Schnitte und auch, dass die Haut an einigen Stellen so sehr abgenutzt war, dass das Fleisch zum Vorschein kam. Madhavrao besorgte etwas *Ghee*, füllte damit die Beulen und schmierte es auf die Sohlen. Dann nahm er Ramdas mit zu einem Bad. Er rieb seinen ganzen Körper mit Öl ein. Ramdas hatte mehrere

Tage lang nicht gebadet, und da er tagsüber der Sonnenhitze und nachts der Kälte ausgesetzt war und obendrein hungerte, war seine Haut trocken, schmutzig und rau geworden. Mit aller Zärtlichkeit wusch Madhavrao den Körper mit heißem Wasser und Seife.

Nach dem Bad wurde er mit einer einfachen und gesunden Mahlzeit versorgt. Der Tag und ein Teil der Nacht vergingen mit Gesprächen über Hingabe und das Leben der Heiligen. Am darauffolgenden Tag schlug Govind Joshi vor, Ramdas in sein Dorf Upalai mitzunehmen, und verließ Anjangaum mit ihm. Sie erreichten das Dorf vor Einbruch der Dunkelheit.

Govind Joshi war ein armer alter Mann. Als Ramdas seine Hütte betrat, wurde er von Joshis Frau begrüßt, als hätte sie seine Ankunft erwartet. Als er sich gesetzt hatte, begann sie, seine Beine zu massieren und mit ihm so vertraut zu reden, dass es schien, als würde sie ihn schon seit Jahren kennen. Sie war eine einfache, kindliche, wunderbare Seele!

Von Upalai ging Ramdas nach Angar, wohin er von Balwantrao, dem *Kulkarni* des Dorfes, eingeladen worden war. Auch hier empfing er von allen Seiten Freundlichkeit und Liebe. In Begleitung reiste er weiter nach Mohol, wo er bei Janardan Pant, einem Schulmeister und großen Verehrer, unterkam. Er hatte ein reines Herz und war ein aufrichtiger Wahrheitssucher. Hier traf Ramdas Babooji, einen anderen Schulmeister, eine fromme Seele, der dafür sorgte, dass er mit dem Autobus nach Sholpur reisen konnte. Er kam mit Babooji in Sholapur an und quartierte sich im örtlichen Panduranga-Tempel ein. Hier blieb er für einen Tag und reiste dann nach Bijapur weiter.

Ramdas machte sich wieder einmal allein zu Fuß auf den Weg. Er wanderte immer weiter durch Felder, Wiesen und Wälder. Etwa eine Woche *Satsang* mit den Verehrern des Dorfes hatte seinen Kummer über den Vorfall im *Annakshetra* von Pandharpur gemildert. Der Herr hatte dies auf seine eigene, geheimnisvolle Weise bewirkt. Er ist wahrhaftig der große Heiler unseres Kummers.

Als er weiterwanderte, kam er auf eine Hochebene, die mit einem wilden Buschwerk bewachsen war. Als er sie durchquerte, kam ihm der Wunsch nach einer Zigarette. Er rauchte manchmal Tabak, hatte aber keinen bei sich. Wo war die Möglichkeit, mitten im Dschungel, an einem einsamen Ort weit weg von den Menschen, eine Zigarette zu rauchen? Aber für den Herrn ist nichts unmöglich. Plötzlich kam ein Mann hinter den Büschen hervor und ging auf ihn zu. Als Ramdas ihn ansah, war das Erste, was ihm auffiel, eine *Bidi*, eine Blattzigarette, die hinter seinem Ohr steckte. Der Mann nahm die *Bidi* schweigend von der Stelle hinter seinem Ohr und bot sie Ramdas an. Er wollte Ramdas nicht berühren und ließ die *Bidi* in seine Hände fallen. Dann holte er zwei glatte, schwarze Steine und ein Stück Baumwollwatte aus seinen Taschen und schlug die Steine gegeneinander, sodass ein Funke entstand, mit dem er die Watte in Brand setzte. Er reichte Ramdas die brennende Watte auf einem Blatt. Ramdas zündete die *Bidi* an und begann zu rauchen. All dies geschah in wenigen Sekunden. Bis jetzt hatte Ramdas noch nicht mit ihm gesprochen. Sie gingen auf demselben Weg, aber der Mann hielt einen gewissen Abstand ein.

Ramdas brach das Schweigen mit der Frage: „Bruder, warum weichst du vor Ramdas zurück und gehst so weit hinter ihm?"

„Oh Meister", antwortete er, „ich bin ein *Paria* (Unberührbarer). Wie kann ich dir nahekommen oder deine heilige Person berühren?"

Kaum hatte Ramdas dies gehört, stürzte er auf den *Paria* zu, warf seine Arme um seine Schultern und umarmte ihn. „Du bist kein Unberührbarer. Du bist der Herr Vithoba selbst."

„Nun, Meister, wohin willst du gehen?", fragte er.

„Ich weiß es nicht", lautete Ramdas' Antwort.

Er sagte: „Zwei Meilen von hier gibt es ein kleines Dorf am Ufer des Flusses Bhima. Gehe in dieses Dorf. Es hat nur einen einzigen Laden. Du gehst hin und stellst dich vor den Laden, und der Herr wird sich um alle deine Bedürfnisse kümmern. Ich kann dich bis zum Dorfrand begleiten. Mein Weg liegt in einer anderen Richtung."

Ramdas willigte ein. Es gab kein weiteres Gespräch. Er war in einer glückseligen Geistesabwesenheit versunken. Das Dorf tauchte auf. Er ging geradewegs dorthin. Er war nur noch etwa fünfzig Meter von den Dorfhütten entfernt, als er sich umwandte, um nach seinem seltsamen Begleiter zu sehen. Der sogenannte Unberührbare war verschwunden.

Die Sonne stand senkrecht am Himmel. Wie von ihm empfohlen, blieb Ramdas vor dem einzigen Laden des Dorfes stehen. Eine ungewöhnlich stämmige Frau bediente die Kunden, wobei ihr ein junger Mann half. Die Mutter sah Ramdas. Plötzlich schlug ihr mütterliches Herz für ihr Kind, den einsamen Wanderer. Sie schob die Kunden beiseite, die sich vor ihrem Laden drängten, und winkte ihn mit beiden Händen zu sich heran. „Sohn, Sohn", sagte sie zu dem jungen Mann neben ihr, „gib diesem *Sadhu* zuerst etwas zu essen."

Bald türmte sich im ausgebreiteten Gewand von Ramdas eine ziemlich große Menge an getrocknetem Reis, Palmzucker, Datteln usw. Die stämmige Mutter sprang von ihrem Sitzplatz im Laden herunter und rief nach einer Decke. Mit der Decke ging sie so schnell, wie es ihr schwerer Körper zuließ, zur Veranda des *Mahadev*-Tempels auf der anderen Straßenseite gegenüber ihrem Laden. Sie breitete die Decke auf dem Boden aus und lud ihn ein, Platz zu nehmen. Er setzte sich auf die Decke, wie es sich gehörte. Sie holte auch ein *Lota* mit Trinkwasser für ihn, hockte sich ihm gegenüber hin und forderte ihn zärtlich auf, zu essen. Doch es hatte sich eine Reihe kleiner Jungen um ihn versammelt. Er verteilte den größten Teil des Essens an die Kinder, nahm selbst davon und trank das Wasser.

„Sadhuji", sagte die Mutter dann, „der Fluss Bhima ist ganz in der Nähe. Wasche dich im Fluss, und kehre dann zurück. Ich werde dich entweder nach Hause bringen oder das Essen hierherholen."

Er stand auf und ging zum Fluss, wo er seine Kleider wusch und ein Bad nahm. Als er zurückkehrte, wartete die Mutter auf ihn.

„Komm mit, Sadhuji", sagte sie, „ich bringe dich nach Hause."

Er folgte ihr. Die Sonne war sehr heiß, und der Boden brannte. Er hatte nichts, um seinen Kopf zu bedecken oder seine Füße zu schützen. Etwa auf halbem Weg bemerkte die Mutter die Situation. Ihr weiches Herz fühlte Reue.

„Was bin ich doch für ein herzloses Geschöpf!", rief sie. „Ich hätte dich nicht in dieser heißen Sonne mitnehmen dürfen. Ich hätte dir im Tempel etwas zu essen bringen können. Du hast keine Sandalen an den Füßen. Der Boden ist heiß wie eine Bratpfanne. Wie dumm ich doch bin!"

Die Mutter hatte natürlich Ledersandalen an den Füßen. Daher waren ihre Gewissensbisse umso heftiger.

„Keine Sorge, Mutter", versicherte er ihr, „dein Kind ist an die Hitze gewöhnt."

„Komm, wir wollen schnell gehen. Wir haben nur eine kurze Strecke zurückzulegen", sagte sie.

Ihr schwerfälliger Körper schwankte hin und her, als sie sich beeilte. Als sie an der Tür ihres Hauses ankamen, war diese zu ihrem großen Entsetzen verschlossen, denn ihre Schwiegertochter war in das Nachbarhaus gegangen, hatte die Tür versperrt und den Schlüssel mitgenommen. Ihre Rückkehr würde sicher einige Zeit dauern, und Ramdas musste in der Zwischenzeit in der Sonne stehen.

Die Mutter rief: „Lakshmi! Lakshmi!" Sie holte tief Luft und sagte: „Was soll ich tun? Du musst barfuß auf dem brennenden Sand stehen!"

Da fand sie einen Ausweg. Sie hob Ramdas' Körper von hinten hoch – er war ein Federgewicht für sie –, ließ ihn auf der Türschwelle stehen und rief nach ihrer Lakshmi, die schließlich herbeirannte. Sie konnte nicht widerstehen, der Schwiegertochter ihre Meinung zu sagen, und sie tat es ordentlich!

Im Haus setzte er sich auf ein Brett, das die Mutter ihm anbot. Auf ihr Geheiß stellte das Mädchen Lakshmi einen Teller mit Essen vor ihn hin, das aus zwei dicken *Rotis* und *Dal*-Curry bestand. Er begann zu essen. Er fand die *Rotis* hart und unnachgiebig in den Fingern. Dennoch versuchte er, sie zu zerdrücken und mit dem *Dal* zu vermischen. Sie ließen sich nicht zerkleinern. Er steckte einige Stücke *Rotis* mit *Dal* in den Mund und versuchte, sie zu schlucken. Natürlich muss angemerkt werden, dass er zu dieser Zeit kaum drei oder vier Zähne im Mund hatte. An Kauen war also nicht zu denken. Er schluckte die *Rotis* Stück für Stück hinunter, bis ihm ein großes Stück im Hals stecken blieb. Er war am Ersticken. Er versuchte, das Stück herunterzuwürgen oder es durch Husten auszuspeien. Die Mutter beobachtete den Kampf, und da ging ihr ein Licht auf. Sie rief: „Verflucht noch mal! Lakshmi, bist du blind? Der *Sadhu* hat keine Zähne, und du hast ihm kalte, harte *Rotis* serviert. Wie kann er sie essen? Sieh nur, seine Kehle ist wie zugeschnürt. Guter Gott! Lakshmi, du bist vollkommen herzlos. Du hast ihm nicht einmal Wasser zum Trinken angeboten. Schnell, schnell, gib ihm etwas Wasser. Sieh, sein Gesicht ist rot geworden. Er ringt nach Atem!"

Sofort wurde ihm ein Becher Wasser in die Hand gegeben, und er trank. Das Stück *Roti* wurde die Kehle hinuntergespült. Nun stürzte sich die Mutter auf den Teller mit dem Essen und sagte, während sie ihn wegnahm: „Das ist nichts für dich." „Lakshmi", sagte sie zu dem Mädchen, „bereite sofort frische *Rotis* zu. Mach sie weich. Kümmere dich auf der Stelle darum."

Während Lakshmi beschäftigt war, molk die Mutter die Büffelkuh, die auf dem quadratischen Hof in der Mitte des Gebäudes stand. In ein paar Minuten erhitzte sie die Milch. Lakshmis geübte Hände formten weiche *Rotis*. Die Mutter zerdrückte zwei von ihnen in der heißen Milch auf einem Teller. Das aufgeweichte Essen wurde dann vor ihn hingestellt.

„Sadhuji", appellierte die Mutter, „du musst mir verzeihen. Ich bin schließlich eine törichte und nutzlose Frau. Verzeih mir. Das Essen ist jetzt in Ordnung. Bitte iss."

Nach dem Essen begleitete die Mutter ihn zurück zum Tempel, verabschiedete sich von ihm und kehrte in ihr Haus zurück. So war das Herz der Mutter. Er machte sich sofort auf den Weg und wanderte bis zum Sonnenuntergang, als er ein Dorf am Wegesrand erreichte.

Am nächsten Morgen, lange vor Sonnenaufgang, brach er wieder auf und legte bis zum Vormittag etwa zehn Meilen zurück. Hier fand er zu seiner Linken eine große Fläche mit bewirtschafteten Feldern vor. In der Mitte eines Bauernhofs befand sich ein Brunnen, aus dem mit einem *Pikotah* Wasser für die Bewässerung der Felder geholt wurde. Ein Bauer und vier Ochsen waren bei der Arbeit. Ramdas ging zum Brunnen hinunter, um seinen Durst zu stillen. Als er wieder hochkam, winkte der Ochsentreiber Ramdas herbei. Er bat Ramdas, sich neben ihn in den kühlen Schatten eines großen Baumes am Rande des Brunnens zu setzen. Ramdas rauchte ein paar Züge von seinem *Chilam*-Tabak.

„Jetzt muss ich dir eine Frage stellen", sagte er. „Sadhuji, bist du sicher, dass es einen Gott gibt? Ich für meinen Teil habe starke Zweifel an seiner Existenz."

Ramdas antwortete: „Gott ist für diejenigen da, die Glauben haben, und nicht für die, die keinen haben."

„Hör dir meine Geschichte an", fuhr er fort. „Mein Beruf ist die Landwirtschaft, wie du siehst. Ich habe eine Familie, bestehend aus meiner Frau, drei erwachsenen Töchtern, einem Sohn und seiner Frau. Die grünen Felder um diesen Brunnen gehören uns. Alle Mitglieder der Familie arbeiten von morgens bis abends auf den Feldern. Auch die vier Ochsen arbeiten stundenlang für die Bewässerung der Felder. Wir alle arbeiten das ganze Jahr über. Du wirst überrascht sein zu erfahren, dass wir trotzdem nicht genug für die einfachsten Dinge haben." Er deutete auf seine Töchter, die sich inzwischen in der Nähe von Ramdas versammelt hatten, und fügte in bitterem Tonfall hinzu: „Maharaj, sieh dir die Kleidung meiner Mädchen an. Sie tragen Lumpen. Du sagst, es gibt einen Gott. Wenn es einen Gott gibt, dann muss Er sehr grausam sein. Wenn Er grausam ist, dann ist Er nicht Gott."

Ramdas antwortete: „Für Ramdas ist Gott nicht nur eine Sache des Glaubens oder der Spekulation. Er ist eine Gewissheit. Ungeachtet dessen, was du über deine Umstände sagst, kann dir Ramdas versichern, dass Gott existiert und voller Güte und Liebe ist. Wir dürfen Seine Existenz nicht nach den materiellen Annehmlichkeiten beurteilen, die wir im Leben haben, oder das Fehlen solcher Annehmlichkeiten. Die Prüfungen und Leiden, die wir durchmachen, sind für unser geistiges Wachstum notwendig. Um Gottes willen haben Prinzen Königreiche aufgegeben und sich mit Bettelnapf und Lumpen begnügt. Das Leben ist ein Elend für den, der keine Zufriedenheit kennt, wie wohlhabend er auch sein mag. Ein armer Mann, der in seiner Hütte zufrieden ist, ist viel glücklicher als ein Monarch, der in seinem Palast unzufrieden ist. Zufriedenheit ist ein Geschenk Gottes, das wir durch den Glauben und die Unterwerfung unter Ihn erhalten. Gott meint es nie böse mit uns. Unser mangelnder Glaube an Sein Wohlwollen ist die Quelle unseres Elends. Du magst sagen, dass es harte Tatsachen sind, mit denen du konfrontiert bist. Sie sind nichts, wenn man ihnen den richtigen Wert beimisst und so den wahren Sinn des Lebens versteht. Wahrlich, Gott ist nicht für den da, der sich ärgert. Bruder, gib nicht der Verzweiflung nach. Unterwirf dich Seinem Willen, und alles wird gut."

Er hörte Ramdas schweigend zu, während sich seine Augen mit Tränen füllten. Ramdas verließ ihn und setzte seine Reise fort.

Zur Mittagszeit erreichte er ein Dorf, in dem es unter einer Baumgruppe eine Zisterne gab, in der er sein Bad nahm und dann sein *Bhiksha* im Nachbardorf erhielt. Er ruhte sich eine Stunde lang im kühlen Schatten des Haines aus und setzte seine Reise fort. Bijapur lag jetzt nur noch sechs Meilen entfernt, die er bis fünf Uhr abends zurücklegte.

Er ging zum Haus von Shankarlal Oza, dem Händler-Freund, dessen gastfreundliches Dach ihn beherbergte, als er früher Bijapur besucht hatte. Auf sein Drängen hin blieb Ramdas zwei Tage bei ihm. Er und seine kranke Frau bewiesen durch ihre freundliche Zuwendung, dass sie die Verkörperungen der Liebe waren.

Shankarlal bemerkte den Zustand von Ramdas' Füßen. Sie waren so stark geschwollen, dass es schien, als litte er an Elefantiasis. Er sprach mit großer Besorgnis in der Anwesenheit seiner Freunde darüber, die, davon berührt, einen Beitrag für seine Bahnfahrt nach Hubli aufbrachten. Ramdas hatte ihm gesagt, er wolle nach Hubli.

Am dritten Tag reiste er mit dem Abendzug ab. Nach dem Kauf der Fahrkarte stellte Shankarlal fest, dass von dem Betrag, den die Freunde gezahlte hatten, noch ein Restbetrag von acht *Annas* übrig war. Er drängte Ramdas, das Geld anzunehmen, und trotz dessen Protest steckte er es in die Tasche des langen Mantels, den Ramdas trug, ebenso wie die Fahrkarte.

Die Nacht verging, der Tag brach an. Die acht *Annas* klimperten in seiner Tasche. Er wusste nicht, was er damit anfangen sollte. Bis dahin hatte er kein Geld bei sich getragen, weil er keines brauchte. Der Herr kümmerte sich um ihn in allen Angelegenheiten, ohne ihm Anlass zu geben, mit Geld umzugehen. Als der Zug an einem Bahnhof hielt, stieg ein blinder Bettler in das Abteil ein. Hier war ein Ausweg aus der Situation, dachte Ramdas, und reichte dem Bettler ein Zwei-*Annas*-Stück, wobei er den Rest für etwaige Bettler aufbewahrte, die an den nächsten Stationen zusteigen würden. Er kam an einer Station nach der anderen vorbei, und doch war kein Bettler mehr zu sehen.

Gegen zehn Uhr fuhr der Zug in den Bahnhof von Hubli ein. Nachdem Ramdas ausgestiegen war, ging er die Straße entlang. Was sollte er mit dem Geld tun? Die Frage drängte sich ihm förmlich auf. Ram befahl ihm, direkt zum Haus von Ubhayakar zu gehen und am Nachmittag zum Sri Siddharudh

Math. Er ging bis zum Tor von Ubhayakars Haus, aber nein, er konnte nicht mit dem Geld in seiner Tasche durch das Tor gehen. Er wollte es loswerden, aber es gab keine Möglichkeit. Da wandte er sich um, ging zurück zum Bahnhof und blieb auf halbem Weg stehen. „Was soll ich bloß mit dem Geld machen?" Kein Bettler war zu sehen. Er dachte daran, die Münzen in den Graben am Straßenrand zu werfen, aber nein, Ram wollte, dass er das Geld jemandem gab. Wo war dieser Jemand? Was für ein Problem, oh Herr!

Die Angelegenheit mag für den Leser nur von gewöhnlicher Bedeutung sein, aber für Ramdas war es eine bedeutsame und entscheidende Frage. Erneut schlug er den Weg zu Ubhayakar ein. Als er sich dem Haus näherte, bemerkte er einen Straßenkehrer, der soeben aus dem Gelände der Gemeindeverwaltung kam: „Hier ist Ram. Er kommt mir zu Hilfe", murmelte Ramdas. Ramdas reichte ihm die losen Münzen, die dieser mit großer Freude annahm. Eine Last schien ihm von seinem Herzen genommen zu sein. Nun betrat er das Haus von Ubhayakar.

Subbarao Ubhayakar – eine heilige Seele – bereitete ihm einen freudigen Empfang. Alle Mitglieder seines Haushalts waren überaus freundlich zu ihm. Der alte Heilige zeigte ihm den Krishna-Tempel, der durch seine Bemühungen und Initiative gebaut worden war. Die *Murti* von Sri Krishna aus Marmor ist rein und weiß wie Schnee. Sie ist eine bezaubernde Figur, in der Tat ein wunderschönes Kunstwerk.

Auf dem Rückweg fragte der Heilige Ramdas: „Wohin möchtest du von Hubli aus gehen?"

„Nach Bangalore", lautete die Antwort.

„Nun, unsere Leute werden übermorgen nach Bangalore aufbrechen. Du kannst sie begleiten", schlug er vor. Ramdas war damit einverstanden.

Am Nachmittag besuchte Ramdas den berühmten *Math* von Sri Siddharudh Swami. Dies war sein zweiter Besuch in diesem *Math*. Sri Siddharudh war eine große Persönlichkeit, die Tausende zu ihren Füßen zog.

Ramdas blieb zwei Tage im *Math*. In den Nächten suchte er Schutz auf der Veranda des *Samadhi*-Tempels. In der zweiten Nacht, kurz nach Einbruch der Dunkelheit, kam ein Verehrer des *Maths* zu ihm und fragte: „Möchtest du etwas essen?"

Ramdas war nicht in der Stimmung, etwas zu essen, noch war er im Bereich der Dualität.

„Wem stellst du diese Frage?", erwiderte Ramdas.

„Natürlich dir", antwortete er und zeigte mit dem Finger auf Ramdas.

„Gibt es denn so etwas wie dich und mich, wenn alles eins ist?" erwiderte Ramdas. „Ist nicht alles, was sichtbar ist, wie die Schlange im Seil, wie der Sohn einer unfruchtbaren Frau, wie die Hörner eines Hasen, wie eine Blume ..."

„Du stehst über den Dingen, was!", bemerkte der Verehrer, machte sich aus dem Staub und verschwand aus dem Blickfeld.

Am nächsten Tag kehrte Ramdas in das Haus von Ubhayakar zurück und verließ Hubli mit dem Mittagszug in Begleitung der Damen des Hauses. Diese Mütter kümmerten sich unterwegs sehr liebevoll um ihn. Am frühen Morgen des nächsten Tages erreichten sie Bangalore.

Ernakulam, Kasaragod

*Ramdas reiste weiter nach Bangalore, Kasaragod, Kirimanjeshwar, wo er
ein Wasserfasten einlegte, Kundapur, Mangalore und Ernakulam*

Sanjivrao, ein Bruder aus Ramdas früherem Leben, war am Bahnhof [von
Ernakulam], um ihn zu empfangen. Er wurde in einem kleinen Zimmer in
Sanjivraos Haus untergebracht. Seine Nahrung bestand aus Milch und Obst.
Er hielt sich etwa zwei Monate in Ernakulam auf. Hier erhielt er von Sanjivrao Bücher aus der öffentlichen Bibliothek und wurde ein unersättlicher
Leser. Er verschlang über fünfzig Bände religiöser Literatur. Unter anderem
las er die dicken Bände von Max Mullers Übersetzungen der *Upanishaden*,
das Bhashya von *Shankaracharya* usw. Jeden Tag statteten ihm einige prominente *Vakils* und Beamte Besuche ab.

Das herausragende Ereignis seines Aufenthalts an diesem Ort war die Ar-
menspeisung. Sie kam folgendermaßen zustande. Eines Tages, als sich die
Freunde wie üblich in seinem Zimmer versammelt hatten, machte er den
Vorschlag, dass sie sich zusammentun sollten, um die Armen mit einer
Mahlzeit zu versorgen. Sie griffen die Idee sofort auf und brachten die nöti-
gen Mittel auf, um etwa tausend Menschen zu speisen.

Für die Armenspeisung wurde der darauffolgende Sonntag festgelegt. V.
Iyer, ein *Vakil*, übernahm die Organisation. Es war Monsunzeit, und es regnete stark und anhaltend. Man entschied sich für das Gelände des örtlichen
Standesamtes für die Zubereitung und Verteilung der Speisen. Die Öffent-
lichkeit wurde durch das Schlagen des Tomtoms über die bevorstehende Armenspeisung informiert. Am Samstagabend waren alle Vorbereitungen getroffen, und es wurde mit der Zubereitung der Mahlzeiten begonnen. Es
sollte ein einfaches Essen geben. Der Himmel war dunkel von schweren
Wolken, und es regnete in Strömen. Am Abend kam V. Iyer zu Ramdas und
jammerte: „Swami, es sieht nicht danach aus, dass der Regen nachlässt.
Wenn es weiterregnet, wird die Speisung morgen unmöglich sein." Wenn
tausend Menschen zu essen erhalten sollen, konnte das natürlich nur unter
freiem Himmel geschehen.

„Sei nicht beunruhigt, Ram. Überlasse die Sache Gott", munterte ihn
Ramdas auf.

Bei Tagesanbruch waren die Vorbereitungen abgeschlossen, aber der starke Regen hielt an. Am frühen Morgen besuchte V. Iyer Ramdas erneut, diesmal mit einem verzweifelten Blick.

„Was sollen wir tun?", rief er aus.

„Wir tun nichts", meinte Ramdas. „Der Herr tut alles. Es war Sein Wille, dass wir die ganze Sache in die Wege geleitet haben. Es liegt an Ihm, dafür zu sorgen, dass sie erfolgreich durchgeführt wird."

Die Speisung sollte um elf Uhr erfolgen. Es schlug neun Uhr. Es regnete so stark wie immer. Halb zehn, Viertel vor zehn, und der Regen hielt immer noch an. Nun geschah etwas Seltsames. Die Wolken lösten sich langsam auf. Der Regen hörte auf, und die Sonne kam zum Vorschein. Innerhalb einer halben Stunde erschien am wolkenlosen Himmel die helle Sonne. Pünktlich um elf Uhr begann die Essensausgabe.

Ramdas wurde zum Ort des Geschehens begleitet, um der Veranstaltung beizuwohnen. Der Anblick der Menschenmenge innerhalb und außerhalb des Geländes und auf der Straße berührte sein Herz. Die Speisung ging ohne Lärm oder Unordnung vonstatten. Der allmächtige Herr aß durch Tausende von Mündern.

Einer der Freunde zählte die versorgten Menschen und stellte fest, dass es fast dreitausend waren. Das Essen, das für tausend Menschen gedacht war, reichte für dreimal so viele. Nachdem sie sich satt gegessen hatten, nahmen viele Menschen das Essen sogar nach Hause mit.

Wenn es ein Land auf der Welt gibt, in dem Betteln und Hungern große Teile der Bevölkerung erfasst haben, dann ist es Indien. Das Heilmittel liegt in der Ausrottung von Unwissenheit und Egoismus in den Köpfen und Herzen der Ausbeuter, sowohl innerlich als auch äußerlich. Das Schicksal des Ausbeuters ist in der Tat härter als das des Ausgebeuteten, denn er sät ein *Karma*, das schreckliche Vergeltung mit sich bringt. Die innere Erkenntnis der Gleichheit, die auf einer gereinigten Sichtweise und der Erweckung des Opfergeistes durch Liebe und Mitgefühl beruht, kann allein Frieden, Harmonie und Glück in die Welt bringen.

Alle Klassen von Bedürftigen und Armen wurden verpflegt, auch die sogenannten Unberührbaren. Um drei Uhr war die Essensausgabe beendet. Alle waren bis auf den letzten Mann satt. Als das Gelände frei von den Menschenmassen war, stürzte sich eine ganze Armee von Krähen auf den Boden und räumte die verstreuten Reisreste weg. In der Tat spielen die Krähen in der Ökonomie der Natur die Rolle von Aasfressern. So wurde das Gelände sozusagen leergefegt. Das Erstaunliche war, dass um vier Uhr die Wolken wieder am Himmel aufzogen und es richtig zu regnen begann. Ramdas kehrte in sein Zimmer zurück. Die Speisung von mehr als dreitausend armen Menschen mit Essen, das für ein Drittel von ihnen zubereitet worden war, und die sechsstündige Unterbrechung des Regens während der Essensausgabe waren wirklich herrliche Werke Gottes. Er erinnert sich, dass einige Leute, die an der Armenspeisung teilnahmen, Ramdas für ihren Erfolg lobten. Er unterbrach sie kurzerhand mit der Bemerkung: „Die ganze Ehre gebührt allein dem Herrn. Macht für das, was der Meister getan hat, nicht viel Aufhebens um den Diener."

Ramdas besuchte Kalady in der Nähe von Ernakulam und verspürte dann den Ruf, nach Kasaragod zu gehen.

Er schrieb Anandrao und bat ihn, für seinen Aufenthalt an einem einsamen Ort zu sorgen. Zu gegebener Zeit kam er in Kasaragod an und wurde in einer strohgedeckten Hütte auf dem Pilikunji-Hügel untergebracht. Hier lebte er von Ziegenmilch und Kochbananen. Der *Raja-Yogi* kam wieder zu ihm, und gemeinsam tanzten sie abends zum Gesang des Ram-Mantras.

Ram wollte, dass auch den Armen von Kasaragod ein Abendessen gegeben werden sollte. In diesem Fall setzte sich Ramdas aktiv für das Sammeln von Geldern ein. Er besuchte die prominentesten Männer von Kasaragod, um Spenden zu erhalten, und nahm auch kleine Summen von den ärmeren Schichten an. Auf seinen Wunsch kümmerte Anandrao sich um die Angelegenheit. Für die Speisung wurde der Hügel von Ramgiri ausgewählt, und ein Samstag wurde für diesen Anlass festgelegt. Es wurden entsprechende Vorbereitungen getroffen. Bis zum Mittag versammelten sich fast tausend Menschen an dem vereinbarten Ort. Die wichtigsten vertretenen Klassen waren Schuster, *Parias* und Fischer.

Ramdas' *Gurudev*, der bei seinem Sohn Anandrao lebte, kam eines Tages mit großen Schwierigkeiten zu der Hütte auf dem Hügel. Die Gebrechen des Alters hatten seiner sonst so starken Konstitution zugesetzt. Er brachte eine

zarte Kokosnuss und etwas süßes, selbstgebackenes Brot mit. Ramdas ernährte sich weiterhin nur von Milch und Obst. *Gurudev* bestand darauf, dass
er das Brot aß. Ramdas bat ihn, ihn zu entschuldigen. *Gurudev* war betroffen, und Tränen stiegen ihm in die Augen. Er drängte Ramdas erneut, das
Brot zu essen, aber er blieb standhaft und wollte es nicht essen. Er trank
jedoch das Wasser der zarten Kokosnuss. Bald darauf kehrte *Gurudev* nach
Hause zurück. Während dieses Vorfalls befanden sich etwa ein halbes Dutzend Besucher in der Hütte. Nun sagte einer von ihnen, der von *Gurudevs*
Enttäuschung betroffen war, mit einem Hauch von Vorwurf in seiner
Stimme: „Du sagst, er sei dein *Gurudev*, und trotzdem weigerst du dich, das
Brot zu essen, das er dir mit solcher Liebe angeboten hat. Wie erklärst du
das?"

„Er ist innen und außen", antwortete Ramdas mit einem Lächeln. „Von außen sagt Er: ‚Iss', von innen sagt Er wiederum: ‚Iss nicht.' Ramdas gehorcht
immer der inneren Stimme."

„Warum sollte Er äußerlich auf eine andere Weise sprechen als in deiner
inneren Eingebung?", fragte der Freund erneut.

„Das ist Seine wunderbare *Lila*", antwortete Ramdas.

Der Freund ging nicht weiter darauf ein.

Eines Tages tauchte plötzlich Ramcharandas auf, als ob Wolken ihn herun-
tergeregnet hätten. Er trug ein gut gegerbtes Tigerfell und ein *Yoga-Danda*
bei sich. Er sagte, dass er, nachdem er einige Teile Nordindiens durchwan-
dert hatte, eine starke Sehnsucht verspürt habe, Ramdas wiederzusehen,
weshalb er hier sei. „Swamiji, ich habe für dich dieses Tigerfell von Jhansi
mitgebracht, wo ein Verehrer es mir geschenkt hat. Bitte nimm es an."

„Ramdas braucht es nicht, Ram", antwortete Ramdas, „denn er geht mit nur
einem Gewand umher. Du kannst es für dich selbst behalten."

„Es ist für dich bestimmt, und du musst es haben", drängte er. „Ich werde es
für dich tragen. Ich werde dir folgen, wohin du auch gehst. Ich werde dich
dieses Mal nicht verlassen", fügte er mit Nachdruck hinzu.

„Wofür ist der Holzstock?", fragte Ramdas.

„Er ist für *Dhyan* (Meditation). Er ist eine große Hilfe, um während der Meditation aufrecht zu sitzen“, erklärte er.

„Da du jung und tatkräftig bist, solltest du dich nicht auf diese Vorrichtung verlassen. Sie ist eine unnötige Belastung. Gib sie auf“, erwiderte Ramdas.

Aber Ramcharandas argumentierte sehr ausführlich dafür und wollte nicht darauf verzichten. Dennoch versuchte er, sich wieder an Ramdas zu halten.

Zu dieser Zeit erkrankte *Gurudev* schwer. Im kritischen Augenblick erhielt Ramdas einen Brief von Madhavrao aus Anjangaum mit einer Einladung zu einem religiösen Fest, das in Kürze in seinem Haus stattfinden sollte. Es handelte sich um ein neuntägiges Fest. Dem Brief folgte bald darauf ein Telegramm, in dem es hieß, dass die Anwesenheit von Ramdas bei der Veranstaltung unerlässlich sei. Er spürte den inneren Drang, zögerte aber wegen der Schwere von *Gurudevs* Krankheit. Nun legte er die Angelegenheit *Gurudev* selbst vor und bat ihn um eine Entscheidung.

„Würdest du deinen *Gurudev* in diesem Zustand verlassen?“, fragte er.

Ramdas konnte nicht länger widerstehen. Er gab die Idee auf, die Einladung aus Anjangaum anzunehmen. Madhavrao wurde davon per Telegramm in Kenntnis gesetzt. Als Antwort telegrafierte er erneut, Ramdas solle ihn nicht im Stich lassen. Diesmal überließ er die Frage ganz Ram, blieb ruhig und wartete ab. Ram hat immer Seine eigenen Wege!

Als er am nächsten Tag *Gurudev* aufsuchte, traf er ihn nicht nur viel besser, sondern auch stark genug an, um umherzugehen. Ramdas fragte ihn, ob er mit seiner Abreise in den Bezirk Sholapur einverstanden sei. Er gab bereitwillig sein Einverständnis.

Herr! Deine Wege sind in der Tat geheimnisvoll!

Upalai

Ramdas reiste nach Mangalore, Bombay, in den Sholapur Distrikt und nach Angar.

Von Angar ging Ramdas mit Ramcharandas, Bhavanishankerrao und vielen anderen nach Upalai und wurde, wie früher, im Haus von Govind Joshi untergebracht. Auch hier hielt er drei Tage lang ein Wasserfasten. Große Menschenmengen versammelten sich um ihn. Govind Joshis Frau war über das Fasten sehr beunruhigt. Ihr mütterliches Herz schmerzte für ihn. Sie unternahm mehrere Versuche, ihn zu überreden, während des Fastens wenigstens etwas Milch zu trinken, aber er wollte sie nicht nehmen. In seiner überschwänglichen Liebe schenkte Govind Josh Ramdas einen roten Wollschal und eine Mütze aus demselben Material, denn es war Winter, und die Kälte war streng. Den roten Schal verschenkte er an Ramcharandas.

Am vierten Tag veranstalteten die Leute des ganzen Dorfes ein Fest im Vithoba-Tempel. Menschen aller Kasten nahmen an dem Essen teil.

Am Morgen des Tages, der für das Fest bestimmt war, kam Maruti, ein junger Mann, der berühmt war für seine Beherrschung der Gita und für seine wunderbare Fähigkeit, sie zu erklären. Er bat Ramdas um einen kurzen Besuch in seinem Haus. Ramdas willigte ein und begab sich in Begleitung von etwa fünfzig Verehrern zu seinem Haus. Zusammen mit anderen nahm Ramdas auf der offenen Veranda Platz. Nun wurde eine Frau des Hauses herausgeholt und geheißen, sich im Hof unten vor ihn hinzusetzen.

Maruti sagte: „Diese Frau ist vom Teufel besessen. Bitte hab Mitleid mit ihr.“

Ramdas sah sie an. Ihr langes, offenes Haar hing ihr über die Schultern und Arme. Ihr Gesicht war ungewöhnlich rot, ihre Augen waren weit aufgerissen und drehten sich auf eine seltsame Weise. Als seine Augen die ihren trafen, stieß sie plötzlich einen schrillen Schrei aus und begann an ihrem Haar zu zerren. Jetzt forderte Ramdas die versammelten Gläubigen auf, den Namen Gottes im Chor zu singen. Der gemessene Rhythmus des Klangs sättigte und durchdrang die Luft. Daraufhin wurde die Frau wild und wütend, stand auf und stieß einen Schrei nach dem anderen aus. Nach einer Viertelstunde wurde der Gesang eingestellt, und die Frau setzte sich hin. Maruti hatte

Ramdas mit einer Blumengirlande geschmückt. Er nahm sie ab, ging zu der
Frau, warf ihr die Girlande um den Hals und verließ den Ort, um zum Haus
von Joshi zurückzukehren.

Am Abend nach dem Fest trug Janardan Pant, der Ramdas in Angar getroffen hatte, vor dem Tempel ein *Harikatha* vor. Eine große Menschenmenge
hatte sich versammelt, um ihm zuzuhören. Während der Aufführung beobachtete Ramdas einen alten Mann, der sich durch die Menge drängte und
die Frau auf dem Arm trug, die angeblich vom Teufel besessen war. Er setzte
sich mit der Frau in den Tempel, der hinter Ramdas lag. Das *Harikatha* dauerte zwei Stunden. Ramdas zog sich danach in das kleine Zimmer zurück,
das er in Joshis Haus bewohnte. Da kam der alte Mann mit der Frau. Sie
verneigte sich vor Ramdas und setzte sich neben ihn. Er sah eine große Veränderung in ihrem Aussehen. Eine ruhige Gelassenheit lag auf ihrem Gesicht. Ihre Augen waren gesenkt, und es lag ein Ausdruck von Ergebenheit
in ihnen. Ihre Lippen bewegten sich gleichsam automatisch, und man hörte
einen leisen Laut, der von ihnen ausging. Ramdas lauschte und stellte fest,
dass sie in einem tiefen Ton „Ram, Ram, *Sitaram*" wiederholte, die Namen,
die morgens in ihrer Gegenwart im Chor gesungen worden waren. Der alte
Mann, der sie begleitete, sagte: „Maharaj, kurz nachdem du uns verlassen
hast, ist diese Frau, die eine Verwandte von mir ist, aus dem Haus geflohen
und rannte wie ein galoppierendes Pferd davon. Ich und ein anderer verfolg-
ten sie. Wir lieferten uns ein hartes Rennen. Sie rannte zwei Meilen und
blieb dann stehen. Wir holten sie keuchend und erschöpft ein. Sie rief mit
lauter Stimme: „Oh, ich kann nicht länger dortbleiben! Ich bin unfähig, die
Gegenwart dieses Heiligen (gemeint ist Ramdas) zu ertragen. Ich gehe
weg."[1]

Dann hat der alte Mann sie anscheinend gefragt: „Bist du sicher, dass du für
immer gehst? Schwöre es."

Daraufhin sagte sie: „*Mahadev, Hanuman* und Rama sind meine Zeugen.
Ich gehe, ich bin weg."

---

[1] Das sagte der böse Geist in ihr.

Mit diesen Worten brach sie zusammen, fiel ohnmächtig zu Boden, und der alte Mann musste sie mit Hilfe anderer nach Hause bringen. Seit dieser Zeit war sie wieder die Alte, aber sie war immer noch schwach.

Für Ramdas sind die Teufel nichts anderes als die bösen Leidenschaften, die in der menschlichen Brust wüten. Sie ergreifen von den Menschen Besitz und beherrschen sie. Der einzige Weg, sie zu vertreiben, besteht darin, in ihrem Geist und Herzen die Reinheit, das Licht und die Herrlichkeit der ihnen innewohnenden Wahrheit zu wecken. Wie beim Erscheinen des Lichts die Dunkelheit verschwindet, so verschwinden in der Gegenwart des reinen Geistes Gottes die Übel des Gemüts, und das Herz wird mit Liebe und Freude erweicht.

Eines Abends, während eines Gesprächs mit Ramcharandas, sagte Ramdas über die Anhaftung und das Gefühl des Besitzes: „Anhaftung an Dinge ist die Quelle von Furcht und Angst, der Zerstörer des Friedens. Das Gefühl von Besitz ist für die ruhelose Natur des Geistes verantwortlich, und er weigert sich daher, sich auf die absolute Wahrheit deines Seins zu konzentrieren. Gib daher die Anhaftung an die Objekte auf, die du bei dir hast. Besitze die Dinge, aber sei nicht von ihnen besessen. Wenn du Geschenke annimmst, nimm an, dass der Herr selbst dir die Dinge gibt, und in dem Moment, in dem du dich von ihnen trennen musst, gib sie weg, und zwar mit der gleichen Freude, mit der du sie empfangen hast. Verstehe, dass du sie nur dem zurückgibst, der sie dir gegeben hat. Betrachte jeden Gewinn und Verlust in demselben Licht. Der Herr gibt, und der Herr nimmt.“

Ramdas wusste, dass Ramcharandas etwas Geld besaß, das er Bhavanishankerraos Mutter zur Aufbewahrung überlassen hatte. Ramcharandas ging in die Stadt, die etwa zwei Meilen von Malleswaram entfernt lag. Auf dem Rückweg begegnete er zwei *Sadhus* auf der Hauptstraße. Sie sagten, sie hätten seit dem Morgen nichts mehr gegessen und wären dankbar, wenn er ihnen mit einem Vier-*Anna*-Stück helfen könnte. Obwohl der Betrag, den er in die Stadt mitgenommen hatte, aufgebraucht war, hatte er noch Geld bei Bhavanishankerraos Mutter als Reserve. So versprach er den *Sadhus*, dass er ihre Forderung erfüllen würde, wenn sie ihm folgten, und meinte: „Zunächst einmal würdet ihr gut daran tun, den *Darshan* eines *Mahatma* zu erhalten, der in dieser Gegend wohnt. Ich werde euch seinen *Darshan* verschaffen und dann dafür sorgen, dass ihr das versprochene Geld erhaltet.“

Die *Sadhus* waren damit einverstanden. Er ging direkt zu Ramdas, mit ihnen auf den Fersen, und verkündete: „Swamiji, ich habe zwei *Sadhus* für deinen *Darshan* mitgebracht", wobei er sich vergnügt die Hände rieb.

„Sehr gut, Ram", erwiderte Ramdas.

Die *Sadhus* betraten den Raum. Ramdas bat sie, auf seiner Decke Platz zu nehmen. Aus ihrem jeweiligen Alter ging hervor, dass der eine der Guru und der andere sein *Chela* war. Der ältere von ihnen war ein Mann mittleren Alters, dunkel, stämmig und gut gebaut. Er trat vor und setzte sich dicht neben Ramdas auf die Decke, während der jüngere Mann in einem respektablen Abstand auf dem Boden saß. Ramcharandas nahm seinen eigenen Platz ein.

Ein genauerer Blick auf den neben Ramdas sitzenden *Sadhu* enthüllte weitere Einzelheiten über ihn. Er hatte einen kurzen, dichten, schwarzen Bart und eine dichte Masse von gut gekämmtem Haar auf dem Kopf, das bis zur Schulter reichte, auf der es in Locken ruhte. Sein Gesicht war männlich geschnitten und hatte starke, raue Züge. Er trug eine enge, kurze, halbarmige Jacke. Sein Körper war kräftig und muskulös. Um seinen Hals hing eine dicke rote Schnur mit einer einzelnen *Rudraksha* in der Mitte. Von dieser Halskordel hing eine kleine Flasche an einer Schnur herab. Um seine Handgelenke trug er Armreife aus Eisendraht. Er sprach mit einer eigentümlichen Intonation, aus der hervorging, dass er aus einem tamilischen Land stammte.

Nun winkte der *Sadhu* Ramcharandas an seine Seite und sagte: „Hol mir einen trockenen Strohhalm!"

Ramcharandas ging hinaus und holte, wie gewünscht, einen Strohhalm. Er nahm den Strohhalm und bat Ramcharandas, seinen Mund zu öffnen. Ramcharandas gehorchte, und der *Sadhu* warf die Strohstücke in seinen weit geöffneten Mund. Aber das Seltsame war, dass sie sich sofort in Gewürznelken verwandelten.

„Jetzt will ich etwas lose Erde haben", bat er als nächstes.

Ramcharandas besorgte ihm sofort welche. Er nahm eine Handvoll Erde und forderte Ramcharandas erneut auf, seinen Mund zu öffnen, was dieser auch tat. Sie wurde ihm in den Mund geschoben, und Ramcharandas präsentierte fröhlich ein Stück Zucker. Aber seine Fröhlichkeit sollte nicht lange anhalten, wie die folgenden Ereignisse zeigen werden.

Nach der magischen Darbietung wandte sich der *Sadhu* an Ramdas und sagte: „Du scheinst sehr abgemagert zu sein. Sieh mich an, wie stark und gesund ich bin! Ich wünschte, du wärst auch so wie ich. Ich kann dich kräftig und stark machen. Was sagst du dazu?"

„Maharaj", antwortete Ramdas mit gefalteten Handflächen, „Ramdas ist mit seiner gegenwärtigen körperlichen Verfassung zufrieden. Gott hat ihn zu dem gemacht, was er ist, und er wünscht sich nichts anderes."

„Nein, nein", warf er ein, „du musst kräftiger werden. Es ist nicht gut, so zu bleiben, wie du bist."

Mit diesen Worten nahm er das Fläschchen, das an seinem Hals hing, schüttete eine kleine Menge Asche auf seine rechte Handfläche und rief mit befehlsgewohnter Stimme: „Jetzt öffne deinen Mund."

Ramdas musste sich fügen. Die Asche fand augenblicklich einen Platz in seinem Mund.

„Schlucke sie", lautete die nächste Anweisung.

Ramdas schluckte.

„Diese Asche hat den Zauber und die Kraft, dich in eine robuste Gestalt zu verwandeln", versicherte er und tat die Flasche an ihren Ort zurück.

Nun zum zweiten Akt des Dramas. Da es sehr kalt war, musste Ramdas die Wollmütze tragen und seinen Körper mit einer Decke bedecken. Der *Sadhu* verlangte die Mütze. Ramdas nahm sie von seinem Kopf und reichte sie ihm. Als er versuchte, sie aufzusetzen, entdeckte er, dass sie zu klein war und ihm nicht passte. Sein Kopf war viel größer als der von Ramdas. Er gab die Mütze zurück und rief: „So geht das nicht."

Nun verlangte er das *Kambal*, das Ramdas bedeckte. Prompt wurde es in seine Hände gelegt. Als er es untersuchte, stellte er fest, dass es nicht nur grob und dick, sondern auch unhandlich in der Größe war. Er warf es zurück. Dann ruhten die Augen des *Sadhus* auf dem Tigerfell. Seine Finger befühlten seine Glätte. Jetzt zeigte ein Blick auf Ramcharandas einen besorgten Ausdruck auf dessen Gesicht.

„Das ist ein sehr schönes Fell", meinte der *Sadhu* und sagte, während er daran zupfte: „Lass mich es genau untersuchen."

Ramdas stand auf und erlaubte ihm, es zu sich zu ziehen. Ein Lächeln der Zustimmung huschte über sein Gesicht.

„Hier", rief er seinem *Chela* zu, „nimm es. Du kannst es dir über die Schulter werfen. Es ist leicht und weich."

Ramcharandas' Gesicht war jetzt eine Studie wert. Es war leichenblass. Dann wandte sich der Blick des *Sadhus* Ramcharandas zu. Er achtete nicht auf die Blässe und die Verzweiflung in seinem Gesicht. Das nächste Objekt der Aufmerksamkeit des *Sadhus* war Ramcharandas' roter, glänzender Schal, auf den er mit festem, konzentriertem Blick starrte. Ramcharandas war nicht schwer von Begriff. Er wusste, was kommen würde. Er hielt es für angebracht, den Schal abzugeben, bevor der *Sadhu* es verlangte. Ramcharandas wickelte ihn sofort von seinem Körper und legte ihn wie ein guter, gehorsamer Junge vor den *Sadhu* hin.

Der *Sadhu* schätzte Ramcharandas' Einsicht. Der Schal hatte das Glück, die andere Schulter des *Chela* des *Sadhus* zu zieren. Die augenblickliche Ablenkung hatte Ramcharandas dazu gebracht, die *Japa-Mala* aus glänzenden schwarzen Perlen in der Nähe seines *Asans* fallen zu lassen, und sie wurde zum nächsten Objekt des Interesses. Es muss an dieser Stelle zur Ehre des *Sadhus* gesagt werden, dass er ein Mann mit Geschmack war, nein, er war ein vollendeter Künstler. Ohne Zeremonie – es war keine nötig – nahm der *Sadhu* die *Japa-Mala* vom Boden und breitete sie mit beiden Händen aus. Einen Augenblick, und schon lag sie um seinen Hals und hing anmutig auf seiner breiten Brust. Mit einem breiten Grinsen betrachtete er sich selbstgefällig und fühlte sich glücklich.

Nun der dritte und krönende Akt des Dramas. Ramcharandas hatte dem *Sadhu* vier *Annas* versprochen. Es war an der Zeit, sie einzufordern. Als er ihn daran erinnerte, sagte Ramcharandas: „Maharaj, das Geld ist im Besitz einer Mutter, die etwa eine Achtelmeile von hier wohnt. Ich muss es mir von ihr holen."

„Keine Angst", antwortete der *Sadhu* ermutigend, „du kannst es holen gehen. Ich kann es mir leisten, hier zu warten, bis du zurückkommst. Die Mühe macht mir überhaupt nichts aus. Geh sofort, mein Junge."

Ramcharandas machte sich auf den Weg, nur um nach zehn Minuten zurückzukehren – in der Tat muss er schnell hin- und hergelaufen sein. Er hielt einen kleinen Beutel in der Hand, in dem sich sein ganzer Reichtum befand. Vor dem *Sadhu* sitzend öffnete Ramcharandas den Beutel, drehte ihn auf den Kopf und ließ den Inhalt herausfallen, was ein klirrendes Geräusch verursachte. Eine Münze nach der anderen fiel auf den Boden – vier silberne Rupien und eine Vier-*Anna*-Münze. Ramcharandas wollte gerade die Vier-*Anna*-Münze aufheben, um sie dem *Sadhu* zu überreichen, als die rechte Hand des *Sadhus* hervorschoss und seine große, offene Handfläche die Münzen ergriff. All dies geschah in wenigen Sekunden. Jetzt riss Ramcharandas den Kopf hoch und starrte mit dem leeren Beutel in der Hand an die Decke.

„Ram, warum bist du so unfreundlich, den Beutel zurückzuhalten? Siehst du nicht, dass er ihn nötiger hat als du?"

Diese Worte von Ramdas veranlassten ihn, seinen erhobenen Kopf zu senken. Der letzte Anflug von Fröhlichkeit, den er hatte, als er den Zuckerwürfel im Mund hatte, war völlig aus seinem Gesicht verschwunden. Er übergab den Beutel dem *Sadhu*, der ihn wieder mit den Münzen füllte und ihn liebevoll in seine Tasche steckte. Nachdem der *Sadhu* seine Rolle gespielt hatte, erhob er sich, um zu gehen, und ohne die übliche Formalität der Verabschiedung ging er mit seinem *Chela* hinaus und verschwand.

Die ganze Zeit über hatte Ramdas große Mühe gehabt, das Lachen zu unterdrücken, das einen Ausweg suchte. Jetzt brach es mit all seiner aufgestauten Kraft hervor.

Bombay, Limbdi, Wadhwan, Jhansi

Nach drei Tagen Aufenthalt in Mangalore fuhr Ramdas mit dem Schiff nach Bombay. Die Passagiere auf dem Schiff kümmerten sich mit großer Zärtlichkeit und Fürsorge um Ramdas. Er erreichte die Docks von Bombay. Sanjivrao war nicht im Voraus über seine Ankunft in Bombay informiert worden. Ramdas lief von Straße zu Straße durch die hell erleuchtete Stadt, da das Schiff am Abend angekommen war. Die Polizisten an den Kreuzungen der Straßen führten ihn. Er machte sich auf den Weg nach Gamdevi, wo Sanjivrao wohnte. Sanjivrao und seine Frau waren sehr überrascht, aber hocherfreut, ihn willkommen zu heißen. Es schien, dass sie noch vor wenigen Sekunden über ihn gesprochen hatten, bevor er plötzlich bei ihnen auftauchte. Er hielt sich etwa fünf Tage in Bombay auf.

Mutter Rukmabai (Ramdas' frühere Frau) war zu dieser Zeit mit ihrem Mädchen Ramabai (Ramdas' Tochter) in Kurla, einem Vorort von Bombay, im Haus ihrer Schwester. Das Mädchen war damals etwa dreizehn Jahre alt. Ramdas hatte eine Einladung und besuchte sie daher. Rukmabai und ihre Tochter setzten sich vor ihn hin.

„Nun", sagte die Mutter, „was ist mit der Heirat dieses Mädchens, das gerade heranwächst?" Sie schleuderte Ramdas die Frage direkt ins Gesicht. „Ich habe kein Geld", fuhr sie fort, „und sie muss verheiratet werden."

„Während du zugibst, dass du kein Geld hast, muss er seinerseits zugeben, dass auch er keine einzige Kupfermünze besitzt!" antwortete Ramdas mit einer Prise Humor und lachte.

Die Antwort verärgerte sie sehr, und sie zeichnete ein grelles Bild von seiner Pflichtverletzung und seiner mangelnden Verantwortung. Er hörte ihr mit kühler Gleichgültigkeit zu und sagte: „Warum machst du dir Sorgen um diese Angelegenheit? Gottes Wille ist allmächtig. Alles geschieht so, wie Er es will und zu dem von Ihm bestimmten Zeitpunkt."

„Wie kannst du das sagen? Willst du damit sagen, dass die menschliche Anstrengung keinen Wert hat?", erwiderte sie.

Er antwortete: „Menschliche Anstrengung ist nur notwendig, um zu lernen, dass sie als solche nutzlos ist und dass Gottes Wille allein die wahre Macht ist, die alle Ereignisse kontrolliert und herbeiführt. Wenn du diese Wahrheit erkennst, hört die menschliche Anstrengung auf, und der göttliche Wille beginnt sein Werk in dir. Dann tust du alles mit der Freiheit der Seele, befreit von Sorge, Angst und Kummer. Dies ist das wahre Leben, das es zu erlangen gilt. Überlass also alle Dinge dem Herrn durch vollständige Hingabe an Ihn.“

Die Mutter schien von dieser Philosophie nicht beeindruckt zu sein. Das Gespräch über dieses Thema endete. Am Abend des nächsten Tages kehrte er zu Sanjivrao zurück.

Ramdas fuhr mit dem Schiff nach Veraval und von dort nach Limbdi.

Limbdi ist ein kleiner Staat, der von einem Rajput-Fürsten regiert wird, der als Thakore Sahib bezeichnet wird. Der regierende Fürst ist Sri Daulat Singh, ein weitsichtiger und großherziger Mann. Er wird von seinen Untertanen sehr geliebt und hat sich als wahrer Hüter ihrer Interessen und ihres Wohlergehens bewiesen.

In Limbdi wurde Ramdas in Kantilals Haus untergebracht, das in einer Seitengasse lag. Als die Menschen von seiner Ankunft erfuhren, strömten sie zu hunderten aus Limbdi herbei, um ihn zu sehen. Alle Arten von Menschen kamen. Staatsbeamte, Kaufleute und Ärzte statteten ihm täglich Besuche ab. Aber auch Männer und Frauen aus den mittleren und armen Schichten kamen in großer Zahl. Jede Kaste, jeder Glaube und jede Sekte waren vertreten, wobei die Brahmanen und die Jains die Mehrheit bildeten. Ein großer Teil der Bevölkerung des Staates gehört der letzteren Klasse an. Er empfing die Besucher in einem geräumigen, mit einem Teppich ausgelegten Zimmer im zweiten Stock des Gebäudes, während er sich für die Nacht in ein kleines Zimmer im dritten Stock zurückzog.

Ramdas sprach vor dem dicht gedrängten Publikum in der Sprache der Liebe und der Freude über den Zauber und die Kraft von Gottes Namen und über die Glückseligkeit der Gottverwirklichung. Die Besucher lauschten seinen Reden mit gespannter Aufmerksamkeit. Er beschloss, sich von Milch zu ernähren. Die Nachricht verbreitete sich, und Hunderte von Müttern kamen vom frühen Morgen bis zum Nachmittag mit *Lotas* voller Milch. Die Menge der Milch, die sie brachten, war so groß, dass er fast darin hätte baden können. Er musste aus jedem Milchtopf einen Schluck nehmen – oft auch nur einen Tropfen mit der Fingerspitze –, um die freundlichen Spender zufriedenzustellen. So wurde Kantilals Haus den ganzen Tag über bis spät in die Nacht zu einem Ort voller Leben und Gewimmel. Kantilal machte folgende Bemerkung: „Swamiji, du hast unser bescheidenes Haus in einen wahren Tempel verwandelt."

Als der Thakore Sahib von seiner Ankunft erfuhr, schickte er einen seiner Beamten, um Ramdas in seinen Palast einzuladen. Gegen elf Uhr vormittags wurde er in einer Kutsche zu seiner fürstlichen Residenz gebracht. Kantilal und Maganlal begleiteten ihn. Der Fürst empfing ihn in einem kleinen, schön eingerichteten Raum. Er setzte sich auf einen *Asan* auf dem Teppich, und die anderen im Raum hockten sich auf den Boden. Neben dem Fürsten saß eine englische Dame. Ramdas sprach frei und erzählte von den Erfahrungen, die er auf seinen Reisen gemacht hatte. Er sprach mit der Vertrautheit eines Kindes, das der liebevoll zuhörenden Mutter von seinen Erlebnissen erzählt. In der Tat gab es eine solche Mutter unter den Zuhörern. Es war die englische Dame Fräulein Elizabeth Sharpe, die er in Zukunft Mutter Elizabeth nannte, und den Thakore Sahib nannte er Raja Ram. Raja Ram war ebenfalls hocherfreut über das offene und einfache Gespräch von Ramdas, in das er so vertieft war, dass er die Zeit völlig vergaß. Um halb eins warf Raja Ram einen Blick auf seine Armbanduhr am Handgelenk und rief aus: „Oh, es ist schon nach zwölf! Ich muss um ein Uhr in meiner Staatskanzlei sein." Dann löste sich die Versammlung auf, und Ramdas kehrte mit den jungen Freunden zu Kantilal zurück.

Er blieb vierzehn Tage in Limbdi. Jeden Tag musste er den Palast besuchen, wo er eine oder zwei Stunden in der Gesellschaft von Raja Ram und Mutter Elizabeth verbrachte, die ihn beide in ihrem Auto abholten. Er sprach über die göttliche Liebe und das ewige Glück und gab in seinen Abschweifungen Beispiele dafür, wie das erstere sich durchgesetzt hatte. Sie hörten zu und versanken in einen Zustand süßer Vergessenheit.

Von dort ging Ramdas in Begleitung von Ramcharandas nach Wadwan, Surat und Rander, einem Vorort von Surat.

Rander liegt am Ufer des Flusses Tapti. Ramdas nahm in Begleitung von Ramcharandas sein tägliches Bad. Was das Baden betraf, übte Ramcharandas die absolute Kontrolle über ihn aus. Manchmal ging er soweit, Ramdas durch Drohungen dazu zu bringen, sich seinem Willen zu beugen, wie eine

Mutter es mit einem ungehorsamen Kind tut. „Swamiji", sagte er mit strenger Stimme, „du sollst nicht dort baden, sondern auf diese Seite kommen." Dann fasste er Ramdas am Arm, zerrte ihn fast ins knietiefe Wasser und schrubbte ihn ab, wie ein Stallbursche ein Pferd abschrubben würde! Es bestand kein Zweifel, dass Ramcharandas dies aus großer Liebe zu Ramdas tat. Nach ein paar Tagen stellte Ramdas fest, dass er jede Handlungsfreiheit verloren hatte.

Eines Tages sagte Ramdas in bescheidenem Ton und mit zusammengelegten Handflächen zu ihm: „Ram, deine Behandlung von Ramdas erinnert ihn an die Haltung des Neffen von Sri Ramakrishna Paramhamsa ihm gegenüber. Es wird gesagt, dass er den kindlichen Heiligen in ähnlicher Weise bevormundete. Schließlich musste Sri Ramakrishna ihn wegschicken. Deshalb würde Ramdas dich bitten, ihn in Ruhe zu lassen und zu gehen."

Ramcharandas grinste und schwieg. Er besuchte den Marktplatz und schloss mit vielen Händlern Freundschaft. Eines Tages kam er zu Ramdas und sagte: „Swamiji, die befreundeten Kaufleute wollen mir Stoffe schenken. Ich könnte auch etwas für dich bekommen. Was wollen wir haben?"

„Wir sind Bettler, und das beste Tuch für uns ist *Khadi*, das grob und haltbar ist und allen Zwecken dient. Was Ramdas betrifft, so hat er schon eines und braucht kein weiteres", antwortete Ramdas.

Ramcharandas Gesicht zeigte, dass er nicht einverstanden war. Er ging auf den Markt und kehrte am Abend zurück. Was erblickte Ramdas da? Einen tipptopp gekleideten *Sadhu*! Er trug ein langes Gewand aus feinem Musselin mit glänzenden Knöpfen, schwenkte einen modischen, teuren Regenschirm in der Hand, und weiße Segeltuchschuhe umhüllten seine Füße. Beim Anblick dieser eleganten Gestalt verbeugte sich Ramdas und sagte: „Ram, du weißt, dass Ramdas ein bescheidener *Fakir* ist. Du hast dich jetzt in einen *Sahib* verwandelt. Wie kann ein *Fakir* etwas mit einem *Sahib* gemeinsam haben?"

Ramcharandas war kein Mann der Worte. Er lächelte über Ramdas' Bemerkungen hinweg. Er würde immer seinen eigenen Weg gehen.

Da erhielt Ramdas von den Freunden in Jhansi eine Einladung und das Bahnticket für einen Reisenden. Es war klar, dass er allein nach Jhansi fahren sollte. Er sprach Ramcharandas darauf an, der rebellierte. „Du willst mich immer verjagen", sagte er leidenschaftlich.

„Es ist Gottes Wille, Ram, und du musst dich ihm fügen", sagte Ramdas. Außerdem solltest du allein reisen und auf deine Weise Erfahrungen sammeln. Ramdas würde dir raten, ans Ufer des Narmada zu gehen und einige Zeit in dieser inspirierenden Atmosphäre zu verbringen."

Ramkinkar und andere Freunde in Jhansi schlugen vor, dass Ramdas sich mit Hindi vertraut machen sollte, da viele Menschen, die ihn besuchten, die englische Sprache nicht verstanden. Sie hatten das Gefühl, dass sie keinen Nutzen von seinen Vorträgen hatten. Also verpflichtete sich einer der Freunde, ihm Unterricht in Hindi zu geben. Ramdas erhielt die erste Hindi-Fibel und eine Schiefertafel mit Bleistift. Er fühlte sich, als sei er gerade in die Grundschule aufgenommen worden. Er erhielt jeden Tag eine Stunde Unterricht von dem freundlichen Lehrer und machte schnell Fortschritte. In zehn Tagen beendete er die erste Fibel, und in weiteren fünf Tagen ging er durch die zweite Fibel. Dann begann er mit der Lektüre von Büchern in Hindi wie Bala Ramayan, das Leben von Samarth Ramdas und Gita Sangraha. Er begann auch, Briefe in Hindi zu schreiben.

Ramdas wollte als nächstes mit der Bahn nach Chitrakut reisen.

Ramkinkar äußerte den Wunsch, dass Ramdas einen Gefährten haben sollte, der sich um ihn kümmerte. Ein *Bania* (Kaufmann), der sich auf dem Bahnsteig befand, hörte dies, kam zu ihnen und sagte: „Ich reise auch nach Chitrakut. Ich werde glücklich sein, ihm Gesellschaft zu leisten und ihm zu dienen."

So nahmen der *Bania* und Ramdas nebeneinander im Zug Platz. Der Zug dampfte aus dem Bahnhof. Der *Bania* trug ein *Kambal* und ein *Lota*. Er breitete das *Kambal* auf der Sitzbank aus, ließ Ramdas darauf liegen und massierte seine Füße. Während er diesen Dienst verrichtete, öffnete er sich: „Maharaj, ich bin angewidert vom weltlichen Leben. Auch ich möchte das Leben eines *Sadhus* führen. Ich habe einem Leben voller Sorgen und Kummer den Rücken gekehrt. Betrachte mich als deinen Schüler und nimm mich unter deinen Schutz."

„Ramji", antwortete Ramdas, „die Welt ist in Ordnung. Es ist dein Geist, der von Gedanken gequält ist. Solange dein Geist sich nicht intensiv danach sehnt, den Schleier der Illusion zu zerreißen, der die Wahrheit in dir verdunkelt, nützt dir eine rein äußerliche Entsagung nichts. Es wird nur ein Sprung vom Regen in die Traufe sein. Wahres Glück besteht in unserer richtigen Einstellung zum Leben und zur Welt. Die richtige Einstellung hängt von der richtigen Sichtweise ab. Die Sichtweise kommt durch die Verwirklichung der Wahrheit oder Gottes. Lass dich nicht täuschen. Du kannst keine Befreiung und keinen Frieden erlangen, indem du der Welt einfach den Rücken kehrst. Kenne deinen Geist gut. Freiheit und Freude sind in dir. Die Überwindung von Lust, Zorn und Gier ist der Weg. Klammere dich nicht an Ramdas. Er ist kein Guru. Er kann dir nur den Weg zeigen. Die Anstrengung und den Kampf musst du aufnehmen. Sei deshalb ein Schüler der Wahrheit.“

Der *Bania* schien eine vorgefasste Meinung zu haben. Ramdas' Worte entlockten ihm weder eine Antwort, noch gab er zu erkennen, dass er sie verstanden hatte.

Chitrakut, Banda

Die Nacht verging. Früh am nächsten Morgen erreichte der Zug den Bahnhof von Chitrakut. Ramdas und der *Bania* stiegen aus und gingen zu den Hügeln von Chitrakut, die etwa drei Meilen vom Bahnhof entfernt lagen. Auf dem Weg dorthin unterhielt er sich erneut mit dem *Bania*. „Machst du irgendein *Sadhana* für die Konzentration des Geistes, Ramji?" fragte Ramdas.

„Warum nicht?", erwiderte er. „Ich wiederhole manchmal den Namen Gottes."

„Manchmal ist nicht gut", sagte Ramdas. „Du solltest den Namen unaufhörlich wiederholen und einen ununterbrochenen Strom der Erinnerung in deinen Gedanken aufrechterhalten."

„Was das betrifft, ist alles in Ordnung", unterbrach er ihn.

„Ramji, lass Ramdas in Ruhe. Du lebst dein eigenes Leben, denn er wandert allein", warf Ramdas ein.

„Nein, nein", sagte er mit Vehemenz, „ich gebe dich nicht auf."

„Der Weg, den Ramdas geht, ist mit Schmerzen und Gefahren behaftet. Er ist furchtlos und hat keine Angst vor dem Tod. Ihm zu folgen würde für dich viel Unbehagen und Elend bedeuten", meinte Ramdas.

„Auch ich habe vor nichts Angst. Ich kann mich an jedes Leben anpassen, das du wählst. Ich bin entschlossen, mein Los mit dir zu teilen", sagte er mit großem Nachdruck.

Ramdas hatte keine andere Wahl, als sich zu fügen. So wollte es Gott. Nun erreichten sie das Ufer des Flusses Mandakini im Herzen der Stadt. Sie kamen zu einem Badeghat, wo Ramdas auf einem niedrigen, abgenutzten Tisch Platz nahm. Das *Vairagya*, das den *Bania* ergriffen hatte, war am Werk. Er zog sein Hemd aus, rief einen vorbeikommenden Barbier herbei und hockte sich auf eine steinerne Stufe.

„Rasiere mich sauber", wies er den Barbier an. „Ich nehme *Sannyas*."

„Du verstehst mich falsch“, entgegnete der Barbier. „Ich bin nicht bereit den Fluch deiner Frau und deiner Kinder auf mich zu laden, indem ich dir helfe, *Sannyas* zu nehmen.“

„Bruder, was kümmert dich das alles? Tu, worum ich dich bitte“, drängte der *Bania* beschwichtigend. „Ich werde dir mein Hemd und eine Uhr geben, zusätzlich zu dem üblichen Preis für die Rasur.“

Der Barbier war standhaft. Seine Angst vor den Flüchen überwog alle anderen Überlegungen. Er weigerte sich, der Verlockung nachzugeben. Er stand auf und wollte gerade gehen, als der *Bania* ihn am Arm packte und ihn anflehte: „Rasiere mir alle Haare vom Kopf und vom Gesicht, außer den Augenbrauen und einem kleinen Büschel auf dem Kopf. Was sagst du dazu? Du kannst jetzt keine Einwände mehr haben.“

Daraufhin ließ der Barbier seine Ledertasche mit dem Rasierzeug sinken und setzte sich hin. Er stimmte dem Kompromiss zu. In einer Viertelstunde waren Gesicht und Kopf des *Bania* bis auf das Büschel in der Mitte des Kopfes von allen Haaren befreit. Er gab dem Barbier das Hemd und die Uhr und auch etwas Geld. Nun wandte er sich an Ramdas und erwartete einen anerkennenden Blick von ihm. Ramdas konnte nur ein fröhlicher Zuschauer der Vorstellung sein. Der *Bania* hatte noch eine fettige alte Mütze, die er wegwarf, zwei *Dhotis* und eine kleine Tasche mit etwas Geld bei sich. An seinem Finger trug er einen goldenen Ring. Einen der *Dhotis* schenkte er einem Bettler. Alles, was er nun besaß, waren ein *Dhoti*, ein Goldring, etwas Geld und ein *Lota*.

Nach dem Bad begleitete er Ramdas in einen benachbarten Süßwarenladen, wo sie ein *Tiffin* (leichtes Essen) aus Püree und Milch zu sich nahmen. Dann schlenderten sie am Ufer des Flusses entlang und kamen zu einem Ort namens Phatakshila, wo fast ein Dutzend *Sadhus* in einer Hütte in der Nähe des Flusses lebten. Sie ruhten für einige Zeit unter einem Baum aus und kehrten gegen Mittag in die Stadt zurück. Der *Bania* hatte Hunger. Ein erneuter Besuch des Süßwarenladens befriedigte den hungrigen Wolf in ihm.

Für die Nacht zog es Ramdas vor, sich unter einem Baum niederzulassen, und der *Bania* schlief neben ihm. Der *Bania* verfolgte ihn wie sein Schatten. Er fürchtete, Ramdas könne ihm jeden Moment entwischen. Als der *Banja* sich am nächsten Morgen aus seinem Bett aus Gras erhob, spürte er, dass etwas mit ihm nicht stimmte. „Wir werden zum Bahnhof von Karvi gehen", sagte er zu Ramdas. „Er ist nur vier Meilen von hier entfernt, und wir sind am Abend zurück."

Es war jetzt nicht Ramdas' Aufgabe, nach dem Grund zu fragen. Er musste sich fügen. Nach einem Besuch in dem faszinierenden *Tiffin*-Laden brachen sie auf. Unterwegs, als sie durch den schmalen Pass eines Hügels gingen, musste Ramdas dem *Bania* dicht folgen. Er hörte ein Seufzen und ein leises Stöhnen. Der *Bania* vergoss Tränen.

„Was ist los?", fragte Ramdas.

Er wischte sich die Tränen weg und sagte: „Ich fühle so sehr mit meiner Frau und meinen Kindern. Ich bin ohne ihr Wissen von ihnen weggelaufen. Vielleicht denken sie an mich und quälen sich, weil ich nicht da bin. Um mich selbst mache ich mir keine Sorgen. Aber für sie tut mir das Herz weh." Und er brach erneut in Tränen aus.

„Ramji, warum kehrst du dann nicht zu ihnen zurück?", fragte Ramdas.

„Du siehst, ich habe mir den Rückweg verbaut. Oh, der Barbier hatte recht."

Nun fasste er sich liebevoll an den kurzen Zopf auf seinem Kopf und fuhr fort. „Ja, die Aussichten sind doch gar nicht so schlecht. Vielleicht kehre ich noch zu ihnen zurück."

So kamen sie in Karvi an. Der *Bania* begab sich direkt in den Innenhof eines kleinen, strohgedeckten Hauses in der Nähe des Bahnhofs. Beide setzten sich auf eine Bank im Hof, ein paar Schritte vom Eingang des Hauses entfernt. Zwei Jungen spielten vor dem Haus. Der *Bania* gab den Jungen mehrere Zeichen, die sie weder verstanden noch beachteten. Seine veränderte Erscheinung war der Grund dafür, dass sie ihn nicht erkannten. Dann rief er einen der Jungen zu sich und flüsterte ihm ins Ohr: „Sag deiner Mutter, ein Mann will sie sehen."

Der Junge ging hinein. Währenddessen vertraute der *Bania* Ramdas das Geheimnis seiner Mission an. Er war zum Haus seiner Schwägerin gekommen. Er wollte sich ihr offenbaren, um durch sie einen Weg zur Versöhnung mit seiner Frau zu finden. Es war offensichtlich, dass er einen Streit mit ihr hatte, der damit endete, dass er sein Haus mit der Drohung verließ, er würde nie wieder über die Türschwelle treten.

Der Junge kehrte zurück und begann unbekümmert mit seinem Bruder zu spielen. Wie konnte sich eine Dame herablassen, einen Fremden in ihrem Haus zu empfangen? Wieder ging er auf den Jungen zu und sagte zu ihm mit leiser Stimme: „Sag deiner Mutter, dass der Mann ihrer Schwester Mami gekommen ist."

Der Junge starrte mit hochgezogenen Augenbrauen in das Gesicht des *Bania*, und ein Lächeln erhellte sein pausbäckiges Gesicht. Er rannte erneut ins Haus, kam bald wieder und winkte dem *Bania*, hineinzugehen. Mit glücklichem Gesicht eilte der *Bania* nun ins Haus. Ramdas wartete. Nach etwa eine Viertelstunde kam der *Bania* heraus. Er sah aus wie ein geprügelter Hund. Sein verbittertes Gesicht erzählte von dem ungenießbaren Zeug, das ihm seine Schwägerin serviert hatte! Sie muss ihm ordentlich die Meinung gesagt haben.

„Ihre Zunge schneidet wie ein Rasiermesser. Bah, eine Frauenzunge!", rief er wissend aus. Dann fügte er hinzu: „Maharaj, jetzt habe ich es kapiert. Ich bin für ein Familienleben nicht geeignet. Das Leben eines *Sadhus* hat für mich einen besonderen Reiz. Ich werde niemals nach Hause zurückkehren, um dort einer anderen Schwester zu begegnen! Nein, niemals." Nachdem er den Entschluss gefasst hatte, fuhr er fort: „Maharaj, lass uns von diesem unerwünschten Ort verschwinden."

Es war inzwischen nach Mittag. Der Hunger quälte den *Bania* wieder sehr. Er suchte einen Süßwarenladen auf, und sie nahmen eine leichte Mahlzeit zu sich. Obwohl sein Herz von widersprüchlichen Gefühlen zerrissen war, war sein Umgang mit Ramdas von unvermindertem Respekt und Freundlichkeit geprägt. Ramdas konnte gut verstehen, dass es der Herr selbst war, der das Spiel spielte. Was für ein perfekter Spieler Er war!

Als die Nacht hereinbrach, suchten sie Zuflucht in einem *Dharmashala*, aber es war so überfüllt, dass es keinen Platz mehr für sie gab. Sie gingen hinaus. Der Mond stand hoch am Himmel. Seine kühlen und sanften Strahlen erhellten die zurückgezogene Welt. Er überflutete den riesigen Bahnhofsvorplatz mit seinem freundlichen Glanz. Ramdas ging, von dem *Bania* gefolgt, dorthin, und sie betraten durch das Tor den Hof. Im Hof lagen große Steinplatten verstreut. Ramdas setzte sich auf eine von ihnen und bat den *Bania*, eine andere zu nehmen, die neben ihm lag.

„Dies ist ein schöner Ort, um die Nacht zu verbringen“, sagte Ramdas. Der *Bania* grunzte, als wolle er sagen, dass er nicht mit ihm einverstanden sei. Er spähte misstrauisch auf allen Seiten in die dunklen Ritzen unter den Steinen, aber als er sah, dass Ramdas sich bereits in voller Länge auf seine Platte gelegt hatte, folgte auch der *Bania* diesem Beispiel. Ramdas starrte auf den hellen Mond über ihm und den grenzenlosen blauen Raum ringsum. Er war verzaubert und vertieft. Plötzlich ertönte ein unheimlicher Schrei von dem *Bania*. Ramdas setzte sich auf und schaute ihn an. Er schrie: „Eine Schlange! Eine Schlange!“ Er war aufgestanden und schüttelte mit fieberhafter Aufregung sein Tuch, das einzige Tuch, das er hatte.

„Maharaj, dieser Ort wird von Schlangen heimgesucht. Lass uns von hier verschwinden“, sagte er.

Ramdas hatte beobachtet, dass die Eidechsen die lauschigen Ecken unter den Steinplatten zu ihrem Zuhause gemacht hatten.

„Es gibt keinen Grund zur Furcht, Ramji. Es sind Eidechsen, keine Schlangen unter dem Stein. Sie sind harmlos“, versicherte ihm Ramdas.

„Oh!“, rief er, „das Ding, was auch immer es ist, ist auf meine Beine gekrochen. Was für ein schreckliches Gefühl ich hatte!“

„Keine Sorge, schlaf weiter, du brauchst keine Angst zu haben“, sagte Ramdas aufmunternd.

Da Ramdas nicht in der Stimmung war, den Ort zu verlassen, rollte der *Banja* sich auf dem Stein zusammen und bedeckte seinen Körper von Kopf bis Fuß mit dem Tuch. In der Nacht schreckte er zweimal mit einem Schrei aus dem Schlaf auf. Die Schreie waren nur die Nachwirkungen des ersten Alarms. Der erste Schrei hatte die armen Echsen so erschreckt, dass sie sich nicht aus ihren Verstecken getrauten, um einen Menschen zu berühren, der einen solchen nervenaufreibenden Laut von sich geben konnte!

Nachdem die Friedensmission des *Bania* völlig gescheitert war, verließen sie Karvi am nächsten Tag wieder in Richtung Chitrakut. Nach dem Bad im Fluss wurden sie in dem beliebten *Tiffin*-Laden mit Brei und Milch bewirtet. Der Tag war heiß. Sie ruhten sich einige Zeit im kühlen Schatten eines Baumes am Flussufer aus. Als die Sonne schon halb untergegangen war, schlug

Ramdas vor, den Hügel Hanumandhara zu besteigen und dort die Nacht zu verbringen.

Der *Hanuman*-Tempel in Chitrakut,
Wikimedia Commons, Foto: Arghyashonima, 2011

Als sie über hundert Steinstufen bergauf gestiegen waren, erreichten sie einen Ort namens Hanumandhara. Hier ergoss sich eine große Fontäne aus einer Höhe von etwa fünfzig Fuß in ein Reservoir aus Ziegeln und Mörtel. Es gab auch ein kleines Rasthaus in der Nähe des Wasserfalls. Der Ort gilt als heilig, weil er einst von Sri *Ramachandra* und Sita bewohnt worden sein soll. Von hier aus hat man einen weiten Blick auf das umliegende Land – auf weite Ebenen, hohe Hügel mit dichter Vegetation und den sanft fließenden Fluss, die sich dem Blick des Betrachters darbieten. Chitrakut ist ein Land der Weisen und Heiligen. Hunderte von *Sadhus* üben noch immer Buße in ihren kleinen, *Kutis* genannten, Ashrams, die über die Hügel und das Flussufer verstreut sind.

Von dort, wo sie am Wasserfall standen, warf Ramdas einen Blick nach oben und sah, dass der Berg noch höher aufragte. Er wollte soeben hinaufklettern, als der *Bania* meinte: „Maharaj, hier gibt es ein hübsches kleines Rasthaus“, und er zeigte auf das Gebäude. „Wie wäre es, wenn wir dort die Nacht verbringen?“

Ramdas antwortete nicht, sondern schlug einen Trampelpfad ein und stieg hinauf, natürlich gefolgt von dem *Bania*. Er kam nun zu einer Ebene, wo zwei Hütten und ein offener Schuppen standen. Er betrat eine der Hütten und fand darin eine Statue aus schwarzem Stein vor, die in weibliche Gewänder gekleidet war und Sita darstellte. Ein *Sadhu* saß in der Nähe der Statue, um die Opfergaben, welche die Pilger der Göttin dargebracht hatten, einzusammeln. Die andere Hütte war verschlossen. Der *Bania* setzte sich in die offene Hütte, um seine müden Glieder auszuruhen. Der Hügel zog sich noch ein paar hundert Meter höher. Der ganze Ort war dicht mit hohen, wilden Bäumen bewachsen.

„Ramji", sagte Ramdas zu dem *Bania*, „dieser Ort ist hervorragend fürs *Bhajan* geeignet, und deshalb werden wir hier übernachten."

Der *Bania* erwiderte, dass ihm die Idee nicht gefiele und einfach absurd sei oder etwas in diesem Sinne. Die Sonne war untergegangen, und die Dunkelheit schlich sich rasch über die Welt. Der *Sadhu* vom Sita-*Mandir* kam heraus und sah Ramdas auf einer Baumwurzel sitzen und den *Bania* in dem kleinen Schuppen.

„Was soll das?", sagte der *Sadhu*. „Was macht ihr hier? Seht ihr nicht, dass es dunkel wird? Lasst uns hinuntergehen."

„Ram will, dass Ramdas die Nacht hierbleibt", antwortete Ramdas.

„Das ist Wahnsinn", murmelte er. „Dieser Dschungel wird von wilden Tieren heimgesucht. Niemandem ist es erlaubt, hier nachts im Freien zu bleiben. Das verschlossene *Kuti* gehört meinem Guru, der in die Stadt gegangen ist. Es ist sein Befehl, dass sich nachts niemand hier aufhalten darf."

„Ramdas gehorcht dem Befehl von Ram, der sagt, dass er nicht von hier weggehen soll", erwiderte Ramdas.

„Dann tu, was du willst, aber auf eigene Gefahr", entgegnete der *Sadhu*. „Noch eines", fügte er hinzu. „Macht keinen Gebrauch von diesem Schuppen." „Du, du", wandte er sich an den *Bania*, „komm aus dem Schuppen heraus!" Der *Bania* kam heraus. Mit einer letzten Warnung verließ der *Sadhu* den Ort und ging den Hügel hinunter.

Etwa zehn Meter oberhalb des Schuppens sah Ramdas einen flachen Stein unter einer Baumgruppe. Er ging hinauf und setzte sich auf ihn. Kaum war der *Sadhu* außer Sichtweite, kehrte der *Bania* zu seinem Sitzplatz im Schuppen zurück. Die Dunkelheit brach herein.

„Maharaj-ji, komm doch bitte in den Schuppen", rief der *Bania*.

„Nein, Ramji, dieser flache Stein ist groß genug für zwei Personen. Du kannst also auch hierherkommen", antwortete Ramdas.

„Das hier ist ein besserer Ort, Maharaj", drängte er.

Inzwischen war es stockdunkel geworden. Der *Bania* schrie entsetzt auf: „Oh Maharaj, komm, ich kann nicht allein an diesem furchtbaren Ort bleiben."

Ramdas verließ den flachen Stein und ging zu ihm in den Schuppen hinunter. Mit der Dunkelheit war auch die Kälte eingebrochen. Der Schuppen war auf vier Bambusstangen gestützt und nach allen Seiten offen und ließ die kühle Brise ungehindert herein. Ramdas setzte sich, während der *Bania* sich zum Schlafen hinlegte. Aber wo war Schlaf für ihn an diesem schrecklichen Ort? Er zitterte sowohl vor Furcht als auch vor Kälte. Um Mitternacht raschelte es in den dicht verstreuten, trockenen Blättern unter den Bäumen. Als der *Bania* das Geräusch hörte, sprang er mit einem spitzen Schrei in eine sitzende Position.

„Maharaj", flüsterte er, „was ist das für ein Geräusch?"

„Es ist nichts, Ramji", tröstete ihn Ramdas. „Vielleicht sind es Bergratten, die herumtollen."

„Nach allem, was wir wissen, könnte es auch ein wildes Tier oder eine Kobra sein. Ich habe gehört, dass diese Dschungel von großen Kobras bewohnt werden", sagte er mit tiefer Sorge.

„Gib deine Ängste auf, Ramji. Es könnten Ratten sein", versicherte ihm Ramdas.

Wieder eine Stunde später war ein ähnliches Geräusch zu hören, lauter und näher. Diesmal war der *Bania* völlig verängstigt und klammerte sich an Ramdas wie ein furchtsames Affenjunge an seine Mutter.

„Was sollen wir tun?", rief er.

„Wiederhole den Namen von Ram", schlug Ramdas vor. „Du brauchst keine Angst zu haben, wenn du diesen mächtigen Namen auf den Lippen hast. Wiederhole ihn und bewahre Ruhe."

Daraufhin hatte er Ramnam mit erstaunlicher Beständigkeit auf seinen Lippen. Bis zur Morgendämmerung fuhr er mit dem *Japa* fort, und kein Geräusch störte ihn mehr. Der Tagesanbruch vertrieb seine Ängste. Er legte sich vor lauter Erschöpfung durch seinen Schlafmangel hin und begann sofort zu schnarchen.

Ramdas stand auf und wanderte durch den Dschungel, bis er zum Gipfel des Hügels kam. Durch den Morgennebel hindurch erblickte er die ferne Landschaft und die schwachen Umrisse der Türme und Kuppeln der Tempel von Chitrakut. Der Anblick war bezaubernd. Ramdas stand einige Minuten lang still unter seinem magischen Bann. Er ging tiefer in den Wald hinein, wo er an einigen Stellen trockene, auf dem Boden verstreute Tierknochen entdeckte, die verräterischen Zeichen der Arbeit wilder Tiere. Er erinnerte sich an den *Bania* und eilte zu der Stelle, an der er ihn zurückgelassen hatte. Aber wo war er? Er war verschwunden. Als Ramdas nach ihm suchte, erkundigte sich der *Sadhu*, der heraufgekommen war: „Wen suchst du denn? Den *Bania*! Als ich heraufkam, sah ich ihn hinunterlaufen, als würde er vom Teufel verfolgt." Er fügte mit einem Lachen hinzu: „Immerhin hat er gelernt, dass ein *Sadhu* zu sein kein Scherz ist."

Der Dschungel rief Ramdas wieder zurück, und er schweifte frei durch ihn bis etwa elf Uhr, als er den Hügel hinabstieg und seine Schritte zum Fluss lenkte.

Ramdas verbrachte einige Zeit in einem Ashram in die Nähe von Chitrakut. Die Bewohner wollten ihn nicht mehr gehen lassen, und er entkam ihnen eines Tages fluchtartig. Anschließend wanderte er nach Karvi und dann nach Banda.

Ramdas ging durch die überfüllten Straßen von Banda, als ein Händler ihm aus seinem Laden zurief: „Maharaj, nur wenige Kilometer von der Stadt entfernt, an einem abgelegenen Ort, wohnt ein *Sadhu* namens Vishuddhanand. Der Ort heißt Budhram Kuva. Er ist ein reiner Heiliger. Geh zu ihm." Er wies ihm den Weg durch eine Nebenstraße. Ramdas ging in die von dem Händler angegebene Richtung, aber dann verlor er im Netz der Straßen den

Weg. Er fragte einen Passanten, der anbot, Ramdas dorthin zu begleiten. Ramdas folgte ihm. Sie kamen zu einem *Mahadev*-Tempel am Fuße eines Hügels, gingen durch eine hohe Vorhalle und stiegen den Hügel hinauf. Sie mussten ein paar Meter auf allen Vieren klettern und erreichten dann eine ebene Fläche vor einer großen, flachen Höhle. Einige Menschen saßen auf dem Boden.

Ein *Sadhu*, ein junger Mann im *Kaupin*, stand da und inspizierte die Errichtung eines *Dhuni* oder einer Feuerstelle am Eingang der Höhle. Als er Ramdas sah, bot er ihm einen leeren Sack als Sitzplatz an, auf den er sich setzte. Nun wurde die Aufmerksamkeit des *Sadhus* auf einen Mann in der Versammlung gelenkt. Er geriet in Rage und beschimpfte den Mann mit groben Worten. Ramdas erkundigte sich bei seinem Begleiter, ob der wütende *Sadhu* Vishuddhanand sei.

„Nein", antwortete er, „das ist Balak Ram Paramhams. Vishuddhanand wohnt etwa eine Meile von hier entfernt."

„Kannst du Ramdas zu ihm bringen?" fragte Ramdas.

„Sehr gern", antwortete er.

Der letzte Teil des Gesprächs erreichte die Ohren des wütenden *Sadhus*. Er machte ihn noch wütender. Er ließ seinen Zorn nun an Ramdas' Begleiter aus.

„Was? Du willst den *Sadhu* wegbringen. Verschwinde von hier, du Narr, verschwinde auf der Stelle!" Und er hob sein rechtes Bein, um ihm einen Tritt zu verpassen. Der verängstigte Begleiter rannte den Hügel hinunter und verschwand.

„Maharaj", sagte der *Sadhu* und wandte sich an Ramdas, „bleibe hier. Ich werde dafür sorgen, dass alle deine Wünsche erfüllt werden."

Ramdas fügte sich, gab ihm aber zu verstehen, dass seine Bedürfnisse gering seien und dass er es vorziehen würde, nur von Milch zu leben. Ein Händler namens Seth Moolchand versorgte den *Sadhu* zweimal am Tag mit Essen. Ein kleiner Junge war angestellt worden, um die Mahlzeiten zu holen. Die Nacht brach herein. Die Menge zerstreute sich. Etwa eine Stunde später tauchte der Junge wie üblich mit dem Essen auf. Der *Sadhu* hatte einen weiteren Gast, der nun aus einem Loch auf der linken Seite der großen, offenen Höhle kam.

„Tapaswiji, beeil dich, das Abendessen ist da", sagte Balak Ram.

Tapaswiji war ein Mann von etwa fünfunddreißig Jahren mit einem kräftigen, gut gebauten Körper, der mit einer dicken Ascheschicht beschmiert war. Er hatte ein dickes Kokosseil um die Taille und trug nur ein *Kaupin*. Sein verfilztes Haar war zu einer Krone auf dem Kopf aufgewickelt. In der einen Hand hielt er ein *Yoga-Danda* oder eine Armstütze in Kreuzform, und in der anderen eine *Japa-Mala* aus *Rudraksha*-Perlen.

Sie setzten sich zum Essen hin und baten Ramdas, sich zu ihnen zu setzen. Er entschuldigte sich. Balak Ram versuchte, den Jungen zu überreden, etwas Milch für Ramdas zu holen. Er war unschlüssig und sagte, er wisse nicht, woher er Milch bekommen solle.

„Das macht nichts", sagte Ramdas. „Ramdas hat keinen Hunger. Er wird mit einem Becher Wasser für die Nacht zufrieden sein."

Nach dem Essen bereiteten die *Sadhus* ein *Ganja-Chilam* vor, und Balak Ram bat Ramdas, mit ihnen die Pfeife zu rauchen. Auch jetzt lehnte er ihr Angebot dankend ab. Er war still und wachsam. Der *Ganja*-Rausch ließ die *Sadhus* in seltsame, irrelevante Gespräche abdriften.

Ramdas hielt sich etwa zwei Wochen auf dem Hügel auf. Der kurze Aufenthalt war voller spannender und amüsanter Ereignisse. Der Hügel wurde Bambeshwar Pahad genannt. Abgesehen von ein paar Sträuchern und zwei oder drei Bäumen war der Hügel karg und felsig. Es gab also kaum Wasser dort. Es musste aus dem Brunnen des Tempels unten heraufgetragen werden.

Balak Ram Paramhams war ein junger Mann von etwa zweiunddreißig Jahren mit einer schlanken, aufrechten Figur. Sein Unterkiefer und die zusammengepressten Lippen zeigten Entschlossenheit. Seine Augen waren sanft, und auf seinem Gesicht lag ein Lächeln, wenn er nicht gerade in einem Wutanfall steckte, der wie ein Sturm über ihn hinwegfegte, nur um dann von Ruhe und einem klaren Himmel abgelöst zu werden. Im Herzen, so konnte Ramdas erkennen, war er sanft und mitfühlend. In Ermangelung einer angemessenen Disziplin und Gesellschaft hatte er einen unruhigen und unkontrollierten Geist. Er schreckte vor den Unwirklichkeiten der Welt zurück, und seine Gleichgültigkeit war bewundernswert. Die einzige Methode, die er anwandte, um die Begierden des Geistes zu unterdrücken, war das Rauchen von *Ganja*, aber das Zeug weckte nur den Geist des Zorns in ihm. Ein vorherrschender Charakterzug in ihm war die Leidenschaft, den Heiligen zu dienen. Er glaubte fest daran, dass man allein durch diesen Dienst die Befreiung oder *Moksha* erlangen könne. Seine einzige Botschaft an alle, die zu ihm kamen, war, ihren Reichtum in den Dienst der *Sadhus* zu stellen. Sein Bestreben war es, den Berg zu einem Heim für *Sadhus* zu machen und selbst ihr Diener zu sein, während die weltlichen Menschen die notwendigen Dinge für diesen Dienst lieferten.

Er war kämpferisch gegenüber den Besuchern, und peitschte sie mit der Geißel seiner Zunge aus. Ein Beispiel für die Art und Weise, wie er mit ihnen sprach, soll hier erzählt werden.

Eines Tages schickte er nach dem Steuereinnehmer des Distrikts, der sich zu dieser Zeit in Banda aufhielt. Er war ein Hindu. Der arme Beamte, der religiös gesinnt war und nicht wusste, was ihm bevorstand, folgte dem Ruf des *Mahatmas*. Er kam in seiner üblichen Dienstkleidung nach Dienstschluss zu Balak Ram. Der Beamte verbeugte sich vor Balak Ram und setzte sich. Balak Ram betrachtete den Mann vor ihm eingehend. Er besaß die Gabe der Beredsamkeit, kombiniert mit Vehemenz, sodass er seinen Gegner zu Brei verarbeiten konnte.

„Ha, ha", begann er spöttisch, „was für ein schönes *Pheta* du trägst! Einen gut gebügelten langen Mantel, saubere weiße Hosen, vorzügliche englische Stiefel und dazu einen modischen Gehstock. Du bist ein luxuriöser Dandy! Wie viel kostbares Geld verschwendest du für diese geckenhaften Dinge? Du hältst dich für sehr klug, weil du diese Zierde trägst. Narr, glaubst du immer noch daran und wälzt dich im Dreck wie ein schmutziger Wurm, der sich von morgens bis abends abmüht, um sich diese Zierde zu beschaffen und sich in den Genuss selbstsüchtiger und sündiger Begierden zu stürzen?" „Hüte dich!", fuhr er fort. „Der Tod pirscht wie eine riesige Kobra immer hinter dir her und wartet jeden Moment darauf, dich zu verschlingen. Denk darüber nach, wofür du hier bist. Der einzige Weg für euch Schlammwürmer, um Erlösung zu erlangen, ist der Dienst für die Heiligen. Wenn du das nicht tust, bist du erledigt. Wenn du Geld bei dir hast, gib es her."

Der benommene und verwirrte Beamte sagte, dass er etwas Geld von Zuhause schicken würde, und schlich sich mit einer gemurmelten Entschuldi-
gung davon. Das Geld kam nie. In der Folgezeit schickte Balak Ram ein
halbes Dutzend Mal nach ihm. Der Beamte tauchte natürlich nicht auf.

Schuljungen sind von *Sadhus* und *Mahatmas* fasziniert. Sie können in ihrer
Gesellschaft viel Spaß haben. Sie beobachten und imitieren dann die kurio-
sen Possen der *Sadhu*-Welt. Die Launen, Kapriolen und Exzentrizitäten dieses religiösen Bettelvolkes sind für die Jugendlichen immer ein Anlass zur
genauen Beobachtung, denn hier erleben sie eine köstliche Show, ohne eine
Gebühr zu entrichten. Nicht so bei Balak Ram. Zweifellos hatte er eine
große Liebe zu den Jungen, aber sie mussten sowohl für die Show als auch
für die Liebe, die er für sie hegte, bezahlen. Wenn der Schulunterricht vorbei
war, kletterte eine Gruppe von Jungen den Bambeshwar-Hügel hinauf. Balak Ram hatte ein Dutzend großer Wassertöpfe aus Ton bei sich.

„Söhnchen, meine Lieben", rief er sie herbei. Er hatte den Trick, seine dünnen Lippen zu einem abgeflachten Trichter zu formen, um seine Zuneigung
zu zeigen. „Wollt ihr mir nicht etwas Wasser aus dem Brunnen unten holen?
Hier sind die Töpfe, einen für jeden – schlaue Burschen – ihr schafft das im
Handumdrehen. Ja, meine Lieben." Das war seine anzügliche und schmei-
chelnde Art.

Einmal wurde Ramdas Zeuge eines solchen Vorfalls. Eine Gruppe von sechs
Jungen wurde dazu angehalten, Wasser zu holen, und erhielt dafür Töpfe.
Von dieser Gruppe konnten nur zwei Jungen sicher mit den Töpfen nach
oben kommen, während die anderen entweder die abgebrochenen Hälse
oder Böden der Töpfe mit sich trugen. Nach dem Verlust von vier Töpfen
bei einem Versuch war Balak Rams Ärger geweckt. Sein Lächeln verschwand. Er schaute die vier Delinquenten streng an und brüllte: „Glaubt
ihr Schurken etwa, dass die Töpfe euren Großvätern gehören? Ich habe viel
Geld für sie bezahlt. Ihr habt sie zerbrochen, ihr unvorsichtigen Idioten!
Geht sofort zu euren Eltern und bringt mir je eineinhalb *Anna*. Lauft,
schnell. Ihr müsst vor Einbruch der Nacht mit dem Geld zurück sein." Die
Jungen schlichen sich davon und ließen sich nie wieder blicken. An einem
anderen Tag kam eine neue Gruppe, und die gleiche Geschichte wiederholte
sich.

Eines Abends fragte Ramdas ihn, warum er die Besucher mit groben Beleidigungen beschimpfe, und er antwortete mit einem verächtlichen Schnauben: „Siehst du, süße Worte und Argumente taugen nicht für Esel. Sie brauchen einen kräftigen Stock, damit sie funktionieren. So auch bei diesem selbstsüchtigen und unwissenden Volk. Ich meine es gut mit ihnen. Ihr Fell braucht starke Schläge, um sie aufzuwecken."

„Du irrst dich", sagte Ramdas. „Es gibt keine Macht auf Erden, die größer ist als die Liebe. Durch Milde und Sanftmut kannst du die Welt erobern. Du bist ein *Sadhu*, um Gott zu erkennen. Gott ist Liebe und Frieden. Eine beleidigende Zunge und ein von Zorn erfüllter Geist sind Zeichen von Unwissenheit. Bis Liebe, Mitgefühl und Vergebung in deinem Herzen wohnen und vollkommener Frieden in deinem Geist ist, kannst du Gott nicht erkennen."

„Oh, wie heilen mich deine Worte, machen mich zu einem besseren Menschen!", rief er leidenschaftlich. „Ich weiß, ich bin voller Fehler. Ich möchte nur aus diesem Grund, dass du bei mir bleibst. Ich wünsche mir aufrichtig, von deiner Gesellschaft zu profitieren."

Eines Nachts erreichten die Dinge fast ihren Höhepunkt. Balak Ram hatte eine Rupie in einer Felsspalte der kleinen Höhle aufbewahrt. An diesem Nachmittag suchte er nach der Münze, konnte sie aber nicht finden. Der Junge, der das Essen brachte, fegte normalerweise den Boden der Höhle. Der Verdacht fiel auf ihn. Der Junge war nicht da. Balak Ram tobte vor Wut. „Lass den Jungen kommen. Ich werde ihn ordentlich zur Rechenschaft ziehen, den Schurken!", rief er.

Wie üblich kam der Junge gegen acht Uhr mit dem Abendessen. Als er das Gefäß mit dem Essen auf den Boden stellte, ergriff Balak Ram den Arm des Jungen mit festem Griff und schrie: „Du Dieb, wo ist meine Rupie?"

Beim Anblick von Balak Rams feurigen Augen und seinem bedrohlichen Tonfall zitterte der Junge. „Ich weiß es nicht, ich habe sie nicht genommen", antwortete er mit weinerlicher Stimme.

„Lügner!", brüllte Balak Ram. „Du hast den Diebstahl begangen und wagst es obendrein, eine Lüge zu erzählen. Du bist nicht fähig, zu leben. Wenn man dich lässt, wirst du ein regelrechter Krimineller werden. Ich werde dich gleich erwürgen!" Und um seinen Worten Taten folgen zu lassen, schloss er mit mörderischer Wut seine Finger um die Kehle des Jungen.

Sofort trat Ramdas hinzu und sagte zu ihm: „Sieh her, Ram, Ramdas ist weg. Er kann nicht länger bei dir bleiben." Er sprang über einen Felsen, um den Hügel hinabzusteigen. Balak Ram löste seinen Griff um die Kehle des Jungen, lief Ramdas hinterher, fiel ihm zu Füßen und sagte: „Verzeih, verzeih mir! Ich habe mich vergessen. Ich werde dem Jungen nie mehr etwas antun. Komm zurück."

Ramdas kam zurück. Auch an diesem Abend führte er ein deutliches Gespräch mit ihm. „Du musst dein Temperament zügeln, Ramji", sagte Ramdas. „Du darfst es nicht so ausufern lassen, wie du es vor kurzem getan hast. In deinem Zorn hättest du den armen Jungen getötet. Du glaubst, du versuchst, andere auf den rechten Weg zu führen, während dein eigener nicht gerade ist. Kennst du das Sprichwort: ‚Arzt, heile dich selbst'? Das trifft sehr gut auf dich zu. Du verletzt durch deine Schmähreden rücksichtslos die Gefühle anderer. Nein, so sollst du nicht weitermachen. Die Menschen kommen zu dir, um den Weg des Friedens zu finden, und was gibst du ihnen? Einen Schauer von Beschimpfungen. In deinem Herzen wohnt unendliche Liebe, aber du versenkst sie in einem Sturm ungezügelter Leidenschaften."

„Oh, füge ich den Menschen durch meine Worte Schmerz zu? Wie sehr wünschte ich, ich würde es nicht tun! Ich wusste nicht, dass ich so ein Tyrann bin. Ich meine es immer gut. Oh, herzloser Schuft der ich bin!", sagte er mit einem tiefen Anflug von Reue. Er bedeckte seine Augen mit beiden Händen und weinte bitterlich. Dann flehte er: „Zeig mir einen Weg, diesen wahnsinnigen Geist zu kontrollieren. Zuweilen brennt er wie ein Ofen, und mein Kopf scheint sich zu spalten. Oh, zeige mir einen Weg."

„Die beste Methode zur Kontrolle des Geistes ist die Wiederholung des Namens Gottes", riet ihm Ramdas. „Behalte den Namen immer auf deiner Zunge, rede wenig, nimm richtiges Essen zu dir. Vor allem solltest du das *Ganja*-Rauchen aufgeben. Diese Angewohnheit ist dein Ruin."

Tapaswiji hatte am Tag nach diesem Abend, an dem Balak Ram versucht hatte, den Dienerjungen zu erwürgen, den Hügel verlassen. Auch der Junge war verschwunden. Aus Mangel eines Dieners war es nun schwierig, Mahlzeiten von Seth Moolchand zu bekommen. Ramdas machte eine Milchdiät, und einige Verehrer brachten ihm regelmäßig morgens und abends Milch. Nun teilte er die Milch auch mit Balak Ram. Balak Ram begann, das Ram-

Mantra zu wiederholen. Zwei Tage lang blieb er ruhig. Er war frei von Wut-anfällen. Das *Ganja* wurde gemieden. Er sprach sehr wenig. Er war schick-salsergeben und friedlich.

Am zweiten Tag sagte er, dass er Hunger habe. Sofort begab sich Ramdas mit einem Begleiter nach Budhram Kuva, wo *Sadhu* Vishuddhanand wohnte. Bei seinem Anblick geriet der *Sadhu* in Ekstase. Er begrüßte ihn mit einer liebevollen Umarmung. Er war ein alter Mann, schlank und hoch-gewachsen, mit einem langen, weißen Bart und schulterlangem Haar. Er trug nur ein *Kaupin*. Ramdas erzählte ihm, dass er gekommen sei, um für Balak Ram um eine Mahlzeit zu bitten.

„Ich werde dir erlauben, ihm Essen zu bringen", sagte er, „aber erst, nach-dem du hier gegessen hast."

Er war ein aktiver alter Mann. Innerhalb einer halben Stunde kochte er eine einfache Mahlzeit aus weichen *Rotis* und *Dal*. Dann brachte er Ramdas zu einem Brunnen. Wie eine indische Mutter ihr Kind wäscht, so badete Vishuddhanand Ramdas mit seinen eigenen Händen und schöpfte Wasser aus dem Brunnen. Dann gab er ihm die einfache, aber gesunden Mahlzeit und erlaubte Ramdas, mit einer Mahlzeit für Balak Ram zu gehen. Balak Ram aß. Am Abend kehrte sein Verlangen nach *Ganja* zurück. Er konnte nicht widerstehen und rauchte es erneut. Der Name Gottes verließ seine Zunge, und das alte Temperament, das zwei Tage lang unterdrückt worden war, erhob sich wieder wie eine bösartige Schlange.

Am [übernächsten] Tag wanderte Ramdas über den Bambeshwar-Hügel und stieß auf eine weitere Höhle einige Meter oberhalb der von Balak Ram be-wohnten. Sie bestand aus großen, aneinander gelehnten Felsblöcken, die un-ten einen großen Hohlraum bildeten und oben, wo die Felsen aufeinander-trafen, eine Öffnung hatten. Der Eingang zur Höhle war ein schmaler Durch-gang, durch den man nicht nebeneinander gehen konnte. Man musste sich mit Gewalt seitwärts hineinzwängen.

Ramdas ging hinein und sah, dass der Platz in der Höhle ausreichte, um eine Person zu beherbergen. Höhlen übten einen seltsamen Einfluss auf ihn aus. Sobald er eine sah, beschloss er, einige Tage in ihr zu verbringen. Diese Höhle schien ihn ebenfalls zu einem Aufenthalt einzuladen, allerdings unter der Bedingung, dass er ohne Essen und Trinken, sogar ohne Wasser in der Höhle bleiben und gleichzeitig das Schweigegelübde einhalten wollte.

Er ging hinunter zu Balak Ram und sagte: „Ramji, ein Stück weiter oben gibt es eine Höhle. Ram will, dass Ramdas in ihr verweilt und ein völliges Fasten einhält. Er soll nicht einmal Wasser trinken und vollkommenes Schweigen halten."

„Wie lange soll das Fasten dauern?", fragte er.

„Ramdas hat keine Ahnung. Ram wird es bestimmen", antwortete Ramdas.

Balak Ram besorgte sich von den Besuchern einen Korb voll Kuhmist, fegte das Innere der Höhle gut aus und bestrich sie mit einer Schicht davon. Nachdem der Boden trocken war, breitete er eine zerrissene Matte aus, die er hatte. Bei diesen Vorbereitungen zeigte Balak Ram großen Enthusiasmus.

Am Abend zog Ramdas in die Höhle. Er saß in völliger Dunkelheit auf der Matte und wiederholte in Gedanken das Ram-Mantra. Wo die Felsen, die die Höhle bildeten, aufeinandertrafen, waren Vertiefungen, die mit trockenen Blättern gefüllt waren. In der Dunkelheit hörte er die raschelnden Geräusche der Kriechtiere, die in diesen Vertiefungen lebten. Manchmal hatte er das Gefühl, dass sie ganz in seine Nähe krabbelten. Die Furcht war aus seinem Leben verschwunden. Er war ruhig und gelassen. Ein Blick nach oben enthüllte den fernen blauen Himmel mit glitzernden Sternen, der durch die eckige Öffnung auf der Höhle zu sehen war.

Der Tag brach an. Balak Ram kam zu ihm und blieb ein paar Minuten. Als er Ramdas schweigend und gleichgültig vorfand, ging er wieder. Der Tag verging. Es war Hochsommer. Der Sommer in den Vereinigten Provinzen wird von extremer Hitze begleitet. Tagsüber von zehn bis fünf Uhr spuckte die Sonne Feuer. Die Felsen der Höhle, die der direkten Sonneneinstrahlung ausgesetzt waren, brannten vor Hitze. Durch den engen Eingang der Höhle wehte ein feuriger Wind. Ramdas bewegte sich kaum von der Matte. Der zweite Tag verging.

Am dritten Tag erhob er sich über das Körperbewusstsein und spürte eine feierliche Leere in der Existenz. Stille und Frieden durchdrangen sein Wesen. Er lag nun meist flach auf dem Rücken auf der Matte. Er hatte kein Auge zugetan. Seine Augen waren immer offen, auch nachts, denn er konnte sie nicht lange geschlossen halten. Weder Schwäche noch Hunger beeinträchtigten ihn. Balak Ram stattete ihm jeden Morgen einen Besuch ab. Er glaubte, dass das Fasten um seinetwillen geschah. Er hoffte, dass er durch Ramdas' Enthaltsamkeit die Befreiung erlangen würde. Ramdas wusste nicht, warum und wieso er fastete, und es interessierte ihn auch nicht. Er befolgte es einfach nach Rams Willen.

Um Mitternacht am dritten Tag saß Ramdas auf dem *Asan*, als plötzlich ein Donnerschlag zu hören war und es eine Viertelstunde lang in Strömen goss. Der Regen strömte durch die Öffnung oben in der Höhle und fiel direkt auf ihn, als säße er unter einem Wasserfall. Er war völlig durchnässt, und die Höhle war zentimeterhoch mit Wasser gefüllt. Er rührte sich nicht. Sein einziges Tuch und die Matte waren völlig durchnässt. Am nächsten Tag war die Hitze der Sonne so unerbittlich wie immer, und so trocknete das Wasser in der Höhle bis zum Mittag, auch das Tuch und die Matte.

Die Nachricht von seinem Fasten verbreitete sich in der Stadt Banda. Die Leute kamen in großer Zahl auf den Hügel, um ihn zu sehen. Viele von ihnen kamen nur bis zur unteren Höhle und kehrten nach Erkundigungen bei Balak Ram zurück, während einige zur oberen Höhle hinaufstiegen, in der Ramdas lebte. Sie spähten nur durch den engen Durchgang hinein, aber keiner wagte es, einzutreten. Sie zeigten abergläubische Ehrfurcht.

Doch am Nachmittag kam ein Mann mutig herein. Ramdas lehnte sich zurück. Der Besucher setzte sich zunächst zu seinen Füßen nieder und begann langsam, seine Beine zu massieren. Dann näherte er sich Ramdas' Gesicht und brach in Tränen aus. Er weinte wie ein Kind. Er wischte seine Tränen mit den Ärmeln seiner Jacke ab und sagte: „Maharaj, ich bin ein armer Schuster. Ich verrichte meine Arbeit am Straßenrand. Einer meiner Kunden, der zu mir kam, um seine Schuhe reparieren zu lassen, erzählte mir von deinem Fasten. Er sagte, du hättest sogar auf das Trinken von Wasser verzichtet. Diese Nachricht hat mich furchtbar erschüttert. Ich dachte: ‚Wie kann ich nach Hause gehen und zu Abend essen, wenn ich weiß, dass es auf dem Hügel einen Hungernden gibt?' Mein Verstand empörte sich bei der Vorstellung. Benommen und verwirrt warf ich sofort die Arbeit hin und rannte hierher. Nun, mein Entschluss ist folgender: Solange du nichts zu essen bekommst, bin ich entschlossen, auch nichts zu essen. Ich ziehe es vor, mit dir zu fasten. Bis dahin werde ich auch in dieser Höhle bleiben."

Seine Rede berührte Ramdas' Herz, das während des Fastens still war, und brachte es zum Vibrieren. Sein ganzer Körper reagierte auf die Erregung, die von ihm ausging. Plötzlich richtete er sich mit einem Ruck auf, legte seine beiden Hände auf die Schultern des Schusters und fragte: „Was soll Ramdas tun?"

„Essen, natürlich", antwortete er.

„Nun, dann besorge ihm etwas", sagte Ramdas.

„Ich bringe dir, was du willst", antwortete er eifrig.

„Eine Tasse Milch", schlug Ramdas vor.

Sofort verließ der Schusterfreund die Höhle und tauchte nach zehn Minuten mit einer mit Milch gefüllten Schale zurück. Er keuchte, was zeigte, dass er zum Basar hin und zurück gelaufen sein musste.

„Bitte sehr, Maharaj", sagte er und bot ihm die Milch an. Ramdas trank sie.

Als das Fasten gebrochen war, verließ Ramdas sofort die Höhle und kam herunter. Balak Ram war überrascht, ihn zu sehen.

„Ramji", sagte Ramdas zu ihm, „Ram befiehlt Ramdas, den Hügel zu verlassen und aus Banda wegzugehen. Er geht."

„Gut, ich werde auch folgen. Mein Platz ist bei dir. Ich kann dich nicht aufgeben", antwortete er.

Ramdas riet ihm davon ab, aber er blieb hartnäckig.

Mount Abu

Blick vom Mount Abu,
Wikimedia Commons, Foto: Dympies, 2023

Ramdas wohnte im Atkhamba am Ufer des Lakshmi-Talao. Am Tag seiner Ankunft hatte er hohes Fieber, das drei Tage lang anhielt. Ramkinkar kümmerte sich um ihn. Er machte sich große Sorgen um Ramdas und weinte manchmal, wenn er sehr hohes Fieber hatte. Ramdas weigerte sich, mit Medizin behandelt zu werden, und schlug vor, einen oder zwei Tage zu fasten. Zuerst lehnte Ramkinkar die Idee ab, musste aber nachgeben, als er sah, dass das Fieber anhielt. Ein zweitägiges Fasten heilte ihn von der Krankheit.

Hier erhielt Ramdas eine Einladung von Mutter Elizabeth, der englischen Dame, die damals auf Mount Abu lebte. Er fasste den Entschluss, Mount Abu zu besuchen.

Zu gegebener Zeit erreichte er den Bahnhof Abu Road. Der *Sepoy* von Raja Ram wartete auf seine Ankunft. Im Autobus fuhr Ramdas mit seiner Eskorte etwa zwanzig Meilen auf den Mount Abu hinauf. Schließlich kam er zum Bungalow von Mutter Elizabeth. Sie hatte zu dieser Zeit zwei prominente Gäste – den Thakore Sahib von Limbdi und Sir P. Pattani, den *Dewan* des Staates Bhavnagar.

Mutter Elizabeth begrüßte Ramdas mit offensichtlicher Freude. In ihrer Villa war ein Zimmer für ihn vorbereitet worden. Am nächsten Tag gesellte sich Ramprasad, ein Heiliger aus Jamnagar, zu der Gruppe. Ramdas zog es vor, sich von Milch und Früchten zu ernähren. Er saß am Tisch der Mutter in Gesellschaft ihrer angesehenen Gäste, um seine Milch und Früchte zu sich zu nehmen. Die Mutter war überwältigend in ihrer Liebe und Güte. Sie fütterte ihn fast mit ihren eigenen Händen. Er blieb etwa zwölf Tage auf Mount Abu. Er wird hier nur über ein oder zwei wichtige Ereignisse während seines kurzen Aufenthalts auf dem Berg berichten. Er hatte immer das Ram-Mantra auf seinen Lippen.

Der Dilwara-Tempel auf Mount Abu,
Wikimedia Commons, Foto: unbekannt, ca. 1900

Einmal, als die Mutter mit Raja Ram, Pattani Ram und Ramdas auf dem Weg zum berühmten Dilwara-Tempel war, war das Auto von dem lauten Singen des Mantras erfüllt. Jeder Insasse des Wagens sang das Mantra in einer hohen Tonlage. Es erfasste alle wie eine Ansteckung.

Der Dilwara-Tempel war ein sehr malerisches, prächtiges Gebäude, aus weißem Marmor gemeißelt. Der Bildhauer hatte sein ganzes Genie und sein ganzes Können eingesetzt, um den Tempel zu einem einzigartigen Bauwerk zu machen.

Beim Betreten, stieß man auf einen viereckigen Komplex mit einem zentralen Block, in dem die Hauptstatue von *Mahavira*, dem großen Heiligen des Jainismus, aufgestellt war. Die Vierecke bestanden aus langen, nach innen offenen Veranden, die an den Wänden, der Decke und den Säulen exquisite Schnitzereien mit Emblemen und Mustern aufwiesen. In den Nischen an den Wänden standen in Abständen Statuen des nackten *Mahavira*. Die zentrale Kuppel war ebenfalls ein wunderbares Stück Bildhauerkunst, mit kunstvollen Verzierungen behauen.

Die Kuppel des Dilwara-Tempels,
Wikimedia Commons, Foto: unbekannt, 1911

Die Jain-Heiligen, die im Tempel wohnten, waren so freundlich, Ramdas herumzuführen und ihm das Innere des Schreins zu zeigen.

Danach fuhr Ramdas nach Wadhwan, wo viele Besucher ihm ihre Fragen stellten. Auf eine der üblichen Fragen über die Geisteskontrolle antwortete er: „Die beste und einfachste Methode, um den Geist zu kontrollieren, ist, den Namen Gottes ständig zu wiederholen. Konzentration wird erreicht, indem die Aufmerksamkeit auf den Klang des Namens gerichtet wird. Wenn der Geist konzentriert ist, muss die Meditation über die herrlichen Eigenschaften Gottes folgen. Die kontinuierliche Praxis des Aussprechens des Namens und der Meditation beendet die Unruhe des Geistes und lässt ihn mit dem glückseligen, ewigen und universellen Selbst verschmelzen. Die Erinnerung an Gott ist nicht möglich, wenn man nicht ein intensives Verlangen hat, Ihn zu verwirklichen. Dieses intensive Verlangen wird *Bhakti* genannt. Diese Sehnsucht muss deinen Geist so ergreifen, dass du ein Gefühl von akutem Schmerz verspürst, wenn du Gott aufgrund selbstsüchtiger Wünsche vergisst. Deine Handlungen sollten darauf abzielen, deinen Geist zu reinigen, d.h. sie sollten im Geiste von *Nishkama* ausgeführt werden. Reinheit des Geistes bedeutet Freiheit von Lust, Zorn und Gier, denn nur ein reiner Geist kann Gott sehen. Konzentration selbst ist Reinheit. Vergiss nicht, dass Gott, den du suchst, in dir selbst ist."

Anschließend besuchte er Limbdi und reiste dann mit dem Zug nach Jhansi.

In Bina musste er in einen Zug nach Jhansi umsteigen. Es war etwa zehn Uhr abends. Als er in einen Waggon stieg, wurde er von einem Muslim aufgehalten, aber er schlüpfte hinein. Er trug wie üblich ein einzelnes ockerfarbenes Gewand um den Körper gewickelt, an dessen Ecke er seine Fahrkarte befestigt hatte. Der Wagen war voll mit muslimischen Fahrgästen, und alle lagen in voller Länge auf den Bänken, sodass kein Platz für einen anderen Fahrgast blieb. Er bekam jedoch einen Sitzplatz.

Der Zug fuhr weiter. An der nächsten Station strömten neue Fahrgäste in den Waggon, allesamt Muslime. Sie mussten in dem engen Durchgang zwischen den Sitzen stehen. Kein einziger Schläfer machte Platz für sie. Ramdas meinte, er könne seinen Platz für einen von ihnen räumen, rutschte im Stillen auf den Boden des Wagens und setzte sich dort hin. Der von ihm freigewordene Platz wurde sogleich belegt.

An der nächsten Station kam eine neue Gruppe von Fahrgästen. Wieder waren alle Muslime. Der Andrang war jetzt so groß, dass sie mit ihren schweren Stiefeln durch den Gang stapften, um einen Sitzplatz zu finden. Ramdas kauerte wie ein Kaninchen auf dem Boden und nahm ihre Tritte mit nicht geringer Freude entgegen. Er rollte sich zusammen und drehte seinen Körper in eine Acht, damit er möglichst wenig Platz einnahm. Station für Station stiegen neue Fahrgäste ein. Sie drängten sich fast bis zum Ersticken in dem Waggon. Einige schlafende Passagiere mussten aufstehen, weil sie dazu gezwungen waren. So wurde Ramdas mit Stiefeltritten von allen vier Seiten behandelt. Die Muslime, die saßen, mussten gegen ihn treten, wenn sie die Position ihrer Beine änderten. Die stehenden Freunde im Gang neben ihm trugen ihren Teil dazu bei. Sein einziges Gewand bedeckte ihn von Kopf bis zu den Füßen. Er sah aus wie ein Stoffsack auf dem Boden.

Nun sagte er zu sich selbst: „Ramdas, du wurdest in mehreren Häusern von Anhängern mit Blumengirlanden, Sandelpaste und Lichtern verehrt. Das war eine Art der Verehrung. Jetzt bekommst du hier eine andere Art mit Stiefeltritten! Beides ist dasselbe für dich."

Er genoss den Spaß. Der Morgen dämmerte. Die Menge im Zug lichtete sich. Der Platz auf der Bank, den er zuvor eingenommen hatte, wurde frei, und er sprang in den Sitz. Ihm gegenüber saß nun ein bärtiger alter Muslim mit geröteten Augen und einem grässlichen Bart und Schnurrbart. Er zog Ramdas am Arm und sagte in einem befehlenden Ton: „Runter, setz dich auf den Boden!"

Ramdas blieb sitzen, während ein anderer Muslim neben ihm, der seine Sache vertrat, den alten Muslim für seine grundlose Beleidigung von Ramdas tadelte. „*Sadhu*, du bleibst sitzen, wo du bist. Bewege dich nicht. Der alte Mann muss verrückt sein." Der alte Muslim beruhigte sich.

Ramdas traf in Jhansi ein. Sein Freund Ramkinkar begleitete ihn nach Gokhar. Es war geplant, auf diesen Hügeln für Ramdas einen Ashram zu erbauen, wozu es aber nicht kam. Ramdas lebte hier erneut in einer Höhle, fastete und befolgte ein Schweigegelübde.

In der Folge besuchte Ramdas u.a. Lalitpur, Chhattarpur, Chawnpore, Mangalore, Kasaragod und Ernakulam. Er litt immer wieder an Malaria. In Ernakulam wohnte er in einem Haus außerhalb der Stadt inmitten eines Kokospalmenhains.

Abends und morgens kamen Besucher, um ihn zu sehen und mit ihm zu sprechen. Sie stellten ihm Fragen zu religiösen Themen, die er auf der Grundlage seiner Erfahrungen zu erläutern versuchte. Auch hohe Regierungsbeamte, *Vakils* und Professoren bereiteten ihm die Freude ihrer Gesellschaft. Die Nachbarschaft, in der er lebte, bestand aus Christen, deren herumlaufende Hühner und Ziegen freien Zugang zum Haus hatten. Er fütterte sie mit Kochbananen und Körnern, die er von den Besuchern erhielt. Die Hühner legten ihre Eier tagsüber auf sein Bett, weil sie glaubten, dass sie dort sicher seien. Sie zeigten deutlich, dass sie darauf bedacht waren, die Eier zu bewahren und sie vor ihren räuberischen Herren zu schützen, die ihnen ihren Nachwuchs im Ei wegnehmen würden. Aber die Söhne dieser Herren kamen auf der Suche nach den Eiern ins Haus und trugen sie fort.

Eines Tages vermisste eine arme Henne ihr Ei auf dem Bettzeug von Ramdas, auf das sie es gelegt hatte. Ramdas saß zu dieser Zeit draußen auf der Veranda. Er war allein. Die Henne kam direkt mit fragenden Blicken zu ihm und rief „Ko-Ko-Ko", was bedeutet: „Was ist aus meinem Ei geworden, das ich auf dein Bett gelegt habe?"

„Mutter, was kann Ramdas tun?" antwortete Ramdas. „Die Söhne deines Herren kommen hierher und nehmen dir in deiner Abwesenheit die Eier weg."

Die gleiche Geschichte wiederholte sich immer wieder.

Als Ramdas eines Morgens einige Ziegen fütterte und mit ihnen sprach, kamen zwei christliche Padres zu ihm. Als sie Ramdas' freundlichen Umgang mit den Tieren beobachteten, sprachen sie von dem berühmten Heiligen Franz von Assisi, dessen Leben, so sagten sie, dem von Ramdas geführten ähnelte.

Ramcharandas, der einige Zeit in einigen Dörfern von Süd-Kanara umhergestreift war, dachte daran, nach Nordindien zu reisen. Da er Ramdas sehen wollte, bevor er den Süden endgültig verließ, tauchte er eines Tages plötzlich auf. Ramdas war glücklich, ihn zu sehen. Im Laufe des Gesprächs mit ihm sprach Ramdas über die Gottesschau.

„Die Gottesschau ist nichts anderes, als Seine Gegenwart in dir und überall um dich herum zu erkennen und zu spüren, denn Gott ist der vorherrschende Geist, der das gesamte Universum durchdringt. Die manifestierten Welten sind nichts anderes als Er, denn sie sind nur Sein eigener Ausdruck in Form von Namen."

Aber der Junge war von dieser Darstellung der Wahrheit nicht beeindruckt und sagte unzufrieden: „Swamiji, ich möchte nichts von deinem *Nirguna* oder unpersönlichen Aspekt Gottes wissen. Ich möchte Ihn als *Saguna* sehen. Ich sehne mich nach dem *Darshan* des Rampanchayatan, d.h., Ihn als Rama, Sita, Lakshman, Bharat und *Hanuman* zu sehen. Du spielst immer die gleiche Melodie – Seinen formlosen Aspekt."

Ramdas lächelte und antwortete: „Das *Saguna*, das du suchst, ist ein Bild deines eigenen Verstandes und kann dich nicht befriedigen. Du solltest dich über alle Formen der Sichtweise und des Geistes erheben. Das wahre *Saguna* oder der Körper des Herrn ist das Universum selbst, in dem Er immanent ist, und durch Seine Macht verursacht Er in dieser Manifestation Geburt, Wachstum und die Auflösung aller Wesen und Dinge. Als reiner Geist ist Er auch transzendent. Dein Körper ist einer Seiner Ausdrucksformen. Deine Aktivität hat ihren Ursprung in der unendlichen Kraft Gottes. Lass dich nicht vom Wunsch täuschen, Dinge zu sehen, die bedingt und vorübergehend sind – bloße Phantome deines Geistes. Hab die wahre Sehnsucht, dein unsterbliches Wesen und deine Vereinigung mit dem allmächtigen und allgegenwärtigen Gott zu verwirklichen, der der höchste Herr des Universums ist. Läutere deinen Geist und dein Herz durch die richtige Disziplin. Ermächtige dich, diese glorreiche Vision zu erhalten, und erlange vollkommene Freiheit und ewige Glückseligkeit."

Ramcharandas blieb stumm. Kurze Zeit später verabschiedete er sich von Ramdas.

Ramdas begegnete auch dem Raja-Yogi wieder, der ihn einst Pranayama gelehrt hatte, und verbrachte einige Zeit bei ihm.

Der *Raja-Yogi* wurde von Tag zu Tag frostiger, denn es kamen immer mehr Menschen, die unter den Auswirkungen der *Pranayama*-Praxis litten. Ramdas wurde von ihnen in dieser Angelegenheit konsultiert, und er riet ihnen klipp und klar, damit ganz aufzuhören. Etwa zur gleichen Zeit erhielt er Beschwerden zum gleichen Thema aus Bangalore und Süd-Kanara, wo diese Praxis von anderen Yogis der gleichen Sorte weit verbreitet wurde.

Ramdas konnte nicht länger unbeteiligt bleiben. Er wurde gezwungen, einen Artikel zu schreiben, der in den Zeitungen veröffentlicht wurde, in dem er die Menschen warnte, diese Praxis zu übernehmen oder fortzusetzen, wenn sie nicht bereit wären, auch die anderen Bedingungen des Yoga zu erfüllen, da sie ihnen sonst unabsehbaren Schaden zufügen würde.

Ramdas sprach auch mit dem *Raja-Yogi* über diese Angelegenheit. „Ramji, du hast beobachtet, welches Unheil deine Praxis denen, die die anderen Regeln, die notwendigerweise mit der Yogadisziplin einhergehen, nicht beachten können, bringt. Du wirst also gut daran tun, in Zukunft nicht wahllos jeden einzuweihen, der zu dir kommt, ohne zu beurteilen, ob er oder sie dafür geeignet ist oder nicht."

Kasaragod, Swargashram

Als Ramdas in Kasaragod ankam, erfuhr er, dass die Hochzeit von Ramabai in einer Woche stattfinden sollte. Anandrao, der in jeder Hinsicht sehr freundlich zu Ramdas war, hatte sich verpflichtet, die Feier in seinem Haus abzuhalten. Ramdas wohnte vorerst in dem kleinen Raum seines Büros. Die Vorbereitungen für die Hochzeit gingen weiter. Tagsüber waren das Haus und das *Pandal* voller Besucher. Ramdas war die ganze Zeit über ein unbekümmerter Zeuge der Hochzeitszeremonie.[1]

Einige Tage später verließ Ramdas Kasaragod in Richtung Mangalore, wo er einige Tage verbrachte.

Nach einem kurzen Aufenthalt in Jhansi reiste Ramdas mit Bhavanishankerrao und Ramcharandas nach Haridwar. Haridwar liegt am Fuße des Himalaya und ist ein bekannter Wallfahrtsort für Hindus. Hier findet einmal in zwölf Jahr eine große Versammlung statt, um der *Devas* zu gedenken, die den Nektar aus dem aufgewühlten Ozean tranken. Das Fest wird *Kumbhamela* genannt.

Die Gruppe blieb etwa eine Stunde lang in Haridwar und lenkte dann ihre Schritte hinunter nach Rishikesh, das etwa vierzehn Meilen von Haridwar entfernt liegt. Sie reisten zu Fuß. Am Abend erreichten sie das Ufer des Ganges in Rishikesh. An einer seichten Stelle überquerten sie den Fluss und kamen zu einem ausgedehnten Sandbett, das Ramdas als den geeignetsten Ort für ihren nächtlichen Aufenthalt auswählte. Es lag am Rande einer majestätischen Bergkette, die bis in den Himmel ragte. Als die Nacht nahte, fegte ein kalter Wind über das Sandbett, auf dem sie ihr Lager aufgeschlagen hatten. Ganz in der Nähe lag ein umgestürzter Baum. Um ein Feuer zu entfachen, zündeten sie einen trockenen Ast dieses Baumes an.

Der Wind entwickelte sich zu einem Orkan, der heftig blies und den losen Sand von der Oberfläche des Flussbettes davontrug. Die Situation wurde ziemlich brenzlig, und Ramdas lachte mit ungewöhnlicher Freude über die erfolglosen Bemühungen der Gruppe, sich mit Decken gegen den Sandsturm zu schützen. Die Nacht verging, ohne ein Auge zuzutun.

---

[1] Ramabai heiratete am 11. 2. 1927 Chandrashekarrao, den Sohn von Ramdas' Schwester.

Als der Tag anbrach, hatte sich der Sturmteufel gelegt. Der Morgen bot einen ruhigen, bezaubernden Anblick. Die Dämmerung verbreitete ihr zauberhaftes Licht auf den hohen, bewachsenen Hügeln. Überall herrschte Stille und Gelassenheit, und der sanfte, erfrischende Wind spielte auf dem Schauplatz, der in der vergangenen Nacht einen bedrohlichen und unruhigen Anblick geboten hatte.

Mittags aßen sie die Mahlzeiten, die sie von den *Annakshetra*s des Ortes erhielten, und gegen Abend überquerten sie den Fluss und erreichten den Swargashram.

Der Swargashram ist ein weitläufiger Garten am Fuß des Nilkanta-Hügels nahe dem Ufer des Ganges, der an seiner Vorderseite vorbeifließt. In diesem Garten befinden sich in drei Reihen etwa zweihundert *Kutis*, die zwanzig Meter voneinander entfernt stehen, mit einem oder zwei winzigen Räumen. Sie sind für den Aufenthalt von *Sadhus* bestimmt. Auf dem Gelände befindet sich auch ein *Annakshetra*, das die *Sadhus* zweimal täglich mit Essen versorgt. Die *Kutis* waren alle voll. Es gab kein freies zur Belegung. Sie ließen sich zunächst unter einem Baum nieder und entschieden sich, die Nacht dort zu verbringen. Aber ein freundlicher bengalischer *Sannyasin* beschaffte ihnen ein Doppel-*Kuti*, indem er eine Vereinbarung mit dem damaligen Besitzer traf. So zogen sie in das *Kuti* ein.

Es blieben noch zehn oder zwölf Tage für die *Kumbhamela*-Feier in Haridwar. *Sadhus* und Pilger strömten bereits in großer Zahl aus allen Teilen Indiens herbei. Ramdas lebte ein paar Tage mit seinen Freunden im *Kuti*. Ihr Essen erhielten sie vom *Annakshetra*. Das Essen wurde von den dreien gemeinsam von einem Teller oder Blatt geteilt, so wie es die Muslime tun.

Eines Tages beendeten Bhavanishankerrao und Ramdas ihre Mahlzeit früher als gewöhnlich, und Ramcharandas war immer noch damit beschäftigt, in aller Ruhe seine *Rotis* zu mampfen. Ein armer Straßenkehrer wartete vor der Tür des *Kuti* sehnsüchtig auf die Essensreste, denn das, was die drei bekamen, war mehr, als sie essen konnten. Als Ramdas den eifrigen und hungrigen Gesichtsausdruck des Straßenkehrers sah, sagte er zu Ramcharandas: „Ram, dieser arme Mann muss sehr hungrig sein. Gib ihm ein paar *Rotis*. Es wird auf jeden Fall etwas übrigbleiben."

Ramcharandas aß weiter, ohne auf Ramdas' Worte zu achten. Ramdas bat ihn erneut. Doch der Junge hörte nicht darauf. Zum dritten Mal wiederholte Ramdas seine Bitte. Jetzt wurde der Junge wütend. Er blickte Ramdas einige Sekunden lang mit starrer Miene an. Seine Augen waren rot vor Zorn, und er knurrte: „Wie! Du willst mir nicht erlauben, in Ruhe zu essen? Was hat es für einen Sinn, mich so zu belästigen?"

Bei diesem Ausbruch konnte Ramdas nicht anders, als in Gelächter auszubrechen, während der Junge unbekümmert ein *Roti* nach dem anderen in sich hineinstopfte.

Vasishtashram

Eines Tages wollte Ram, dass Ramdas den Vasishtashram[1] besuchen sollte. Ramdas schlug vor, allein dorthin zu gehen. Aber Ramcharandas und Bhavanishankerrao bestanden darauf, ihn zu begleiten. So brach das Trio eines frühen Morgens gemeinsam auf. Der Weg zum Ashram war ihnen von vielen *Sadhus*, die sie gefragt hatten, als äußerst gefährlich beschrieben worden, und keiner von ihnen konnte sagen, wo genau er lag. Nachdem sie den Ganges mit dem Boot überquert hatten – die Hängebrücke war während des Hochwassers zusammengebrochen – kamen sie auf die andere Seite, d.h. an das linke Flussufer. Hier erfrischten sie sich mit einer Tasse Milch bei einem Milchverkäufer. Ramcharandas trug ein *Jholi* oder eine Schultertasche mit einigen Lebensmitteln und Gefäßen bei sich.

Nun machten sie sich auf den Weg und vertrauten allein auf die göttliche Führung. Zunächst zeigte ihnen ein Ladenbesitzer die Richtung, in die sie gehen mussten. Sie durchquerten mehrere Felder und bahnten sich dann einen Weg durch den dichten Dschungel. Als sie daraus hervortraten, kamen sie an das Ufer des Ganges. Hier trafen sie einen Landwirt, der sie anwies, am Flussufer entlangzugehen. Gleichzeitig warnte er sie, dass es keinen ausgetretenen Pfad zum Vasishtashram gebe und dass der Ort ohne einen Führer, der den Weg kenne, nicht zu erreichen sei. Die Strecke betrug über zwanzig Meilen. Gott war ihr Führer. Sie gingen weiter.

Das Ufer des Ganges war mit großen Felsbrocken übersät, und sie mussten über die Steine springen. Auf diese Weise gingen sie etwa drei Meilen weiter, bis sie auf den abfallenden Vorsprung eines Hügels oder einer Landzunge am Flussufer stießen. Hier war das weitere Vorankommen abgeschnitten. Sie mussten den Berg zu ihrer Linken erklimmen und etwa eine Meile ein Labyrinth aus Bäumen, Sträuchern und Schlingpflanzen durchqueren. Nach einem kurzen Abstieg kamen sie wieder in Sichtweite des Flussufers.

Am Ufer setzten sie ihre Reise fort und sprangen von Felsen zu Felsen. Sie gingen auf diese Weise etwa zwei Meilen weiter. Hier hatte Bhavanishankerrao einen Unfall, der ihn teilweise außer Gefecht setzte. Er hatte sich beim

---

[1] Im Vasishtashram bei Rishikesh soll der Weise Vasishta gelebt haben. Zur Zeit von Ramdas war der Weg dorthin nicht bekannt.

Springen den Knöchel verstaucht. Deshalb wurde er langsamer. Ramcharandas leistete ihm Gesellschaft, während Ramdas vor ihnen herlief. Ramdas blieb an einer Stelle stehen, wo der weitere Weg wie beim letzten Mal abgeschnitten war. Doch diesmal war es kein Abhang, sondern ein steiler Felsen mit leichten Furchen auf der flachen, dem Fluss zugewandten Seite. Der Berg, den dieser Felsen bildete, erhob sich senkrecht in die Höhe. Es gab also keine Möglichkeit, ihn seitlich zu erklimmen. Der einzige Weg bestand darin, am Rand des Felsens entlang zu kriechen, wobei man sich an den unebenen Spalten auf der senkrechten Oberfläche der bedrohlichen Klippe auf seine Hände und Füße verließ. Unten rauschte der Ganges in schneller Strömung. Ein leichtes Abrutschen vom Felsen bedeutete einen Sturz in die schäumenden Strudel des Flusses.

Das war die Situation, mit der er konfrontiert war. Nachdem er etwa eine halbe Stunde gewartet hatte, stießen die beiden Freunde zu ihm. Bhavanishankerraos Fuß war in schlechtem Zustand, und er litt unter starken Schmerzen. Sie erkannten die Gefahren und Schwierigkeiten, die einem weiteren Vorankommen im Wege standen. Ramcharandas meinte, dass die einzige Alternative darin bestünde, zurückzukehren, und Bhavanishankerrao stimmte stillschweigend für diesen Vorschlag. Aber Ramdas musste dem Willen Rams gehorchen, der besagte, er solle den gefährlichen Weg nehmen. Er informierte die Freunde über diese Entscheidung. Ramcharandas war dagegen und erklärte, es sei reiner Wahnsinn, sich auf einen unzugänglichen Pfad zu wagen. Ramdas hatte kein Argument vorzubringen. Er erwiderte nur, dass er dem eindringlichen inneren Ruf Rams gehorchen müsse, sei es Wahnsinn oder nicht.

Während Ramcharandas noch diskutierte, sahen sie drei Bergsteiger, zwei Männer und eine Frau, die aus der entgegengesetzten Richtung kommend denselben Abgrund entlang zu ihnen schlichen. Nachdem sie ihn überquert hatten, stand Ramdas auf und wollte gerade auf den faszinierenden Felsen zugehen, als die Bergsteiger riefen: „Nehmt euch in Acht, versucht das Kunststück nicht, weil wir es getan haben. Wir sind Bergbewohner, die von Kindheit an für solche Klettereien ausgebildet wurden. Euer Fall ist anders. Ihr geht ein großes Risiko ein. Seid gewarnt. Seid um Gottes Willen nicht leichtsinnig, und werft euer Leben nicht weg."

„Swamiji", meldete sich Ramcharandas wieder zu Wort, „was der Mann sagt, ist vollkommen richtig. Bitte gib die Idee auf."

Ramdas, der sich über dieses Gespräch amüsierte, antwortete kühl. „Nun Ram, hast du nicht bemerkt, dass dieses Kunststück von einer Frau vollbracht wurde, während Gott uns zu Männern gemacht hat, und wir zögern?"

Bei dieser spitzen Bemerkung geriet Ramcharandas in Wallung. Sein Eifer war geweckt, und der Junge erwiderte: „Du weißt, dass es mir nichts ausmacht, mein Schicksal mit dir zu teilen, aber was ist mit Bhavanishankerrao? Du weißt doch, dass sein Fuß nicht in Ordnung ist und er das Wagnis nicht eingehen kann."

Ramdas war unnachgiebig. Er wurde von innen heraus gedrängt. Er konnte dem strengen Befehl nicht widerstehen und stürzte sich auf den Felshang. Sein flinker Körper erklomm den Felsen. Seine Finger hielten sich an den Spalten des Felsens fest, seine Zehen ruhten auf den Ritzen, sein Atem stockte, er kroch weiter und weiter – nach zehn Minuten war er auf der anderen Seite auf dem Gipfel. Er konnte die beiden Freunde sehen, die auf der gegenüberliegenden Seite im Sand saßen. Er winkte ihnen nun wild zu, ihm zu folgen. Ramcharandas verschwand plötzlich aus seinem Blickfeld. Er unternahm den Versuch. Zehn Minuten, und Ramcharandas war neben ihm. Aber Bhavanishankerrao saß immer noch da, wo er war. Sicherlich wäre auch er hochgekommen, wenn sein Fuß gesund gewesen wäre. Jetzt erkannte Ramdas die Situation. Bhavanishankerrao allein zu lassen, verletzt wie er war, und das auch noch auf halbem Weg an einem fremden Ort, war nicht angemessen. Er war an solche Abenteuer nicht gewöhnt.

Nun wandte er sich an Ramcharandas und sagte: „Ram, Bhavanishankerrao kann mit dem verstauchten Fuß nicht allein zurückgelassen werden. Du solltest zu ihm zurückkehren und ihn zum Swargashram begleiten. Für Ramdas gibt es keine Rückkehr. Er muss sich auf die Suche nach dem Vasishtashram machen. Es hängt von Ram ab, ob du ihn jemals wieder siehst. Er wird sich in dem verwirrenden Labyrinth der Himalaya-Hügel und Wälder verlieren."

Ramcharandas musste nachgeben. Er schloss sich seinem Gefährten auf der anderen Seite an, und beide machten sich auf den Weg zurück zum Swargashram. Ramdas war nun allein. Es muss immer klar sein, dass Ram ihm stets Gesellschaft leistete. Er lief weiter und tanzte am Ufer des Ganges. Er ging eine Biegung des Ufers entlang und eilte etwa eine halbe Meile weiter, nur um wieder auf eine Landzunge zu treffen. Er blickte nach oben und entdeckte etwa fünfzig Fuß bergauf eine Mulde – einen breiten, klaffenden Hohlraum im Hügel. Er kletterte auf allen Vieren den Hang hinauf und kroch wie eine Maus zu der Höhle. Es war eine flache Höhle. Als er sie betrat, stellte er fest, dass er darin knapp aufrecht stehen konnte. In ihrem Inneren befand sich eine riesige Honigwabe an der Decke. Tausende von Bienen summten um ihre malerische Behausung herum. Die süße Musik ihres Summens erfüllte die Höhle. Er lauschte ihr eine Zeit lang verzückt. Als er wieder aus ihr auftauchte, sah er sich die Aussicht an. Der riesige Felsen, den es zu überqueren galt, war sehr glatt und glitschig. Er erstreckte sich über hundert Meter. Was war zu tun? Ramdas sagte: „Ram, nun scheint es Dein Wille zu sein, dass Ramdas den Vasishtashram nicht besuchen soll, obwohl er durch Deinen Willen zu diesem Abenteuer aufgebrochen ist. Was macht es für Ramdas aus, wenn er es nicht tut? Er wird auf dem Weg zurückkehren, den er gekommen ist.“

Er spürte keine Enttäuschung. Er kletterte zum Ufer des Ganges hinunter, kehrte um und lief dicht am Wasser entlang. Er war noch keine fünfzig Meter weit gegangen, als sich ihm ein Anblick bot, der ihn am Weitergehen hinderte. Ein menschliches Skelett lag vor ihm am Ufer des Wassers. Der Größe nach schien es sich um einen Jungen zu handeln, der noch im Teenageralter war. Es war ein frisches Skelett, und der natürliche Glanz lag noch auf den Knochen. Bis auf ein paar Haut- und Haarflecken am Schädel war der Rest des Skeletts von allem Fleisch befreit.

Ram, der bisher geschwiegen hatte, wandte sich nun an Ramdas: „Ramdas, siehst du das Skelett – eine bloße, leblose Masse aus Knochen? Auch dein Körper ist aus demselben Material, und ihn erwartet ein ähnliches Schicksal. Der Körper ist ein flüchtiges, vergängliches Ding. Du hast keinen Grund, stolz auf ihn zu sein. Der einzige Zweck, zu dem er dir gegeben wurde, ist, ihn für Meinen Dienst zu nutzen, bis es abfällt und zu dem gleichen Zustand wie dieses wertlose Skelett reduziert wird.“

Ramdas nahm die Lektion an. Ram ist der größte Lehrer der Welt. Je nach Gelegenheit nimmt Er jede Rolle an, die Er wählt. Er ist ein vollendeter Schauspieler und ein Meister aller Künste.

Nun ging Ramdas den Weg weiter zurück und näherte sich dem steilen Felsen, an dem er sich von den beiden Freunden getrennt hatte. Als er sich darauf zubewegte, rief eine Stimme vom Flussufer her. Er blieb stehen und sah zwei Bergsteiger (sicherlich war es Ram in dieser Gestalt), die ihre Krüge am Fluss mit Wasser füllten. Einer von ihnen kam auf ihn zu und erkundigte sich, wohin er ginge. Ramdas sagte ihm, er wolle den Vasishtashram besuchen, aber da Ram ihm den Weg nicht gezeigt habe, kehre er zurück. Rams Wege sind wunderbar!

Der Mann sagte: „Der Vasishtashram ist noch weit entfernt. Es gibt am Ufer des Flusses entlang keinen Weg dorthin. Du musst den hohen Berg vor dir erklimmen. Dort siehst du mitten im Dschungel einen Fußpfad. Den musst du nehmen. Oben angekommen, musst du auf der anderen Seite hinuntersteigen, wo du von weitem die Kuppel eines *Mandirs* sehen kannst. Nimm es als Wegweiser und geh darauf zu, und du erreichst Shivapuri, ein kleines Dorf, in dem der Tempel steht."

Er deutete wieder auf den Fußweg, der auf dem hohen Berg als dünner Streifen zu sehen war. Ramdas lief sofort darauf zu. Er kletterte immer weiter hinauf. Es war ein steiler Aufstieg, aber Ramdas hielt nicht einmal an, um Luft zu holen. Die göttliche Kraft in ihm hatte ihn mit wunderbarer Beweglichkeit und ungewöhnlicher Ausdauer begabt. Nach einer Stunde Fußmarsch erreichte er den Gipfel, von dem aus er die Kuppel des von dem Bergsteiger erwähnten *Mandirs* sehen konnte. Von hier aus begann der Abstieg. Der Berg war mit einem dichten Wald bedeckt. Gelegentlich musste er sich durch das Gewirr von Sträuchern und Bäumen schlängeln. In vollem Tempo rannte er den Abhang hinunter. Unten angekommen, traf er wieder auf den willkommenen Fluss. Er trank sich an seinem nektargleichen Wasser satt und ging weiter nach Shivapuri, das nun ganz in der Nähe lag.

Ramdas fand in dem Dorf außer dem Tempel nur etwa fünf oder sechs Bauernhütten vor. Einer der Landwirte lud ihn in seine Hütte ein. Ramdas trat ein und setzte sich auf eine Matte, die für ihn ausgebreitet worden war. Er erblickte ein hübsches Baby, das in der Nähe eines Mahlsteins spielte. Er nahm das Kind sofort auf seinen Schoß und begann es zu streicheln und mit ihm zu lachen. Der Bauer und seine Frau schauten ihm liebevoll zu, als ob ein neues Kind zu ihnen gekommen wäre, um mit dem ihren zu spielen. Nun erzählte er ihnen, dass er auf dem Weg zum Vasishtashram sei. Beide starrten

ihn verwundert an. Er war nicht nur allein, sondern hatte nichts bei sich außer seinem langen Mantel aus *Khaddar*, einem billigen Pullover als Unter-
zieher (den er dem befreundeten Landwirt überreichte, bevor er den Ort verließ) und einer Decke.

„Sieh her, Sadhuji", sagte der Landwirt, „es wird dunkel. (Es war halb sieben Uhr abends, als Ramdas das Dorf erreichte.) Du kannst die Nacht im
Tempel verbringen. Meine Frau wird dir etwas *Khichadi* schicken. Was
deine Reise zum Vasishtashram angeht, weiß ich nicht, was ich dir sagen
soll. Es gibt keinen richtigen Weg dorthin, und ohne einen Führer kannst du
nicht im Traum daran denken, ihn zu erreichen. Ich weiß, dass Leute wie du
nicht dazu zu bewegen sind, das Wagnis aufzugeben. Ich kann dir nur so viel
sagen: Geh etwa zwei Meilen am Ufer entlang, und du wirst auf der gegenüberliegenden Seite des Flusses eine vorspringende Baumgruppe sehen, die
sich über den Fluss beugt. Merke dir diese Stelle. Genau gegenüber dieser
Baumgruppe, auf deiner Seite des Hügels, wirst du einen Fußweg entdecken. Verlasse hier das Flussufer, nimm den Fußweg, und klettere den Hügel
hinauf. Welche Anweisungen soll ich dir noch geben? Du bist in den Händen
Gottes, und Er wird dafür sorgen."

Mit diesen Worten begleitete er Ramdas zum *Mandir*, wo er ihn zurückließ.
Zu gegebener Zeit kam das *Khichadi*. Es schmeckte himmlisch, denn es war
voller *Prem* – Liebe.

Das Innere des Tempels maß etwa sieben Quadratfuß. Die Turmspitze ragte
hoch in die Luft. Das ganze Bauwerk war auf einer erhöhten Steinplattform
errichtet. Die Türen standen offen. Die letzten Lichtstrahlen des sterbenden
Tages, die in den Tempel drangen, zeigten Ramdas' Blick eine Anzahl kleiner Götterstatuen aus Messing auf einem niedrigen, breiten Schemel, der an
der Rückwand des Tempels stand. An der Wand über den Statuen hing ein
grobes rotes Kaschmir-Tuch an zwei Pflöcken.

Als der Abend nahte, setzte die Kälte ein. Ramdas breitete die Decke, die er
mitgebracht hatte, auf dem Boden aus, nahm das Tempeltuch ab, bedeckte
sich damit und legte sich hin. In der Tat ist die göttliche Mutter des Universums stets wachsam, um ihre Kinder zu beschützen. Kaum hatte Ramdas
seine Augen geschlossen, hörte er jemanden in den Tempel treten. Ramdas

öffnete seine Augen, setzte sich auf und sah einen Mann vor sich sitzen. In dem schwachen Licht waren die Gesichtszüge nicht zu erkennen.

„Ich bin der *Pujari* dieses Tempels", stellte er sich vor. Er musterte Ramdas eingehend, berührte und befühlte dann das Tuch, und als er auf die Pflöcke an der Wand schaute, rief er aus: „Du hast also das Tuch genommen. Es gehört Thakurji (Gott)."

Daraufhin stellte Ramdas ihm eine einfache Frage: „Kannst du Ramdas zeigen, wo dein Thakurji ist?"

Sofort rief er: „Ich bitte um Verzeihung, blinder Narr, der ich bin. Du bist Er, du bist Er. Du hast jedes Recht, es zu benutzen, Maharaj."

Er war voller Freundlichkeit und Liebe. Er fuhr fort: „Darf ich dir etwas zu essen bringen? Ich habe in meinem Haus etwas vorbereitet. Es würde mir eine große Freude sein, dich zu speisen. Bitte nimm meine bescheidene Kost an."

„Ramji", erwiderte Ramdas, „Ramdas hat schon gegessen. Ich danke dir für deine Freundlichkeit. Du bist wirklich Ramji."

Dann verließ der *Pujari* Ramdas.

Ramdas stand am nächsten morgen früh auf, verließ Shivapuri und setzte seine Wanderschaft entlang des Flussufers fort. Das Zeichen, auf das der Bauer hingewiesen hatte, wurde verfehlt. Nach etwa drei Meilen erreichte er eine Stelle, an der der weitere Weg abgeschnitten war. Er versuchte es an einer Klippe, musste es aber aufgeben, weil sie zu steil war und es nichts gab, um sich daran festzuhalten. Er blieb stehen und sagte zu Ram: „Ram, Du spielst ein lustiges Spiel mit Ramdas. Mach, was Du willst. Ramdas kehrt zurück. Wenn man ihn fragte, warum er den Vasishtashram nicht erreicht hat, wird er ganz klar sagen, dass Du ihn getäuscht und auf halbem Weg zurückgeschickt hast." Es war alles Rams Wille, Rams Spiel.

Wieder einmal ging Ramdas zurück und erreichte gegen neun Uhr Shivapuri. Er hatte keine Veranlassung, in das Dorf zu gehen, und setzte seinen Weg fort. Er passierte das Flussufer beim Dorf, war aber nur wenige Meter gegangen, als er zwei Bergbewohner traf, Gestalten von Ram – alle Gestalten sind die Seinen –, die ihm aus der entgegengesetzten Richtung mit zwei leeren Kerosinkanistern auf dem Rücken entgegenkamen. Es waren große junge Männer. Sie grüßten ihn mit „Ram, Ram" und fragten ihn, wohin er ginge und was er vorhabe. Er erklärte ihnen, dass er den Vasishtashram besuchen wollte, wie dies vereitelt worden war und dass er in die Ebene zurückkehren würde. Da sagte einer von ihnen: „Kehr wieder um. Wir gehen mit dir. Unser Weg führt auch zum Vasishtashram. Wir können dich begleiten und dir den Weg weisen." Ram, was für ein schneller und lockerer Spieler Du bist!

Die Freunde waren schnelle Wanderer, die an das Bergsteigen gewöhnt waren. So dachten sie, es wäre gut, Ramdas vor ihnen hergehen zu lassen, damit er nicht zurückblieb. Aber die Kraft Gottes kribbelte in Ramdas' Adern. Er hüpfte, tanzte und rannte. Die Freunde folgten ihm so gut sie konnten. Nun begann der Aufstieg auf die Hügel. Auch hier war sein Tempo so schnell wie immer. Er rannte hinauf wie ein Eichhörnchen. Nachdem er eine gewisse Höhe überwunden hatte, hielt er an und schaute zurück. Die beiden Freunde waren immer noch vierzig oder fünfzig Meter hinter ihm und rannten ihm hinterher. Sie winkten mit den Händen und riefen ihm zu, er solle stehen bleiben. Keuchend kamen sie zu ihm, sahen ihn mit einem seltsamen Funkeln in den Augen an und sagten: „Du bist kein gewöhnlicher Kerl. Uns ist fast die Puste ausgegangen. Es war nicht gut, dich an der Spitze zu haben. Von nun an wirst du uns folgen." Ramdas konnte sich ein Lachen nicht verkneifen, in das sie herzlich einstimmten. Er musste also hinter ihnen hergehen. Der Galopp wurde nun zum Trab, und wenn er sich ihrem Rücken näherte, sprang er wie ein Gummiball. Das Spiel der *Shakti* in ihm war unwiderstehlich.

Gegen ein Uhr nachmittags erreichte die Gruppe den Gipfel eines hohen Berges, wo sich eine lange, schmale Hütte befand, die von Bauern und ihrem Vieh bevölkert war. Die Sonne brannte heiß, und so schlugen die Freunde vor, sich an diesem Ort auszuruhen. Ramdas wurde gebeten, sich in einer kleinen Hütte auf das Heu zu setzen, das auf dem Boden ausgebreitet war. Die Freunde gingen in die große Hütte und bereiteten aus den Vorräten der gastfreundlichen Hüttenbewohner eine Mahlzeit zu, die aus Reis, Gemüsecurry und Quark bestand. Als alles fertig war, wurde er gebeten, sich zu ihnen zu gesellen, und er bekam ein erfrischendes Mittagessen. Es war die Speise der Götter, die er dort zu sich nahm, so einfach, sauber und köstlich.

Nach einer Stunde Rast setzte er die Reise mit den beiden Freunden fort. Der Weg führte nun durch Brombeersträucher, Haufen von trockenem Laub und einem Geflecht von Bäumen und Schlingpflanzen. Es war ein allmählicher Abstieg, und gegen sechs Uhr erblickte das Trio wieder das Flussufer. Einer von ihnen sagte: „Wir sind jetzt ganz in der Nähe der Vasishta-Höhle."

„Wo ist sie? Wo ist sie?", rief Ramdas in unbändiger Freude. Sie erreichten das Ufer. „Dort!" Der Finger des Freundes zeigte auf den gähnenden Schlund einer Höhle in einiger Entfernung. Jetzt konnte Ramdas nicht mehr widerstehen. Er eilte wie der Wind in diese Richtung und ließ die Freunde zurück.

Am Eingang der Höhle sah er einen großen, schlanken *Sadhu* stehen, der nur ein *Kaupin* trug. Ramdas hatte von den Freunden, die ihn führten, erfahren, dass die Höhle von einem *Mahatma* bewohnt wurde. Als er den *Sadhu* erblickte, lief er sofort auf ihn zu und warf sich zu seinen Füßen nieder. Der *Sadhu* schien diese Art der Begrüßung nicht zu mögen. Er protestierte mit einer Geste seiner Hände. Er ging in die Höhle, und Ramdas folgte ihm. Es war eine große, geräumige Höhle, etwa zehn Fuß hoch, fünfzehn Fuß breit und zwanzig Fuß lang. Als Ramdas eintrat, sah er in der linken Ecke Blechdosen, die in einer Reihe angeordnet waren. Der Boden war an der Vorderseite mit zwei Jutesäcken und am anderen Ende mit einer breiten weißen Decke bedeckt, die als Sitzplatz für den *Sadhu* diente. In der Mitte der Höhle war eine kleine Feuerstelle oder *Dhuni*. Rechts am Eingang der Höhle befand sich ein ordentlich aufgeschichteter Stapel Feuerholz. Ramdas setzte sich auf einen der Jutesäcke, und der *Sadhu* nahm seinen Platz ein. Inzwischen waren auch die Freunde die ihn geführt hatten, eingetroffen. Sie blieben ein paar Minuten, verabschiedeten sich und gingen. Schließlich hatte Ram Sein Kind in den Ashram gebracht.

Nun sah der *Sadhu* Ramdas an und fragte: „Was hat dich hergebracht?"

„Ram hat Ramdas hergebracht, um die Höhle zu sehen und auch für deinen *Darshan*", antwortete Ramdas.

„Hast du tagsüber etwas gegessen?", fragte er.

„Ja", sagte Ramdas. „Die Führer, die ihn hierher begleitet haben, waren so freundlich, ihn unterwegs zu speisen."

Eingang zur Vasishta-Höhle heute.
Die Höhle ist inzwischen erschlossen und gut erreichbar.
Wikimedia Commons, Foto: Lalith Reddy, 2016

Nun schaute er Ramdas genauer an und fragte: „Ist das alles, was du bei dir hast? Besitzt du Geld?"

„Nein, Ramdas hat keinen Befehl von Ram, Geld mit sich zu führen", antwortete Ramdas.

„In diesem Fall bist du hierhergekommen, um zu verhungern", sagte der *Sadhu* mit Vorbedacht. „Hör zu", fuhr er fort, „ich werde dir sagen, wie es um mich steht. Ich bin weder ein *Sadhu* noch ein *Mahatma*. Ich bin ein einfacher Kaufmann. Ich bewohne diese Höhle für drei oder vier Monate im Jahr. Es ist nicht möglich, während der Regenzeit hier zu bleiben, wenn der Fluss anschwillt und sein Wasser die Höhle überflutet. Den Rest des Jahres verbringe ich in meiner Heimat in den Ebenen. Dort betreibe ich Handel und erziele Gewinne in Höhe von etwa zweihundert Rupien, mit denen ich hierherkomme. Ich bin niemandem irgendetwas schuldig. Ich gebe mein eigenes Geld aus, um meine Bedürfnisse zu befriedigen. Seit einem Monat lebe ich nur von Milch. Ich nehme täglich nicht mehr als einen dreiviertel Liter Milch zu mir, die ich aus den Dörfern in den Bergen beziehe. Ein Mann aus dem Dorf bringt mir jeden Mittag Milch, und ich bezahle ihn dafür. Verstehst du das? Wenn du etwas zu essen haben willst, musst du die Hügel hinaufsteigen, um *Bhiksha* aus den Dörfern zu erhalten. Das Auf- und Absteigen wird den größten Teil des Tages in Anspruch nehmen, und deshalb ist es nicht lohnenswert, hier zu bleiben. Ich würde dir also raten, diesen Ort so früh wie möglich zu verlassen. Was sind deine Pläne? Wie lange willst du hierbleiben?", fragte er.

„Ramdas hat keine Pläne", antwortete er. „Er weiß nicht, wie lange Ram will, dass er sich hier aufhält. Alles hängt von Ihm ab. Was das Essen betrifft, so nimmt Ramdas keine feste Nahrung an einem Ort zu sich, an dem er sich in Wachsamkeit und Meditation ganz Gott widmet. Da Gott ihm die Möglichkeit gegeben hat, für einige Tage nur von Wasser zu leben, würde er es vorziehen, nicht wegen Nahrung auf den Berg zu steigen."

Der *Sadhu* war durch diese Antwort aufgeschreckt. Er schaute Ramdas aufmerksam an und sagte spöttisch: „Genug von deinem Geschwätz. Ich habe viele *Sadhus* deiner Art gekannt, die leichtfertig vom Wasserfasten sprachen, es aber nicht einen einzigen Tag lang einhalten konnten. Ich will nichts von deiner Prahlerei hören."

Ramdas konnte deutlich sehen, dass Ram wieder Sein altes Spiel spielte.

Er fuhr fort: „Nun, du sagst, du würdest keine feste Nahrung zu dir nehmen, das heißt, du nimmst nur Flüssigkeit zu dir, nicht wahr!"

„Ganz recht, nur Wasser oder Milch, wenn Ram dafür sorgt", erwiderte Ramdas leise.

Der *Sadhu* rief: „Ah! Da haben wir's. Jetzt ist die Katze aus dem Sack."

Nun beugte er sich zu Ramdas, wies mit seinem langen Zeigefinger mit verächtlichen Blicken auf ihn und sagte sarkastisch: „Bist du hierhergekommen, um einen Teil meiner täglichen Milch mit mir zu teilen und mich zu Tode hungern zu lassen? Ist es das, was du meinst?"

Ram, was für ein vollendeter Schauspieler Du bist! Wie der Herr, so der Diener. Ramdas, der diese Kunst zu Deinen Füßen erlernt hat, kann Dir auf Augenhöhe begegnen. Das Stück nahm nun eine schöne Wendung.

Ramdas antwortete gelassen: „Ramji, es liegt Ramdas fern, einen Teil von deiner Milch zu bekommen. Wenn Ram, der ganz Liebe ist, für ihn sorgt, wird er Milch haben, aber wenn Er nicht will, wird er sich mit Wasser begnügen, das er in Hülle und Fülle von Mutter Ganga bekommen kann."

„Wir werden sehen, wir werden sehen", unterbrach der *Sadhu* ihn. „Für die Nacht, die schnell herannaht, werde ich dir zwei Höhlen zeigen. Komm mit." Und er stand auf und ging hinaus. „Du kannst eine von ihnen bewohnen."

Er führte Ramdas ins Freie und zeigte ihm zwei kleine Höhlen, die eine links und die andere rechts von der großen Höhle, in der er lebte. Ramdas wählte die linke. Sie reichte gerade aus, um darin zu übernachten, und außerdem war der Boden mit einer Schicht Heu bedeckt.

Als Ramdas eintrat, stellte er fest, dass es in der Höhle sehr kalt war, so als ob die ganze Kälte von draußen bei Anbruch der Nacht in der Höhle ein Versteck gefunden hätte.

„Du kannst sie später beziehen. Komm mit mir in meine Höhle. Dort ist es noch hell. Wir können eine Weile zusammensitzen", sagte er, und Ramdas folgte ihm in seine Höhle. Aus einer seiner Dosen nahm der *Sadhu* einige Stückchen Zucker, löste sie in einem Messingbecher mit Wasser auf und bot Ramdas den Sirup an. Ramdas trank das gesüßte Wasser. Dann stopfte der *Sadhu* sein *Chilam* und erkundigte sich, ob Ramdas rauche. Ramdas sagte, er habe keine Einwände gegen rauchen, wenn Ram es ihm anbot.

„Du bist ein sonderbarer Kerl", rief er aus. „Du bist es gewohnt, zu rauchen, und trotzdem hast du nichts zum Rauchen bei dir!"

Ramdas erklärte, er sei nur ein Sklave von Ram und nicht Sklave irgendeiner Gewohnheit. Dann nahm er ein paar Züge aus dem *Chilam*.

Es wurde nun ziemlich dunkel. Der *Sadhu* hatte eine kleine Tonlampe angezündet, die auf einem Holzständer stand. Ramdas stand auf und wollte die Höhle verlassen, um zu der kleinen Höhle zu gehen, als der *Sadhu* ihn aufhielt und sagte: „Heute Nacht kannst du bei mir bleiben. Ab morgen kannst du in der anderen Höhle wohnen."

Ram war in der Tat freundlich! Ramdas hatte wirklich den großen Wunsch, wenigstens für eine Nacht in der großen Höhle zu bleiben, die die berühmte Vasishta-Höhle war. Er kehrte zurück und nahm wieder neben dem *Sadhu* Platz. Danach gab es kein Gespräch mehr. Er saß etwa zwei Stunden lang schweigend da und legte sich dann mit Erlaubnis des *Sadhus* hin. Die ganze Nacht über war er halb wach. Auch der *Sadhu* schlief nicht. Er lehnte sich an ein Kissen und war in kurzen Abständen damit beschäftigt, seine Wasserpfeife zu rauchen und sich ab und zu ein Stück Zucker in den Mund zu stecken.

Die Nacht verging. Bei Tagesanbruch erhob sich Ramdas und setzte sich auf, aber er fühlte keine Veranlassung, zu gehen. Nach einiger Zeit sagte der *Sadhu* plötzlich aufbrausend: „Raus mit dir! Was machst du noch hier? Geh in deine Höhle. Ich möchte in *Samadhi* gehen.“

Ramdas schlüpfte leise hinaus und ging in die kleine Höhle, in der er den ganzen Tag über unbewegt saß. Um etwa elf Uhr mittags kamen zwei Männer an der Höhle vorbei und brachten Milch für den *Sadhu*. Eine halbe Stunde später kam einer von ihnen mit einem Becher Milch zu ihm. Er sagte, dass der *Sadhu* in der Höhle Ramdas bitten würde, sie anzunehmen. Ramdas spielte nun seine Rolle so kunstvoll wie Ram die Seine. Er weigerte sich, die Milch anzunehmen, und bat den Mann, sie zum *Sadhu* zurückzubringen. Daraufhin kam der *Sadhu* höchstpersönlich mit dem Milchbecher und drängte Ramdas, zu trinken.

„Maharaj“, sagte Ramdas, „entschuldige Ramdas. Wie kannst du von ihm erwarten, dass er einen Teil deiner Milch erhält, die du selbst für den Tag brauchst? Du erinnerst dich vielleicht daran, wie du ihn gewarnt hast, als du sagtest: ‚Bist du hergekommen, um meine tägliche Milch mit mir zu teilen und mich verhungern zu lassen?‘“

Bei dieser direkten Rede zuckte der *Sadhu* zusammen und senkte den Blick, aber er drängte weiter. „Ich bitte dich“, rief er. „Ich möchte, dass du diese Milch nimmst. Ich habe reichlich Ganges-Wasser damit vermischt. Für mich ist noch eine ausreichende Menge übrig.“

„Es ist klar, Ram will, dass Ramdas für einige Tage eine Wasserdiät einhält, aber da du so hartnäckig bist, nimmt Ramdas deine Milch unter der Bedingung an, dass du ihm nicht noch einmal Milch anbietest, und selbst wenn du es tust, nimmt er sie auf keinen Fall an.“

Der *Sadhu* sagte aufgeregt: „Nun gut.“

Ramdas trank die Milch.

Bis zum Abend blieb Ramdas in der Höhle. Als die Nacht nahte, fand er den *Sadhu* am Eingang der Höhle vor, der seinen Kopf hereinstreckte und ihm zurief: „Möchtest du zu mir kommen, um eine Pfeife zu rauchen?"

Es war offensichtlich, dass er sich Ramdas' Gesellschaft wünschte. Ramdas folgte ihm deshalb in seine Höhle. Er bot Ramdas einige Züge aus seiner Wasserpfeife und eine Tasse Zuckerwasser an. Es gab nicht viel Gesprächsstoff.

Bevor es dunkel wurde, verließ Ramdas ihn und kehrte in seine Höhle zurück. In der Höhle war es nachts sehr kalt. Er bedeckte sich mit einer Decke und setzte sich auf. Etwa zwei oder drei Stunden nach Mitternacht wurde er von Ram aufgefordert, zum *Sadhu* zu gehen, um glimmende Asche zu holen. Es lag getrocknetes Holz vor der Höhle herum. Er dachte daran, ein Feuer zu machen. Eigentlich konnte er die Kälte ertragen. Warum also dieser Gedanke an ein Feuer? Ram, vielleicht willst Du Dich amüsieren. Warum sonst stiftest Du ihn dazu an? Er kroch in der Dunkelheit aus der Höhle, ging zu der anderen Höhle und betrat sie, indem er rief: „Maharaj, hast du freundlicherweise für Ramdas ein bisschen Feuer übrig? Er möchte ein Feuer in seiner Höhle anzünden."

„Eh!", knurrte er. „Du kannst die Kälte nicht ertragen und willst Feuer. Du machst einen Rückzieher, mein Junge. Hier, nimm!"

Ramdas holte glühende Asche und kehrte in seine Höhle zurück. Während er dies tat, hörte er den *Sadhu* etwas in seinem ihm eigenen spöttischen Tonfall murmeln, und Ramdas konnte sich ein Kichern nicht verkneifen. „Ram, Du bist ein richtiger Spaßvogel!" Das Feuer wurde angezündet, und er verbrannte alles Brennholz, das er in der Dunkelheit zusammentragen konnte.

Der Morgen brach an. Ramdas verließ die Höhle. Das Morgenlicht bot ihm einen bezaubernden Anblick. Der Fluss floss in einer Entfernung von etwa zwanzig Metern an der Höhle vorbei. Riesige Felsen waren über das Ufer verstreut. Er setzte sich auf einen dieser Felsen, um die bezaubernde Szene vor sich zu betrachten.

Zwischen einer Kette hoher, bis in den Himmel ragender Berge sprudelte das glitzernde Wasser des Ganges an den Höhlen vorbei nach unten. Die Berge waren mit dichter Vegetation bedeckt, und es sah aus, als ob ein bunter Teppich über sie ausgebreitet war. Orangefarbene Wolken zogen langsam am Himmel vor einem Hintergrund aus reinem Blau vorbei. Stille, Kühle und grauer Nebel durchdrangen die ganze Atmosphäre. Ramdas' Seele war von unaussprechlicher Freude erfüllt. Für eine Weile waren Zeit, Ort und Umstände völlig vergessen. Kein Wunder, dass Vasishta diesen Ort für seinen Ashram auswählte. Diese Luft zu atmen, ist Meditation. Dein ganzes Wesen bleibt in der unendlichen Existenz von Gottes Wesen versunken. Du bist einfach berauscht von ewigem Frieden und Freude.

Außer zwei- oder dreimal am Tag zum Fluss zu gehen, um etwas zu trinken, verbrachte Ramdas die ganze Zeit auf dem Felsen. Als die Nacht ihren dunklen Mantel über die Szene warf, kehrte er in seine Höhle zurück. In der ersten Nacht in der Höhle hatte er ein Kältegefühl, das er jedoch ertragen konnte. In den folgenden Nächten war er völlig frei davon. Wie üblich verging auch die zweite Nacht in einem halbwachen und glückseligen Zustand. Am Morgen fand man ihn wieder auf dem Felsen. Als die Sonne ihren Höhepunkt erreicht hatte, stand plötzlich ein Bergbewohner vor ihm und fragte: „Ist es wahr, dass du vorhast, dich zu Tode zu hungern?"

Ramdas hatte keine Antwort zu geben. Er lächelte nur. Der Mann gab ihm einige halbreife Beeren. Sie waren hart, doch um der Liebe willen, mit der sie ihm angeboten wurden, steckte Ramdas sie in den Mund, kaute sie ein wenig und spuckte sie dann aus. Nun erschien auch der *Sadhu* aus der anderen Höhle auf der Bildfläche, starrte Ramdas an und sagte: „Du bist nicht wegen Yoga hierhergekommen, sondern wegen *Atmaghata* (um dich umzubringen), du Narr!"

Bei diesem erneuten Vorwurf wurde Ramdas' Lachlust erneut angeregt, und er brach in ein herzhaftes Lachen aus.

Dann sagte Ramdas: „Oh Ram, Du hast Dein Kind hierhergebracht und lässt es fasten, und zu allem Überfluss nennst Du es einen Narren. Nun, mach, was Du willst."

Hierin entdeckte Ramdas die Wahrheit des Spruchs: „Der Mensch ist Gott, der den Narren spielt." Der *Sadhu* kochte vor Wut. Er konnte nicht mehr sprechen, drehte sich um und ging zurück in seine Höhle.

Ein weiterer Tag verging. Der *Sadhu* war danach darauf bedacht, Ramdas zu meiden. Die Tage wurden auf dem Felsen verbracht und die Nächte in der Höhle. So vergingen drei weitere Tage.

Nun die denkwürdige Nacht. Es war am fünften Tag, vielleicht nach Mitternacht. Die Nächte waren stockdunkel. Ramdas saß gewöhnlich die ganze Nacht in der Höhle. Plötzlich wurde die Höhle von einem seltsamen Licht erhellt. Ramdas sah die Gestalt eines Mannes, der etwa drei oder vier Fuß von ihm entfernt vor ihm auf dem Boden saß. Sein Gesicht erstrahlte in einem himmlischen Glanz. Die Züge waren fein, regelmäßig und schön. Er hatte einen kurzen, schwarzen, glänzenden Bart und einen Schnurrbart. Die Lippen waren karmesinrot und enthüllten milchweiße Zähne. Weiche, glänzende, schwarze Locken flossen über seine Schultern. Er trug ein langes, dunkles, schokoladenfarbenes Gewand mit weiten, losen Ärmeln. Was Ramdas faszinierte, waren seine Augen. Sie funkelten wie Zwillingssterne. Die Strahlen, die sie aussandten, waren voller Zärtlichkeit, Liebe und Mitgefühl. Ramdas betrachtete sie bezaubert und entzückt. Es kam ihm in den Sinn: „Das ist Jesus Christus." Ein anderer stand neben ihm, aber Ramdas' Blick galt nicht ihm, obwohl er sich seiner Anwesenheit bewusst war. Es konnte ein Jünger sein. Jetzt bewegten sich die Lippen von Christus. Er sprach. Ramdas hörte zu, konnte aber nicht verstehen, was er sagte. Die Sprache klang fremd und war ihm unbekannt. Er sprach vielleicht eine Minute lang, dann verschwand die Vision, während der Lichtschein noch einige Minuten in der Höhle blieb. Ramdas war völlig in Ekstase versunken und kam erst am helllichten Tag wieder zu Bewusstsein.[1]

Ram gab ihm nun zu verstehen, dass sein Aufenthalt an diesem Ort zu Ende ging. Er wusste nicht, zu welcher Stunde er aufbrechen sollte. Bis drei Uhr blieb er wie üblich auf dem Felsen unter freiem Himmel.

Ram sagte im Innern zu ihm: „Fünf Tage Fasten haben deinen Körper geschwächt, und deshalb bist du nicht in der Lage, zurück zum Swargashram zu wandern. Geh zum *Sadhu* und bitte ihn, dir *Rotis* und *Dal* zu geben. Dann mach dich auf den Weg."

Ramdas ging direkt zum *Sadhu* in die Höhle hinauf. Der *Sadhu* zeigte sich bei seinem Anblick überrascht, sah ihn mit geweiteten Augen an und schüttelte fragend den Kopf. Ramdas bemerkte eine deutliche Veränderung an

---

[1] Die Höhle, die Ramdas bewohnte, hieß Arundhati-Höhle. Einer Legende nach soll Jesus dort seine letzten unbekannten Jahre verbracht haben, wovon Ramdas allerdings nichts wusste.

ihm. Sein Gesicht war blass, herb und besorgt. Seine häufigen Wutausbrüche müssen ihm zugesetzt haben.

Ramdas: „Maharaj, Ram will, dass Ramdas diesen Ort nun verlässt, aber da seine Glieder wegen des Fastens schwach sind, ist er gekommen, um dich zu bitten, ihn mit *Rotis* und *Dal* zu speisen, damit er genügend Kraft für seine Rückreise gewinnt."

Eine Weile schwieg der *Sadhu*, dann erstrahlte ein Lächeln auf seinem Gesicht. Zuerst mischte er etwas Zucker in Wasser, ließ es Ramdas trinken und bat ihn, ihm zu folgen. Er führte Ramdas hinaus, und beide gingen zum Fuß eines eine halbe Meile entfernten Berges. Dort, an einem kleinen Wasserlauf, fanden sie fünf kräftige Bergbewohner bei der Arbeit vor. Sie drechselten Holz auf einer mit Wasserkraft betriebenen Drechselbank mit einem groben Holzrad, das sich auf einer langen Spindel drehte, an deren Ende ein runder Holzklotz befestigt war. Mit scharfkantigen Werkzeugen bearbeiteten sie das Holz und fertigten schön geformte Gefäße. Der *Sadhu* ging zu ihnen und sagte: „Seht her, hier ist ein *Sadhu*, der fünf Tage lang gefastet hat. Er will Essen. Ich habe keine Lebensmittel bei mir. Wird einer von euch zu seinem Dorf auf den Hügeln laufen und mir Proviant für eine Mahlzeit besorgen? Hier ist Geld für den Kauf der Dinge." Und er holte einige Münzen hervor.

Sie sahen Ramdas an und wandten sich an den *Sadhu*: „Wir können aus dem Vorrat an Weizenmehl, *Ghee* und *Dal*, den wir bei uns haben, eine Mahlzeit für ihn entbehren, aber wir werden keine Bezahlung dafür akzeptieren."

Der *Sadhu* wandte ein: „Das geht nicht. Ihr sollt den Preis für die Dinge, die ihr ihm gebt, annehmen. Ich möchte ihn auf meine Kosten ernähren."

So überredete er sie, die Bezahlung zu akzeptieren. Sie kehrten mit den Lebensmitteln in die Höhle zurück. Der *Sadhu* war ein schneller und geschickter Koch und bereitete in weniger als einer halben Stunde vier mit *Ghee* bestrichene *Rotis* und Curry aus grünem *Dal* zu.

Die Rückkehr zum Swargashram

Der *Sadhu* besorgte einige große Blätter von den Sträuchern draußen und packte das Essen damit ein. Dann bat er um das Ersatz-*Kaupin* von Ramdas, wickelte das Päckchen darin ein und reichte es ihm mit den Worten: „Geh ans Flussufer, iss so viel, wie du brauchst, und nimm den Rest für unterwegs mit. Wenn du fertig bist, werde ich dich zum Flussufer begleiten, wo du einen Mann mit einem Floß vorfinden wirst. Er wird dich ans andere Ufer bringen. Du kannst auf der anderen Flussseite zurückwandern."

So ging Ramdas zum Flussufer, setzte sich auf einen Stein, konnte aber nicht mehr als ein Viertel eines *Rotis* und eine kleine Menge *Dal* verzehren. Den Rest schnürte er wieder zusammen und machte sich auf den Weg. Der *Sadhu* brachte ihn zum Floß und wies den Flößer an, ihn über den Fluss zu rudern. Ramdas ging auf das Floß, und der *Sadhu* kehrte in seine Höhle zurück. Die Strömung des Flusses war sehr stark, aber der Flößer war ihr gewachsen. Er ruderte weiter. In der Mitte des Flusses fragte er Ramdas, was er in dem Päckchen trug. Ramdas sagte ihm, dass es *Dal* und *Rotis* seien. Da sagte er mit einem strahlenden Lächeln: „Ich bin so hungrig. Ich wäre dir dankbar, wenn du mir das Essen gibst."

Ramdas ließ sich nicht zweimal bitten und wollte keinen Dank. Mit der größten Freude reichte er ihm das Päckchen. Er verstand nun, dass Ram wollte, dass er es dem Flößer zuliebe bei sich trug.

Ramdas erreichte das andere Ufer. Als er ein paar Schritte auf dem Sand gegangen war, traf er einen alten Mann, der einen umgestürzten Baum mit einer Axt abhackte, um einen Pfosten herzustellen. Ramdas ging zu ihm hin und setzte sich neben ihn.

„Ramji", fragte Ramdas, „würdest du Ramdas bitte den Weg zeigen, der zum Swargashram führt?"

Der freundliche alte Mann hielt mit seiner Arbeit inne, sah zu ihm auf und sagte: „Der Swargashram ist weit, weit weg. Es gibt keine ausgetretenen Pfade oder Wege. Du musst von Etappe zu Etappe gehen und unterwegs Erkundigungen einziehen. Es wird bereits dunkel. Du kannst also nicht daran denken, deine lange Reise jetzt zu beginnen. Du gehst den Weg, den ich dir zeige. Eine Meile bergauf siehst du zwei Häuser, die von Maisfeldern umgeben sind. Die Menschen dort werden dir gerne eine Unterkunft für die Nacht geben. Morgen kannst du deine Reise fortsetzen."

Er deutete auf einen schmalen Zickzackpfad, der inmitten eines dichten Baumbestands die Hügel hinaufführte. Er kletterte hinauf und fand sich nach etwa einer Meile Aufstieg auf einer weiten Fläche grüner Felder wieder, während sich der Berg im Hintergrund noch höher erhob. Er bemerkte zwei kleine Häuser, etwa vierzig Meter voneinander entfernt, die mitten in den Feldern standen, und ging durch die Felder zu einem von ihnen. Vor dem Haus befand sich eine erhöhte Plattform aus Holzplanken, die von kräftigen Baumstümpfen gestützt wurde. Er betrat sie. Dort saßen ein Mann mittleren Alters und ein alter Mann neben zwei Burschen. Die beiden ersteren waren damit beschäftigt, eine zerrissene Decke zu flicken. Als sie ihn sahen, stand der Mann mittleren Alters auf, holte einen schwarzen Teppich aus dem Haus, breitete ihn auf dem Boden aus und winkte ihm, darauf Platz zu nehmen. Ramdas setzte sich hin. Er fragte, woher Ramdas käme und wohin er wolle. Ramdas antwortete, dass er aus dem Vasishtashram käme und auf dem Weg zum Swargashram sei.

Der Mann mittleren Alters: „Dann musst du den *Sadhu* getroffen haben, der in der Höhle lebt. Er lässt keinen anderen *Sadhu* an diesem Ort wohnen. Er legt es darauf an, ihn zu vertreiben. Er ist hart und grausam."

Ramdas sagte: „Äußerlich mag er hart erscheinen, aber er hat ein weiches Herz. Gottes *Lila* ist wunderbar! Er spielt auf verschiedene Weise. Der *Sadhu* gab Ramdas *Dal* und *Rotis* zu essen, bevor er den Ashram verließ. In vielerlei Hinsicht war er freundlich und liebevoll zu ihm."

Er antwortete: „Das ist seltsam. Wir haben ihn alles andere als freundlich und zuvorkommend erlebt. Übrigens, was sollen wir dir für die Nacht anbieten?"

Nach einer nachdenklichen Pause sagte er: „Ich habe ein paar Kühe", und deutete auf eine Kuhherde, die in einem offenen Gehege gegenüber seiner Behausung ruhte, „aber es ist schade, dass im Augenblick keine von ihnen Milch gibt, sonst würde ich dir gerne Milch geben."

Wiederum nach kurzem Nachdenken rief er seinen Sohn – einen der Jungen – und bat ihn, mit einer Kanne zum Nachbarhaus zu laufen, um Milch zu holen, und breitete zwei dicke Decken auf einer Pritsche in der Hütte aus, dem einzigen Möbelstück. Er zündete ein Feuer an und bat Ramdas, hineinzugehen und sie zu benutzen. Er hieß ihn, sich hinzulegen, und begann, seine Beine zu massieren. Er wandte sich an Ramdas, wobei sein Herz vor Liebe übersprudelte: „Du bist wahrhaftig *Ishwara* (Gott), der zu meinem bescheidenen Wohnsitz gekommen ist. Ich bin nur ein unglücklicher *Samsari* (weltlicher Mensch), verloren im Strudel der *Maya*. Ich habe Gott angefleht, mir Frieden zu geben, und Er ist als Antwort auf mein Gebet in deiner Gestalt zu mir gekommen. Gott ist in der Tat das Meer des Mitgefühls und der Barmherzigkeit."

Ramdas erwiderte: „Hare Ram, das ist alles Deine *Lila*. *Ishwara* ist der Freund der Hilflosen und Diener Seiner Verehrer. Ramdas ist nur ein Kind Gottes. Du bist in der Tat derjenige, der ihn mit Seiner grenzenlosen Liebe überflutet."

Ramdas findet keine Worte, um auszudrücken, mit welcher mütterlichen Freundlichkeit und Fürsorge er sich um Ramdas kümmerte. Seine etwa zwölfjährige Tochter bereitete das Essen zu, da seine Frau nicht mehr im Land der Sterblichen weilte. Das Innere der Hütte wurde von einem Feuerscheit schwach erhellt. Der Gastgeber verließ Ramdas und kehrte mit einem Becher heißer Milch und einem weichen *Roti* zurück, das er zerkleinerte und mit der Milch vermischte. Währenddessen holte er einige weiße Dinge aus einem vollen Korb in der Nähe und bot sie Ramdas an. „Iss sie", sagte er.

Ramdas drückte sie zwischen seinen Fingern und fühlte, wie weich sie waren. In dem schummrigen Licht konnte er kaum erkennen, was es war. Ramdas steckte ein Stück in seinen Mund. Es schmeckte köstlich.

Der Wirt: „Das ist *Kand*, eine Wurzel, die du da isst. Sie ist gekocht. Wir bekommen sie in dieser Gegend in Hülle und Fülle."

Ramdas: „Ramji, Ramdas möchte lieber noch zwei Stücke von dieser Wurzel essen und muss wegen *Roti* und Milch entschuldigt werden."

„Nein, nein", mahnte er liebevoll, „du sollst beides haben. Du darfst so viel *Kand* essen, wie du willst, aber du sollst auch die Milch trinken, in der ich das *Roti* eingeweicht habe."

Ramdas musste die mit dem *Roti* angedickte Milch trinken und auch noch ein paar Stücke *Kand* essen. Dann nahmen alle Bewohner ihr Abendessen ein. Bis tief in die Nacht ging das fröhliche Gespräch über Gott, *Bhakti*, *Prem* (Liebe) und *Anand* (Glückseligkeit) weiter. Der Gastgeber war die ganze Zeit in Ekstase.

Nach einigen Stunden Schlaf wachte Ramdas am Morgen auf und machte sich auf den Weg. Der Gastgeber war untröstlich. Mit Tränen in den Augen appellierte er an Ramdas, noch einen Tag länger bei ihm zu bleiben. Doch Ram befahl ihm, den Ort zu verlassen. Es war unumgänglich. Er umarmte den freundlichen Gastgeber zum Abschied. Dieser sagte: „Du siehst weiter oben auf den Hügeln einen kleinen Fleck. Es ist eine Gruppe von Hütten. Behalte sie im Blick und gehe darauf zu. Du kannst dort zur Mittagszeit ankommen, und die gastfreundlichen Bewohner des Dorfes werden sich um deine Bedürfnisse kümmern."

Nachdem Ramdas durch Wälder und Täler gekommen war, erreichte er das Dorf, als die Sonne über ihm stand. Auch hier behandelten ihn die Dorfbewohner mit der größten Gastfreundschaft. Nach dem Essen machte er sich wieder auf den Weg.

Der alte Mann des Dorfes sagte: „Maharaj, du hast noch eine Strecke von etwa zehn Meilen zurückzulegen. Es gibt weder einen Fußweg, noch liegen irgendwelche Dörfer auf dem Weg. Wenn du dich allein auf den Weg machst, wird nur Gott dein Führer sein. Ich kann dir nur die Richtung zeigen, in die du gehen musst."

Der alte Mann wies mit seinem Zeigefinger in die Richtung, und Ramdas wanderte weiter. Nachdem er etwa eine Meile gegangen war, fand er sich in einem dichten Dschungel wieder. Der Boden war fast knietief mit trockenem Laub bedeckt. Er watete hindurch und ging aufs Geradewohl weiter. Er war in Gesprächsstimmung und wandte sich an Ram: „Göttliche Mutter, Du bist es, die dieses Kind hierhergebracht hat, um auf diesen heiligen Hügeln zu wandern. Es liegt an Dir, es zu führen und zu leiten."

Als er weiterging, kam er an einen Abhang. Hier entdeckte er am Rand einer Klippe eine Höhle. Er spähte hinein. Drinnen war es völlig dunkel. Er hatte gehört, dass solche Höhlen in der Regel ein Versteck für wilden Tieren sind. Er dachte, dass er jetzt eine Gelegenheit hatte, *Darshan* von Ram in der Gestalt eines Tigers oder Löwen zu bekommen, sprang in die Höhle, rief dreimal „Hari Om" und wartete das Ergebnis ab. Kein Tier kam aus der Höhle.

Es war Rams Wille, dass er nicht mit wilden Tieren konfrontiert wurde. Er ging hinaus. Vor ihm gähnte ein tiefer Abgrund. Diesen musste er hinunterklettern.

„Nun, Ram, was schlägst Du vor?", fragte Ramdas.

„Fürchte dich nicht, Kind, steig hinab", lautete Rams kühle Antwort.

Ramdas begann hinunterzusteigen. Die Spalten des rauen Felsens dienten ihm als Fuß- und Handstütze. Ein kleiner Ausrutscher bedeutete einen Sturz von über zweihundert Fuß und die sichere Vernichtung des Körpers. Aber da war Rams Zusage. Die Furcht hatte Ramdas ein für alle Mal verlassen. Langsam und beständig, Schritt für Schritt, stieg er nach unten. Ramdas' Körper schien wie eine aufgeblasene Gummipuppe zu sein, so leicht und so elastisch. Die Atmung hatte automatisch aufgehört. Die zerbrechlichen Fußstützen hatten zeitweise gewackelt. Durch den Druck des Fußes waren Gesteinsbrocken herabgefallen und hatten hallende Geräusche in der Tiefe des Tals erzeugt. Er hatte keine Ahnung, wie lange er brauchte, um den Grund der Schlucht zu erreichen. Es schien alles so kurz zu sein. Er landete schließlich sicher am Fuß des Felsens. Auch hier rief er „Hari Om", und das Echo hallte von den riesigen Hügeln ringsum wider.

Ramdas rief aus: „Ram, wie ruhmreich Du bist! Du hast Ramdas eine höchst wunderbare Leistung vollbringen lassen."

Ram erwiderte: „Das ist noch nicht alles. Es warten noch weitere Heldentaten auf dich. Geh weiter."

Ramdas setzte seine Wanderung im kühlen Schatten der gigantischen Bäume fort.

Ramdas: „Oh Ram, wie gesegnet ist Ramdas, dass er sich Deiner Gesellschaft selbst an diesem einsamen Ort bewusst ist!"

„Mein Kind", versicherte Ramdas, „du wirst dir in Zukunft immer Meiner Gegenwart bei dir, in dir und überall um dich herum bewusst sein. Ich gewähre dir dieses Wissen aufgrund deines vollkommenen Einsseins mit Mir. Du und Ich sind eins."

Als Ramdas dies hörte, lachte er vor lauter Freude.

Eine halbe Meile wurde zurückgelegt. Nun kam er an den Rand eines weiteren Abhangs, der steiler war als der vorherige, aber ohne jeden Halt, um hinunterzuklettern. Es war ein glatter, flacher Felsen, der senkrecht nach unten verlief. Als er ihn sah, kicherte er und sagte: „Ram, jetzt hab' ich Dich. Ramdas würde gerne wissen, wie Du das Problem jetzt angehen wirst."

„Langsam, langsam", warf Ram sofort ein. „Zweifellos bist du schlau, aber Ich bin schlauer, als du dir je vorstellen kannst. Schau nach rechts. Dort fällt der Boden ab, aber der Abhang ist steil und rutschig. Versuch es dort."

Ramdas schritt darauf zu, drehte ein paar Kapriolen, lachte und sagte: „Ram, Du bist ein guter Kerl, aber es geht nicht. Wie Du siehst, ist der Abhang nicht nur abrupt, sondern auch mit loser Erde bedeckt. Wenn man den Fuß daraufsetzt, rutscht man aus, und Ramdas wird dann wie eine gefaltete Matratze hinunterrollen, bis er unten ankommt. Das gefällt Dir, was?"

„Ramdas, dein Lachen und dein Gehabe kommen zu früh", bemerkte Ram. „Du scheinst die Augen, die Ich dir gegeben habe, nicht zu gebrauchen. Schau gut hin. Am Hang entdeckst du in einiger Entfernung voneinander Stümpfe aus vertrocknetem Gras. Das sind Wurzeln von dickem Schilf, und da sie trocken sind, kann man sie nicht von der Erde unterscheiden, aber wenn du genau hinsiehst, wirst du sie erkennen. Sie sind stark genug, um deine Füße zu stützen. Steig unverzüglich hinab."

Ram hatte Recht. Es gab Wurzeln. Ramdas kroch also auf allen Vieren hinunter, wobei er die getrockneten Grashalme nacheinander als Fußstützen benutzte, bis er fast das Ende des Abhangs erreicht hatte, hinter dem sich wiederum ein steiler Abgrund befand und das Gefälle nicht mehr kontinuierlich war. Die Lage, in der er sich nun befand, war äußerst gefährlich. Er war etwa zwei Meter vom äußersten Rand des Abhangs entfernt, und einen Meter weiter unten war nur noch das schwache Anzeichen eines Stumpfes zu sehen, der nicht mehr als eine Zehe tragen konnte. Als er hier stehen blieb, fragte er: „Ram, was nun?"

Ram war immer bereit mit Seinen Hinweisen. Er meldete sich zu Wort: „Sieh mal, Kind, dort ist ein Zweig, der am Rand des Abhangs aus der Tiefe emporragt. Er ist über einen Zentimeter dick. Erreiche ihn mit den Füßen, indem du mit Hilfe der kleinen Graswurzel einen Meter hinuntersteigst. Danach wirst du wissen, was du als nächstes tun musst."

Ramdas befolgte Rams Anweisungen und klemmte den Zweig wie ein Affe zwischen den großen Zeh und den anderen Zehen seines linken Fußes. Sicherlich erinnerte sich Ramdas hier an *Hanuman*, den großen Verehrer von Sri Ramachandra. Der Körper wurde von Ramdas als leicht wie eine Feder empfunden. Mit einem Fuß auf dem Zweig balancierend, ließ er den anderen von der Graswurzel los. Einige Sekunden lang balancierte sein ganzer Körper auf einem Fuß. Ramdas machte sich nun klein und hielt sich mit beiden Händen an dem Zweig fest. Die ganze Zeit schwankte der schlanke Zweig höchst bedrohlich hin und her. Jetzt blickte er nach unten. Die Tiefe unter ihm war gewaltig, aber hurra! Ram, Du bist ein Wundertäter! Der Zweig, auf dem Ramdas verweilte, gehörte zu einem hohen Baum, der am Fuße des Abgrunds stand. Er stieg langsam hinab und kam allmählich auf die kräftigeren Äste des Baumes. Jetzt wurde der Abstieg leicht. Der Baum war ein wahrer Riese des Waldes und so hoch, wie Ramdas es noch nie zuvor gesehen hatte. Endlich erreichte er den Boden. Jetzt lachte Ram auf Ramdas' Kosten. Ramdas war stumm. Jedes Mal wurde er geschlagen, und Ram hatte die Oberhand.

Wieder erblickte Ramdas eine Höhle, in die er eintrat und laut „Hari Om" rief, aber er erhielt keine Antwort. Von nun an musste er so manchen Abhang überwinden, aber das war kein Problem. Er rannte nun mit voller Geschwindigkeit, hüpfte und tanzte auf den Felsen. Plötzlich fand er sich am Ufer des Ganges wieder. Hier musste er ein kleines Kunststück am Abbruch eines in den Fluss hineinragenden Felsens vollbringen. Auf der Sandbank eilte er weiter, bis er Phulchetty erreichte.

In Phulchetty gab es ein *Dharmashala*, das von Punjabi-*Sadhus* betrieben wurde. Als Ramdas auf das Gebäude zulief, empfing ihn ein junger *Sannyasin* mit offenen Armen. Er umarmte ihn so herzlich, als ob er einen lange verlorenen Bruder oder ein Kind getroffen hätte. Er nahm Ramdas mit ins *Dharmashala*, hieß ihn, sich auf ein *Asan* zu setzen, massierte eine Zeit lang seine Beine und gab ihm mit unendlicher Liebe reichlich zu essen. Ram, das ist alles Dein Werk, Du ewige Liebe, die sich überall manifestiert.

Von Phulchetty aus ging Ramdas am selben Abend hinauf zum Swargashram, der nur noch zwei Meilen entfernt war und den er vor Einbruch der Dunkelheit erreichte.

Als Ramdas zum Swargashram zurückkehrte, lenkte er seine Schritte zu dem Doppel-*Kuti*, das er mit den beiden anderen Freunden bewohnt hatte, bevor er zum Vasishtashram gegangen war, aber er fand es verschlossen vor. Für die Nacht suchte er Zuflucht in einem *Kuti*, das in Trümmern lag. Dieses *Kuti* bestand aus nichts als zwei Wänden und einer Blechabdeckung oben. Die Nacht war kalt, und ein eisiger Wind blies in das baufällige *Kuti*. Die Nacht verging, und auch am nächsten Tag fand er das Doppel-*Kuti* immer noch verschlossen vor.

In der gleichen Reihe wie das verfallene *Kuti*, in dem Ramdas eine Nacht verbrachte hatte, befand sich ein weiteres, das von einem alten *Sadhu* aus Maharashtra bewohnt wurde. Er hatte Ramdas beim letzten Mal kennengelernt. Er informierte Ramdas darüber, dass Ramcharandas und Bhavanishankerrao den Swargashram einige Tage zuvor verlassen hatten und Ramcharandas das Doppel-*Kuti* verschlossen hatte. Er wollte Ramdas in seinem *Kuti* unterbringen. Ramdas nahm seine Gastfreundschaft an. Der Raum, den er bewohnte, war nur zehn mal vier Fuß groß. Es gab der Breite nach ein leicht erhöhtes Erdpolster, das als Sitz- und Schlafplatz für den einzigen Bewohner gedacht war. Der freundliche *Sadhu* bestand darauf, dass Ramdas die Erhöhung benutzte. Er selbst schlief und saß auf der unteren Etage zu Ramdas' Füßen. Der *Sadhu* war ein kleinwüchsiger Mann. Er rauchte gerne *Ganja*. Sein *Sadhana* bestand darin, zweimal am Tag die Avadhuta Gita von Sri *Dattatreya* in Sanskrit zu lesen. Für *Bhiksha* gingen er und Ramdas mittags zum *Annakshetra*. Eine Mahlzeit am Tag genügte Ramdas immer. Das war auch beim *Sadhu* der Fall.

Wegen des *Kumbhamela* und der bevorstehenden Pilgerfahrt nach Badrinath und Kedarnath gab es einen ungewöhnlichen Ansturm von Pilgern vor der festgelegten Zeit. Sie wanderten in den Swargashram, um den *Darshan* der *Sadhus*, die in den *Kutis* wohnten, zu haben. Sie machten den *Sadhus* Geschenke aus Esswaren, Kleidung und Geld. Die frommen Pilger warfen ihre Geschenke in den Raum, bevor sie das *Kuti* nach dem *Darshan* verließen. Meistens warfen sie Münzen hinein. Jeden Tag kamen zehn bis zwölf *Annas* zusammen. Der *Sadhu* hatte ein *Jholi* oder einen Beutel, in dem er die Münzen aufbewahrte. Mit dem Geld lief er zu dem kleinen Basar außerhalb des Ashrams und besorgte Milch, Tee, Zucker und Esswaren. Er kochte zweimal am Tag Tee aus den Erträgen der Almosen. Ramdas stellte fest, dass das

Leben des *Sadhus* von morgens bis abends aus einem ständigen Holen und Zubereiten von Tee bestand. Sogar seine tägliche Lektüre der Avadhuta Gita musste deshalb unterbrochen werden.

Als die Tage vergingen, begannen die Münzen wie ein Schauer hereinzuregnen. Manchmal waren auch Silbermünzen darunter. Jeden Tag blieben Münzen nach den Ausgaben übrig. Das *Jholi* wurde von Tag zu Tag schwerer, und der *Sadhu* wurde überaktiv wie eine Katze mit einem verbrannten Schwanz. Ramdas wollte dem ein Ende bereiten und führte mit dem *Sadhu* ein offenes Gespräch über das Thema Geld.

„Sadhuji, Gott hat uns eine Unterkunft im *Kuti* gegeben und ernährt uns mit einer Mahlzeit am Tag. Er will, dass wir unsere ganze Zeit Seinem Gedenken widmen. Was tun wir nun? Tee, Essen und Mahlzeit sind die einzigen Dinge in unserem Leben geworden. Wie du weißt, haben *Sadhus* nichts mit Geld zu tun. In dem Moment, in dem du überschüssiges Geld hast, nachdem deine leiblichen Bedürfnisse befriedigt sind, denkst du darüber nach, wie du es ausgeben sollst. Du läufst auf den Basar für Dinge, auf die man verzichten kann, und gerätst in einen Strudel von täuschender Aktivität. Deshalb werden wir in Zukunft keine Münzen mehr von den Besuchern annehmen. Wir werden sie bitten, uns keine anzubieten. Lass uns sehen, wie viel wir bereits gesammelt haben.“

Der *Sadhu* lehnte sich zunächst gegen den Vorschlag auf, gab aber schließlich nach, als Ramdas ihn bat, zwischen ihm und dem Geld zu wählen. Er nahm den Beutel vom Haken an der Wand und schüttete seinen Inhalt aus. Es waren etwa fünf Rupien, größtenteils in Kupfermünzen. Der *Sadhu* war für den Moment von dem überzeugt, was Ramdas ihm über die Geldfrage gesagt hatte.

„Was sollen wir mit dem Geld tun? Sollen wir es einem anderen *Sadhu* geben?“, fragte er.

„Wie kannst du etwas einem anderen *Sadhu* geben, wenn du es für dich selbst als schlecht empfindest?“, meinte Ramdas.

„Was soll man dann tun?“, fragte er.

Ramdas sagte: „Die einzige Möglichkeit ist, das Geld wegzuwerfen und die Sache damit zu beenden.“

Bei dieser Andeutung riss der *Sadhu* seine Augen weit auf und sah Ramdas überrascht an.

„Komm mit, hol die Münzen", sagte Ramdas und ging hinaus. Der *Sadhu* gehorchte blindlings. Ramdas führte den *Sadhu*, der beide Hände voller Münzen hatte, zu einem Dornbusch, der völlig unzugänglich war.

„Jetzt wirf die Münzen in den Busch", riet Ramdas.

Mit einem Wurf flogen die Münzen in das dichte Gebüsch und verschwanden. Dann kehrten sie zum *Kuti* zurück. Dies geschah am Abend.

Am nächsten Tag waren die Pilger wieder auf ihrer unermüdlichen Suche nach *Sadhus* und kamen in größerer Zahl als zuvor. Sie wurden sowohl von Ramdas als auch vom *Sadhu* gebeten, keine Geldgeschenke mehr zu machen, aber sie warfen trotzdem Münzen auf den Boden des Raumes am Eingang, wie es ihre Gewohnheit war. Diesmal kullerten nicht nur Kupfermünzen, sondern auch silberne Rupien herein. Am Abend stellten sie fest, dass die Summe mehrere Rupien betrug. Ramdas gab es auf – es war Rams Wille – und schwieg über die Angelegenheit. Der *Sadhu* verhielt sich kühl, als ob in der Geldangelegenheit nichts geschehen wäre, bereitete Tee zu und lagerte die aus dem Geld erstandenen Vorräte.

Die Kumbhamela in Haridwar

Der Haupttag der *Kumbhamela* rückte näher. Es sollte am nächsten Tag stattfinden. Ramdas fragte den *Sadhu*, ob er vorhabe, das Fest in Haridwar zu besuchen. Der *Sadhu* schien den großen Wunsch zu haben, am nächsten Tag in Haridwar bei dem großen Ereignis dabei zu sein. Er bat Ramdas, ihn zu begleiten. Auch Ramdas wollte den Spaß miterleben. Dass sie auf dem Fest viel Spaß hatten, geht aus dem Folgenden hervor.

Sie brachen am Nachmittag auf. Ein anderer alter *Sadhu*, der ein ständiger Bewohner des Swargashram war, schloss sich ihnen an. Sie machten in Sat Narayan Chutty, sieben Meilen vom Swargashram entfernt, Halt für die Nacht. Am nächsten Tag wanderten sie nach der *Bhiksha* nach Haridwar, wo sie gegen fünf Uhr abends ankamen. Die beiden Ufer des Ganges in Haridwar waren von einer brodelnden Menschenmasse belagert. Kilometerweit war jeder Winkel und jede Ecke von Pilgern und *Sadhus* besetzt. Es war eine gewaltige Versammlung. Es wurde gesagt, dass über 1.300.000 Menschen dort versammelt waren.

Die *Sadhus* zwängten sich zwischen zwei Pilgergruppen zum gegenüberliegenden Ufer des Flusses hindurch. Die *Muhurta* oder glückverheißende Stunde für ein Bad im Brahmakund war vier Stunden nach Mitternacht. Der Glaube besagt, dass diejenigen, die zu dieser Stunde im Brahmakund baden, Unsterblichkeit erlangen. Ramdas schätzte diese billige Methode, Unsterblichkeit zu erlangen, nicht und glaubte auch nicht daran. Gott hatte ihm diesen höchsten Segen bereits gewährt, indem Er ihn durch den notwendigen Kampf und das *Sadhana* gehen ließ. Er war dort, um Zeuge der prächtigen *Mela* von Hunderttausenden von Menschen zu werden. Allein der Anblick der riesigen Menschenmassen versetzte ihn in Ekstase.

Bis zwölf Uhr lagerte die Menschenmasse ruhig am Ufer des Flusses. Jetzt setzte eine Bewegung ein, die den riesigen Wellen im Ozean glich. Tausende von Pilgern eilten zu dem begehrten Brahmakund. Die beiden *Sadhus* und Ramdas mussten sich dem Haufen anschließen. Um zu verhindern, dass sie voneinander getrennt wurden, hatten die *Sadhus* ihre Hände ineinander verschränkt. Die Menge konnte sich nur sehr langsam bewegen. Manchmal brauchte sie mehr als fünf Minuten, um einen Meter vorwärtszukommen. Hunderte von Polizisten waren im Einsatz, um die Ordnung aufrechtzuerhalten und Unfälle zu verhindern. Sie zogen immer weiter. An einigen Stellen blieb die Menschenmasse über eine halbe lang Stunde stehen. Ein Weiterkommen war nicht möglich, da eine dichte Menschenmenge aus der entgegengesetzten Richtung kam. Von hinten drängten Tausende von Menschen. Sie wurden zerquetscht und ausgepresst wie Zuckerrohr in der Entsaftungsmaschine. Die *Sadhus* brüllten. Der alte *Sadhu*, der neu zu ihnen gestoßen war, erschrak zu Tode. „Ich will kein Bad im Kund oder so etwas Gesegnetes!", rief er aus. „Ich wünschte, ich käme aus diesem unerträglichen Zustand mit heilen Knochen und heiler Haut heraus."

Aber es gab kein Entkommen. Sie hatten sich auf diese Erfahrung eingelassen und mussten sie unfreiwillig durchstehen. Der einzige Gedanke des *Sadhus* war die Befreiung aus dieser höchst unangenehmen Situation, in der er sich befand, und er schätzte eine solche Freiheit als nichts weniger als die Unsterblichkeit selbst.

Endlich erreichten sie einen freien Platz an einer breiten Straße, wo eine Reihe von Polizisten mit Hilfe ihrer langen Latten, die als Zaun dienten, zwei anstürmende Menschenmengen aus entgegengesetzten Richtungen der Straße in Schach hielten. Die *Sadhus* kauerten sich in der Nähe eines Süßwarenladens am Straßenrand hin. Es verging kaum ein Augenblick, als der Lattenzaun aufgrund des enormen Drucks der Menge in eine Richtung nachgab. Es entstand ein Tumult. Schreie, Gebrüll, Getrampel und Flüche erschütterten die Luft. Der alte *Sadhu*, der sich in der Nähe von Ramdas befand und sich verloren gab, stieß einen durchdringenden Schrei aus.

Ramdas lehnte an der Wand des Ladens und fand zwei Männer auf seinen Knien, zwei auf seinen Schultern und einen an seinem Hals, der sich unter dem Gewicht nach unten beugte. Während dieses wunderbaren Erlebnisses war er vollkommen ruhig und gefasst. Zu diesem Zeitpunkt, so erinnert er sich, hatte er völlig aufgehört zu atmen. Er trug den schweren menschlichen Körper mit Leichtigkeit. Wäre er hingefallen, wäre er zu Brei zertrampelt worden, aber Gottes schützende Hand lag immer auf ihm.

Ramdas hörte nun einen kläglichen Schrei von dem alten *Sadhu*. Eine stämmige Mutter hatte sich auf seine Brust gestellt, und er ermahnte sie: „Oh Mutter, du bist meine liebste Mutter. Bitte komm herunter von meiner Brust.

Ich kann dein Gewicht nicht tragen. Oh Mutter, tausend Verneigungen zu deinen kostbaren Füßen, bitte komm herunter!"

„Das kann ich nicht tun, Sadhuji", antwortete die Mutter. „In dem Moment, in dem ich zu Boden springe, bin ich erledigt. Hab noch eine Weile Geduld."

„Oh!", rief der *Sadhu*, „du willst mich also umbringen. Warum bin ich überhaupt hierhergekommen? Verflucht sei der Gedanke, der mich in diese Todesfalle geführt hat."

Die angespannte Situation währte nur wenige Minuten. Die Polizei bekam die Menschenmenge wieder in den Griff, und der Platz wurde geräumt. Ramdas wurde von seiner Last befreit und auch der alte *Sadhu*. Der *Sadhu* atmete erleichtert auf, als die kräftige Dame ihren Stellplatz auf seiner Brust verließ.

Bis zum Abend des nächsten Tages wurden sie von der tobenden Menge und der Polizei hin- und hergetrieben, und sie konnten sich nicht aus dem riesigen, verwickelten Menschenknäuel befreien. Doch nachdem die Sonne untergegangen war, fanden sie einen Ausweg und machten sich so schnell sie nur konnten auf nach Rishikesh.

Die nächtliche Massenpanik hatte über hundert Opfer gefordert. In der Nacht machten sie erneut in Sat Narayan Chutty Rast und erreichten am nächsten Tag den Swargashram. Der Schrecken und die Erschöpfung, der der alte *Sadhu* auf der *Mela* ausgesetzt gewesen war, machten sich bemerkbar, und er lag über eine Woche lang mit Fieber und nervöser Schwäche im Bett, während Ramdas und sein Begleiter, der *Sadhu*, gesund wie ein Turnschuh waren und sich die Erfahrung, die sie durchgemacht hatten, nicht auswirkte.

Der Nilkant-Berg

Da tauchte Ramcharandas im Swargashram auf.

Nun ließ sich eine Gruppe bestehend aus Ramdas, Ramcharandas, dem *Sadhu* aus Maharashtra und zwei *Sannyasins* auf das Abenteuer ein, [den Nilkant-Berg in der Nähe des Swargashram zu besteigen]. Einer der *Sannyasins* kannte den Weg, der zum Nilkant-Schrein[1] hinaufführte, da er bereits zuvor Gelegenheit gehabt hatte, den Ort zu besuchen.

Bevor sie die Wanderung antraten, füllte Ramcharandas sein *Jholi* mit Lebensmitteln aus dem Marwadi-*Annakshetra* auf. Er besaß zwei Aluminiumgefäße und besorgte sich aus dem *Kshetra* ein Handbeil zum Hacken von Brennholz.

Am frühen Morgen begann die Gruppe mit dem Aufstieg auf den Hügel. Der *Sannyasin* führte sie auf dem richtigen Weg, der spiralförmig verlief und leicht zu erklimmen war. Sie mussten eine Strecke von sieben Meilen zurücklegen, was sie bis zum Mittag taten. Nun kamen sie zu einem kleinen Wasserlauf, den sie auf einer Holzbrücke überquerten, und erreichten einen Ort, der von den ausladenden Ästen einer Gruppe riesiger Waldbäume beschattet wurde, in deren Mitte das kleine *Mandir* von Nilkant und zwei *Dharmashalas* standen. Die Gruppe machte an einem der *Dharmashalas* Rast. Hier wurde ein Mittagessen für alle zubereitet. Um zwei Uhr hatten sie ihre Mahlzeit beendet.

Ramdas schlug Ramcharandas vor, dass sie das *Dharmashala* aufgeben und einen einsamen Platz auf dem Hügel suchen sollten, um dort ihre Tage zu verbringen. Die *Sannyasins* und der *Sadhu* aus Maharashtra stiegen den Gipfel wieder hinunter.

Der Abend rückte näher. Sie begannen, auf dem Hügel nach einem abgelegenen und geeigneten Platz zu suchen. Die Sonne ging unter. Sie befanden sich in der Nähe eines winzigen Baches in dem kleinen Tal eines abfallenden Hügels. Ramdas kletterte den Hang hinauf, der mit einem dichten Bewuchs

---

[1] Nilkant bedeutet „der Blaukehlige", womit Shiva gemeint ist. Der dortige Tempel steht mit der Legende von Shiva in Verbindung, der das Gift aus dem von den Göttern und Dämonen aufgewühlten Meer trank. Dadurch erhielt seine Kehle eine blaue Farbe.

von kleinen Bäumen bedeckt war. Inmitten einer Gruppe von Bäumen setzte er sich nieder.

„Wir werden heute Nacht hierbleiben. Nachdem wir den Boden gereinigt haben, werden wir in der kleinen Grube ein Feuer machen, um uns in der Nacht warm zu halten", sagte Ramdas.

Dann machten sie sich daran, die trockenen Zweige und Äste der Bäume zu sammeln. Sie entfachten ein Feuer und befreiten den Boden von kleinen Sträuchern und dornigen Pflanzen. Aus der Quelle wurde ein *Lota* Wasser zum Trinken geholt. Die Nacht war kalt, aber das Feuer hielt sie warm.

Ramdas teilte Ramcharandas mit, was sie am nächsten Tag tun sollten. „Ram, lass uns morgen mit Hilfe der Axt einige Bäume fällen und eine kleine Hütte errichten, in der wir uns niederlassen und einige ruhige Tage verbringen können."

Ramcharandas war einverstanden. Die Nacht wurde fast in einem wachen Zustand verbracht. Vom frühen Morgen des nächsten Tages an waren sie mit der Errichtung der geplanten Hütte beschäftigt. Ramdas grub und ebnete den Boden, und Ramcharandas machte sich daran, die kleinen Bäume zu fällen, um geeignete Pfosten für die Hütte zu erhalten. Sie schufteten bis zum Mittag. Ramcharandas bereitete an dem kleinen Bach ein paar *Rotis* und *Dal* zu, mit denen sie ihren Hunger stillten. Dann widmeten sie sich wieder der Arbeit. Sie machten wunderbare Fortschritte beim Bau der Hütte.

Gegen drei Uhr kam ein Hirte mit seiner Schafherde von den Hügeln in diese Richtung. Als er die *Sadhus* sah, ging er zu ihnen und fragte sie, was sie da taten. Ramdas erklärte ihm den Zweck ihrer Arbeit.

„Maharaj", sagte er, „wozu all diese unnötige Mühe? Es gibt eine Höhle ganz in der Nähe, die sich hervorragend für deine Beschäftigung eignet. Vor einiger Zeit lebte ein *Sadhu* darin. Sie ist jetzt frei. Du kannst darin wohnen, anstatt dir all diese Mühe zu machen. Sie liegt an einem Bach mit reinem, kristallklarem Wasser."

Ramdas war von der Idee angetan und fragte ihn: „Kannst du uns zu der Höhle führen?"

„Kommt mit!", sagte er. „Ich kann euch sofort hinbringen."

Ramdas sagte zu Ramcharandas: „Lass die Arbeit. Wir wollen ihm folgen."

Ramcharandas war erstaunt über den seltsamen Befehl von Ramdas, aber er fügte sich, wie er es schon so oft getan hatte.

Der Hirte begleitete die *Sadhus* zu einer Höhle, die etwa hundert Meter vom Nilkant-Schrein am Rande eines Baches lag, der den Schrein mit Wasser versorgte. Der Ort lag abseits des Weges. Die Höhle hatte an der Vorderseite eine breite, gähnende Öffnung, die sich beim Betreten verengte, bis man in einen kleinen inneren Hohlraum kam, in dem gerade eine Person sitzen konnte. Sie kehrten den Boden und machten ein Feuer. Die Spuren von Asche wiesen darauf hin, dass sie früher von einem *Sadhu* bewohnt worden war. In der Nacht war die liebliche Musik des nahegelegenen Baches und das ferne Brüllen der wilden Tiere zu hören. Die Höhle bot einen seltsamen und zugleich furchteinflößenden Anblick. Ramdas gefiel der Ort sehr.

Die Vorräte, die Ramcharandas besaß, reichten für etwa fünf Tage. Unterdessen verbreitete sich unter den *Sadhus* und Pilgern in Rishikesh und im Swargashram die Nachricht, dass zwei *Sadhus* auf diesem Hügel in einer Höhle lebten, die an einem schrecklichen Ort lag. Hunderte von Menschen kamen, um den *Darshan* der *Sadhus* zu erhalten. Sie brachten verschiedene Geschenke mit wie Milch, Weintrauben, Zucker, gebratene Kichererbsen, Mandeln usw. Es war klar, dass Gott damit beschäftigt war, dafür zu sorgen, dass sie keinen Mangel an den Notwendigkeiten des Lebens verspürten!

Eines Tages fragte Ramcharandas: „Swamiji, wie lange werden wir hierbleiben?"

„Ramdas hat keine Ahnung", antwortete Ramdas. „Es können Monate sein. Der Ort hat Ramdas' Herz erobert."

Wenn keine Besucher da waren, sammelten sie Feuerholz. Dicke, grüne Äste wurden abgeschnitten und zum Trocknen in die Sonne gelegt. Ramdas hackte den dicken Stamm eines vertrockneten Baumes ab. Die Axt war klein, und er musste drei Tage lang daran arbeiten, wobei er morgens und abends ein paar Stunden damit verbrachte. Endlich war er gefällt, aber der schwere Stamm musste noch zum Höhleneingang geschleppt werden, und diese Aufgabe wurde für später aufgespart.

Täglich wuchs die Zahl der Besucher. Eines Abends stattete ihnen ein kräftiger, gut gebauter *Sadhu* einen Besuch ab. Er trug Armreife an den Handgelenken, Ringe an den Fingern und ein *Jholi* über der Schulter, das eine Reihe von Dingen enthielt. Er überreichte Ramdas einen großen Klumpen *Charas* (ein Extrakt aus *Ganja*) zum Rauchen. Ramdas nahm das Geschenk an. Der *Sadhu* war selbst ein *Ganja*-Raucher.

Nach einiger Zeit verließ er die Höhle. Als er gegangen war, warf Ramdas den Klumpen *Charas* ins Feuer und verbrannte ihn zu Asche. Am nächsten Tag tauchte der *Sadhu* wieder auf. Es fehlte ihm an *Charas*. Er erwartete von Ramdas, dass er ihm von dem Klumpen, den er ihm am Abend zuvor gegeben hatte, etwas gab.

„Darf ich etwas *Charas* haben?“, fragte er.

„Ramdas hat den Klumpen *Charas*, den du ihm gegeben hast, verbrannt“, antwortete Ramdas.

„Gut gemacht, Maharaj“, sagte er mit einem Seufzer der Erleichterung. „Ich bin ein Sklave dieses Lasters geworden, und durch den Umgang mit dir hoffe ich, davon befreit zu werden.“

In der Folgezeit fand er großen Gefallen an Ramdas und wurde zu einem ständigen Besucher.

Nun waren die üblichen Vorräte zum Kochen von *Dal* und *Rotis* fast erschöpft, obwohl es jeden Tag Gaben von anderen Speisen regnete. Ramcharandas wollte täglich *Dal* und *Rotis*.

„Swamiji“, sagte er eines Abends, „die Vorräte sind zur Neige gegangen. Ich beabsichtige, ins Marwadi-*Kshetra* im Swargashram zu gehen und Vorräte für mindestens zwei Wochen mitzubringen. Wir brauchen auch Tontöpfe zum Holen und Aufbewahren von Wasser. Auch diese werde ich besorgen.“

„Ram“, meinte Ramdas, „warum diese ganze Mühe? Gott versorgt uns hier. Lass uns mit dem zufrieden sein, was Er uns schickt.“

„Nein, Swamiji, eine Mahlzeit aus *Dal* und *Roti* einmal am Tag ist unerlässlich. Es ist keine Mühe für mich. Ich kann die Waren ohne Schwierigkeiten besorgen. Ich habe mich dazu entschlossen. Ich werde morgen früh aufbrechen und versuchen, bis zum Abend zurückzukehren.“

Er war hartnäckig, und Ramdas fügte sich. Am nächsten Morgen kletterte er den Hügel hinunter und machte sich auf den Weg zum Swargashram. Am Abend wurde er im Ashram festgehalten. Ramdas genoss die vollkommene Einsamkeit der Höhle in der Nacht. In der Abenddämmerung am nächsten Tag wankte Ramcharandas mit einer schweren Last auf dem Kopf in die Höhle. Er trug einen riesigen Jutesack und hatte außerdem zwei große Tontöpfe an seinem Rücken hängen. Er stellte den Sack ab, löste die Töpfe und wälzte sich vor Erschöpfung auf dem Boden der Höhle. Ganze zehn Minuten lang war er unfähig zu sprechen. Er schnappte nur nach Luft. Dann öffnete er langsam den Sack und holte Bündel für Bündel Reis, *Dal*, Weizenmehl, Kartoffeln, Palmzucker, *Ghee*, Zucker und was nicht alles heraus. Die Vorräte hätten für über einen Monat gereicht.

„Was für ein wunderbarer Mensch du bist! Warum so viel?" fragte Ramdas.

„So viel? Wir brauchen alles", rief er aus. „Das erspart mir das häufige Hinuntergehen. Wir können wenigstens einen Monat lang ruhig hierbleiben, ohne uns um das Essen zu sorgen."

„Ram, du scheinst mehr auf diese Lebensmittel zu vertrauen als auf Gott", meinte Ramdas.

Ramcharandas war nicht zum Reden aufgelegt. Der innere Hohlraum der Höhle wurde sofort in einen Lagerraum umgewandelt, und die Bündel wurden schön darin angeordnet. Ramdas half ihm bei der Arbeit.

Am nächsten Tag war das Brennmaterial noch nicht ganz trocken, und Ramcharandas hatte große Schwierigkeiten beim Kochen. Außerdem verhinderte die starke Brise, dass das Feuer gleichmäßig brannte. Daher waren die *Rotis* an diesem Tag nicht ganz durchgebacken und das *Dal* nur halb gekocht. Ramdas hatte keine Zähne mehr. Irgendwie schaffte er es, das rohe Essen hinunterzuschlucken. Auch die an den vorangegangenen Tagen zubereiteten Mahlzeiten waren nicht gut gekocht gewesen und hatten sich auf Ramdas' Verdauung ausgewirkt. Die kumulative Wirkung des gleichgültig gekochten Essens beeinträchtigte Ramdas, und er bekam einen schweren Anfall von Ruhr, der über zwei Wochen anhielt.

Zwei Tage später bekam Ramdas Besuch von einem halben Dutzend *Sadhus*. Einer von ihnen schlug im Laufe des Gesprächs vor: „Maharaj, warum hältst du dich hier an diesem einsamen Ort auf? Du solltest in den Punjab und nach Kaschmir reisen und dich an der Liebe der Verehrer dieser Gegenden erfreuen, besonders im Punjab, wo die Menschen so voller Hingabe und Liebe sind. Du solltest es nicht versäumen, diese Provinz zu besuchen."

Ramdas war von diesem Rat sofort beeindruckt und glaubte, dass der Hinweis, die Höhle zu verlassen, von Gott selbst kam. Als die Besucher gegangen waren, wandte sich Ramdas an Ramcharandas und sagte: „Ram, es ist der Befehl Gottes, dass wir von hier aufbrechen und in Richtung Punjab und Kaschmir reisen sollen. Mach dich zum Aufbruch bereit."

Als der Junge Ramdas' Worte hörte, wurde er erst blass und dann blau. Er blickte liebevoll in den Lagerraum.

„Es ist alles gut", sagte Ramcharandas mit langsamer Stimme und schiefem Gesicht. „Gott sei Dank bleibt uns die schreckliche Arbeit erspart, den schweren Baumstamm aus dem Graben, in den er gefallen ist, zum Höhleneingang zu rollen."

Bei diesen Worten konnte Ramdas ein Lachen nicht unterdrücken, und der Junge konnte nicht anders, als sich ihm anzuschließen.

Die gelagerten Vorräte und Töpfe wurden unter den Männern und Frauen, die auf dem Hügel lebten, verteilt, und am Abend fanden sie sich in dem kleinen, strohgedeckten *Kuti* in der Nähe des Marwadi-*Annakshetra* des Swargashram wieder. Der *Sadhu*, der süchtig nach *Charas* gewesen war, nun aber frei von dessen Fängen war, hielt sich an Ramdas. Er begleitete ihn den Hügel hinunter und blieb bei ihm. Er bestand darauf, Ramdas zu folgen, wohin er auch ging. Ramdas riet ihm davon ab und sagte, dass es ihm sehr schwerfallen würde, beim Gehen mit ihm Schritt zu halten. Der Schwachpunkt des *Sadhus* war, dass er wegen seines massigen Körpers nicht schnell gehen konnte. Außerdem versicherte Ramdas ihm, dass er durch seine Gesellschaft nicht viel gewinnen würde, da die Wahrheit, die er suchte, in ihm selbst läge. Schließlich wurde er überredet, die Idee aufzugeben, sich an ihn zu hängen.

Jwalajee, Pathankot

Ramdas und Ramcharandas fuhren mit dem Zug in Richtung Punjab. Sie wanderten nach Chintapurni, wobei sich ihnen zwei Punjabis anschlossen, von denen einer Jewandas hieß. Dann wanderten sie weiter nach Jwalajee. Ramdas entdeckte eine Schwellung an seinem Fuß.

Am darauffolgenden Tag wurde die Schwellung an Ramdas' Fuß größer und nahm die Form eines Geschwürs an. Innerhalb von drei Tagen wurde es so groß wie eine Zitrone. Jewandas und Ramcharandas bemühten sich, verschiedene Salben aufzutragen, damit es reifen und platzen konnte.

Die ganze Zeit über lächelte Ramdas trotz des Geschwürs und war fröhlich. *Sadhus* kamen in großer Zahl, um Ramdas in diesem Zustand zu sehen. Am meisten waren sie über Ramdas' lächelndes Gesicht überrascht, obwohl der Zustand des Fußes ein solch fröhliches Verhalten nicht zuließ. In den Nächten schlief Ramdas kaum. Er saß die ganze Nacht da und lehnte sich an die Wand. Er befand sich in ununterbrochener Ekstase. In einer solchen Stimmung sprach er immer wieder über Hingabe und göttliche Visionen. Jewandas, der darauf erpicht war, Ramdas' Aussprüche zu sammeln, schrieb alles, was ihm über die Lippen kam, so schnell er konnte auf Papierfetzen. Er benutzte dazu eine tönerne Öllampe. Die Notizen umfassten mehrere Blätter Papier.

Sieben Tage vergingen. Das Geschwür zeigte kein Anzeichen, dass es platzen würde. Eines frühen Morgens besuchte eine *Sannyasini*, d.h. ein weiblicher *Sannyasin*, Ramdas. Sie sah die Eiterbeule und war sehr gerührt.

„Maharaj", sagte sie, „das Geschwür scheint jetzt reif zu sein. Es muss nur noch geöffnet werden. Ich werde hinunterlaufen und einen Bader schicken, der es öffnen und deinem Fuß Linderung verschaffen wird."

Mit diesen Worten ging die gutherzige Mutter den Hügel hinunter. Etwa eine halbe Stunde später tauchte ein Bader auf, der auch der Dorfarzt war. Ramdas streckte ihm das betroffene Bein entgegen. Mit einem stumpfen Instrument begann der Bader, das Geschwür zu operieren. Da die Haut der Fußsohle von Natur aus dick ist, musste das Instrument mit einiger Kraft eingesetzt werden. Er machte jedoch einen Einschnitt, stieß die Spitze des Instruments in das Innere des Geschwürs und zog es heraus, wobei er die

Haut aufriss. Dann drückte er den Eiter heraus und wickelte einen Streifen Stoff um die Wunde.

„Maharaj, geh einige Tage lang nicht zu Fuß. Wenn Staub in die Wunde kommt, wirst du weitere Probleme bekommen", warnte der Bader.

Jewandas verließ Jwalajee am nächsten Tag in Richtung seines Heimatortes Rawalpindi, und auch Ramdas brach auf. Einige *Sadhus*, darunter Ramcharandas, versuchten, Ramdas von der Wanderung zu Fuß abzubringen, da die Wunde noch frisch und nicht verheilt war. Aber Ramdas hörte nicht auf ihren Rat und begab sich auf die Straße.

Ramdas hinkte beim Gehen. Bis zum Mittag legten sie etwa zehn Meilen zurück und erreichten einen kleinen Weiler am Wegesrand. Ramcharandas wollte *Bhiksha* von gekochtem Essen von den Dorfbewohnern holen. Gegen ein Uhr kehrte er mit seiner Tuchschlinge zurück, die mit allen möglichen Speisen gefüllt war, die er zusammengemischt hatte.

Nach dem Mittagessen und der Rast setzten sie ihre Reise fort. Am Abend kamen sie in ein anderes Dorf, wo sie auf einem benachbarten Hügel übernachteten.

Am nächsten Tag durchquerten sie das fruchtbare und bezaubernde Kangra-Tal und erreichten in der Abenddämmerung eine kleine Stadt auf einem Hochplateau. Ramdas schlug vor, dass sie die Nacht in einem baufälligen Rasthaus verbringen könnten, aber der Junge war nicht in der Stimmung, sich auszuruhen. Er war hungrig, und der Gedanke an Essen kreiste in seinem Kopf.

„Swamiji", sagte er, „ich werde versuchen, durch *Bhiksha* etwas zu essen zu bekommen. Du kannst hier unter dem Baum warten."

Der Baum stand vor dem Rasthaus. Ramcharandas verschwand in der Dunkelheit, kehrte aber nach kurzer Zeit mit leeren Händen und schiefem Gesicht zurück.

„Was ist los, Ram?" fragte Ramdas.

„Ich bin zu zwei Häusern gegangen", antwortete er kläglich. „Statt *Bhiksha* bekam ich Vorwürfe und böse Schimpfworte, und an einem Ort verfolgte mich ein junger Mann, der mich für einen umherstreifenden Dieb hielt, mit einem kräftigen Stock in der Hand. Ich rannte um mein Leben und bin jetzt hier."

Seine anschauliche Erzählung ließ Ramdas in Gelächter ausbrechen. „Bedenke, Ram, Schimpfen und Stockschläge sind auch *Bhiksha*. Ersteres hast du angenommen, aber warum hast du dich geweigert, letzteres anzunehmen, das Wertvollere von beiden?" bemerkte Ramdas humorvoll.

„Dein Humor ist fehl am Platz, Swamiji", sagte er, nicht erfreut über die Art und Weise, wie Ramdas die Dinge ausdrückte. „Ich bin hungrig und brauche etwas zu essen. Ich lasse mich nicht abwimmeln. Ich bin schon wieder weg."

Und schon war er wieder verschwunden. Nach einer halben Stunde war er wieder da. Diesmal zeigte sein Gesicht Erschrecken, gepaart mit einem Gefühl der Erleichterung, einer unangenehmen Meinungsverschiedenheit entkommen zu sein. Ramcharandas war ein einfacher Junge, aufrichtig und freimütig.

„Swamiji", erzählte er, „ich bin zweimal knapp dem Unglück entronnen. Kurz nachdem ich dich verlassen hatte, kam ich zu einem überfüllten Haus. Im vorderen Zimmer sah ich, wie *Rotis* über einem Feuer zubereitet wurden. Ich eilte in das Zimmer, wo ein Haufen *Rotis* neben dem Feuer lag. Der Raum war voller Männer. Ich streckte meine Hände aus und bat den Mann am Feuer, mir ein paar *Rotis* zu geben. Der Mann sagte, dass sie Paschtunen seien und ein paar *Rotis* und auch ein bisschen Curry für mich erübrigen könnten. Ein Blick in die Runde zeigte mir eine Reihe von rauen, stämmigen, wilden Paschtunen mit zotteligen und bedrohlichen Bärten. Ich verlor keine Zeit. Ein Sprung aus dem Zimmer, und schon war ich auf der Straße. Ich hörte ein leises Lachen aus der Richtung des Hauses, aber ich blieb nicht dort, um mir das alles anzuhören. Ich nahm die Beine in die Hand. Ich rannte wild umher, ohne zu wissen, wohin. Nun standen einige Hütten vor mir. ,Hier gibt es Essen für mich', dachte ich, und ging zu einer der Hütten. Der Wirt begrüßte mich, und als er den Grund meines nächtlichen Besuchs erfuhr, sagte er: ,Ich habe nichts dagegen, dir Essen zu geben. Es ist fertig, aber ich möchte dich zunächst darauf hinweisen, dass wir *Chamars* (Schuster) sind!' ,Was!' rief ich, und im nächsten Augenblick schoss ich wie eine Gewehrkugel aus der Hütte, und schon bin ich hier! Der Hunger ist willkommen, aber Essen aus den Händen von Muslimen und *Chamars* zu nehmen – nun, da ziehe ich die Grenze.“

„Ah, Ram!“, rief Ramdas. „Du hast den Test nicht bestanden. Die Unterscheidung, die du machst, ist unnatürlich. Du strebst nach einer universellen Sichtweise und hältst dennoch an diesen aus Unwissenheit geborenen Vorurteilen fest! Der Muslim und der *Chamar* sollten für dich der geliebte Ram sein. Wohnt Er nicht in allen?“

„Du hast recht“, stimmte er zu, „aber es ist sehr schwer, sich über den Kastenunterschied zu erheben. Bedenke, wie ich von ihm getäuscht wurde.“

„Noch ein Versuch“, sagte er und ging. Nach ein paar Minuten kam er mit einem freundlichen Lächeln zurück.

„Swamiji, komm mit. Wir haben eine Einladung zum Abendessen in einen hinduistischen Haushalt.“

Ramdas folgte ihm. Der freundliche Gastgeber war ein Beamter auf Reisen. Nach der Mahlzeit ruhten sie sich auf der Veranda aus und brachen bei Tagesanbruch auf. Gegen Mittag erreichten sie Kangra. Kangra ist ein hügeliges Gebiet voller schattenspendender Bäume und klaren Wasserquellen. Das Klima hier ist kühl und erfrischend, und deshalb ist es ein Kurort. Sie blieben vier oder fünf Tage in Kangra.

Nachdem sie Kangra hinter sich gelassen hatten, setzten sie ihre Reise fort und wählten eine erhöhte Plattform unter einem Baum am Rande eines Brunnens am Dorfrand als Aufenthaltsort für die Nacht. Hier schlug Ramdas Ramcharandas vor, sich zu trennen.

„Ram, du kannst deinen eigenen Weg gehen und Erfahrungen sammeln. Ramdas wird auch allein gehen. Denk daran, dass wir beide nach Kaschmir unterwegs sind. Wir werden uns dort treffen.“

Zunächst weigerte sich Ramcharandas strikt, den Vorschlag anzunehmen. Er murrte, ärgerte sich und weinte. Aber Ramdas machte ihm die absolute Notwendigkeit eines solchen Kurses klar, da es zu seinem eigenen Vorteil wäre. Nur durch Unabhängigkeit lernt ein *Sadhu* die Geheimnisse des Lebens und der Wahrheit kennen. Wenn er sich in spirituellen Angelegenheiten immer an eine äußere Stütze klammert, wird sein Fortschritt behindert, weil seiner Sichtweise dann die Flexibilität für eine Erweiterung und Universalisierung fehlt. Das Zentrum des Interesses wird eingeengt und eingegrenzt, während es sein Ziel sein sollte, die unendliche Natur der Wahrheit zu begreifen und zu verwirklichen.

Früh um vier Uhr am nächsten Morgen trennte sich Ramcharandas von Ramdas und setzte seinen Weg fort, während Ramdas drei Stunden später aufbrach.

Gegen fünf Uhr erreichte er Pathankot. Er sah den weißen Turm eines Tempels am Straßenrand, in den er eintrat. Als der *Pujari* des Tempels ihn sah, war er sehr freundlich, als hätte er Ramdas' Kommen schon lange erwartet. Er umarmte Ramdas mit großer Liebe und ließ ihn neben sich auf einer Pritsche Platz nehmen. Er bot ihm ein süßes Getränk an und unterhielt sich mit ihm auf sehr freundliche Weise. Die Nacht rückte näher.

„Maharaj, Ramdas wünscht sich, diese Nacht in einem vollkommen einsamen Raum in deinem *Mandir* zu verbringen. Bitte stelle ihm einen solchen Raum zur Verfügung", bat Ramdas.

Der *Pujari* sagte sofort, dass es unter der Erde am Fuß des Haupttempels einen höhlenartigen Raum gebe, einen Ort, der frei von den störenden Geräuschen des äußeren Lebens sei. Er war schon lange nicht mehr in Gebrauch gewesen. Dennoch war er als Unterkunft geeignet. Ramdas willigte ein, ihn für die Nacht zu nutzen. Der *Pujari* nahm eine alte Matte und führte ihn über eine steinerne Treppe hinunter in den halbdunklen Raum, der etwa zehn Fuß im Quadrat maß und sich in den Tiefen der Erde befand. Staub lag schwer auf dem Boden, der vielleicht seit Jahren nicht mehr gekehrt worden war. Er breitete die Matte für Ramdas aus, und Ramdas wünschte dem *Pujari* eine gute Nacht. Der *Pujari* ging.

Als die Nacht über die Außenwelt hereinbrach, wurde der Raum in tiefe Dunkelheit getaucht. Es gab nur ein einziges kleines Fenster in Höhe des Bodens draußen. Stundenlang saß Ramdas auf der Matte in einem Zustand völligen Vergessens seines Körpers, als er durch das Geräusch von Schritten zum äußeren Bewusstsein zurückkam. Er öffnete die Augen und sah drei Personen die Höhle betreten. Sie hatten eine Laterne bei sich, ein Handharmonium und eine *Tabla*. Es waren der *Pujari* und seine Freunde. Der *Pujari* hatte auch ein *Lota* aus Messing mit Milch für Ramdas mitgebracht. Auf sein Drängen hin trank Ramdas die Milch.

„Maharaj", sagte der *Pujari* dann, „wir wollen hier ein paar Lieder singen. Deshalb sind wir mit den Musikinstrumenten gekommen."

„In Ordnung", erwiderte Ramdas. „Ramdas wird nur zu gern eurer Musik zuhören."

Das Licht wurde in die Mitte des Raumes gestellt, und die Freunde positionierten sich in einer Reihe links von Ramdas am Fuß der Treppe. Die Musik setzte ein. Das Lied war in Hindi, komponiert von einem bekannten Heiligen. Sie sangen die erste Strophe, die lautete: „Derjenige ist ein *Jivanmukta* oder eine befreite Seele, der die Freude entdeckt hat, Ramnam auf seiner Zunge zu haben." Als sie die erste Strophe beendet hatten, hörten sie plötzlich auf zu singen. Auch die Musikinstrumente hörten auf zu spielen. Ramdas wandte sich an sie, um zu sehen, was los war. Alle drei blickten mit weit aufgerissenen Mündern und erschrockenen Augen auf die rechte Seite von Ramdas. Eine giftige Schlange bewegte sich langsam auf Ramdas zu. Mit einem Ruck erhoben sie sich wie ein Mann und forderten Ramdas auf, es ihnen gleich zu tun.

„Lass uns diesen Ort verlassen, Maharaj. Ich kann anderswo eine Unterkunft für dich finden", sagte der *Pujari*. „Diese Schlange ist die schlimmste ihrer Art. Sie ist voller Gift vom Schwanz bis zum Kopf. Steh auf und folge uns."

Ramdas war kühl und ruhig und erwiderte: „Ram, warum hast du solche Angst vor der Schlange? Gott selbst gibt uns in dieser Form *Darshan*. Er ist mit so viel Liebe gekommen, um die Musik zu hören. Er wird keinen Schaden anrichten. Setzt euch hin und macht weiter mit dem *Kirtan*."

Der *Pujari* rief: „Es ist unmöglich zu singen, wenn der Bote von Yama (des Todesgottes) selbst so nahe ist! Wir verschwinden. Wir raten dir, mit uns zu gehen."

„Gebt der Angst nicht nach. Die Schlange wird keinen Schaden anrichten. Ihr braucht nicht zu singen, aber lauft auch nicht weg. Ihr werdet sehen, dass die Schlange es nicht böse meint", drängte Ramdas.

Sie wollten sich nicht hinsetzen. Als die Schlange immer näher an Ramdas herankam, drehten sie sich wie der Zeiger einer Uhr und umrundeten das Schwanzende der Schlange. Das Reptil kam ganz nah an Ramdas heran. Er winkte es herbei und sagte: „Geliebter Ram, komm schon. Zögere nicht." Er hatte ein Stück Palmzucker in sein Tuch gebunden, das er öffnete, vor die Schlange legte und sagte: „Geliebter Ram, dies ist alles, was Ramdas dir anbieten kann. Bitte nimm es an."

Die Schlange näherte sich dem Klumpen Palmzucker, leckte mit ihrer gespaltenen Zunge einige Sekunden lang daran und kroch dann weiter. Sie war jetzt nur noch etwa zwei Zentimeter von ihm entfernt, aber er saß stocksteif da. Sie kam nicht ganz auf ihn zu, sondern drehte den Kopf nach außen und nahm dicht hinter ihm einen Umweg. Als sie auf der linken Seite auftauchte, gingen die Freunde auf die rechte Seite von Ramdas. Sie achteten darauf, dass sie immer einen Abstand von mindestens einem Meter zum Schwanzende der Schlange einhielten. Die Schlange bewegte sich nun langsam auf die Treppe zu und kroch an einer Ecke hinauf.

„Maharaj", rief der *Pujari* in einem besorgten Ton, „es sind noch etwa vierzig Stufen, um die höher gelegene Ebene zu erreichen. Die Schlange kriecht so gemächlich, dass es Stunden dauern könnte, bis sie oben ankommt. Bis dahin sind wir hier gefangen. Außerdem weiß man nicht, ob sie es sich in den Kopf setzt, in die Höhle zurückzukehren. Wir sind erledigt."

„Habt keine Angst. Sie kriecht an einer Ecke der Treppe hinauf. Ihr könnt sicher auf der anderen Seite hinaufsteigen", schlug Ramdas vor.

„Nichts dergleichen", wandte der *Pujari* schnell ein. „Wir wagen es nicht. Wir haben kein solches Vertrauen wie du."

Ramdas schlug daraufhin vor, sich in die Mitte der Treppe zu stellen, sodass sie sicher zwischen ihm und der Wand hinaufgehen konnten, entgegengesetzt zum Weg, den die Schlange nahm. Sie stimmten zu, und er nahm die von ihm angegebene Position ein. Einer nach dem anderen stiegen die Freunde die Treppe hinauf, wobei sie vier Stufen auf einmal nahmen. Bevor sie gingen, warnten sie ihn erneut vor der Gefahr und forderten ihn auf, ihnen aus dem Raum zu folgen. Sie nahmen außer den Musikinstrumenten auch die Laterne mit.

Ramdas war erneut in völlige Dunkelheit getaucht. Er nahm wieder seinen Platz auf der Matte ein. Er tastete in der Dunkelheit nach dem Klumpen Palmzucker, den die Schlange gekostet hatte, und fand ihn nach einigem Suchen. Da er das *Prasad* war, das die Schlange hinterlassen hatte, warf er ihn in seinen Mund und aß ihn mit großem Genuss. Er blieb die ganze Nacht über in dieser Haltung sitzen, versunken in eine glückselige Trance.

Als der erste Schein des Morgens durch die durchsichtigen Scheiben des kleinen Fensters drang, entdeckte er einen Kopf, der vom Treppenabsatz an einer scharfen Ecke in den Raum spähte. Es war der *Pujari*, der sich vergewisserte, dass Ramdas am Leben war. Ramdas sah ihn an und lächelte. Dann kam er in den höhlenartigen Raum, mit seinen Freunden von der letzten Nacht dicht auf den Fersen. Sie setzten sich vor ihn hin und starrten ihn verwundert an. Die Aufmerksamkeit des *Pujari* richtete sich auf die Stelle, wo der Klumpen Palmzucker gewesen war. Da er ihn dort nicht fand, fragte er Ramdas, was aus ihm geworden war. Er antwortete, dass er ihn als *Prasad* der Schlange aufgegessen hatte.

„Guter Gott!", rief er aus, „du bist ein schrecklicher Mensch."

„Ramdas ist kein schrecklicher Mensch", erwiderte Ramdas. „Er ist nur ein Kind und Diener Gottes."

Dann verließ Ramdas den höhlenartigen Raum und den Tempel und setzte seine Reise fort.

Srinagar

Ramdas wanderte daraufhin nach Sujanpur in der Nähe von Pathankot und fuhr dann mit dem Zug nach Jammu.

Landschaft bei Jammu,
Wikimedia Commons, Foto: Ishusin, 2016

Am nächsten Tag verließ Ramdas in Begleitung eines kaschmirischen Freundes und dessen Familie Jammu in Richtung Srinagar. Der Autobus, der sie beförderte, fuhr über eine Straße, die an den Bergketten entlangführte. Als der Bus bergauf rollte, schien es, als ob eine Ameise auf einen riesigen Erdhügel krabbeln würde. Die tiefen Täler mit ihrem üppigen Grün und den dichten Kiefern-, Zedern- und Pappelwäldern auf den himmlischen Bergen boten einen fesselnden Anblick von höchster Schönheit und Erhabenheit. Während der Bus den spiralförmigen Weg immer höher hinauffuhr, entfalteten sich neue und erhabene Szenen der majestätischen Natur vor seinen Augen, und er war begeistert von dem bezaubernden Anblick.

In der Abenddämmerung erreichte der Autobus den Gipfel des Banhal-Bergs, der sich in einer Höhe von neuntausend Fuß über dem Meeresspiegel befand. Hier war die Luft dünn und das Klima sehr kalt. Die Gruppe verbrachte die Nacht unter dem Dach eines ansässigen Pandits, der sich durch

Gastfreundschaft auszeichnete. Die Nacht war sehr kalt, und der freundliche Gastgeber deckte Ramdas mit dicken Decken zu.

Am darauffolgenden Tag gegen acht Uhr setzte die Gruppe ihre Reise fort. Um die Mittagszeit machten sie eine Pause, um zu essen. Am Abend erblickten sie Srinagar. Der hohe Hügel von *Shankaracharya* mit dem Tempel auf seinem Gipfel wurde in der Ferne sichtbar. Ramdas übernachtete im Haus eines Pandits von beträchtlichem Körperumfang, eines Verwandten des Freundes, in dessen Begleitung er im Bus gereist war. Alle Bewohner des Hauses waren gastfreundlich.

Am nächsten Tag erkundigte er sich nach dem Haus von Janakinath [einem Freund] und nahm dort Unterkunft. Janakinaths jüngerer Bruder Amarnath Bakshi hieß ihn willkommen und stellte ihm ein separates kleines Zimmer zur Verfügung. Amarnath, Janakinaths Töchter, Kinder, Frau und alle anderen im Haus kümmerten sich mit großer Liebe um ihn und behandelten ihn wie einen Familienangehörigen.

Ramdas hielt sich über drei Monate lang in Kaschmir auf. Wie auf der Haridwar-Seite die Pilgerfahrt nach Badrinath und Kedarnath als sehr wichtig gilt, so gilt ein Besuch von Amarnath in Kaschmir als ebenso bedeutend. Für die Pilgerreise blieben noch zwei Monate, und so musste Ramdas in Srinagar warten, denn er wollte sich die Gelegenheit nicht entgehen lassen, hinaufzulaufen und die Großartigkeit der bezaubernden Berge Kaschmirs in ihren erhabenen Höhen zu erleben.

Ramdas ging einige Tage nicht aus dem Haus von Janakinath. Der erste Ausflug fand in Begleitung der Jungen des Hauses statt, die ihn zum Spielplatz mitnahmen, einem länglichen, flachen Grundstück, das mit einem dicken grünen Rasen bedeckt war und an einer Seite von einer Allee hoher Pappeln begrenzt wurde. Er beobachtete den Sport der Jungen.

Hier kam er mit einigen gebildeten Muslimen in Kontakt, die ihn auf dem Rasen umringten und ihm verschiedene Fragen zu religiösen und spirituellen Themen stellten. Da seine Sympathie für alle Religionen der Welt gleich war, sprach er manchmal auf Englisch und dann wieder auf Hindi über die Großartigkeit des Propheten Mohammed und den Wert der Lehren des Korans. Sie hörten seinen Ausführungen eifrig zu und bekundeten Freundlichkeit und Liebe zu ihm.

Das Fort auf dem Hari Parvat,
Wikimedia Commons, Foto: Indrajit Das, 2016

Der *Shankaracharya*-Tempel in Srinagar,
Wikimedia Commons, Foto: Sanu N., 2022

Für einige Tage besuchte er jeden Abend den Spielplatz. Dann begleiteten
ihn die jungen Freunde zum Hari Parvat. Der Hari Parvat ist ein Hügel, der
etwa eine Meile von der Stadt Srinagar entfernt liegt. Die Pandits betrachten
ihn mit großer Ehrfurcht, da sich auf einem seiner Gipfel auch ein Tempel

befindet. Sie messen einer Umrundung des Hügels eine religiöse Bedeutung bei, und zu diesem Zweck sieht man jeden Morgen Hunderte von Pandits und ihre Frauen aus ihren überfüllten Häusern strömen. Die morgendliche Bewegung an der frischen Luft in der freien Natur wirken auch in hohem Maße gegen die negativen Auswirkungen der ungesunden Ausdünstungen der schmutzigen Stadt, in der sie die meiste Zeit leben.

Auf der anderen Seite des Hügels befindet sich eine schöne Festung, die einst das Fort der alten Könige von Kaschmir war.

Eines Tages schlug ein Studienfreund, der Ramdas in Janakinaths Haus besuchte, vor, ihn auf den *Shankaracharya*-Hügel mitzunehmen. Er und Ramdas bestiegen ein *Kisti*. Das Boot glitt den Fluss hinauf und legte vor dem Hügel an. Nach einem kurzen Spaziergang erreichten sie den Fuß des Hügels, wo sich ein Ashram von *Sannyasins* befindet. Der Ort wird Durga Nag genannt, wegen einer reinen Quelle auf dem Gelände des Ashrams – Nag bedeutet Quelle.

Der Freund und Ramdas begannen nun mit dem Aufstieg zum *Shankaracharya*-Hügel. Der Hügel liegt tausend Fuß über der Ebene des Kaschmirtals. Als sie immer höher kletterten, hatte Ramdas das Gefühl, als würde sich langsam ein Schirm heben, um die grandiose Schönheit Kaschmirs zu enthüllen. Sie erreichten den Gipfel, und ein umfassender Blick ringsherum erfüllte Ramdas mit einem Gefühl unaussprechlicher Ekstase. Das weite, malerische Tal lag nun vor ihm. Die stattlichen Berge, die in einer subtilen Mischung aus Blau und Heliotrop gefärbt und von schillerndem Schnee gekrönt waren, umrundeten wie Schutzengel des Landes das Tal. Die großen Seen, die über das ganze Tal verstreut waren, funkelten in der Sonne wie riesige Spiegel, in denen sich die prächtigen Berge und die mit grünem Laub bedeckten Baumgruppen spiegelten. Der Dal-See, der größte von ihnen am Fuße des Hügels, von dem aus Ramdas die Szene betrachtete, trug auf seinem ruhigen Schoß große rote Lotusblumen, neben denen Schwäne spielten und sich vergnügten.

Von der Höhe aus sah man den Hari Parvat als einen kleinen Erdhügel, aus dem die braunen Mauern der Festung emporragten, die sich auf seinem Gipfel deutlich abzeichneten. Dann wieder der Fluss Jhelum. Er floss in einem Zickzackkurs wie eine riesige Schlange durch das zauberhafte Tal. Die grauen, tristen Häuser der Stadt waren schon von weitem sichtbar. Mit dem Blitzen des Wassers, dem Grün der Vegetation, den vielfarbigen Bergketten und dem klaren, blauen Himmel über ihnen war die Aussicht so schön, dass sich seine Augen an der Erhabenheit der faszinierenden Schöpfung oder Manifestation Gottes labten.

Er richtete seine Aufmerksamkeit auf den Tempel. Er ist aus Granitblöcken gebaut, die oben oval sind und in einer Kuppel enden. Er ist von einer erhöhten quadratischen Plattform umgeben. Eine Steintreppe führt den Besucher in das Heiligtum, in dem sich das phallische Emblem Shivas befindet, ein etwa drei Fuß hoher, glatt poliert Stein. Ein *Sadhu* ist tagsüber ständig im Tempel anwesend. Oben auf der Kuppel des Tempels und rundherum auf der unteren Ebene sind elektrische Lichter mit riesigen Reflektoren angebracht. Diese sollen ein Geschenk des Maharadschas von Mysore während seines Besuchs in Srinagar gewesen sein. In der Nacht strahlen diese Lichter selbst aus großer Entfernung vom Tal unten den Tempel und seine Umgebung an.

Der große *Vedantin* Sri *Shankaracharya* besuchte Kaschmir während seines Wanderlebens und soll sich auf diesem Hügel aufgehalten haben. Auf seine Initiative hin wurde der erste Shiva-Tempel auf dem Hügel errichtet. Daher ist der Hügel bis heute nach ihm benannt.

An einem Sonntag unternahm Amarnath Bakshi mit Ramdas einen Ausflug nach Shalimar und Nishad Bag zu den berühmten Gärten Kaschmirs. Um die Gärten zu erreichen, mussten sie mit einem *Kisti* über die glasige Oberfläche des Dal-Sees gleiten. Das Boot fuhr durch den Fluss und die Kanäle, die zum See führten, und präsentierte dabei Weiden und dichte Vegetation an den Ufern der Kanäle. Nach einer Stunde Fahrt erreichten sie die Anlegestelle des Nishad Bag.

Sie machten sich auf den Weg in den Garten. Die Szene, die sich nun vor Ramdas' Augen ausbreitete, war von erlesener Anmut. Der Garten war symmetrisch angelegt. Ein breites Band aus reinem, glitzerndem Wasser lief mitten durch die Gartenanlage. Auf beiden Seiten dieses seichten Baches waren sorgfältig Beete mit Blumen und Bäumen verschiedener Arten angelegt. Die gelben und blauen, karminroten und weißen, violetten und orangen Blüten wetteiferten miteinander und verliehen diesem Blumenbild, gemalt in der bunten Vielfalt der Natur, einen bezaubernden Charme. Die Rose, die Lilie, die Chrysantheme, die Ringelblume, die Nelke, das Gänseblümchen, das Veilchen und die Blauglocke zeigten ihre strahlende Frische in Hülle und Fülle. Die immergrünen, zapfenförmigen Tannen und der riesige *Chenar*, ein Baum, der in Kaschmir heimisch ist, warfen ihren tiefen, kühlen Schatten in den Garten.

Der Garten in Nishad Bag,
Wikimedia Commons, Foto: Nishkamrazdan,2012

Als sie das in mehrere Ebenen unterteilte Grundstück hinaufgingen, sah Ramdas Hunderte von Brunnen, die ihre Gischt zwanzig Fuß hoch in die Luft schleuderten. In der Mitte des Gartens befand sich auf einer höher gelegenen Ebene ein solides Gebäude, das auf polierten Steinsäulen ruhte. Der Blick auf die Umgebung des Gartens ist ebenfalls sehr beeindruckend. Der Garten ist am Fuß der Berge angelegt, die seinen Hintergrund bilden, mit dem ausgedehnten Dal-See im Vordergrund.

Der Shalimar-Garten ist in mehrfacher Hinsicht eine exakte Nachbildung des Nishad Bag. Diese Gärten wurden von Shahjahan und Jehangir, den berühmten Mogul-Königen, angelegt. Diese malerischen Anlagen sind in der Tat das Paradies der Muslime.

Am Abend kehrte die Gruppe in die Stadt zurück.

An einem anderen Tag machte Ramdas einen Ausflug nach Harvan, einem charmanten Rückzugsort neun Meilen von Srinagar entfernt. Die Landschaft, der See und der fließende Strom aus schillerndem Wasser vor dem Hintergrund hoher Berge mit üppiger Vegetation boten einen höchst faszinierenden Anblick. Er spürte den subtilen Zauber dieses Ortes. Der See lag auf einer höheren Ebene den Bergen gegenüber. Als er ihn zum ersten Mal sah, wehte eine sanfte Brise über ihn und bewegte das klare, transparente Wasser in Wellen, die seine Oberfläche durchzogen. Während des halbstündigen Spaziergangs richtete er den Blick wieder auf den See. Die Brise hatte aufgehört, und der See glänzte wie ein riesiger Spiegel, dessen Oberfläche nun ruhig und still das herrliche Bild der umliegenden Berge widerspiegelte.

Ramdas zeigte auf den See und sagte zu Amarnath: „Der menschliche Geist kann mit diesem See verglichen werden. Wenn die Brise der *Maya* über den See des Verstandes fegt, erheben sich Wellen des Verlangens, und Unruhe entsteht. Aber sobald *Maya* aufhört, auf ihm zu spielen, wird er ruhig und friedlich wie dieser See.“

Vor Einbruch der Dunkelheit kehrten sie nach Srinagar zurück.

Ramdas' Aufenthalt in Srinagar hatte sich inzwischen auf zwei Monate ausgedehnt, und die begehrte Pilgerreise nach Amarnath rückte immer näher. Janakinath stritt viel mit Ramdas und versuchte, ihn von der geplanten Pilgerreise abzubringen. Er verwies auf die strenge Kälte in dieser Region und die schwierigen Aufstiege auf die Hügel, die dorthin führten. Doch Ramdas war fest entschlossen.

Nun tauchte plötzlich Ramcharandas auf. Er war sehr abgemagert, und seine Füße waren in einem schlechten Zustand und voller Blasen. Sie hatten sich in der Nähe von Pathankot im Punjab getrennt. Er sagte, dass er seitdem viele schrecklichsten Prüfungen und Entbehrungen hatte erdulden müssen. Wegen der Kälte, der ständigen Fußmärsche und des häufigen Hungers war er in eine schreckliche Notlage geraten. Durch vollkommene Ruhe und die zärtliche Pflege der liebevollen Töchter Janakinaths wurde er bald wieder zu seinem alten Selbst.

Amarnath

Eines Abends, kurz vor dem Tag, an dem die Pilgerreise nach Amarnath beginnen sollte, sagte Janakinath zu Ramdas: „Swamiji, ich wünschte so sehr, ich könnte dich auf der Pilgerreise nach Amarnath begleiten, aber Gottes Wille ist anders. Meine neue Ernennung lässt es nicht zu, dass ich gerade jetzt Urlaub nehme. Aber einer meiner Verwandten mit seiner Familie beabsichtigt, dorthin zu gehen. Er wird ein eigenes Zelt haben. Ich habe ihn gebeten, dich und Ramcharandas in seine Gruppe aufzunehmen, und er hat zugestimmt. Ich werde auch für warme Kleidung für euch beide sorgen."

Der Tag der Abreise kam. Sie sollte am nächsten Tag erfolgen. Am Abend zuvor kam Janakinath mit einem niedergeschlagenen Gesicht zu Ramdas. Er war sehr beunruhigt. Sein Verwandter hatte nämlich in letzter Minute einen Rückzieher gemacht und hatte eine entsprechende Nachricht geschickt. Daher die Niedergeschlagenheit auf dem Gesicht des Freundes. „Swamiji", sagte er, „es scheint der Wille Gottes zu sein, dass du nicht nach Amarnath gehst, sonst hätte mein Verwandter sein Versprechen nicht in letzter Minute zurückgezogen."

Bei diesen Worten richtete sich Ramdas auf, und sein Körper versteifte sich mit einer grimmigen Entschlossenheit.

„Ramji", antwortete Ramdas in festem und gemessenem Ton und blickte direkt in die Augen von Janakinath, „glaubst du, dass Ramdas die Reise nach Amarnath von deinen Beziehungen abhängig macht? Gott, dessen Diener und Kind er ist, hat ihm die Idee in den Kopf gesetzt, und es ist Seine Pflicht, dafür zu sorgen, dass sie erfüllt wird. Für den Herrn gibt es nichts Unmögliches. Er wird sich schon darum kümmern, dass Ramdas sicher zum Schrein von Amarnath geführt wird."

Nun antwortete Janakinath, der Ramdas' Stimmung und die Kraft, mit der er sprach, beobachtete hatte, ruhig: „Nun, Swamiji, ich habe mich geirrt. Sicherlich kann es für dich kein Hindernis geben, wenn du dich entschlossen hast, eine Sache zu tun."

Das Thema wurde damit fallen gelassen.

Am Ufer des Jhelum befand sich ein Shiva-Tempel nur etwa fünfzig Meter von Janakinaths Haus entfernt. Der *Pujari* des Tempels, Tarachand Bayu, ein junger Mann, der Ramdas sehr schätzte und liebte, besuchte stets Janakinaths Haus, um ihn zu sehen und mit ihm zu sprechen. Tarachand Bayu nahm Ramdas immer mit in den Tempel, um im Fluss zu baden. Ramdas verbrachte viele Abende im Schrein, um der Lesung des Yoga Vasishta in Hindi zu lauschen und an der abendlichen *Puja* im Tempel teilzunehmen, bei der ein Dutzend Verehrer, die beim Gottesdienst anwesend waren, im Chor Sanskrit-*Slokas* und Mantras sangen.

Am Morgen des Tages, an dem Ramdas zu seiner Pilgerreise nach Amarnath aufbrechen sollte, kam Tarachand Bayu vorbei und begleitete ihn zum Tempel. Auch Ramcharandas war bei ihm. Nach dem Bad setzte sich Ramdas auf einen vom *Pujari* bereitgestellten *Asan* vor die Götterstatue. Es mag etwa acht Uhr gewesen sein. Ein junger Pandit, der Ramdas völlig fremd war, betrat in aller Eile den Tempel. Er war mit dem Fahrrad gekommen und erkundigte sich nach Ramdas. Der *Pujari* brachte den Pandit zu Ramdas.

„Swamiji", sagte der junge Mann zu Ramdas, „mein Vater bereitet sich für die Reise nach Amarnath vor. Er will auch dich mitnehmen. Bitte komm mit mir. Er wartet zuhause auf dich."

Seltsam sind die Wege Gottes! Hier war ein Pandit, der Ramdas völlig unbekannt war und ihm von sich aus vorschlug, ihn auf die Reise mitzunehmen. Er folgte dem jungen Führer und sagte, er müsse zuerst Janakinath über seine geplante Abreise informieren. So gingen sie zu Janakinaths Haus und informierten den Freund über die von Gott getroffene Vereinbarung für die Pilgerreise. Als Janakinath dies hörte, war er fasziniert. Bis dahin schien es, dass es nicht die geringste Chance gab, dass Ramdas an diesem Tag abreisen würde. Die geheimnisvolle und plötzliche Art und Weise, in der Gott die Umstände herbeiführte, die seine Abreise begünstigten, erschien Janakinath ein reines Werk der Vorsehung zu sein. Der Herr wollte nicht, dass Ramdas die Idee aufgeben sollte. Ramdas seinerseits war absolut zuversichtlich, dass er die Pilgerreise machen würde.

Die warme Kleidung, die für Ramdas und Ramcharandas bestimmt war, lag noch unvollendet beim Schneider. Für Ramdas waren eine Wollmütze und eine zweireihige Jacke vorgesehen und ein langer Mantel aus demselben Material für Ramcharandas.

Ramdas kümmerte sich nicht um die Kleidung. Er spürte, dass Gottes Befehl gekommen war, und er musste ihm um jeden Preis gehorchen. Also machte er sich mit zwei kleinen *Khaddar*-Tüchern auf den Weg. Es wurde beschlossen, dass Ramcharandas am nächsten Tag mit der Wollkleidung aufbrechen und Ramdas in Mattan oder Martand treffen sollte, der ersten Etappe der Reise, wo er zwei Tage bleiben würde. Ramdas ging ins Haus des Pilger-Pandits, wo er seine Mahlzeit einnahm. Der Pandit war ein älterer Mann, groß und kräftig gebaut. Um zwölf Uhr stiegen sie in einen Autobus, der sie am Abend nach Mattan brachte.

Die Ruinen des Tempels von Marthand,
Wikimedia Commons, Foto: John Burke, 19. Jh.

Für die Nacht wurden Ramdas und der Pilger-Pandit im Haus eines anderen Pandits, eines Einwohners von Mattan und Freundes des Begleiters, untergebracht. Am nächsten Morgen ging Ramdas hinaus, um einen Rundblick zu genießen. Die Bedeutung von Mattan liegt zum einen in einer klaren Quelle, deren Wasser in einem kleinen Reservoir gesammelt wird, das peinlich sauber gehalten wird und in dem sich Fische tummeln. Es ist eine Freude, dieses kühle, klare Wasser zu sehen, zu trinken und darin zu baden. Zum zweiten liegt seine Bedeutung in den alten Ruinen des Marthand-Tempels. Ramdas besuchte die Ruinen. Außer den eingestürzten Außenmauern und einem verfallenen mittleren Bogen ist von dem Tempel nichts mehr übrig. Die Ruinen vermitteln eine Vorstellung von der Majestät, Größe und Stabilität des Bauwerks, als es noch intakt und vollständig war. Er verbrachte eine Stunde inmitten dieser Ruinen und betrachtete die umliegende Landschaft. Der Tempel war dem Gott Marthand (dem Sonnengott) geweiht, daher der Name.

Ramdas bemerkte einen ängstlichen Ausdruck auf dem Gesicht des Pandit-Begleiters. Als er ihn fragte, nannte er mit großem Zögern den Grund. „Maharaj", sagte er, „die Sache, die mich beunruhigt, ist die: Wir müssen morgen oder übermorgen höher hinauf. Wenn wir die Berge hinaufsteigen, wird die Kälte immer schlimmer werden. Ich habe Decken und Kleidung mitgebracht, die nur für eine Person ausreichen, während du nichts besitzt als die unzureichenden Baumwolllaken. Mir wurde gesagt, dass ein Freund dir warme Kleidung bringen würde, aber bis jetzt ist nichts von ihm zu sehen. Was sollen wir tun?"

„Überlass die Angelegenheit Ram. Er wird sich darum kümmern. Bitte mach dir keine Sorgen", erwiderte Ramdas.

Den ganzen Tag über kam eine Busladung von Pilgern nach der anderen in Mattan an, und der Pandit übertrug Ramdas die Aufgabe, auf die Ankunft Ramcharandas' zu warten. Bis halb vier saß er auf der niedrigen Mauer einer Brücke, wo die ankommenden Autobusse hielten.

Plötzlich kam ein junger Mann, gekleidet nach der neuesten Mode von Srinagar, mit hohem, gelbem Turban, auf ihn zu, nahm ihn beim Arm und sagte: „Da bist du ja, Ramdas, ich habe dich erwischt. Du sollst mit mir nach Amarnath gehen. Obwohl du dich vielleicht nicht an mich erinnerst, habe ich dich in Nishad Bag mit Amarnath Bakshi gesehen, der mein Lehrer war und jetzt ein guter Freund von mir ist. Er hat mich gebeten, mich um dich zu kümmern. Komm mit. Ich bin Arzt. Mein Name ist auch Amarnath. Ich gehöre zu dem Krankenlager, das mit den Pilgern bis nach Amarnath reist, um für ihre Gesundheit zu sorgen. Ich habe ein eigenes Zelt, in dem du herzlich willkommen bist. An warmer Kleidung und Decken wird es dir nicht mangeln. Ich habe viel davon für dich übrig."

Ram überrumpelt Ramdas immer wieder.

„Ramji“, wandte sich Ramdas an den Arzt, „Ramdas kam in Begleitung eines Pandits hierher, der sehr freundlich zu ihm war. Ramdas muss ihn von der neuen Vereinbarung in Kenntnis setzen.“

„Komm erst einmal mit mir“, sagte er mit der spöttischen Autorität, die er immer an den Tag legte. Er war eine so gütige und liebevolle Seele. „Ich will nicht, dass du mir aus den Händen gleitest. Komm mit mir in mein Zelt. Ich kenne den Pandit, von dem du sprichst. Ich werde nach ihm schicken und die Sache mit ihm besprechen. Du musst dich nicht darum kümmern.“

Der Arzt nahm Ramdas am Arm, führte ihn zu einem Zelt, das auf einem flachen Grundstück im Schatten von Bäumen lag, und ließ ihn auf einem Stuhl Platz nehmen. Dann schickte der Arzt einen seiner Diener los, um den Pandit zu holen. Der Pandit kam und sah Ramdas, der sich gemütlich auf einem Stuhl räkelte. Ramdas wurde nun ein stiller Zuhörer des Gesprächs zwischen dem Arzt und dem Pandit in der kaschmirischen Sprache. Sein monatelanger Aufenthalt in ihrer Mitte hatte ihm so viel Einblick in ihre Sprache gegeben, dass er die Richtung ihres Gesprächs verstehen konnte. Es kam zu einem Wortgefecht zwischen ihnen. Der Pandit wollte sich nicht von Ramdas trennen. Er versicherte dem Arzt, er werde Ramdas mit Kleidung und Decken versorgen. Die Auseinandersetzung dauerte etwa eine halbe Stunde, und der Arzt ging am Ende als Sieger hervor. Der Pandit ging mürrisch und enttäuscht weg.

In der Abenddämmerung tauchte mit dem letzten Autobus auch Ramcharandas auf. Er hatte Wollkleidung für sich selbst und auch für Ramdas mitgebracht.

Am selben Abend traf Ramdas einen Verwandten des Arztes, der ihn mit einem langen Wollmantel und einem Regenschirm versorgte. Wenn Gott Seine Kinder mit Seiner Gunst überhäufen will, tut er dies ungefragt und in einer solchen Fülle, dass sie benommen und verwirrt sind.

Am nächsten Tag zog die Pilgerschar weiter, so auch das Kranken-Camp, Ramdas und Ramcharandas sowie zwei kräftigen Pandits, Diener des Arztes, die ihm Gesellschaft leisteten. Der Arzt ritt zu Pferd.

Am Abend erreichten sie Phelgaon, die zweite Etappe ihrer Reise. Die Krankenstation baute auf einer weiten Ebene in der Nähe des Flussufers ihr Lager auf.

Phelgaon ist ein äußerst reizvoller Ort – erhabene Berge auf der einen Seite, ein dichter Wald aus Tannen und hohen Pappeln auf der anderen Seite und der sanft fließende Fluss in der Ebene des Tals. Die große Weite mit den zauberhaften Grenzen verlieh dem Ort Erhabenheit und eine einzigartige Faszination. Die herrliche Landschaft von Kaschmir zieht Touristen aus verschiedenen Teilen der Welt an. Es heißt, der Charme und die Schönheit der Landschaften seien mit den weltberühmten Aussichten der Schweiz vergleichbar.

Das Tal von Phelgaon,
Wikimedia Commons, Foto: Kenny OMG, 2011

In Phelgaon entdeckte Ramdas Balak Ram Paramahams inmitten der Pilgerscharen. Als dieser Ramdas so unerwartet traf, kannte seine Freude keine Grenzen. Ramdas fand ihn immer noch als Sklave des *Ganja*-Rauchens vor. Er bat Ramdas um ein Tuch, und dieser trennte sich von dem einen Tuch, das er übrig hatte.

Als Ramdas zum Lager zurückkehrte, stellte er fest, dass viele neue Freunde sich der Gruppe beigesellt hatten, darunter einige *Vakils* und Professoren. Dr. Amarnath erfuhr, dass Ramdas ein Tuch verschenkt hatte, und zog Ramdas für diese seiner Meinung nach törichte Tat zur Rechenschaft. Er übernahm die Verantwortung für Ramdas' Ersatzkleidung. Ramdas zog den langen Mantel, ein Geschenk des Verwandten des Arztes, nur selten an.

Besonders diesen Mantel packte der Arzt heimlich in seine Tasche. Immer, wenn Ramdas ihn anzog, wurde er bewacht, damit er ihn nicht weggeben konnte.

Nachdem sie die Nacht in Vavjin verbracht hatten, setzten sie am nächsten Tag ihren Marsch fort. Gegen neun Uhr erreichten sie einen Ort namens Sheshnag. Die Kälte wurde nun immer strenger. Sheshnag ist ein riesiges, kreisrundes, natürliches Wasserreservoir, ein gigantischer Hohlraum in den Bergen, der einer Wanne ähnelt, deren eine Seite offen ist. Das Wasser war von strahlender Reinheit und hatte eine bläulich-graue Färbung. Ramdas und die Gruppe gingen zum Ufer des runden Sees und bemerkten, dass das Wasser eiskalt war. Ramdas wandte sich an Ramcharandas und sagte: „Ramji, zieh deine Kleider aus. Lass uns im See baden."

Der See von Sheshnag,
Wikimedia Commons, Foto: Koustuvk, 2011

Ramcharandas schreckte vor dieser Aussicht zurück. „Das Wasser ist sehr kalt", sagte er: „Lass uns nicht hier baden."

„Nein, Ram, es ist wichtig, dass wir in diesem See baden. Ramdas wird in der Nähe des Ufers baden, denn er ist es nicht gewohnt zu schwimmen, während du einen Sprung ins Wasser wagen und eine gute Runde schwimmen solltest. Du bist jung und mutig. Du hast keinen Grund zu zögern. Komm mit!", drängte Ramdas.

Widerwillig legte der Junge den kuscheligen, warmen Mantel ab, der seinen Körper bedeckte, und auch Ramdas entledigte sich seines spärlichen Gewandes. Er ging zuerst ins Wasser, und als er eine Tiefe erreicht hatte, in der ihm das Wasser bis zur Brust reichte, bat er Ramcharandas, den Sprung zu wagen, was dieser auch tat. Er schwamm etwa fünf Minuten, bevor er zum Ufer zurückkehrte. Ramdas kehrte nach dreimal Untertauchen ebenfalls zurück. Die Pandits standen bereit, um seinen Körper mit ihren groben Handtüchern abzutrocknen.

Dann zog die Gruppe weiter und kam am Abend in Panchatarni an. Panchatarni ist ein flaches Tal inmitten hoher Berge, die mit dicken, silbrigen Schneeschichten bedeckt sind. Der Fluss floss hier nur langsam vor sich hin. Die Pilger schlugen ihre Zelte in der Nähe des Flussufers auf. In diesen höher gelegenen Regionen schien die Sonne nur schwach durch einen dichten, grauen Nebel, und die Luft war beißend kalt. Der Dunst verlieh dem Anblick des schachbrettförmigen Grüns und der schneebedeckten Berge einen seltsamen Reiz.

Bis nach Phelgaon war der Weg eben. Danach ging es bergauf. Der gewundene Pfad machte den Aufstieg leicht, und Ramdas und seine Freunde gingen zügig und erreichten Chandanwadi lange vor Sonnenuntergang.

Die Landschaft von Chandanwadi hatte ihren ganz eigenen Reiz. Der Ausblick war höchst inspirierend. Hier rauschte der Fluss mit großer Geschwindigkeit vorbei. Die Pilger machten in Chandanwadi für eine Nacht Rast. Ramdas wurde vom Arzt gut versorgt. Er achtete besonders darauf, dass Ramdas nachts mit zwei Decken zugedeckt wurde. Auch die anderen Freunde liebten ihn sehr. Aber Ramcharandas verstand sich nicht gut mit den Pandits, und so hielt er sich vom Zelt fern und schloss sich den *Sadhus* unter freiem Himmel an.

Am nächsten Tag zog die Gruppe weiter. Ramdas wurde vom ersten Pandit, mit dem er bis Mattan gekommen war, mit einem Paar Segeltuchschuhen ausgestattet, die er etwa dreißig Meilen lang trug, dann aber als lästig empfand und wegwarf. Er ging nun barfuß. Außer der Wollmütze, die er ab und zu trug, dem Wollmantel und dem *Khaddar*-Tuch hatte er keine weitere

Kleidung. Er mochte es, einen leichten Körper zu haben, damit er auf den Hügeln frei laufen konnte.

Als Ramdas immer höher stieg, erblickte er eine wunderschöne Landschaft, die ihn mit großem Entzücken erfüllte. Der Boden war jetzt überall mit niederen Pflanzen und Gräsern bedeckt, die vielfarbige Blüten trugen, als wären frische Blumen zu einem festlichen Anlass über den ganzen Weg gestreut worden. Die nächste Etappe ihres Aufenthalts war Vavjin.

Einige Kilometer hinter Phelgaon gibt es einen Ort namens Nilganga. Es wurde von den Pilgern als verdienstvoll betrachtet, dort ein Bad im Fluss zu nehmen. Das Wasser des Flusses war sehr kalt. Ramdas ging zum Ufer des Flusses, wo sich eine Schar von Pilgern zum Baden versammelt hatte, entledigte sich seiner Kleidung, sprang mit einem bloßen *Kaupin* nahe dem Ufer in den Fluss und tauchte dreimal unter. Als er aus dem Wasser kam, war sein Körper wie betäubt und steif vor Kälte. Die Pandits, die ihn begleiteten, rieben seinen Körper mit einem wollenen Tuch ab, zogen ihn wieder an und gaben ihm eine Tasse heißen Tee zu trinken, den sie in einer Thermoskanne mit sich führten. Ramdas lief weiter, gefolgt von den Pandits, und sie erreichten am Abend das Hochplateau von Vavjin oder Vayu Jin, was Jinnee (böser Geist) des Orkans bedeutet. Es ist ein Ort, an dem ständig ein eiskalter Wind weht, oft begleitet von Regen. Der Ort ist daher feucht und kühl. Die Pilger mit spärlicher warmer Kleidung litten sehr unter der Kälte.

Panchatarni ist nur vier Meilen vom Schrein von Amarnath entfernt. Die Pilger lassen sich normalerweise hier nieder, gehen für ein paar Stunden hinauf, um den *Darshan* von Amarnath zu haben, und kehren dann zu ihren Zelten in Panchatarni zurück. Die Nacht verging, und es war geplant, dass die Gruppe im Zelt des Arztes den kurzen Weg am nächsten Morgen gegen neun Uhr antreten und gegen ein Uhr zurückkehren sollte.

Gegen acht Uhr ereignete sich im Zelt des Arztes ein Vorfall, der hier geschildert werden muss. Der Arzt und die Pandit-Freunde, die das Zelt bewohnten, waren es gewohnt, Ramdas‘ Beine abwechselnd zu massieren. Sie hatten große Freude an diesem Dienst. Als Ramdas in Panchatarni im Zelt saß, teilten sich der Arzt und ein anderer Freund Ramdas‘ Beine auf und massierten sie fleißig.

In diesem Moment kam eine alte, abgemagerte und schwache Pilgerin vor das Zelt und schrie verzweifelt. Ihr ganzer Körper zitterte vor Kälte, denn sie hatte nur einen dünnen Baumwollsari, der ihren Körper bedeckte. Sie bat kläglich um warme Kleidung. Ihre wiederholten Bitten stießen auf taube Ohren. Keiner im Zelt war bereit, auch nur ein einziges Stück Wollstoff für die leidende Bettlerin herzugeben. Die Freunde hatten reichlich Kleidung gegen die Kälte mitgebracht, und Ramdas dachte, sie könnten der armen Frau in ihrer Stunde der Not helfen. Als Ramdas der Frau helfen wollte, lehnten sie dies mit der Ausrede ab, dass sie nichts entbehren könnten. Ramdas musste an die Wollkleidung denken, die ihm geschenkt worden war und sich nun in der Obhut des Arztes befand. Er bat den Arzt, die Kleidung der Frau zu geben. Doch die ganze Gruppe lehnte dies ab.

„Die Kleidung ist für dich, Swamiji", sagte der Arzt. „Ich kann sie der Frau nicht geben."

„Nun, Freunde", fragte Ramdas dann, sich an den Arzt wendend, „warum massiert ihr so gerne Ramdas' Beine? Was habt ihr davon?"

„Wir fühlen uns glücklich, wenn wir das tun", antwortete der Arzt.

Da verschränkte Ramdas seine Beine und forderte die Freunde mit der Bemerkung heraus: „Ramdas verweigert euch dieses Glück, wenn ihr nicht bereit seid, ihm eine Freude zu machen, indem ihr die Not der Bettlerin lindert."

Diese Haltung von Ramdas hatte die gewünschte Wirkung auf den Arzt und die Freunde. Der Arzt holte sofort den Wollmantel aus seinem Versteck und warf ihn Ramdas zu, der ihn seinerseits der bedürftigen alten Frau aushändigte.

„Jetzt massiert so viel ihr wollt." Ramdas streckte seine verschränkten Beine wieder aus, und sie machten sich an die Arbeit.

Kurz darauf brachen sie zum *Darshan* von Amarnath auf. Nach vier Meilen Fußmarsch auf einem schmalen, gewundenen Pfad am Rand eines Hügels erreichten sie ein offenes, unebenes, felsiges Tal, in dem rechts der Fluss vorbeifloss und sich links eine riesige Höhle im Berg öffnete. Ramdas vermisste Ramcharandas, den er in der riesigen, verwirrenden Masse der Pilger, die auf über 13.000 geschätzt wurde, verloren hatte.

Nachdem er im Fluss gebadet hatte, machte sich Ramdas auf den Weg zur Höhle. Die Höhle, eine natürliche Höhle in den Bergen, ist von enormer Größe mit einer weiten Öffnung. Hunderte von Pilgern hatten sich bereits in ihr versammelt. An dem Ort der Verehrung steht ein *Shiva-Lingam* aus Eis. Ramdas konnte die *Murti* nicht sehen, da sie unter den Geschenken der Pilger aus Tüchern usw. verborgen war, die von ihnen über sie geworfen wurden. Rechts und links von dem *Shiva-Lingam* befinden sich riesige Schneeblöcke, die Parvati und *Ganesha* darstellen.

Die Eissäule im Innern der Amarnath-Höhle, die als *Shiva-Lingam*
verehrt wird,
Wikimedia Commons, Foto: Gangadhar Tambe, 2004

Die reine und geheiligte Atmosphäre, die herrliche Umgebung und der Anblick von Tausenden von Pilgern lösten in Ramdas Wellen der Begeisterung aus. In der Höhle traf er Ramcharandas wieder.

Nach dem Bad und dem *Darshan* machte sich die Pilgerschar auf den Rückweg zu ihrem Lager in Panchatarni. Auch der Arzt und seine Gruppe begaben sich nach unten. Noch vor Einbruch der Dunkelheit schlugen sie ihre Zelte an einem niedrig gelegenen Berghang hinter Vavjin auf. Hier wurde dem Arzt berichtet, dass ein *Sadhu* in Vavjin aufgrund der starken Kälte seinen Körper aufgegeben hatte. Dies war das einzige Todesopfer, das die Pilger zu beklagen hatten.

Am nächsten Tag setzten sie den Marsch die Hügel hinunter fort. Der Weg bestand nun natürlich aus einem ständigen Gefälle. Ramdas rannte mit Ramcharandas dicht auf den Fersen in halsbrecherischem Tempo die Hänge hinunter und erreichte Phelgaon lange bevor die Krankenstation eintraf.

Srinagar, Amritsar

Am darauffolgenden Abend erreichte die Gruppe, die nun in schnellem Marsch vorankam, Srinagar. Ramcharandas und Ramdas lenkten natürlich ihre Schritte direkt zu Janakinaths Haus.

Der verlängerte Aufenthalt von Ramdas in Kaschmir beunruhigte seine Freunde in Indien, die ihn mit ihren Mitteilungen überhäuften und ihn drängten, die Berge wieder zu verlassen und ins Flachland zu gehen. Sie schickten ein Telegramm nach dem anderen. Janakinath und Amarnath waren sehr gegen seine Abreise aus Srinagar. Sie schlugen vor, dass er seinen ständigen Wohnsitz in Zukunft in Kaschmir nehmen sollte und dass sie für seinen Aufenthalt in der Nähe des Hari Parvat oder Harvan sorgen würden. Aber es zog ihn durch die Freunde in Rawalpindi, den Vereinigten Provinzen, Kathiawar, Bombay und den südlichen Distrikten in den Süden.

Nun waren Gopalrao und seine Frau Girijabai, *Saraswats* aus Kanara, die mit Mutter Rukmabai verwandt waren, zu dieser Zeit in Srinagar. Sie hatten Nachricht über Ramdas und wollten ihn unbedingt sehen. Gopalrao setzte sich mit Amarnath Bakshi in Verbindung und drückte seinen Wunsch aus, Ramdas für einige Tage als Gast zu haben. Nach dem Frühstück mit Milch und Früchten verabschiedete sich Ramdas von Janakinath und seiner Familie. Ramcharandas begleitete ihn.

Gegen elf Uhr vormittags kamen sie am Ufer des Sindhu-Flusses (Indus) an, wo sie eine Reihe von Hausbooten vorfanden. Nach einigen Minuten der Suche entdeckte Ramcharandas das von Gopalrao bewohnte Hausboot. Gopalrao und seine Frau begrüßten Ramdas mit großer Freude. Das Hausboot, ein Kahn mit einer gepflegten, schön eingerichteten Behausung, bestand aus sechs Kabinen und einer kleinen Terrasse über der vorderen Kabine. Darin befanden sich ein Salon, ein Esszimmer, zwei Schlafzimmer, ein Lagerraum und ein Bad. Kunstvolle Vorhänge schmückten die Fenster, und Teppiche bedeckten den Boden. Das Boot war mit elektrischen Lichtern beleuchtet. Es war an einer Stelle am Fluss vertäut, von wo aus man einen schönen Blick auf die umliegende Landschaft hatte. Der Fluss Sindhu, der für sein kristallklares, blaues Wasser bekannt ist, schlängelte sich langsam dahin.

Nach einer Woche Aufenthalt an diesem Ort veranlasste Gopalrao, dass das Hausboot in den Dal-See nach Gagribal, am Fuße des Sri *Shankaracharya-*

Hügels, verlegt wurde. Als das Hausboot von den kräftigen muslimischen Bootsmännern auf den Dal-See gezogen wurde, hatte Ramdas die Gelegenheit, ein ruhiges Gespräch mit Ramcharandas zu führen.

„Ram", sagte Ramdas, „du musst dich darauf vorbereiten, dich von Ramdas zu trennen. Er wird in Kürze ins Flachland aufbrechen, und er will nicht, dass du mit ihm dieses gesegnete Land verlässt. Du kannst noch einige Jahre in Kaschmir bleiben. Es ist ein geeigneter Ort für dein *Sadhana*. Wenn Ramdas dich das nächste Mal sieht, musst du ein Antlitz zeigen, das vom Glanz der Selbstverwirklichung erleuchtet ist, und Augen, die von der Schau des Unendlichen erfüllt sind. Hab volles Vertrauen auf Gott, der in deinem Herzen wohnt. Er wird sich um all deine Annehmlichkeiten während deines Aufenthalts in diesen kalten Regionen kümmern."

Erneut zeigte der Junge, der sich an Ramdas geklammert hatte, Anzeichen von Beunruhigung bei dem Gedanken an eine Trennung. Er murrte und ärgerte sich darüber. Ramdas setzte all seine Überredungskünste ein, um ihn von der Notwendigkeit zu überzeugen, seinen Vorschlag auszuführen, da dies letztlich zu seinem eigenen Vorteil war. Schließlich stimmte er zu, Ramdas' Rat zu befolgen.

Ein Wort zu Ramcharandas ist hier angebracht. Nachdem Ramdas ihn in Kaschmir verlassen hatte, erhielt er einige Monate später eine Nachricht von ihm aus Rishikesh, die an den Anandashram in Kasaragod gerichtet war. Seitdem hat Ramdas keine Nachricht mehr von ihm erhalten. Ramdas erinnert sich an den letzten Rat, den er ihm gab und der lautete: „Du solltest Ramdas erst wieder aufsuchen, wenn du mit dem Wissen und der Glückseligkeit *Brahmans* erstrahlst." Und er hatte hinzugefügt: „Aber es ist zweifelhaft, ob du überhaupt das Bedürfnis verspüren wirst, ihn zu treffen, wenn du diesen höchst gesegneten Zustand erreicht hast." Wie dem auch sei, die süße Erinnerung an seine Kameradschaft und die verschiedenen Taten des liebevollen Dienstes, die er Ramdas in seinem Wanderleben erwiesen hat, wird immer frisch in seinem Gedächtnis bleiben. Was auch immer seine sogenannten Schwächen waren, Ramdas erkannte in ihm einen *Sadhaka* von seltenem, unerschrockenem Geist, der zuweilen auf dem Gipfel einer Welle brennender Entsagung ritt und völlig frei von der Ego-Besessenheit war. Sein wichtigster Glaubensanker war, dass der hingebungsvolle Dienst für den Guru und die Heiligen die unabdingbare Voraussetzung für ein spirituelles Leben ist.

Bald darauf lud Durgadas Nagarkatte Sadashivarao mit seiner Familie, Gopalrao und seine Frau sowie Ramdas in seinen Bungalow ein. Sie verbrachten für ein paar Tage eine glückliche Zeit miteinander.

Eines Morgens entdeckte Ramdas Durgadas und Gopalrao, die im Schatten eines *Chenar*-Baumes vor dem Bungalow saßen und über die Echtheit und den Wert einiger Edelsteine sprachen, die Gopalrao kürzlich gekauft hatte. Ramdas trat an sie heran. Durgadas reichte Ramdas einen Opal und rief: „Was für ein schöner Stein!"

Ramdas bückte sich sofort, hob einen Stein vom Boden auf, hielt ihn hoch und sagte: „Warum kannst du nicht die gleiche Schönheit in diesem Stein sehen und die Erhabenheit des Berges dort drüben? Jedes Ding ist Gottes Schöpfung. Alles ist von Schönheit geprägt. Warum sprichst du nur von diesem besonderen Stein?"

Sie lächelten und schwiegen.

Gopalraos Urlaub neigte sich nun dem Ende zu. Er schlug vor, Ramdas mit nach Amritsar zu nehmen. Er mietete ein Auto für die Fahrt nach Rawalpindi, aber Ramdas' Vorliebe für die Höhle auf dem *Shankaracharya*-Hügel erlaubte es ihm nicht, ihn zu begleiten. Gott wollte, dass er für einige Tage in der Höhle leben sollte. Er teilte diese Tatsache Gopalrao mit, der darüber sehr enttäuscht war, sich aber in das Unvermeidliche fügen musste. Seine tiefe Sorge um Ramdas veranlasste ihn, bei Bhai Vir Singh, einem Sikh-Heiligen, eine Nachricht zu hinterlassen, ein wachsames Auge auf Ramdas zu haben. Er verließ Srinagar mit seiner Frau, und noch am selben Abend bezog Ramdas die Höhle.

Das Innere der Höhle war geräumig, doch der Eingang war schmal. Da die Höhle von Ziegen aufgesucht wurde, die auf dem Hügel weideten, war das Innere durch ihre Exkremente und ihren Urin stark verschmutzt. Am Eingang der Höhle stand ein kleiner *Chenar*-Baum, und eine flache Steinplatte lag davor.

Ramdas besaß damals nur ein dünnes, ockerfarbenes, schlichtes Kaschmir-Gewand, das ihm Gopalrao geschenkt hatte, und sonst nichts. Der Boden in der Höhle bestand aus zwei Ebenen. Wenn man die Höhle betrat, gelangte man auf die untere Ebene, an deren Ende sich eine erhöhte Plattform befand, die bis zur hinteren hohlen Wand der Höhle reichte. Der Boden und das Podest waren zerklüftet, und scharfkantige Kieselsteine lagen dicht verstreut darauf. Selbst tagsüber herrschte in der Höhle Halbdunkel.

Kurz vor Sonnenuntergang kam Bhai Vir Singh den Hügel hinaufgeeilt, wo Ramdas sich aufhielt, und sagte: „Ich habe gehört, dass du in dieser Höhle bleiben wirst. Du kannst mir befehlen, dich mit allem zu versorgen, was du willst.“

„Ramdas will nichts“, antwortete Ramdas.

„Nein, das geht nicht. Ich werde dafür sorgen, dass du Essen, Decken und Teppiche bekommst“, rief er aus.

„Ramdas will hier einige Tage ohne Essen und Bequemlichkeit bleiben. Mache dir also bitte keine Umstände“, warf Ramdas ein.

„Damit bin ich nicht einverstanden. Du musst mir erlauben, dich zu ernähren und für dich zu sorgen. Ich werde das als kein geringes Privileg betrachten. Ich werde nicht zulassen, dass du verhungerst. Sag mir, was du haben möchtest. Glaube nicht, dass du mich so leicht abwimmeln kannst“, sagte er.

In der Tat wollte Ramdas einige Tage an diesem einsamen Ort leben, ungestört von der Frage nach Essen und Trinken. Aber der Heilige war hartnäckig, und Ramdas musste nachgeben und sich fügen: „Nun, Maharaj, du kannst ihm mittags eine kleine Menge gekochten Reis mit Milch vermischt geben, das ist alles.“

„Das ist nicht alles“, antwortete er schnell. „Was ist mit dem Abend? Ich möchte, dass du wenigstens etwas Obst und Milch zu dir nimmst.“

Ramdas war hilflos in den Händen desjenigen, der entschlossen war, ihn zu ernähren. Der Heilige ging. Als die Dunkelheit hereinbrach, betrat Ramdas die Höhle, ließ sich auf der erhöhten Ebene nieder, wobei er einen Teil des dünnen Schals auf dem Boden ausbreitete, und legte sich flach auf den rauen Kiesboden.

Gegen zehn Uhr kam ein stämmiger, gut aussehender, junger Diener des Heiligen mit einer Laterne in der Hand und brachte eine Matte aus dickem

Schilf und einige Decken. Ramdas breitete die Matte an der Stelle aus, an der er sich hingelegt hatte, ließ eine Decke als Kopfkissen falten, gab die überzähligen Decken zurück und wünschte dem Jungen eine gute Nacht.

In der Nacht war es in der Höhle stockdunkel. Er streckte sich auf der Matte aus und bedeckte seinen Körper mit seinem Schal. Er spürte nicht viel Kälte, denn in der Höhle war es warm. Die ganze Nacht über lag er wach. Nach Mitternacht hörte er neben sich ein Rascheln und Quietschen wie von Ratten, die ihn aber in keiner Weise belästigten.

Die Nacht verging, und der Tag brach an. Er ging hinaus, setzte sich auf die Steinplatte unter dem *Chenar*-Baum und genoss die malerische Aussicht auf den See, die Berge und das grüne Laub. Als der Mittag nahte, zog er sich in die Höhle zurück.

Nun stattete ihm ein alter Muslim einen Besuch ab. Er war überrascht, dass Ramdas in der Höhle wohnte, und sagte: „Weißt du, dass es in dieser Höhle zwei Schlangen gibt? Viele Ziegen die sich in diese Höhle verirrt haben, sind ihren giftigen Zähnen zum Opfer gefallen. Siehst du das Loch nur wenige Zentimeter von der Stelle entfernt, wohin du deinen Kopf hingelegt hast? Es ist ihr Zuhause. Hattest du keine Probleme mit ihnen? Wie lange bist du schon an diesem Ort?“

„Ramdas hält sich seit gestern Abend hier auf“, antwortete Ramdas. „In der Nacht hörte er nur das Quietschen der Ratten und ein Rascheln, das von ihnen verursacht wurde, wurde aber sonst nicht gestört.“

„Ah!“, rief er mit weit aufgerissenen Augen und schüttelte seinen bärtigen Kopf, „das sind die Schlangen, nicht Ratten, wie du vermutest. Sie geben einen Schrei von sich, der dem von Ratten ähnelt. Ich war schon lange nicht mehr in der Höhle und hatte den Eindruck, dass die Schlangen den Ort verlassen haben könnten. Jetzt weiß ich, dass sie noch da sind. Sei gewarnt. Verlass diesen schrecklichen Ort sofort. Irgendwie haben sie dich letzte Nacht verschont. Du kannst dir in Zukunft nicht sicher sein.“

„Ramdas hat keine Angst. Er hält sich in dieser Höhle unter dem Schutz Gottes und auf Seinen Befehl hin auf. Er wird also weiterhin hier verweilen“, antwortete Ramdas.

Der alte Mann nickte wieder mit ernstem und zweifelndem Blick. Das Gespräch nahm eine andere Wendung. Er erzählte von einem muslimischen *Sadhu*, der dreißig Jahre in der Höhle gelebt hatte. Das sei aber vor zwanzig Jahren gewesen. Mit einer zweiten Warnung an Ramdas ging der gutherzige alte Mann.

Der junge Diener von Bhai Vir Singh brachte mittags und abends regelmäßig Essen und Milch. Manchmal saß Ramdas in glückselige Entrückung versunken auf einem Hügel, der niedriger als der Hügel war, auf dem der Tempel stand, und vergaß, zur Essenszeit, in die Höhle hinunterzugehen. Aber der treue Junge suchte Ramdas ohne viel Aufhebens mit dem Essenskorb in der Hand, und wenn er Ramdas gefunden hatte, gab er ihm zu essen, wo immer er auch saß.

Bhai Vir Singh, Janakinath, Shambunath und mehrere Sikh-Freunde besuchten ihn tagsüber und versorgten ihn mit Töpfen für Wasser und Holzkohle, einem *Kangdi*, Streichhölzern usw., um ein Feuer gegen die Kälte zu machen, aber Ramdas benutzte diese Dinge nie. Shambunath, den Ramdas in Panchatarni kennengelernt hatte, wollte ihn nach seinem Aufenthalt in der Höhle für ein paar Tage als Gast in seinem Haus haben.

Ramdas lebte eine Woche lang in der Höhle, in der er weder badete, trank oder Wasser benutzte. Wasser gab es nur aus dem See, der sich am Fuß des Hügels befand, etwa eine dreiviertel Meile von der Höhle entfernt. Er stieg in jenen Tagen nie den Hügel hinab.

In der Nacht des siebten Tages hatte er ein seltsames Erlebnis. Es mag nach Mitternacht gewesen sein. Das Innere der Höhle war wie immer völlig dunkel. Plötzlich erhellte ein bläuliches Licht die ganze Höhle. Er schien von diesem Licht, das nur wenige Sekunden anhielt, absorbiert zu werden. Dann verschwand es allmählich und warf die Höhle wieder in tiefe Finsternis.

In den frühen Morgenstunden am achten Tag, d.h. am Tag nach der Lichtvision, verließ er die Höhle und erschien im *Kuti* des heiligen Bhai Vir Singh, der ihn mit offenen Armen empfing.

Shambunath brachte Ramdas vom *Kuti* von Bhai Vir Singh in sein Haus in Amirakadal im Hauptbasar von Srinagar. Shambunaths Vater, Mutter und andere Verwandte behandelten ihn mit großer Freundlichkeit und Liebe. Er blieb für etwa zwei Wochen bei ihnen. Während seines Aufenthalts sagte er zu Shambunath, dass Gott wolle, dass er auf den höchsten Berg der Gebirgskette vor der Höhle Sri *Shankaracharyas* kletterte. Der Gedanke, den Berg zu besteigen, regte Shambunaths Phantasie an. Er schlug vor, Ramdas zu begleiten.

So brachen sie eines frühen Morgens zu diesem Abenteuer auf. Shambunath rüstete sich mit einer Thermoskanne mit Tee und einer kleinen Tasche mit Keksen, Brot, Butter und Früchten aus. Bis zum Fuß des Hügels fuhren sie mit dem Auto. Nun begannen sie mit dem Aufstieg. Sie schlugen einen Weg entlang der größten Steigung ein und kletterten immer höher hinauf, stets den Gipfel im Blick, den sie erreichen mussten. Von unten schien der Gipfel nicht sehr hoch zu sein, aber jetzt, als sie hinaufstiegen, stellten sie fest, dass der Gipfel immer noch gleich hoch zu sein schien. Sie überquerten sieben Hügel, einen nach dem anderen, und erreichten schließlich den Fuß des Gipfels, den sie erreichen wollten. Bis zum Ende des vierten Hügels gingen sie auf einem groben Trampelpfad, aber danach gab es keinen Weg mehr. Sie mussten durch Schluchten und über schroffe Felsen wandern. Außer ein paar Schakalen, die bei ihrem Anblick die Flucht ergriffen, trafen sie keine anderen Tiere.

Nun musste der höchste Gipfel entweder spiralförmig erklommen werden, was einfacher war, oder senkrecht. Ramdas entschied sich für die letzte Methode. Er kletterte hinauf und nutzte den dichten Bewuchs des braunen Grases als Haltegriff. Shambunath folgte ihm. Als sie etwa die Hälfte des Hangs erreicht hatten, stieß Ramdas auf einen kleinen glatten Felsen, auf den er sich hievte. Er sah den Freund hinter sich, der sich mit rotem Gesicht abmühte, mit ihm Schritt zu halten. Ein Blick hinunter in das Tal enthüllte eine seltene und wunderbare Aussicht. Aus dieser schwindelerregenden Höhe gähnte zu ihren Füßen ein breiter und furchtbar tiefer Abgrund. Als Shambunath sich näherte, konnte Ramdas nicht anders, als auszurufen: „Ram, schau nach unten! Was für ein herrlicher Anblick!" Als Shambunath für einen Moment den Kopf drehte, rief er hilflos: „Swamiji, halte mich fest, ich rutsche ab!" und streckte seine Arme aus, die Ramdas sofort mit beiden Händen ergriff. Er zog ihn mit übermenschlicher Kraft auf den Felsen, auf dem er saß. Shambunath ruhte sich etwa fünf Minuten mit geschlossenen Augen aus, bevor er sich von seiner Schwäche erholt hatte.

„Swamiji", sagte er dann, „bitte verlange nicht, dass ich wieder nach unten sehe. Der Blick in die ehrfurchtgebietende und gewaltige Tiefe machte mich schwindlig, und ohne dich wäre ich den Berg hinuntergerollt und hatte den sicheren Tod gefunden."

Sie stiegen noch höher hinauf, gingen immer weiter durch das hohe Gras, das üppig auf dem Berg wuchs, und erreichten schließlich den Gipfel. Es war jetzt etwa drei Uhr nachmittags. Sie setzten sich ins Gras und warfen aus dieser gewaltigen Höhe einen Blick auf Kaschmir. Was Ramdas von dort aus sah, entzieht sich jeder Beschreibung. Es war der Anblick der unendlichen Weite des Raumes, die schemenhaften Umrisse der Berge in der Ferne und das weite Tal von Kaschmir mit seinen unzähligen glasklaren Seen, unterbrochen von weiten grünen Flächen und Vegetation.

Shambunath war fröhlich und lebhaft, obwohl er müde war. Er öffnete den Schraubverschluss der Thermoskanne und den Beutel mit den Esswaren, und beide sprachen dem hart verdienten, leichten Essen herzhaft zu. Sie ruhten sich etwa eine halbe Stunde aus.

Shambunath schlug nun vor, dass sie sich für ihre Rückkehr beeilen sollten, da sie vor Einbruch der Dunkelheit unten ankommen mussten. Sie beabsichtigten, auf einem anderen Weg abzusteigen, und zwar über einen Hang, der verlockend aussah, da er sie leicht und in kurzer Zeit nach unten führen konnte. Sie stiegen schnell den Abhang hinunter und kamen an den Rand eines Abgrunds, der ihnen den weiteren Weg nach unten versperrte. Also stiegen sie einen anderen angrenzenden Hang hinunter, nur um auf einen ähnlichen Abgrund zu stoßen. Sie wandten sich in eine dritte Richtung, wo sie sich an den Ästen der dicht wachsenden Bäume festhielten. Doch ihr Weg wurde von einer weiteren senkrechten Klippe abgeschnitten. Hier sah Ramdas einige Wurzeln, die aus der Felswand ragten, und versuchte, mit ihrer Hilfe hinabzusteigen, als Shambunath sich einmischte und sagte: „Swamiji, ich kann dir auf diesem Weg nicht folgen. Gib den Weg auf." Ramdas musste den Versuch aufgeben.

Jetzt nahte schnell der Abend und winkte die Nacht herbei. Ramdas und der Freund ruhten einige Minuten unter den Bäumen aus.

„Swamiji, angenommen, wir finden den Weg den Berg hinunter nicht, was sollen wir dann tun?", fragte Shambunath.

„Natürlich werden wir hier übernachten“, antwortete Ramdas.

„Oh!“, rief er aus, „das kann ich an diesem schrecklichen Ort nicht tun. Ich habe Angst vor wilden Tieren. Es ist an der Zeit, dass sie aus ihren Höhlen kommen. Swamiji, lass uns versuchen, den alten Weg zu finden, auf dem wir heraufgekommen sind.“

Doch sie hatten ihn verloren und waren in den verwirrenden Windungen der riesigen Bergkette gefangen. Über eine halbe Stunde irrten sie erfolglos auf der Suche nach dem alten Weg umher. Währenddessen wurde Shambunath immer aufgeregter und ängstlich. Endlich fanden sie sich auf dem unebenen Trampelpfad wieder. Als Shambunath ihn sah, kannte seine Freude keine Grenzen. Er sprang, tanzte und rief laut aus: „Swamiji, du bist wirklich mein Gott! Du hast mich auf den Weg gebracht. Lass uns schnell gehen.“

Nun rannte Shambunath den Weg hinunter wie ein Pferd im vollen Galopp. Unterwegs machte er waghalsige Sprünge. Er war leichtsinnig und wild. Ramdas rannte dicht hinter ihm her. Die Sonne war untergegangen. Die Dunkelheit nahm immer mehr zu. Als sie sich dem Fuß der Berge näherten, bogen sie nach links ab und stießen auf alte Ruinen, wo sie fünf Minuten rasteten und dann zur Straße in der Nähe einer berühmten Quelle Kaschmirs namens Chashma Shahi hinuntergingen. Dort tranken sie sich satt. Dem Wasser dieser Quelle werden wunderbare medizinische und heilende Eigenschaften nachgesagt. Reiche Leute und Invaliden lassen sich dieses Wasser zum Trinken geben.

Sie gingen zurück in die Stadt. Auf halbem Weg begegneten sie dem Auto von Shambunath, das sie abholen wollte. Sie sprangen hinein und erreichten um halb acht Shambunaths Wohnsitz.

Ramdas besuchte Amritsar mit dem Goldenen Tempel der Sikhs und Jhansi. Er lebte für zwei Wochen in einer Höhle auf dem Gokhar Parvat. Danach reiste er nach Chhattarpur, da der Maharadscha ihn sehen wollte.

Am nächsten Morgen begleitete Gulab Rai, der Sohn von Bhavani Prasad und Sekretär des Maharadschas, Ramdas zu dessen Palast. Der Maharadscha war ein gebrechlicher alter Mann, schwach und ausgemergelt. Ramdas setzte sich neben ihn.

Der goldene Sikh-Tempel in Amritsar,
Wikimedia Commons, Foto: Msdstefan, 2006

„Ich wiederhole Ramnam seit über dreißig Jahren", sagte er, „aber mein Geist ist immer noch so ruhelos wie eh und je. Wie kann man dann sagen, dass dieser Name die Macht besitzt, den Tumult des von Begierde geplagten Geistes zu unterdrücken?"

Ramdas antwortete: „Frieden kann nur dann durch das *Japa* von Ramnam erreicht werden, wenn man es im Geiste von *Nishkama* tut, d.h. mit dem alleinigen Wunsch nach Befreiung und Frieden und ohne Sehnsucht nach weltlichen Dingen. Gott erhört unser Gebet, wenn wir Ihn mit ernsthaftem Eifer des Herzens anrufen und nur um reine Hingabe an Seine heiligen Füße und um nichts anderes bitten. Das Geheimnis von Ramnam liegt also darin, es zu üben, um das Ziel des Lebens zu erreichen, nämlich Unsterblichkeit oder Vereinigung mit Gott."

„Du hast vollkommen recht. Es ist sehr schwer, *Nishkama Bhakti* zu erlangen", meinte er und wandte sich einem anderen Thema zu. „Einer meiner Angestellten ist durch einen Schuss schwer verletzt worden. Er gehört zu einer Jagdgruppe. Durch ein Versehen wurde er von einem der Teilnehmer in den Oberschenkel geschossen. Sein Zustand ist sehr prekär. Ich bitte dich, ihm den Nutzen deines *Darshans* zu gewähren, und bin zuversichtlich, dass er durch deinen Segen wieder gesund wird."

Daraufhin wurde Ramdas in die Hütte des Verwundeten gebracht. Ramdas fand ihn völlig unruhig vor Schmerzen vor, und seine Verwandten drängten sich in tiefer Besorgnis um ihn. Ramdas wurde aufgefordert, mit seinen Händen über den Körper und die betroffene Stelle des Verwundeten zu streichen. Danach verließ Ramdas das Haus und kehrte zu Gulab Rai zurück.

Am nächsten Tag verließ er Chhattarpur im Auto des Maharadschas und fuhr nach Navagaon, wo er in der Gesellschaft der Heiligen zu Abend aß und mit demselben Wagen zum Bahnhof Harpalpur fuhr. Dort nahm er einen Zug nach Jhansi. Ramdas erfuhr später, dass der Diener des Maharadschas sich von der schweren Verletzung erholt hatte. Gott sei gepriesen!

Ramdas reiste nach Wadhwan und dann nach Limbdi, wo er erneut Raja Ram und Mutter Elizabeth traf. Dann ging es weiter nach Veraval und Una.

Una, Veraval, Bombay

Ramdas blieb über eine Woche in Una. Dann kam die Zeit seiner Abreise. [Sein Begleiter] Popatbhai war nicht damit einverstanden, auf dem Seeweg zu reisen. Also wurde ein Ochsenkarren angeheuert, um sie nach Veraval zu bringen. Sie wurden gewarnt, dass die Straße sehr schlecht sei. Der Wagen war zur Hälfte mit Stroh gefüllt, auf dem eine dicke Matratze mit zwei Kissen ausgebreitet war. Die Seiten des Wagens waren mit losen Seilen umzäunt. Als der Wagen fuhr, war es ihnen unmöglich, eine sitzende Haltung einzunehmen. Die kräftigen Ochsen zogen den Wagen rücksichtslos über das harte, trockene, steinige und unebene Gelände hinter sich her. Der Wagen schaukelte hin und her, unterbrochen von plötzlichen Schlägen und Stößen. Die Insassen des Wagens stießen hin und wieder gegeneinander. Sie mussten sich um ihres Lebens willen an den losen Seilen festhalten, um nicht durch die großen Lücken auf die Straße geschleudert zu werden. An Schlaf und Ruhe war nicht zu denken. Trotz all ihrer Bemühungen konnten sie keine einzige Position länger als eine Minute halten. Sie kamen sich vor wie Sardinen, die soeben aus dem Meer auf den trockenen Sand geworfen worden waren und übereinander zuckten und sprangen. Ramdas lachte schallend über dieses einmalige Erlebnis. Popatbhai schwieg.

Die Entfernung, die sie zurücklegen mussten, bevor sie Veraval erreichten, betrug etwa achtundvierzig Meilen und nahm nicht weniger als vierundzwanzig Stunden in Anspruch. In großen Abständen hielten sie viermal eine Stunde lang in den Dörfern am Wegesrand an. Als es nur noch zehn Meilen bis Veraval waren, sprang Ramdas aus dem Wagen und schlug vor, die restliche Strecke zu Fuß zurückzulegen. Popatbhai folgte ihm. Sie erreichten Veraval in der Abenddämmerung.

Von Veraval fuhr Ramdas mit dem Schiff nach Bombay, wo ihn viele Menschen besuchten und er einige Reden hielt. Freunde luden ihn nach Santa Cruz, einem Vorort von Bombay, ein.

Im Verlauf seiner Rede in Santa Cruz, als er von dem goldenen Grundsatz „Gott tut alles zum Besten" sprach, erzählte er eine populäre Geschichte, um die tiefe Wahrheit, die diesem Motto zugrunde liegt, zu belegen.

Einst begab sich ein König mit seinem Minister und seinem Gefolge in den Tiefen des Dschungels auf eine Jagdexpedition. Der Minister war für seine

Weisheit bekannt. Er vertrat die Devise: „Gott tut alles zum Besten", und wann immer jemand in seiner Not, seinem Kummer oder Unglück zu ihm kam, tröstete er den Bedrängten, indem er ihn dazu brachte, die Wahrheit dieses Spruchs anzuerkennen.

Der König und der Minister trennten sich auf ihrer Jagd nach Wild von ihren Gefolgsleuten, wanderten weit in das Innere des ausgedehnten Waldes hinein und verirrten sich schließlich. Die Sonne stand hoch über ihnen, und der König war müde und hungrig. Sie ruhten sich im Schatten eines Baumes aus.

„Minister", sagte der erschöpfte König, „der Hunger plagt mich. Kannst du mir etwas zu essen besorgen?"

Der Minister sah sich um und entdeckte Früchte an den Bäumen. Er kletterte auf einen Baum, pflückte ein paar reife Früchte und reichte sie dem König. Der König, der eilig die Früchte aß, indem er sie mit einem Taschenmesser auseinanderschnitt, schnitt sich ein Stück seines Fingers ab. Mit einem Schmerzensschrei ließ er die Frucht und das Messer fallen. Sein verletzter Finger war blutüberströmt.

„Oh Minister!", rief er aus. „Das tut weh."

„Gott tut alles zum Besten", fügte der Minister leise hinzu.

Diese Worte brachten den ohnehin schon gereizten König nur noch mehr in Rage. Er geriet in Wut und schrie: „Narr, hör auf mit deiner Philosophie! Ich habe genug davon. Während ich unter unerträglichen Qualen leide, ist der einzige Trost, den du anbieten kannst: ‚Gott tut alles zum Besten.' Wie kann das das Beste sein, wenn mein Schmerz intensiv und real ist! Fort, ich will in Zukunft nichts mehr von dir wissen! Geh mir aus den Augen, und tauche nie wieder auf!"

Der König konnte sich nicht beherrschen, stand auf, trat wütend nach dem Minister und befahl ihm, sich sofort zu entfernen. Während der Minister den König verließ, wiederholte er in aller Ruhe: „Gott tut alles zum Besten."

Nun war der König allein. Er riss einen Streifen von seinem Gewand ab, verband sich den verletzten Finger und hing traurigen Überlegungen nach, als zwei stämmige Männer auf ihn zukamen, sich auf ihn stürzten und ihn an Händen und Füßen fesselten. Widerstand war völlig zwecklos, denn die Männer waren von kräftiger Statur.

Der verängstigte König fragte: „Was wollt ihr mit mir machen?"

Sie antworteten: „Wir wollen, dass du auf dem Altar unserer Göttin *Kali* geopfert wirst. Es ist Brauch, ihr einmal im Jahr ein Menschenopfer darzubringen. Die Zeit dafür ist gekommen. Wir waren auf der Suche nach einem Menschen und haben das Glück, dich gefunden zu haben."

Diese Worte seiner Entführer beunruhigten den König zutiefst. Er protestierte: „Lasst mich gehen! Ich bin der König einer Provinz. Ihr könnt mich nicht als Opfer töten."

Die Männer lachten und sagten: „Dann wird das diesjährige Opfer einzigartig sein, und unsere Göttin wird hocherfreut sein, wenn sie erfährt, dass wir ihr dieses Mal eine erhabene Persönlichkeit als Opfergabe darbringen. Komm mit."

Sie schleppten das Opfer zum *Kali*-Schrein, der nicht weit entfernt war. Er wurde auf den Opferaltar gelegt. Alles war bereit für den Todesstoß, als der Priester bemerkte, dass sein linker Zeigefinger verbunden war. Er löste den Verband und entdeckte, dass ein Teil davon abgeschnitten war. Er sagte zu den Männern: „Dieser Mann ist für unsere Göttin nicht akzeptabel. Lasst ihn frei. Die Göttin will einen ganzen Mann, und dieser Mann hier hat einen Makel an seinem Körper. Ein Stück seines Fingers fehlt. Lasst ihn gehen."

Die Männer lösten die Stricke, mit denen er gefesselt war, und ließen den König frei und in Frieden gehen.

Nun erinnerte sich der König an die Worte des Ministers, die er gesprochen hatte, als er seinen Finger verletzt hatte: „Gott tut alles zum Besten." In der Tat, wäre dieser glückliche Schnitt nicht gewesen, dann wäre er jetzt ein toter Mann. Er bereute die Misshandlung, die er seinem Freund angetan hatte, sehr und wollte den Fehler wieder gut machen, indem er ihn um Vergebung bat. So wanderte er in den Wald, rief laut den Namen des Ministers und fand ihn schließlich.

Der Minister ruhte unter einem Baum. Der König ging auf ihn zu, umarmte ihn mit großer Liebe und sagte: „Freund, ich bitte dich um Vergebung für die Grausamkeit, die ich dir zugefügt habe. Die Wahrheit deines goldenen Spruchs ist mir klar geworden."

Dann erzählte er die Begebenheit des beabsichtigten Opfers an die Göttin und wie er wegen des Makels an seiner Hand, die durch das Messer verursacht worden war, befreit wurde.

„Majestät", antwortete der Minister, „du hast mir keinen Schaden zugefügt. Es gibt also nichts zu verzeihen. In Wahrheit hast du mich gerettet. Während du mich getreten und vertrieben hast, habe ich immer wieder denselben Spruch gesagt: ‚Gott tut alles zum Besten.' Nun ist es auch in meinem Fall wahr geworden. Denn hättest du mich nicht vertrieben, wäre ich bei dir gewesen, als die Männer der *Kali* dich gefangen nahmen, und als sie feststellten, dass du für das Opfer ungeeignet warst, hätten sie mich stattdessen geopfert, denn ich habe keinen solchen Makel an meinem Körper wie den, den du dir so vorsorglich zugefügt hast. Also tut Gott alles zum Besten."

Diese Geschichte hinterließ einen tiefen Eindruck bei den Freunden die sich versammelt hatten, um Ramdas zu hören.

Eines frühen Tages brach eine Gruppe von etwa zwanzig Personen, darunter auch Damen, zu einem Ausflug [in die Höhlen von Elephanta[1]] auf. Sie gingen an Bord einer eigens für sie angemieteten Brigg. Als die Brigg mit einer wellenförmigen Bewegung auf dem Meer fuhr, unterhielten die Freunde die Gruppe mit ausgewählten frommen Liedern zur Begleitung eines Handharmoniums, das sie mitgebracht hatten.

Gegen Mittag legten sie am Landungssteg an, der zu dem Hügel mit den berühmten Höhlen führte. Nach dem Aussteigen suchten sie einen ruhigen Platz für ihr Essen. Sie hatten sich mit verschiedenen Erfrischungen eingedeckt. Nach dem Essen schlenderten sie umher, um die Höhlen zu besichtigen.

Die erste Höhle, die sie betraten, war die größte von allen. Es war eine geräumige Halle, die aus einem riesigen Granitfelsen herausgehauen worden

---

[1] Die Höhlentempel auf der Insel Elephanta bei Mumbai (Bombay) sind Shiva geweiht. Sie gehören zum UNESCO-Weltkulturerbe.

war und auf massiven, schön geschnitzten Säulen ruhte, die in kurzen Abständen voneinander entfernt standen.

Zugang zur Höhle 3 der Höhlen von Elephanta,
Wikimedia Commons, Foto: Cinmaya Panda, 2011

Der dreigesichtige Gott Shiva in der Haupthöhle von Elephanta,
Wikimedia Commons, Foto: Ronakshah, 2015

Shiva-Lingam in einer der Höhlen von Elephanta,
Wikimedia Commons, Foto: Adam Jones, 2016

Im Inneren der Höhle befand sich ein Schrein, der an seiner Wand drei Bereiche hatte, in denen jeweils Figuren als Reliefs dargestellt waren. Die mittlere Figur war der riesige Kopf eines dreigesichtigen Gottes. Die Skulptur war exquisit. Die Gesichter hatten ein ruhiges und friedliches Aussehen. Zu beiden Seiten dieses Gesichts befanden sich lebensgroße Statuen, die die gleiche Kunstfertigkeit und Meisterschaft zeigten. Auf der rechten Seite der Höhle befand sich ein Wasserreservoir, das von einer Quelle gespeist wurde, die am Hang des Hügels entsprang. Auf der linken Seite befand sich ein schlichter, in den Fels gehauener Tempel mit einem offenen Innenhof davor.

Die Gruppe setzte sich in den Innenhof, und wieder unterhielten die Sänger die Gruppe mit ihrer erbaulichen Musik. Gegen drei Uhr machten sie sich auf die Suche nach neuen Sehenswürdigkeiten. Sie umrundeten den Hügel und fanden an seinem Fuß viele weitere kleine Höhlen in unterschiedlichen Abständen voneinander. Als Ramdas an einem Ort ein großes *Shiva-Lingam* in einem Höhlentempel entdeckte, rannte er voraus und begann, auf der Statue in Ekstase zu tanzen. Die Freunde, die später nachkamen, waren sowohl

überrascht als auch erfreut, Ramdas auf dem Kopf von Shiva tanzen zu sehen. Die Statue war über fünf Fuß hoch und hatte einen Durchmesser von
drei Fuß.

Als es auf vier Uhr zuging, traten sie die Rückreise an. Das Boot schaukelte
nun majestätischer auf den Wellen, hüpfte, hob und senkte sich. Die kühle
Abendbrise wehte über sie hinweg und ließ sie in den süßen Erinnerungen
an den glücklichen Tag schwelgen.

Gegen Abend erreichte die Gruppe die Stadt. Hier wurde Ramdas von Ram
inspiriert, einen Brief an Anandrao von Kasaragod zu schreiben, in dem er
den Wunsch äußerte, einen Ashram in Kasaragod auf dem Pilikunji-Hügel
zu errichten. Er schlug auch vor, dass er Anandashram heißen sollte.

Ernakulam

Danach besuchte Ramdas den Sholapur-Distrikt, Angar und Bangalore.

Sein nächstes Ziel war Ernakulam im Staat Cochin. Der Eisenbahnwaggon, in dem er reiste, war überfüllt. Er sicherte sich einen Platz in der Ecke einer kurzen Bank. Ein Fahrgast schlief in voller Länge auf der Bank, und Ramdas setzte sich so, dass er den Schlafenden möglichst wenig störte. Auf dem Platz vor ihm saßen drei Männer, von denen zwei Muslime waren. Ihren goldfarbenen Turbanen und den auffälligen Abzeichen nach zu urteilen, schienen sie *Sepoys* irgendeiner bedeutenden Persönlichkeit zu sein. Ein genauer Blick auf die ovalen Messingplatten auf den roten Abzeichen verriet, dass sie im Dienst des Staates Cochin standen.

Als die Nacht hereinbrach, begannen sie auf ihren Sitzen zu dösen. Der ältere der beiden, der befürchtete, dass sein eleganter, goldfarbener Turban beim Einnicken herunterfallen könnte, legte ihn neben Ramdas auf seinen Sitz und befahl ihm mit schroffer Stimme: „He, pass auf meinen Turban auf. Gib acht, dass er nicht herunterfällt. Behalte ihn im Auge und pass gut auf ihn auf!" Ramdas signalisierte mit einem Brummen, dass er tun würde, was befohlen war.

Der *Sepoy* fiel nun in einen tiefen Schlaf, und Ramdas wachte über den kostbaren Turban, der ihm anvertraut worden war. Wenig später streckte der schlafende Mann auf seiner Bank die Beine aus. Ramdas musste sich bis zum äußersten Ende der Bank zurückziehen und war so gezwungen, den Turban zu nehmen und die wertvolle Last zärtlich auf seinen Schoß zu legen. Der Passagier breitete sich noch weiter aus. Ramdas dachte, er sei kein gewöhnlicher Mensch, sondern ein indischer Gummimann, denn er schien sich in alle Richtungen strecken zu können! Als Ramdas sah, dass der Boden unter dem gegenüberliegenden Sitz frei und ohne Gepäck war, rutschte er mit dem Turban zu dem Platz hinunter. Er legte den Turban in die Nähe seines Kopfes auf einen Teil seines Tuchs und nahm eine liegende Haltung ein, da der niedrige Platz ein aufrechtes Sitzen nicht zuließ.

Der Zug fuhr weiter, ohne sich um die phantastischen Positionen der Fahrgäste zu kümmern, die sich in den Abteilen zusammenkauerten. Auch Ramdas döste vor sich hin. Als das Morgenlicht durch die Fenster drang, wurde er von einem markerschütternden Schrei über ihm aufgeschreckt. Es war die schroffe Stimme des *Sepoys*, des Besitzers des Turbans, der den Schurken verfluchte, der mit seiner Kopfbedeckung verschwunden war. Nun schob sich Ramdas langsam aus der Nische, mit dem Turban in der Hand. Beim Anblick des Turbans sprang der *Sepoy* vor Freude auf und entriss ihn Ramdas mit einem Schrei: „Du warst also unter dem Sitz! Ha! Wie konnte ich das wissen? Allah sei Dank, ich habe meinen Turban zurück!" Und er strich sich mit offensichtlicher Selbstzufriedenheit über seinen langen, grauen Bart.

Ramdas kam am Bahnhof Shoranur an, wo er Sanjivrao traf, in dessen Begleitung er den Zug nach Ernakulam bestieg und gegen Mittag das Ziel erreichte.

Im Zusammenhang mit der Erkrankung von Veeraraghava Iyer [einem seiner Freunde in Ernakulam] muss hier ein außergewöhnlicher Vorfall geschildert werden. Vor einiger Zeit erkrankte dieser Freund schwer, und sein Leben hing am seidenen Faden. Er fiel ins Koma, in dem er jedes äußere Bewusstsein verlor. In diesem Zustand blieb er eine ganze Nacht. Seine hingebungsvolle Ehefrau kümmerte sich sehr um ihn. Sie hielt in dieser kritischen Nacht Wache. Nach Mitternacht wurde sie von einer unwiderstehlichen Welle des Schlafes übermannt und nickte kurz ein. Als sie mit der üblichen Unruhe aufwachte, hatte sie eine seltsame Vision. Sie bemerkte einen *Sannyasin*, der an der Seite ihres Mannes auf dessen Bett saß. Sie fragte sich, wie der *Sadhu* zu dieser nächtlichen Zeit kommen konnte, aber ihr Herz war voller Hoffnung, dass ihr Mann nach einem so beruhigenden Anblick wieder gesund werden würde. Die Vision dauerte ein paar Augenblicke. Die Gestalt des *Sannyasin* verschwand, aber ihr Herz flatterte vor Vertrauen und Hoffnung.

Am nächsten Morgen kam Veeraraghava Iyer wieder zu normalem Bewusstsein, und seine Krankheit wendete sich deutlich in Richtung Genesung. In wenigen Tagen wurde er wieder gesund und war völlig frei von seiner Krankheit. Nun hatte seine Frau keine Gelegenheit gehabt, Ramdas zu sehen, obwohl ihr Mann ihn jedes Mal, wenn er nach Ernakulam kam, bei Sanjivrao besuchte.

Nach seiner vollständigen Genesung erzählte seine Frau ihm von der Vision, die sie in jener Nacht gehabt hatte, und gab eine klare Beschreibung des

Sannyasin. So seltsam es Veeraraghava Iyer auch erschien, er fand, dass ihre Beschreibung genau auf Ramdas passte, und er teilte dies seiner Frau mit, die daraufhin ein großes Verlangen verspürte, Ramdas zu sehen. Er erzählte mehreren seiner Freunde von diesem Vorfall. Als Ramdas diesmal in Ernakulam war, kam die Frau von Veeraraghava Iyer extra mit Geschenken zu Sanjivraos Haus und überzeugte sich und andere davon, dass sie in der denkwürdigen Nacht der Krankheit ihres Mannes die Gestalt eben jenes *Sannyasin*, Ramdas, gesehen hatte. Die Wege Gottes sind in der Tat seltsam!

Der Anandashram in Kasaragod entsteht

Ramdas kam in Kasaragod an. Nach dem *Darshan* von *Gurudev* und anderen blieb er bei Anandrao und bewohnte den kleinen Raum seines privaten Büros. Anandrao hatte über die Errichtung eines Ashrams für ihn nachgedacht und auf seine Rückkehr gewartet. Eines Morgens ging er mit Ramdas und einigen anderen auf den Pilikunji-Hügel, um einen geeigneten Ort für den Ashram zu suchen, und entdeckte schließlich ein schönes Grundstück, das Chandavar Sanjivrao gehörte. Als er mit Sanjivrao über das Grundstück verhandelte, stimmte dieser zu, das kleine Stück Land dem Ashram zu schenken, unter der Bedingung, dass das Grundstück an ihn zurückging, sollten die Aktivitäten des Ashrams als religiöse Einrichtung aufhören. Anandrao nahm den Bau des Gebäudes in Angriff und beeilte sich, denn der Monsun rückte schnell näher.

Der Ashram bestand aus einem winzigen Raum mit einem erhöhten Podest an einem der Wände, das als Pritsche diente, und einer quadratischen, offenen Veranda, auf der Besucher empfangen und kleine *Kirtan*-Gruppen beherbergt werden konnten. Rund um die vier Seiten des Ashrams wurde ein Gürtel aus Tulsi gepflanzt. Das Gelände hatte einen ganz eigenen Charme. Auf der Südseite hatte man einen schönen Blick auf den Payashwini-Fluss und grüne Felder, auf der anderen Seite auf die Hügel, die mit einem dichten Dschungel hoher Bäume bewachsen waren. Vom Fluss her wehte immer eine sanfte, kühle Brise. Morgens und abends war die Luft von der süßen Musik der Vögel erfüllt.

Die Arbeit im Ashram ging zügig voran. Als alles fertig war, begann Ramdas mit einigen ausgewählten Freunden, darunter Kuber Anandrao und Savoor Shankarrao, die extra zu diesem Anlass angereist waren, mit dem Singen des Namens Gottes im Ashram. *Gurudev*, der der Eröffnung des Ashrams beiwohnen wollte, kam ebenfalls, obwohl er vom Alter geschwächt war. Über eine Stunde ging das *Bhajan* weiter, und einige fromme Mütter sangen ausgewählte Lieder. Am Ende der Veranstaltung sprach Ramdas etwa eine halbe Stunde lang über die universelle Schau. Nach der Verteilung von *Prasad* gingen die Freunde auseinander.[1]

---

[1] Der Anandashram in Kasaragod wurde am 3.6.1928 eröffnet.

Der erste Teil des Lebens [im Ashram] verlief ereignislos, abgesehen von Besucherscharen, die sich im Ashram versammelten, um entweder *Bhajans* aufzuführen oder den Vorträgen von Ramdas zuzuhören. Dann begann eine Zeit des Feierns, dem die Verehrer aus Kasaragod beiwohnten, wobei das Singen des Namens des Herrn und seiner Herrlichkeit vierundzwanzig Stunden lang ununterbrochen fortgesetzt wurde. Spirituelle Aspiranten, junge und alte, suchten den Ashram auf.

Ramdas' tägliche Nahrung, die aus einer kleinen Menge gekochtem Reis, Milch und Curry zu Mittag und Obst und Milch am Abend bestand, wurde von Anandrao bereitgestellt. Obwohl Ramdas an einem ruhigen und abgelegenen Ort lebte, war er bis spät in die Nacht mit Gesprächen, Schriftverkehr und anderen Aktivitäten beschäftigt.

Krishnabai besuchte den Ashram in Begleitung einiger anderer Damen. Von da an wurde sie immer mehr vom Ashram und Ramdas angezogen, bis sie schließlich ihr Leben dem Dienst Gottes widmete und eine wichtige Mitarbeiterin von ihm wurde. Ihre strahlende Persönlichkeit, der selbstlose und stille Dienst, den sie im Ashram leistete, ihre reine, überfließende Liebe zu allen Menschen, strahlte aus ihr und offenbarte die ihr innewohnende Größe. Als sie mit Leib und Seele auf dem göttlichen Pfad wandelte, musste sie unzählige Verfolgungen erdulden, aber sie bewahrte sich unbeeindruckt und unbeirrt ihr heiteres und geduldiges Wesen. Jene aufstrebenden Seelen, die unter den Einfluss ihrer schillernden Reinheit kamen, wurden erlöst.[1]

Ramabai (Ramdas' Tochter in der alten Geburt) war mit ihrem Mann eine der ständigen Besucherinnen des Ashrams. Als sie die Reden von Ramdas über Hingabe hörte, in denen er auch eindrucksvoll über *Vairagya* sprach, wandte sich der Geist des Mädchens von der Welt ab, und in ihrem Herzen erwachte eine tiefe Liebe und Sehnsucht nach Gott. Von da an schien sie in einem schweren geistigen Kampf gefangen zu sein. Sie verlor jeden Geschmack an den Dingen der Welt. Sie schränkte ihre häuslichen Tätigkeiten ein, reduzierte ihre Nahrung, gab schließlich jedes Interesse und jede Bindung an ihr Haus auf und vertiefte sich in den Gedanken an Gott. Dieser Zustand erschreckte natürlich ihren Mann und andere im Haus. Ihre einzige Bitte an Ramdas war: „Mach, dass ich Gott liebe." Dieser Zustand hielt einige Monate an. Doch nach viel Überzeugungsarbeit kam sie zur Vernunft und führte ein normales Leben, natürlich ohne Beeinträchtigung ihrer Liebe und Hingabe an Gott.

Etwa zu dieser Zeit kam Mutter Rukmabai zu Ramdas in den Ashram, obwohl sie aufgrund eines chronischen Asthmas kränklich war. Die Aspiranten und Verehrer und vor allem Krishnabai dienten ihr mit großer Liebe und Hingabe und kümmerten sich um sie. Sie ertrug tapfer die Unannehmlichkeiten des Ashram-Lebens. Auf Drängen von Ramdas kehrte sie jedoch zurück, um bei ihrer Tochter zu leben, und kam immer wieder in den Ashram.

Durch seine Korrespondenz stand Ramdas mit unzähligen Anhängern in verschiedenen Teilen Indiens in Kontakt. Ein Jahr verging im Ashram, und diese fernen Freunde sehnten sich danach, Ramdas wiederzusehen. Aus allen Teilen Indiens trafen Briefe ein, in denen sie ihn baten, erneut auf Reisen zu gehen. Da er keine Anweisung von Ram hatte, den Ashram zu verlassen, hielt er an ihm fest. Als die Bemühungen der Freunde aus Maharashtra durch die Briefe keine Wirkung zeigten, beauftragten sie Janardan Pant, den

---

[1] Krishnabai (1903-1989) stieß kurz nach der Gründung des Ashrams zu Ramdas und wurde bald seine bedeutendste Schülerin. Sie war Witwe und hatte Kinder. Anfangs besuchte sie zwar täglich den Ashram, lebte aber noch bei ihren Kindern, bis sie später ganz in den Ashram zog. Sie erlangte wie Ramdas die universelle Sichtweise. Nach Ramdas' Tod im Jahr 1963 fiel es Krishnabai zu, den Anadashram zu leiten, bis sie 1989 starb.

Ashram persönlich zu besuchen, um Ramdas zu überreden, in seiner Begleitung zu ihnen zu kommen.

Janardan Pant und Sri Krishna Deshpande trafen ein. Ihre Ankunft löste bei den Anhängern von Kasaragod große Freude aus. Doch trotz Janardan Pants eifrigen Versuchen, Ramdas dazu zu bewegen, mit ihm auf Reisen zu gehen, musste er seinen Vorschlag ablehnen. Er hatte damals nicht die geringste Neigung, auf seine liebevolle Einladung einzugehen. Es war alles so von Gott gewollt. Janardan Pants Enttäuschung war in der Tat groß, und bei seiner Abreise war er zu Tränen gerührt und rief: „Welche Botschaft kann ich den Verehrer von Sholapur überbringen, die so begierig darauf sind, deinen *Darshan* zu erhalten?" Ramdas hatte darauf nichts zu erwidern, außer ihn zu bitten, den Verehrer seinen Appell zu übermitteln, dass sie nicht aufhören sollten, den Namen des Herrn zu wiederholen und zu spüren, dass Ramdas immer bei ihnen war. Janardan Pant und Sri Krishna Deshpande reisten ab.

Einer der Besucher des neuen Ashrams war Dwarkadas. Er verehrte täglich auf der vorderen Veranda seine Götterstatuen. Er blieb für zwei Monate.

Dwarkadas' Verehrung der Götterstatuen ging Tag für Tag weiter. Die Zeit seiner Abreise kam. Am Tag davor war er wie üblich mit seinem Gottesdienst beschäftigt und hatte die *Murtis* auf einem Tuch vor sich ausgebreitet. Ramdas saß zu dieser Zeit draußen auf seinem *Asan*. Kanda, der ein sogenannter Unberührbarer war, was Dwarkadas erst am Vortag erfahren hatte, kam wie üblich in den Ashram, doch diesmal mit einem Bündel reifer Kochbananen als Abschiedsgeschenk für Dwarkadas. Er wollte das Geschenk Dwarkadas zu Füßen legen, als dieser plötzlich aufbrauste und schrie: „Wie kannst du es wagen, dich mir zu nähern? Siehst du nicht, dass ich das heilige Tuch angezogen habe und eine *Puja* mache? Verschwinde aus meiner Gegenwart!"

Bei diesen scharfen Worten wich Kanda zurück und nahm still in einer Ecke Platz. Ramdas beobachtete das ganze Schauspiel. Er stand auf und ging leise auf Dwarkadas zu. Doch bevor dieser wissen konnte, warum Ramdas zu ihm kam, sammelte Ramdas die Statuen und die *Puja*-Artikel ein, indem er das Tuch, auf dem sie lagen, zusammenfaltete, das Ganze zu einer Schlinge wand und sie mit aller ihm zur Verfügung stehenden Kraft in den Graben auf der rechten Seite des Ashrams schleuderte. Dwarkadas war fassungslos und starrte Ramdas mit ehrfürchtigem Blick an. Dann sagte Ramdas zu ihm: „Hör zu, Ramji, deine Hingabe hat eine entschieden falsche Richtung eingeschlagen. Dieser Verehrer vor dir", er deutete auf Kanda, „kam zu dir mit einem Herzen voller Liebe und Verehrung und wollte dir ein kostbares Geschenk in Form von Früchten überreichen. Nun hast du dich entschieden, ihn zu verwerfen. Das bedeutet, dass du die Liebe Gottes selbst verworfen hast. Für dich soll in Zukunft das lebendige menschliche Abbild Gott sein. Steh auf und wirf dich zu Füßen Kandas nieder, den du mutwillig beleidigt hast. Er ist dein Ram, Gott und alles. Dies ist die Sichtweise, die du brauchst. Messingstatuen zu verehren und Hass auf Menschen zu empfinden, ist keine Hingabe. Mach schnell deinen groben Fehler wieder gut."

Sofort stand Dwarkadas auf, ging zu Kanda und fiel ihm zu Füßen. Danach wiederholte er den Namen Gottes und warf sich vor jedem nieder, der den Ashram besuchte, gleichgültig welcher Kaste oder welchem Glauben er angehörte, bis er den Ashram verließ.

Der Ruf der Verehrer aus Maharashtra und Nordindien nach Ramdas wurde immer drängender. Schließlich konnte er ihm nicht länger widerstehen. Ram gab ihm den Befehl, zu gehen und ihre Wünsche zu erfüllen. Dementsprechend schrieb er an Janardan Pant und bat ihn, zu kommen und ihn abzuholen.

Die Nachricht von Ramdas' beabsichtigter Abreise löste unter den Anhängern des Ashrams große Unruhe aus. Von ihnen war Krishnabai am meisten betroffen. Bis dahin hatte sie ihre Nächte mit ihren Kindern in dem Haus verbracht, in dem sie wohnte. Nun bestand sie darauf, dass er ihr erlaubte, die Nächte im Ashram zu verbringen. Mutter Rukmabai blieb trotz ihrer Krankheit im Ashram, aber was Krishnabai anging, war er nicht bereit, sie nachts von ihren Kindern fernzuhalten.

Eines Abends musste er sie wie üblich daran erinnern, nach Hause zurückzukehren. Tatsächlich war sie so sehr in den Dienst für den Ashram vertieft, dass sie völlig vergaß, wie die Zeit verging und den Ashram zu verlassen, selbst wenn die Dunkelheit der Nacht über die Welt hereinbrach. Diesmal war sie höchst unwillig, nach Hause zu gehen, und appellierte auf alle möglichen Arten an ihn, ihr zu erlauben, im Ashram zu bleiben, aber mit Rücksicht auf ihre Kinder konnte er dem nicht zustimmen. Also ging sie.

Am nächsten Tag tauchte gegen acht Uhr ein Landwirt auf und brachte die Nachricht, dass Krishnabai im Dschungel auf dem Hügel in der Nähe des Tempels aufgefunden worden sei. Ein Bein war geschwollen, und sie war zeitweise bewusstlos. Sofort rannte Ramdas mit einigen anderen aus dem Ashram zu dem Ort hinauf. Sie fanden sie unter einem Baum sitzend vor. Ihre Kleidung war mit Schlamm und Erde beschmutzt, und eines ihrer Beine war bis zum Knie geschwollen. Ramdas brachte sie mit Hilfe der Freunde in den Ashram. Er erfuhr von ihren Lippen, dass sie die Nacht teils im Außenhof des Ashrams und teils im Dschungel verbracht hatte, wo sie gefunden worden war. Ramdas' Weigerung, sie im Ashram wohnen zu lassen, hatte sie tief getroffen. Sie sagte, sie könne nicht nach Hause zurückkehren. Die Schwellung stammte von einem Schlangenbiss, aber Krishnabai war völlig ruhig, und ihr Gesicht strahlte wie immer. Kein Schatten des Schmerzes trübte es. Durch Gottes Gnade erholte sie sich wieder.

Unter den ernsthaften Verehrern, die den Ashram besuchten, war Gunda, ein Einheimischer aus Puttur. Er war auf Urlaub und kam aus Bombay, wo er angestellt war. Am Ende seines Urlaubs kam er, um Ramdas zu sehen. Ein kurzes Gespräch mit Ramdas bewirkte eine tiefgreifende Veränderung in ihm. Er gab die Idee, wieder auf seinen Posten in Bombay zurückzukehren, auf und entschied sich, bei Ramdas zu bleiben. Auf seine Bitte hin weihte Ramdas ihn in das Ram-Mantra ein. Kaum hatte er das Mantra eine halbe Stunde lang wiederholt, wurde er so sehr von spirituellen Gefühlen ergriffen, dass er in wilder Ekstase zu tanzen begann. Danach richtete er seinen Geist und sein Leben ganz auf den Gedanken an Gott und den Dienst für den Ashram. Er war ein stiller Mann, bescheiden, unaufdringlich und fleißig. Er war eine einfache, reine und große Seele.

Der Tag der Abreise kam. Ramdas verließ mit Janardan Pant Kasaragod. Der Bahnsteig war überfüllt mit den Verehrern aus Kasaragod. Darunter waren Krishnabai, Mutter Rukmabai und andere.

Erneute Reise in den Norden

Ramdas' Reise mit Janardan Pant führte ihn nach Bangalore, Sholapur, Uple-Dumala, Angar, Uppalai und viele Dörfer, wo ihn überall zahlreiche Menschen besuchten und seinen Reden zuhörten.

Eines Tages erhielt er eine Einladung von einem Muslim. Ramdas ging zu seinem Haus, gefolgt von vielen brahmanischen Anhängern. Das Seltsamste an der ganzen Sache war, dass der gläubige Muslim sich herabließ, für Ramdas auf die richtige Weise *Pada Puja* auszuführen. Als die *Puja* beendet war, ging der Muslim in seine kleine Hütte und brachte seine lange leidende Frau auf die Veranda, wo Ramdas saß. Er hieß sie, sich neben ihn zu setzen, und bat ihn, mit seinen Händen über ihren Körper zu streichen. Es war offensichtlich, dass sie unter einem anhaltenden Fieber litt. Sie war fast zu einem Skelett abgemagert. Ramdas legte, wie von dem Muslim gewünscht, seine Hände auf ihren Kopf und Rücken und gab ihr auch einen Teil der Milch, die ihm ihr Mann gegeben hatte. Dann verließ er den Ort. Einige Tage später, als er in einem anderen Dorf unterwegs war, erfuhr er, dass diese kranke Mutter nach einer Woche von ihrem Fieber geheilt war und ihrem Mann auf den Feldern helfen konnte. Alle Ehre sei dem großen Herrn, dessen Wille so mächtig ist und dessen Wege so geheimnisvoll sind!

Die Reise ging weiter nach Bombay, Wadhwan und Limbdi, wo Ramdas wieder Raja Ram und Mutter Elizabeth traf und einen öffentlichen Vortrag hielt. Dort begegnete er einem Missionar.

Es war offensichtlich, dass der Missionar ein großer Christus-Liebender war. Er fragte Ramdas: „Warum folgst du Christus nicht nach?"

Ramdas antwortete: „Ramdas hat Christus in seinem Herzen inthronisiert und fühlt sich immer mit dem großen Lehrer verbunden, während du zu glauben scheinst, dass Christus ein äußeres Ideal ist, mit dem man Gemeinschaft hält, eine Person, die von dir getrennt ist. Christus ist wirklich der Herr unseres Lebens, unserer Seele und unseres Körpers. Sagt er nicht: ‚Das Reich Gottes ist in euch'? Wahrlich, Gott oder Christus ist immer bei uns."

Ramdas reiste weiter nach Veraval, Una, Wadhwan, Ahmedabad, Sojat Road und Agra, wo er den Taj Mahal und das berühmte Fort besichtigte. Dann reiste er nach Jhansi, wo er einen Brief von Ramabai erhielt, dass Gurudev

*ihn sehen wollte, der inzwischen die meiste Zeit bettlägerig war. So kehrte
er nach Kasaragod zurück, ohne seine Nordindienreise beendet zu haben.*

*Kurz nach seiner Rückkehr in den Anandashram brach Ramdas mit Janar-
dan Pant erneut in den Norden auf, um seine Tour zu beenden. Er kam durch
Madras, Nagpur, Jhansi und Srinagar, wo er erneut bei Janakinath wohnte,
und ging dann hinunter in die Ebene nach Rawalpindi, Agra, Dhanbad und
andere Orte. Er besuchte Madras, Kumbakonam, Ernakulam und kehrte
dann in den Ashram zurück.*

Die übliche Routine des Ashram-Lebens begann wieder. Krishnabai machte
ihre täglichen Besuche und verrichtete ihren selbstlosen Dienst im Ashram.

Eine Woche nach seiner Ankunft kam Krishnabais Schwager, der aus Europa zurückgekehrt war, nach Kasaragod, um seine Familie, Krishnabai und
ihre Kinder nach Dharwad mitzunehmen. Es war in der Tat für Krishnabai
ein schwerer Schlag, sich so plötzlich aus ihrer Verbindung mit Ramdas und
dem Ashram zu lösen. Auf seine Bitte hin, reiste sie jedoch mit ihrem
Schwager und den anderen ab.

Krishnabai

Bevor wir die folgenden Ereignisse schildern, ist es notwendig, ein Wort über das intensive Leben der Selbstaufopferung zu sagen, das Krishnabai während seiner Rundreise durch Indien führte. *Gurudev* war bettlägerig, und Rukmabai befand sich aufgrund ihrer schweren Asthmaanfälle in einem ähnlichen Zustand. In jenen Tagen verbrachte Krishnabai ihr Leben hauptsächlich mit der Pflege der Patienten. Als Krankenschwester am Bett eines kranken Menschen war sie unvergleichlich. Sie gab sich mit Leib und Seele diesem Dienst hin. Sie pflegte die beiden Patienten tausendmal zärtlicher und sorgfältiger, als ihre eigenen Mütter es getan hätten. Im Übrigen ist ihr ganzes Leben eine Opfergabe für den selbstlosen Dienst an allen, unabhängig von Umstand, Person, Zeit oder Ort.

Eine weitere Tatsache, die nicht unbemerkt bleiben kann, ist, dass Gunda, ein großer, selbstloser Verehrer, getreu der Bitte von Ramdas, die meiste Zeit allein im Ashram blieb, solange Ramdas nicht da war. Er wurde nun zu Ramdas' ständigem Begleiter.

Nach der Rückkehr von der Reise verließ Ramdas den Ashram kaum noch, um in die Stadt zu gehen, und allmählich nahm auch die Zahl der Besucher ab, bis er in den letzten Monaten seines Aufenthalts ganz allein im Ashram war, mit Ausnahme dieses liebevollen und treuen Freundes.

Ungefähr zwei Monate vergingen auf diese Weise und unter besonderen Bedingungen, die es nicht wert sind, hier im Detail erzählt zu werden. Dann fastete Ramdas auf Rams Gebot hin einen Monat lang und legte ein Schweigegelübde ab. Natürlich lebte er von einer mäßigen Diät aus Milch. Etwa zu dieser Zeit erhielt er einen anonymen Brief, in dem ihm mit dem Tod gedroht wurde, wenn er den Ashram nicht sofort verließ.

Vierzehn Tage nach Beginn des Fastens kam Vidyacharya, ein Freund aus Sholapur, auf Besuch. Vidyacharya war natürlich enttäuscht, dass er nicht frei mit Ramdas sprechen konnte. Auch war er sehr betrübt über die karge Ernährung, von der Ramdas damals lebte. Eines Abends, es war vielleicht zwischen acht und neun Uhr, saßen Ramdas, Vidyacharya und Gunda mit einer brennenden Laterne in ihrer Mitte auf der Veranda. Vidyacharya und Gunda waren tief in den Gesang hingebungsvoller Lieder vertieft. Plötzlich erschien Krishnabai, ohne dass jemand es gewusst hatte. Ramdas schrieb auf einen Zettel: „Du bist also gekommen", zeigte ihn ihr und erkundigte sich auf diese Weise, ob sie allein gekommen sei. Er schrieb: „Mutter, du bist nach Hause gekommen. Der Ashram soll in Zukunft dein ständiger Aufenthaltsort sein."

Den größten Teil des Weges von Bombay, wohin sie von Dharwad aus gereist war, war sie nur mit einem einzigen Tuch und sonst nichts unterwegs gewesen. Fortan blieb sie Tag und Nacht im Ashram. Vidyacharya reiste ab, und auch Gunda ging in sein Heimatdorf Puttur zurück.

Unter Ramdas' Anweisungen begann Krishnabai nun mit einer stetigen und kontinuierlichen Übung in Meditation und *Asana*. Auf seinen Rat hin besuchte sie auch jeden Tag vier oder fünf Häuser von Anhängern in der Stadt, wo sie den frommen Damen des Haushalts ihren Dienst anbot. Inzwischen war sein einmonatiges Fasten zu Ende, aber da er nicht zufrieden war, fastete er noch drei weitere Tage und nahm nur Wasser zu sich. Dann wollte er sogar ohne Wasser leben. Dieses letzte, absolute Fasten wurde nur einen Tag lang eingehalten. Er musste es aufgrund der Bitte von Chandrashekar, Ramabais Ehemann, brechen. Von da an kehrte er zu seiner alten Diät von einer Mahlzeit am Tag zurück.

Nun waren Ramdas und Krishnabai in den Nächten allein im Ashram. Vierzehn Tage nach dem Fastenbrechen, als Ramdas mit der Abschrift der früheren Kapitel dieses Buches beschäftigt war und Krishnabai wie immer in ihrer Meditationshaltung auf der Veranda saß, wo sie nachts auch schlief, erschien ein grobschlächtig aussehender, kräftig gebauter Mann aus der Arbeiterklasse mit einer Laterne in der Hand. Es muss gegen zehn Uhr abends gewesen sein. Ramdas verließ seine Arbeit und erkundigte sich bei dem Besucher, was er wollte. Dieser antwortete: „Einige Freunde, wahrscheinlich aus einem entfernten Ort, sind im Bungalow auf dem Hügel angekommen und haben mich gebeten, dich zu bitten, dorthin zu kommen und sie zu treffen.“

Als Ramdas dies hörte, floss sein Herz von Liebe über, und er dachte: „Was für ein großes Opfer müssen diese Freunde gebracht haben, dass sie aus reiner Sehnsucht und Liebe zu Ramdas von soweit hergekommen sind.“

Sogleich beschloss er, zu ihnen hinaufzugehen. Der Bote sagte, er würde im Ashram bleiben, bis Ramdas zurückkehrte. Ramdas nahm die Laterne des Ashrams und bat Krishnabai zu warten, bis er mit den Freunden zurückkam, aber sie sagte, sie würde ihn gern begleiten. Der stämmige Bote war derselben Meinung wie Krishnabai und sagte, sie könne ihn begleiten. So liefen beide schnell den Hügel hinauf und erreichten den Bungalow der Reisenden, aber zu ihrer Überraschung und Verwirrung mussten sie feststellen, dass niemand im Bungalow auf sie wartete. Ramdas ahnte sofort Unheil, denn der Bote war absichtlich während ihrer Abwesenheit im Ashram zurückgeblieben.

Nun kehrten beide schnell zum Ashram zurück. Als sie dort ankamen, stellten sie fest, dass der Bote mit seiner Laterne verschwunden war. Als sie auf die Veranda hinaufgingen, sahen sie außerdem eine Menge Fäkalien am Eingang des Raumes und einige Scherben eines zerbrochenen Tontopfes liegen. Dies war das Werk des nächtlichen Besuchers, wozu allein er gekommen sein musste. Ohne den geringsten Widerwillen oder Ekel zu empfinden, machte sich Krishnabai sofort daran, den Boden zu putzen. Sie reinigte ihn mit ihren Händen und sammelte die Abfälle ein, die einen höchst widerlichen Gestank verströmten. Innerhalb einer halben Stunde war der Boden gefegt und geputzt. Das Schöne dabei war, dass sie während der ganzen Zeit, in der sie mit der Arbeit beschäftigt war, geduldig und fröhlich war und lächelte. Als Ramdas hineinging, sah er, dass nur der Messingspucknapf, den er täglich benutzte, fehlte, und die Fäkalien hatten das Manuskript seines Berichts verunstaltet. Die Nacht verging, ohne dass etwas weiter geschah. [1]

Wiederum nach etwa einer Woche kamen fast zur gleichen Stunde zwei Männer in den Ashram, von denen einer der vorherige Besucher war. Es war eine dunkle Nacht. Der Ashram lag in einem dichten Dschungel, und es gab im Umkreis von einer viertel Meile keine andere Behausung. Diesmal schienen die Besucher mit einer übleren Mission gekommen zu sein. In den ersten Minuten verlangten sie von Ramdas viele Gegenstände, die sich im Ashram befanden, darunter eine gerahmte Tafel mit dem kunstvoll aus Glasperlen geformten Namen „Anandashram". Er übergab den Besuchern diese Dinge, ohne zu zögern, und fragte sie, ob sie noch etwas wollten. Währenddessen stand er am Eingang des Raumes auf der Veranda, und Krishnabai stand neben ihm. Die Lampe stand auf dem erhöhten Podest, auf dem er gewöhnlich saß, rechts vom Eingang. Sobald die Besucher dachten, dass der Zeitpunkt für die Ausführung ihres Vorhabens gekommen war, nahm einer von ihnen die Laterne und warf sie schwungvoll in den Hof, wodurch sie zerbrach und plötzlich erlosch. Nun befanden sie sich in völliger Finsternis. Der Mann, der die Laterne weggeworfen hatte, eilte auf Krishnabai zu und fiel über sie her. Neben ihr stand ein mit Wasser gefüllter Kupfertopf. Ramdas befand sich zu diesem Zeitpunkt etwas entfernt von der Eingangstür. Als er die Situation erkannte, schloss er seine Arme um den Körper des Mannes, der

---

[1] Bereits im Vorfeld, gegen Ende 1930 und Beginn 1931, fand eine heimtückische Kampagne von übelgesinnten Leuten gegen Ramdas und den Ashram statt. Vielen gefiel nicht, dass nun eine Frau im Ashram wohnte, und sie mutmaßten alles Mögliche. Das gipfelte im nächsten Vorfall vom Januar 1931. Später erinnerte sich Mutter Krishnabai mit ironischem Humor an diese Zeit: „Als der Ashram in Kasaragod gegründet wurde, strömten die Menschen jeden Tag in Gruppen zu *Bhajans* und Gesprächen herbei. Sie verbrachten Stunden zusammen mit Papa. Aber als ich zu Papa kam, blieben diese Leute, die ihm so sehr zugetan waren, allmählich weg, und in kurzer Zeit war niemand mehr da außer Papa, mir und einigen Krähen." (Satchidananda: Gospel, 7. Januar 1954, 445.)

Krishnabai angriff, um ihn daran zu hindern, ihr etwas anzutun, aber der andere Mann, der die Situation beobachtete, zog Ramdas mit aller Kraft von hinten weg, sodass er den anderen Mann nicht mehr festhalten konnte. Ramdas' ganzer Körper erschauerte, und er sprach mit lauter Stimme dreimal den Namen „Ram" aus. Gleichzeitig kam der Name „Ram" zweimal von Krishnabais Lippen. Beim Klang dieses Namens ließ der Mann, der Krishnabai fast an der Kehle gepackt hatte, um sie zu erwürgen, seine Hände los und rannte wie ein verängstigtes Wesen davon. Als der andere Mann, der Ramdas fest im Griff hielt, das sah, ließ er ihn los und sprang die Veranda hinunter, um ihm zu folgen. Dabei stieß er Krishnabai zu Boden, sodass ihr kleiner Rücken mit großer Wucht auf den harten Rand des Kupfergefäßes aufschlug, und im nächsten Augenblick rollte sie die Veranda hinunter in den umliegenden Hof des Ashrams. In der Dunkelheit rief sie laut den Namen, und Ramdas fand die Stelle, wohin sie gefallen war. Er rannte zu ihr hin, und sie standen zusammen, wobei Ramdas ausrief: „Oh, Ram, was tust Du da?" Krishnabai sagte: „Nichts. Beschuldige nicht Ram. Alles ist in Ordnung."

Jenseits der Felder, auf der rechten Seite des Ashrams, befand sich das Haus eines Landwirts, der von seinem Vorgarten aus die merkwürdigen Geschehnisse im Ashram beobachtet hatte. Als er den Ruf „Ram" „Ram" von Ramdas hörte und sah, dass der Ashram in plötzliche Dunkelheit gehüllt war, vermutete er Unheil und kam angerannt. Er brauchte etwa fünf Minuten, um in der Dunkelheit über die Felder zum Ashram zu gelangen, doch die grimmigen Besucher der Nacht waren bereits geflohen. Mit einem Streichholz zündeten sie eine Fackel aus Palmblättern an. Auf seine Nachfrage hin erzählte Ramdas ihm alles, was geschehen war. Er sagte: „Ich werde heute Nacht hier schlafen und sehen, ob diese Schurken es noch einmal wagen werden, dich zu belästigen."

Für diese Nacht war alles in Ordnung. Was war aber mit den künftigen Nächten? Ramdas wandte sich an Krishnabai und appellierte an sie, ab dem nächsten Tag die Nächte nicht mehr im Ashram zu verbringen. Er würde lieber allein dort sein. Aber sie wollte nicht zustimmen und meinte: „Was auch immer mit mir geschieht, ich werde in den Nächten nicht wegbleiben." Als Ramdas sah, dass sie fest entschlossen und jede Überredung zwecklos war, beschloss er, den Ashram und den Ort für immer zu verlassen. Sofort

machte er sich mit Krishnabai auf den Weg in die Stadt, und der Bauern-
freund, dem sich noch ein anderer anschloss, begleitete sie bis zum Haus
von Chandrashekar[1], das mitten in der Stadt lag. Als Ramdas schnell auf die
Stadt zuging, dicht gefolgt von Krishnabai, fragte sie in kläglichem Ton:
„Papa, was sind deine Zukunftspläne?" Er antwortete, er wisse es nicht, und
sagte: „Es ist Rams Befehl, Kasaragod so bald wie möglich zu verlassen. Er
wird gehen, wohin Ram ihn führt."

Daraufhin sagte sie: „Bitte lass mich nicht im Stich. Ich habe keinen Ort und
keine Zuflucht außer dir. Erlaube mir, dir zu folgen, wohin du auch gehst."

„Nein, nein. Denke nicht daran, dies zu tun", antwortete Ramdas.

In ihrer aufsteigenden Erregung appellierte sie erneut und bestand darauf,
ihr sein Wort zu geben. Er gab nach und stimmte zu. Sie erreichten Chan-
drashekars Haus. So endeten die denkwürdigen Ereignisse dieser Nacht.

Natürlich war der Haushalt schockiert, als er von der furchtbaren Situation
erfuhr, die Ramdas und Krishnabai im Ashram durchgemacht hatten. Der
Sturz auf den Wassertopf hatte das untere Ende von Krishnabais Wirbelsäule
dauerhaft verletzt. Trotz der unerträglichen Schmerzen war sie geduldig und
fröhlich, als wäre ihr nichts geschehen. Sein Entschluss war gefasst, Kasaragod schon am nächsten Tag zu verlassen. Die Nacht verging. Am nächsten
Tag fuhren er und Krishnabai mit dem frühesten Zug mit Chandrashekar
nach Hosdurg. In Hosdurg gab es einige Mütter, die ihn unbedingt für einige
Tage in ihrem Haus haben wollten. Um ihren lang gehegten Wunsch zu erfüllen, lenkte er nach dem Aussteigen am Bahnhof Kanhangad seine Schritte
direkt zu ihrem Haus. Die Gruppe wurde von den freundlichen Müttern mit
großer Freude empfangen. Seine Zukunftspläne waren ungewiss.

---

[1] Ramdas Schwiegersohn und Neffe

Der zweite Anandashram in Kanhangad entsteht

Nach einigen Tagen Aufenthalt kamen Ramdas und Krishnabai auf Einladung von T. Bhavanishankerrao nach Manjapati, das heute als Ramnagar bekannt ist, um der Einweihungsfeier seines neu erbauten Hauses an diesem Ort beizuwohnen. T. Bhavanishankerrao und andere drängten Ramdas, einen Ashram in der Nähe des Manjapati-Hügels errichten zu lassen, ein Ort, wo es nicht nur einsam war, sondern der auch die ganze landschaftliche Pracht des Landes besaß.

Die Wahl des Ortes für den Bau des Anandashram hat tatsächlich eine tiefe Bedeutung. Ohne die Vorgeschichte des Ortes zu kennen, wählte Ramdas den Ort intuitiv aus. Später entdeckte er, dass der Ort, der als Manjapati bekannt ist, einst von einem dichten Wald bedeckt war und dass *Sadhus* und *Sannyasins* dort *Tapasya* übten. Es heißt, dass der Hügel heilig sei, weil sich auf ihm früher ein Tempel und ein Wasserspeicher befanden, von denen noch schwache Spuren zu sehen sind. Die Tradition besagt zudem, dass *Hanuman*, als er nach Lanka zurückkehrte und den Hügel von Dronachala trug, einen Teil davon an dieser Stelle fallen ließ und dieser Teil den heutigen Hügel bildete. In diesem Zusammenhang kann Ramdas definitiv sagen, dass Gott Gründe gehabt haben muss, um Seinen Diener Ramdas an diesen Ort zu führen. Sowohl *Hanuman* als auch er waren die Verehrer desselben Namens, Ram, und beide wurden am selben Tag im hinduistischen Kalenderjahr geboren. Das kann kein Zufall sein. Es muss Teil eines göttlich bestimmten Plans gewesen sein.

Ramdas stimmte dem Vorschlag der Freunde zu und beschloss, einen Ashram auf einer kleinen Anhöhe am Rande eines hohen Hügels zu errichten – dem höchsten Hügel in dem Bereich. Gott, der ihm den Gedanken gab, ließ ihn sich sofort an die Arbeit machen, um ihn zu verwirklichen. Er schrieb Spendenaufrufe an die zahllosen Freunde in ganz Indien, mit denen er während seines Wanderlebens in Kontakt gekommen war, um die Kosten für den neuen Ashram zu decken. Die Ermutigung und Hilfe, die er von allen Seiten erhielt, waren einfach großartig. Innerhalb eines Monats nach seiner Ankunft in Ramnagar wurde mit der Errichtung des Ashram-Gebäudes begonnen. Die Freunde, die den Vorschlag gemacht hatten, schlossen sich ihm von Herzen an. Mit dem Bau des Ashrams wurde nur drei Monate vor dem

Einsetzen des Monsuns begonnen. Daher musste die Arbeit eilig fortgesetzt werden. In drei Monaten waren das Hauptgebäude des Ashrams und ein Nebengebäude fertiggestellt.

Die Einweihungsfeier des neuen Ashrams, der ebenfalls Anandashram genannt wurde, fand am 15. Mai 1931 statt. Auf die Einladungen hin versammelten sich Hunderte von Menschen aus verschiedenen Teilen Indiens zu diesem Anlass. Die *Bhajans*, *Kirtans*, Festmähler und die Verteilung von Lebensmitteln usw. an die Armen dauerten zehn Tage. In den Hügeln von Ramnagar erklang die mitreißende Musik der glorreichen Namen des Herrn. Aus Maharashtra nahmen etwa ein halbes Dutzend Verehrer an der Veranstaltung teil.

Bei der Eröffnungszeremonie hielt Ramdas, wie von den versammelten Verehrern und Freunden gewünscht, eine kurze Ansprache. Kurz gefasst lautete sie wie folgt:

„Ramdas hat das höchste Vergnügen, heute anlässlich der Einweihung dieses heiligen Ashrams ein paar Worte an euch zu richten. Das Ideal, das der Ashram vor Augen hat, ist die universelle Liebe und der Dienst, der auf der Sichtweise der Göttlichkeit in allen Wesen und Geschöpfen der Welt gründet. Hier können jeder Mann, jede Frau und jedes Kind, welcher Konfession, welchem Glauben oder welcher Kaste er auch angehören mag, freien Zugang haben. Dies ist ein Ort, an dem jede Anstrengung unternommen wird, um den Geist der gegenseitigen Liebe und des Dienens zu pflegen, damit das, was in seinen Mauern verwirklicht wird, als Beispiel für die richtige Führung des menschlichen Lebens in der Außenwelt dienen kann. Der Herr ist unsere Hilfe und unser Führer in allen Angelegenheiten. Möge Er über den großen Dienst, den dieses Haus der Liebe und Glückseligkeit zu erfüllen sich verpflichtet hat, Seinen überreichen Segen verströmen!"

Obwohl Krishnabai durch die Verletzung, die sie sich im Ashram in Kasaragod zugezogen hatte, sehr geschwächt war, brachte sie all ihr seltenes Geschick und ihre unermüdliche Energie in die Leitung der Veranstaltung ein. Jeder Programmpunkt wurde mit Genauigkeit und Regelmäßigkeit abgearbeitet. Man muss zugeben, dass Krishnabai eine geborene Organisatorin ist und in allen Dingen ihre wunderbare Fähigkeit zeigt, mit schwierigen Situationen umzugehen, denn kurz nach der Eröffnung der Gebäude fegten sintflutartige Regenfälle, begleitet von Donner, Blitz und Sturm, über das Ashram-Gebäude hinweg. Doch die strahlende und stets ruhige Gestalt von Krishnabai bewegte sich wie ein Engel durch die Versammlung und kümmerte sich um die kleinsten Bedürfnisse aller. Keiner der Besucher ging ohne ihre besondere Fürsorge und ihren Dienst. Kurzum, sie hatte ihr mütterliches Auge auf alle gleichermaßen gerichtet.

Zur Zeit der Eröffnung des Ashrams hatten wir die aufschlussreichsten Sprüche der großen religiösen Lehrer der Welt fein säuberlich in Druckbuchstaben auf dicke Papierbögen in Englisch, Sanskrit und Marathi geschrieben. Diese wurden gerahmt und an den Wänden der *Bhajan*-Halle aufgehängt. Auch das Ram-Mantra wurde in verschiedenen Sprachen an die Wände gemalt.

Die Sprüche waren:

1. Den Menschen, die Mich allein verehren und an nichts anderes denken, die immer in Harmonie sind, gewähre Ich volle Sicherheit. (Gita IX, 22)

2. Gott ist Liebe. Wer in der Liebe wohnt, wohnt in Gott, und Gott wohnt in ihm. (Jesus Christus)

3. Gott wohnt in dem Herzen, in dem Barmherzigkeit, Vergebung und Frieden sind. (Heiliger Tukaram)

4. Derjenige, der seinen Körper im Dienste Gottes verausgabt, der Ramnam immer auf der Zunge trägt, der immer auf dem Pfad der Rechtschaffenheit wandelt, ein solcher Diener des Herrn ist gesegnet auf dieser Erde. (Samarth Ramdas)

5. Die Hingabe von Frau, Sohn, Haus und Leben an Gott ist der perfekte Weg der Hingabe. Dies wird wahrhaftig Anbetung genannt. (Ekhath Maharaj)

6. Gib alle Pflichten auf und komme zu Mir allein, um Zuflucht zu finden. Sorge dich nicht. Ich werde dich von allen Sünden befreien. (Gita XVIII, 66)

Nachdem einige Jahre verstrichen waren, wurden viele von diesen Sprüchen durch die Bilder dieser Lehrer ersetzt, die noch immer die Wände des Ashrams schmücken. Es sind die Bilder von Sri Ramakrishna, Sri Saradamani Devi, Sai Baba, Jesus Christus, Sri Aurobindo, Sri Ramana Maharshi, Buddha, Zoroaster, Swami Vivekananda, Guru Nanak Dev und *Gurudev*.

Ramdas hat die Einheit aller Religionen erkannt, und seine Liebe und Bewunderung gelten allen spirituellen Lehrern gleichermaßen. Er ist zugleich der Diener des Allmächtigen und ein Kind der Heiligen. Wie glückselig ist es, diese Wahrheit zu fühlen und sich ihr bewusst zu sein!

Einige Tage, nachdem Ramdas Kasaragod verlassen hatte, kam Mutter Rukmabai, die im Haus ihrer Tochter wohnte, nach Ramnagar und fuhr nach einem kurzen Aufenthalt nach Madras, um einige Tage bei ihrem Neffen zu verbringen. Sie hatte die Absicht, dauerhaft mit Ramdas in dem neuen Ashram zu leben. Aber Gott wollte es anders. Bald nach ihrer Ankunft in Madras nahmen ihre asthmatischen Beschwerden eine ernste Wendung. Ihr Zustand wurde kritisch. Zu diesem Zeitpunkt fragte ihr Neffe sie, wen sie sehen wolle, und sie antwortete sogleich: „Ich möchte Krishnabai sehen." Und sie fügte hinzu: „Wenn ich überhaupt wieder gesund werden sollte, ist das nur unter ihrer zärtlichen und sorgfältigen Pflege möglich, denn während meiner letzten Krankheit in Kasaragod, als ich dem Tod sehr nahe war, konnte nur sie mich aus seinen Klauen retten." Aber es war Krishnabai nicht möglich, zu ihr zu gehen. Einige Tage später kam die Nachricht, dass sie gestorben war. Möge ihre Seele für immer in Frieden ruhen!

Ein Wort über sie ist in diesem Zusammenhang nicht unangebracht. Sie war eine wahre, edle und treue Partnerin in seinem alten Leben. Es war nur natürlich, dass sie nicht wenig Schmerz empfand, als Gott Ramdas aus ihrer Gesellschaft herausnahm und ihn dazu brachte, sein Leben ganz Seinem Dienst zu widmen. Doch als sie später zu ihm in den Ashram von Kasaragod kam, verstand sie völlig die Absicht Gottes, die Veränderung in seinem Leben herbeizuführen. Da sie von Natur aus ein religiöses Wesen hatte, wurde ihre Hingabe so intensiv, dass sie in dem Wunsch brannte, die Schau Gottes zu erlangen. Der große Name des Herrn verweilte ständig auf ihren Lippen, und bis zum letzten Augenblick hielt sie die Erinnerung an Gott aufrecht und verließ den Körper in diesem erhabenen Bewusstsein.

Mehr als fünf Monate nach der Eröffnungsfeier des Ashrams erhielt Ramdas die Nachricht, dass *Gurudev*, der bei seinem Sohn in Kasaragod lebte, am 8. November 1931 um 17.30 Uhr seinen Körper aufgegeben hatte. Am 13. Tag, also am 20. November, wurde sein erstes *Punya Thithi* (Todestag) im Ashram gefeiert, bei dem wir den ganzen Tag und die ganze Nacht *Bhajans* abhielten, und am nächsten Morgen speisten wir vierhundert arme Menschen zu seinem seligen Gedenken. Viele Verehrer aus Mangalore und Kasaragod nahmen an dieser Veranstaltung teil. In der letzten Periode seines Lebens hatte er für einige Monate ein Stadium erreicht, in dem er vollkommen von der Welt losgelöst war und die ganze Zeit nicht nur sein Bewusstsein für das äußere Leben, sondern auch sein fröhliches und heiteres Wesen behielt.

Im Oktober 1933 erschien die erste Ausgabe der englischen Monatszeitschrift „The Vision", die vom Ashram veröffentlicht wurde. Das Ziel war, den spirituell interessierten Menschen in Indien und im Ausland das Leben und die Lehre von Heiligen aller Religionen zu präsentieren, wenn möglich ihre Bilder zu veröffentlichen und ihnen Ramdas' eigene spirituelle Erfahrungen vorzustellen. Ramdas war ihr erster Herausgeber. Die Marathi- und Malayalam-Ausgaben wurden nach einigen Jahren eingestellt.

Die Verteilung von Lebensmitteln an die Armen ist ein wichtiger Bestandteil des Ashram-Dienstes, der in regelmäßigen Abständen und vor allem bei Festen stattfindet. Bei solchen Anlässen wird Tausenden von Menschen Hilfe zuteil. Der Ashram steht allen Menschen offen, unabhängig von Kaste, Glaube, Hautfarbe oder Nationalität. Allen gleichermaßen wird der bereitwillige und freudige Dienst angeboten.

Der Haupt-Ashram besteht aus einem *Bhajan-Mandir*, das von bogenförmigen Wänden umgeben und dessen oberer Teil mit einem Gesims verziert ist, das der Halle nicht nur einen künstlerischen Anblick, sondern auch ein ausgesprochen imposantes und reizvolles Aussehen verleiht. An der Rückseite des *Bhajan-Mandir* befindet sich ein kleiner Raum für Ramdas' Beschäftigung. Das Nebengebäude, das direkt an der Rückseite des Hauptgebäudes liegt, besteht aus vier Räumen, zwei auf jeder Seite, mit einem Durchgang dazwischen, von denen eine Seite als Küche und die andere als Aufenthaltsraum für gelegentliche Gäste genutzt wird.

Später wurde ein weiteres kleines Gebäude auf dem Gelände des Ashrams für die redaktionellen und offiziellen Angelegenheiten der beiden Zeitschriften und der Korrespondenz errichtet. Die Kosten für dieses Gebäude wurden großzügig von Sri Daulat Singh, dem Thakur Sahib von Limbdi, getragen, dem Ramdas seine Dankbarkeit ausdrückt.

Der Ashram baute in der Folge eine Grundschule für die Kinder der Umgebung, eine Gewerbeschule, eine Krankenstation und eine Unterkunft für Sadhus. Es wurde auch Reis angebaut, wobei der Ashram etwa fünfzig Arbeiter aus der Umgebung beschäftigte, die auch ihren Teil an der Ernte erhielten. Zudem wurde Gemüse- und Obstanbau betrieben, und es gab einen Kuhstall. In späteren Jahren wurden die Schule, Gewerbeschule und die Krankenstation von anderen Organisationen übernommen, und die Reisfelder wurden den Arbeitern geschenkt.

Seit der Gründung des Anandashrams im Jahr 1931 bis 1938 unternahm Ramdas einmal eine Reise durch ganz Indien und zweimal durch viele Orte in Südindien und Saurashtra. Dann verließ er erst 1949 den Ashram wieder und reist seither jedes Jahr für einige Monate an verschiedene Orte in ganz Indien, vor allem nach Bombay und Saurashtra. 1954 begab er sich auf eine Weltreise, die er in seinem Buch „World is God" (Die Welt ist Gott) ausführlich beschreibt, das er nach seiner Rückkehr nach Indien schrieb.

Die Welt ist Gott

Einleitung

Das vorliegende Buch ist das Ergebnis der Weltreise, auf die Ramdas vor etwa einem Jahr ging und von der er nach fünf Monaten zurückkehrte. Es schildert seine Eindrücke, die er auf dieser Reise gewonnen hat. Im Laufe seiner Reise traf er eine Vielzahl von Menschen, in denen er keinen anderen als seinen geliebten Ram sah. Ramdas' Liebe floss ihnen allen gleichermaßen zu. In seine Schau, die immer rein und wunderbar ist, sah er den einen Geist, der sich überall ausbreitete und alle Formen des Lebens annahm. Auf dieser Reise sah er die Welt, die er als eine Einheit, eine Offenbarung Gottes, als den globalen Ausdruck des Göttlichen betrachtete. Alle Unterschiede und Unterscheidungen, die man mit dem Auge der Unwissenheit in dieser bunten Weltschau sieht, verschwinden in dieser erhabenen und umfassenden Schau des Göttlichen. Wahrlich, aus der Fülle seiner Erfahrung heraus kann Ramdas kühn erklären, dass die Welt Gott ist. Dies bedeutet nicht, dass die anderen Welten – die unzähligen Planeten, Sterne und die anderen Himmelskörper, die den Kosmos bilden – nicht Gott sind. Das gesamte Universum ist Gott. Die allumfassende, transzendente Schau und die spirituelle Verwirklichung, der sie entspringt, wurden bereits in seinen früheren Büchern beschrieben und betont.

Es muss klar sein, dass Ramdas' spirituelle Vollkommenheit erreicht war, bevor er die Reise antrat. Daher hat dieses Buch nichts Neues über seinen spirituellen Fortschritt, seine Entwicklung oder die letztendliche Verwirklichung als Ergebnis dieser Reise zu bieten.

Im Lichte all dessen, was Ramdas fühlte und sah und was auf diesen Seiten aufgezeichnet ist, kann das Buch mit Recht den Titel „Die Welt ist Gott" tragen. Darin werden zwei Aspekte der Existenz beschrieben und hervorgehoben: zum einen der Geist, der unendlich und ewig ist, und zum anderen die Welt als der Körper dieses Geistes, der alle Wesen und Kreaturen in sich birgt. Der Titel dieses Buches steht für den wesentlichen Meilenstein auf dem Weg der Menschheit zum Ziel der Weltvereinigung, des guten Willens und der Harmonie.

Der Zweck, zu dem Ramdas von Gott gesandt wurde, um die Welt zu bereisen, war, die Botschaft der universellen Liebe und des Dienstes zu verbreiten. Dieses große Ideal kann praktiziert werden, indem man die gesamte Menschheit als Offenbarung Gottes betrachtet. In dieser Sichtweise ist die Erde das Zentrum unseres Denkens. Die Erde ist das Theater, auf dem wir das Spiel des Lebens spielen. Sie ist der Schauplatz, an dem wir leben und kämpfen, um die höchste Glückseligkeit des Lebens zu erlangen. Sie ist das *Karma Bhumi*, der Ort, an dem unser physischer Körper geformt und geboren wird, an dem er lebt und handelt und in den er schließlich zurückkehrt und sich auflöst. Sie ist das *Dharma Kshetra*, das Feld, auf dem wir uns auf unsere endgültige Bestimmung der Befreiung und Verwirklichung vorbereiten. Auf der Erde setzen wir die erhabensten Prinzipien in die Praxis um, durch die wir unsere Beziehung zu allen Wesen erkennen. Hier trainieren wir uns durch Selbstbeherrschung und Disziplin für das endgültige Eintauchen in das unendliche Meer des spirituellen Lichts, der Kraft und der Freude. Die Menschheit ist das Herz dieser Welt, in der wir leben und uns bewegen. Die Identität mit der Menschheit ist die Identität mit dem Universum und umgekehrt.

Ramdas' Reise in verschiedene Länder der Welt ist auch in anderer Hinsicht bedeutsam, nämlich in Bezug auf seine Mission für die Menschheit. Die Reise bedeutet die Erfüllung seiner Lebensaufgabe. Er verließ Indien mit der Autorität seines göttlichen Meisters, um der Welt den richtigen Weg zu Einheit und Frieden zu zeigen. Diese Einheit und dieser Frieden können nur erreicht werden, wenn wir erkennen, dass alle Menschen Kinder desselben göttlichen Vaters und derselben göttlichen Mutter sind, dass die ganze Menschheit der Ausdruck des einen universellen Selbst ist, dass alles Leben und alle Dinge Formen des einen unendlichen Bewusstseins sind – ja, dass die ganze Welt die Manifestation Gottes ist.

Wenn der Mensch beginnt, den universellen Geist zu entdecken, von dem er eine Form ist, beginnt er automatisch, das Göttliche in all seinen Mitmenschen und Geschöpfen zu sehen. Schließlich erscheint die ganze Welt vor seiner verwandelten Sicht als die wahre Verkörperung des Geistes. Er sieht auf dem Gesicht eines jeden Menschen das Licht Gottes. Wahrhaftig, er sieht die Dinge nicht so, wie sie zu sein scheinen, sondern wie sie wirklich sind.

Das Ziel der Menschheit ist die Verwirklichung dieser geistigen Einheit, auf deren Grundlage allein der Frieden herrschen kann.

Wenn sich alle Menschen als ein Mensch vereinen, indem sie ihre unnatürlichen Unterschiede überwinden und sich auf die grundlegende Realität, Gott, stützen, dann können sie durch die Kraft und Gnade, die sie gemeinsam freisetzen, eine revolutionäre Veränderung bewirken und eine universelle Welle des Friedensbewusstseins herbeiführen.

Die Welt, in der wir leben, und die zahllosen anderen Welten, in deren Mitte sich die unsere befindet, haben eine gemeinsame Verbindung, da sie alle von der einen, ewigen und grenzenlosen Wahrheit oder Gott durchdrungen sind. Der Mikrokosmos ist der Makrokosmos. Das Individuelle ist das Universelle. Gott wohnt in jedem Wesen und Ding, wie klein es auch sein mag, in seiner Ganzheit und Vollkommenheit.

Es wird zu Recht gesagt: Wenn wir Gott in uns erkennen und wissen, dass unser Körper Sein Körper ist, dann ist die ganze Welt oder das Universum auch als Sein Körper bekannt. Umgekehrt, wenn das ganze Universum als Gott erkannt wird, wissen wir, dass auch wir Er sind.

Gott hat Ramdas zu einer reifen Frucht an Seinem riesigen Baum des manifestierten Lebens gemacht, um sie der Welt als Geschenk zu präsentieren. Unter Seiner Führung, Fürsorge und Gnade wuchs Ramdas' Leben, knospte, blühte und fruchtete, bis es schließlich reif, süß und duftend wurde. Sicherlich gebührt Ihm – Ramdas' geliebtem Meister – der ganze Ruhm für das Entstehen einer solchen Frucht.

Das Leben von Ramdas hat keine Zukunft, da es Zeit und Raum überwunden hat. Er hat nichts Neues zu erreichen oder zu erlangen. Er ist eins mit der kosmischen Wirklichkeit. Geburt und Tod haben nichts mit ihm zu tun. Ewige Stille und ewige Bewegung sind sein Zentrum und sein Umfang – das Zentrum, das in der Ewigkeit verankert ist, und der Umfang, der die Unendlichkeit umfasst, grenzenlose Existenz, die auf einen Punkt reduziert ist, und ein Punkt, der sich über alle denkbaren Grenzen hinaus ausdehnt.

Gott nahm Ramdas mit in die Welt, um Gott in allen Wesen zu sehen und sie dadurch zu lehren, dass sie Formen Gottes sind, um ihnen die Sichtweise zu geben, die Welt als Gott zu sehen.

Die große Sache ist geschehen. Fast fünf Jahre lang lag die nebulöse Idee von Ramdas' Weltreise in der Luft. Hin und wieder gab es Gespräche und Vorhersagen darüber. Vor zwei oder drei Jahren unterhielt sich Ramdas bis spät in die Nacht mit einem Freund darüber, begleitet von viel Spaß und Gelächter. Es schien, als würde sich die Idee langsam verwirklichen. Im Jahr 1954 beschloss Gott auf geheimnisvolle Weise, Ramdas ins Ausland zu schicken.

Eine Weltreise zu unternehmen, war keine einfache Sache. Alle, die davon hörten, hielten es für ein gewaltiges Unterfangen, das viele Probleme mit sich brachte. Aber für Gott ist nichts schwierig. Wenn Er will, geschieht alles ohne Probleme und Hindernisse. Auf Seine Anregung hin bot Rani Lalita Devi aus Hyderabad im Juni 1954 an, die Reise zu finanzieren, und beschloss, Ramdas zu begleiten.

Die Vorbereitungen wurden bald in Angriff genommen. Rani Lalita Devi besorgte warme Kleidung für die kalten Länder. Innerhalb eines Monats war alles Notwendige erledigt, und wir – Mutter Krishnabai, Ramdas und Swami Satchidananda[1] – brachen vom Ashram auf. Natürlich war die Aufregung groß, nicht nur im Ashram, sondern auch bei den Freunden, die in allen anderen Teilen Indiens davon hörten.

---

[1] Anantasivan, später Swami Satchidananda (1919-2008), kam im Alter von dreißig unter den Einfluss von Ramdas. Sie verstanden sich sofort als Guru und Schüler. Auf Geheiß seines Gurus begann er mit *Nama-Japa* und nahm später *Sannyas*. Er diente dem Ashram, Ramdas und Mutter Krishnabai. Nach Ramdas' Tod unterstützte er Krishnabai bei den täglichen Angelegenheiten des Ashrams. Als Krishnabai 1989 starb, „erbte" er die Leitung des Ashrams. Er starb 2008. (s. https://anandashram.org/masters/swami-satchitananda, 25.5.2024)

Rom

Wir brachen am 3. August 1954 vom Ashram auf und erreichten Mangalore noch am selben Tag. Am nächsten Tag nahmen wir das Flugzeug, das uns nach Bombay brachte.

Dort traf Ramdas viele Verehrer, die sich von ihm verabschiedeten. Die Gruppe bestehend aus, Ramdas, Krishnabai, Swami Satchidananda, Rani Lalita Devi und Sagarlal Gupta flog über Kairo nach Rom.

Die Nacht verging. Am Morgen landeten wir in Kairo. Der Ort war eine riesige Wüste. Die Hitze war groß. Wir ruhten uns auf dem Flughafen aus und flogen dann weiter nach Rom, der Heiligen Stadt. Wir landeten dort und trafen Frau Jean Herbert, eine schlanke, blonde, junge Frau, deren Augen vom Licht der Hingabe erfüllt waren und die voller Demut darauf wartete, uns zu empfangen. Wir stiegen in den Bus, der uns in die Stadt bringen sollte. Unterwegs fragte Ramdas Frau Herbert: „Dein Mann wartet sicher schon sehnsüchtig in Genf auf uns, nicht wahr?"

Frau Herbert: „Ja, er ist sehr besorgt."

Ramdas: „Vielleicht warst du ungeduldiger. Deshalb hat er dich im Voraus hergeschickt. Er hat uns schon gesehen, aber du noch nicht."[1]

Frau Herbert: „Du hast recht. Ich war sehr begierig, dich zu sehen. Außerdem dachte mein Mann, ich könnte dir hier von Nutzen sein."

Wir erreichten die Stadt und quartierten uns in einem Hotel ein. Als wir uns einigermaßen eingelebt hatten, kam Frau Herbert in unser Zimmer, setzte sich neben Ramdas und fragte ihn: „Papa, wirst du mich einweihen?"

Ramdas: „Ja, nimm dieses Mantra – Om Sri Ram Jai Ram Jai Jai Ram."

Ramdas ließ sie das Mantra dreimal wiederholen.

Frau Herbert: „Ich bin voller Frieden und Freude."

Dann sprach sie über verschiedene Dinge und sagte, sie hoffe, dass Ramdas' Aufenthalt in ihrem Haus in Genf so angenehm wie möglich sein würde. Nachdem sie sich mit allen Vorkehrungen vertraut gemacht hatte, die sie in

---

[1] Herr Herbert hatte Ramdas bereits im Anandashram besucht.

ihrem Haus treffen musste, sagte sie: „Papa, du musst dich bei uns wie zu Hause fühlen und um alles bitten, was du brauchst."

Ramdas: „Ramdas fühlt sich in seiner Vorstellung bereits jetzt ganz zu Hause. Ramdas möchte, dass du ihm etwas Zeit schenkst, außerhalb vom Programm, damit er mit euch scherzen kann."

Frau Herbert: „Oh, das ist gut! Du darfst nie aufhören, zu scherzen."

Ramdas: „Sicher wirst du anfangen, Ramdas zu mögen."

Frau Herbert: „Woher weißt du, dass ich das nicht schon tue?"

Ramdas: „Du wirst ihn noch mehr mögen."

Frau Herbert: „Das ist natürlich richtig. Ich möchte, dass du mir einen Namen gibst."

Ramdas: „Dein Name soll Prasanna sein."

Am Abend besichtigten wir die mit Ruinen und Denkmälern übersäte Stadt, die den Ruhm und die Macht des alten Rom symbolisieren.

Am nächsten Morgen machten wir uns auf den Weg, um den Petersdom und, wenn möglich, den Vatikan zu besuchen. Der Anblick des Petersdoms übte eine wunderbare Wirkung auf uns aus. Das Innere der Kirche hat eine eigene spirituelle Atmosphäre, und jeder, der sie betritt, fühlt sich erhaben und inspiriert.

Ramdas wollte, noch bevor er in Rom landete, die Gelegenheit nutzen, Seiner Heiligkeit, dem Papst, seine Aufwartung zu machen. Als wir Rom erreichten, erfuhren wir, dass er zu krank war, um uns eine Audienz zu gewähren. Die Idee wurde also fallen gelassen. Bevor Ramdas jedoch Rom verließ, schrieb er einen Brief an den Papst, in dem er um seinen Segen für den Erfolg unserer Mission bat. Hier ist der Brief:

Rom, 19. August 1954

Seine Heiligkeit,

Wir – Mutter Krishnabai, Ramdas, Swami Satchidananda, Rani Lalita Devi und Sagarlal Gupta – sind aus Indien gekommen und haben uns so sehr gewünscht, während unseres Aufenthalts eine Audienz bei Ihnen zu erhalten. Da unser Aufenthalt nur kurz ist – wir fliegen morgen nach Genf –, bedauern wir sehr, dass wir Sie nicht sehen und Ihnen unsere Aufwartung machen können, da wir gehört haben, dass Sie sich nicht bei guter Gesundheit befinden.

Unsere bescheidene Mission während unserer Weltreise – wir haben geplant, viele Länder in Europa, Amerika und im Fernen Osten zu besuchen – ist es, die Botschaft des Geistes in die Herzen aller Menschen zu tragen und mit ihnen über die Herrlichkeit Gottes zu sprechen. Wir beten inständig, dass Sie uns für den Erfolg unserer Mission segnen.

Wir grüßen Sie von ganzem Herzen im Namen des Herrn Jesus und der heiligen Mutter Jungfrau Maria.

Wir beten zu Gott, dass Sie bald wieder gesund werden.

Eine Kopie unserer Reiseroute ist beigefügt, damit Sie uns mit Ihrem Gedanken im Gebet folgen können.

Immer zu Ihren Diensten,

Ramdas

An Seine Heiligkeit Papst Pius XII.

Während unseres Aufenthalts in Rom hatten wir mit der Schwierigkeit der Sprache zu kämpfen. Keiner von uns konnte Italienisch. Frau Herbert war äußerst hilfreich, da sie die Rolle der Dolmetscherin sehr gut für uns spielte. Einmal, als sie nicht bei uns war, läuteten wir nach dem Hotelangestellten, weil wir etwas Milch wollten. Als der Diener kam, versuchte unser Freund Sagarlal, ihm unser Anliegen verständlich zu machen. Aber die Sprache, in der Sagarlal sprach, konnte nicht helfen. Er machte Zeichen, aber auch diese konnten dem Angestellten nicht vermitteln, was wir wollten. Sagarlal ließ sich nicht entmutigen, und da er einfallsreich und geistreich war, hob er beide Hände halb hoch, schloss die Fäuste und bewegte sie abwechselnd auf und ab, um dem Diener zu zeigen, dass er Milch wollte, die man bekommt, wenn man die Kuh auf diese Weise melkt, wie er gestikulierte. Selbst dieser höchst suggestive Versuch schlug fehl. Der Angestellte verfolgte mit gespannten und weit geöffneten Augen die anschauliche Darbietung von Sagarlal. Unfähig zu begreifen, was dieses Schauspiel wirklich bedeutete, beugte er sich leicht vor und machte mit seinen erhobenen Händen Zeichen, indem er sie in drei wiederholten Gesten nach außen bewegte, um uns wissen zu lassen, dass er überhaupt nicht begriff, was Sagarlal ihm zu sagen versuchte. Dann verschwand er. Das Gesicht, die gebeugte Gestalt, die Bewegung der Hände und das plötzliche Verschwinden des Dieners brachte uns zum Lachen.

Als wir spazieren gingen und die Sehenswürdigkeiten Roms betrachteten, bemerkten wir Gruppen von Italienern, die auf der gegenüberliegenden Straßenseite stehen blieben und uns neugierig anstarrten. Offensichtlich waren unsere Hautfarbe und unsere Kleidung der Grund für die Attraktion. Mutter und Rani Lalita Devi trugen indische Saris, Ramdas einen langen Mantel, der bis zu den Knöcheln reichte, Satchidananda einen orangefarbenen *Dhoti*, ein Hemd und ein Oberteil, und Sagarlal seine übliche europäische Kleidung. Keiner von uns hatte eine Kopfbedeckung. Die Gruppe musste für westliche Augen seltsam aussehen.

Schweiz

Lizelle Reymond, Ramdas, Krishnabai und Jean Herbert im Anandashram, 1937

Nach zwei Tagen Aufenthalt in Rom flogen wir nach Genf. Auf dem Genfer Flughafen wartete unser Freund Jean Herbert[1] schon sehnsüchtig auf unsere Ankunft. Er zeigte eine ungeheure Freude, uns zu sehen. Er brachte uns mit dem Auto bei Nieselregen zu seinem schönen Haus, das etwa drei Meilen von der Stadt entfernt in einer reizvollen, natürlichen Umgebung lag. Es war ein ruhiger Ort, weit weg vom Lärm und der Hektik der Stadt. Die Landschaft mit ihren grünen Gärten, Parks und Hügeln war äußerst reizvoll. In dieser faszinierenden Umgebung stand das schöne Holzhaus, in dem Jean Herbert und seine Frau lebten. Wir wurden hineingeführt und fühlten uns dort sehr wohl.

Unser vierzehntägiger Aufenthalt an diesem schönen Ort war höchst denkwürdig. Die Tage vergingen wie im Flug durch die Liebe und Hingabe, mit der uns das gesegnete Paar überschüttete, und durch die Freundlichkeit der Besucher, die sich täglich in der Bibliothek des Hauses drängten. Gruppen von ernsthaften spirituellen Aspiranten strömten herein, um Ramdas' Vorträgen und Antworten auf ihre Fragen zu lauschen. Die Besucher gehörten verschiedenen Schulen des spirituellen Denkens und der Praxis an. Es waren Sufis, Sozialarbeiter, Schüler indischer Yogis, fromme Christen und andere

---

[1] Jean Herbert war der Verfasser mehrerer französischer Bücher zum Hinduismus und dem Fernen Osten.

glühende Wahrheitssucher. Sie alle saßen in der Bibliothek zusammen, in völliger Harmonie der Gedanken und Gefühle. Für diese Zeit lösten sich alle Unterschiede, die auf sozialen und religiösen Skrupeln beruhen, in einer Atmosphäre vollkommener Einigkeit und Frieden auf.

Gott war das einzige Thema aller Gespräche – Gott, der allgegenwärtige Geist, dessen Verkörperungen alle sind. Aus Ramdas' Herz flossen spontan unendliche Ströme seiner gottgegebenen Liebe zu den Zuhörern. Nur widerwillig standen sie auf und gingen, wenn das Treffen zu Ende war. Täglich gab es drei Treffen. Abends, am Ende der Versammlung, hatten wir immer eine stille Meditation von etwa einer halben Stunde. Wir hockten bei gedämpftem Licht still auf dem Boden, und unser Geist war auf das Göttliche – das alles durchdringende, unendliche Bewusstsein – eingestimmt. Die Ruhe und Gelassenheit, die zu dieser Zeit herrschte, waren wunderbar. Alle waren in ein Meer von Frieden, Licht und Freude getaucht.

Menschen von nah und fern kamen, um Ramdas Fragen zu stellen, denn sie wollten alle von ihm die Wahrheit über die Verwirklichung Gottes erfahren. Nach dem Ende der Treffen wollten einige Mitglieder der Gruppe Ramdas am liebsten einzeln in seinem Wohnzimmer sprechen. Dort zeigten sie ihr großes Vertrauen und ihre Liebe zu ihm. Sie brachten ihm Früchte, Süßigkeiten und Blumen sowie Bücher, die sich mit Religion befassten. Oft überreichten sie ihm Briefe, die in einfachen, süßen und liebevollen Worten geschrieben waren. Ramdas empfand sie alle als wahre Sucher, die von reinen Gefühlen erfüllt und von einem glühenden Verlangen nach Gott beseelt waren.

Während der Vorträge kamen eines Abends einige junge Männer in Begleitung eines römisch-katholischen Priesters herein. Sie setzten sich zu den anderen in den Saal. Als die Gespräche um zwanzig Uhr zu Ende waren, wollten diese jungen Männer Ramdas privat in seinem Zimmer treffen. Der Priester, der sie begleitete, hatte es jedoch eilig, wegzugehen, da er keine große Lust hatte, mit Ramdas zu sprechen. Doch auf Drängen der jungen Männer kam auch er herein. Ramdas begrüßte ihn mit aller Liebe und bot ihm einen Stuhl an. Die anderen setzten sich auf den Boden.

Jean Herbert, der neben Ramdas saß, sagte: „Der Vater sagt, dass er dich nichts Besonderes zu fragen hat, aber diese jungen Männer wünschen, dass du ihnen von der Vision erzählst, die du von Jesus Christus hattest."

Daraufhin beschrieb er sein Erlebnis in der Höhle im Himalaya.

Der Vater war tief bewegt, als er diesen Bericht hörte. Er schien nun sehr glücklich darüber zu sein, dass er gekommen war und Ramdas gehört hatte. Er stellte ihm auch ein paar Fragen.

Für Ramdas sind alle Religionen gleich bedeutungsvoll. Seine Liebe zu allen göttlichen Lehrern oder spirituellen Meistern ist gleich groß. Wenn zum Beispiel ein wahrer Christ zu Ramdas kommt, ermutigt er ihn, sich treu Christus zu widmen, damit er durch Christus die Erlösung erlangen kann. Wahrlich, alle großen Erlöser der Welt versuchen, die Menschheit zu demselben Ziel zu führen – Gott, der der Herr aller Nationen und Völker der Welt ist. Ramdas' Besuch in den westlichen Ländern war nicht dazu gedacht, die Unterschiede zwischen den Anhängern der verschiedenen Religionen zu betonen, sondern die ihnen allen zugrunde liegende Einheit hervorzuheben. So fanden die Anhänger aller Religionen in Ramdas einen verwandten Geist, so als gehöre er zu ihrer Konfession. Gleichzeitig gewannen sie mehr und mehr die Gewissheit, dass alle Wege der Annäherung an Gott, wie sie von den verschiedenen Lehrern der Welt aufgezeigt wurden, gleichermaßen wahr und wirksam sind.

An einem Tag wurde Ramdas nach Lyon eingeladen. Auch dort wollten Besucher mit ihm sprechen.

Unter den Besuchern befand sich ein junger Mann, der von seinem Kontakt mit einer gottverwirklichten Person in Nordfrankreich erzählte, und als sich das Gespräch zwischen diesem jungen Mann und Ramdas entwickelte, wurde ersterer aufgeregt. Er machte einige Bemerkungen, die von den versammelten Freunden als arrogant empfunden wurden, und sie versuchten, ihn aufzuhalten. Aber Ramdas erlaubte ihm, fortzufahren. Im Folgenden wird ein Teil des Dialogs zwischen ihm und Ramdas wiedergegeben.

F: „Hast du von einer Person namens George gehört, der irgendwo in Frankreich lebt? Er sagt, dass er der wiedergeborene Christus ist, dass er vor viertausend Jahren hier gelebt hat und dass diejenigen, die ihn sehen, Gott erkennen. Was ist deine Meinung dazu?"

Ramdas: „Was Ramdas betrifft, so sieht er das Göttliche in jedem von euch. Er weiß nichts davon, dass er Gott nur in einem und nicht in einem anderen sehen soll. Diejenigen, die Gott in den Herzen der Menschen erwecken, sind wirklich große Seelen. Wir müssen sie respektieren und verehren. Ramdas sieht die Göttlichkeit überall, und mit dieser Sichtweise ist er aus Indien gekommen. Mit dieser Sichtweise lebt und bewegt er sich und teilt seine Freude mit euch. Wenn es für Ramdas möglich ist, diese große Seele zu treffen, wird er dies sicherlich tun. Für Ramdas seid ihr alle die Formen seines ewig Geliebten. Ramdas ist hierhergekommen, um euch zu sagen, wie ihr Gott in euch selbst und überall um euch herum sehen könnt, damit ihr die Einheit in der Vielfalt erkennen könnt, denn ihr seid nicht nur eine vergängliche Form, sondern der unsterbliche, allgegenwärtige Geist. Wenn ihr das erkennt, werdet ihr ewigen Frieden und Glückseligkeit genießen.“

F: „Die Verwirklichung ist ja individuell. Was empfiehlst du, um das Göttliche zu erkennen?“

Ramdas: „Ramdas‘ Mittel der Annäherung war das ständige Chanten des Gottesnamens, durch das man sich auf das Göttliche in sich selbst einstimmt und erkennt, dass man das Göttliche ist.“

F: „Jesus hat Gott erkannt und sagt, er sei ein Diener Gottes. Glaubst du daran?“

Ramdas: „Ja. Ramdas glaubt daran. Jesus sagte: ‚Ich und mein Vater sind eins.‘ Dennoch nannte er sich selbst der Sohn des Vaters.“

F: „Willst du damit sagen, dass es keinen grundlegenden Unterschied in der Natur gibt?“

Ramdas: „Wenn ein Mensch erleuchtet ist, gibt es keinen Unterschied zwischen ihm und Jesus.“

F: „Wie kommt es dann, dass nur Jesus diese Stufe erreicht hat?“

Ramdas: „Es gibt so viele andere, die diese Stufe auch erreicht haben.“

F: „Warum hat niemand die Welt so erhellt wie Jesus?“

Ramdas: „Buddha kam vor Jesus, so auch Krishna, der ebenfalls die Welt erleuchtete.“

F: „Wenn Jesus unter uns wäre, würdest du ihn erkennen?"

Ramdas: „Gewiss, ja."

F: „Ist die Verwirklichung Gottes denjenigen verwehrt, die verheiratet sind?"

Ramdas: „Absolutes Zölibat ist wesentlich für die Verwirklichung."

F: „Gandhiji begann im Alter von sechsunddreißig Jahren ein Leben im Zölibat zu führen."

Ramdas: „Er lebte schon früh im Zölibat. *Brahmacharya* bedeutet, auf dem Pfad von *Brahman* zu wandeln. Du solltest immer gottesbewusst sein. In diesem Bewusstsein gibt es keine Vorstellung von Sex, denn in ihm gibt es keine Dualität. Wo bleibt dann die Frage nach dem Geschlecht? Wenn du dich auf die hohe spirituelle Ebene der absoluten Freiheit vom Geschlechtsbewusstsein erheben willst, darfst du Personen nicht als Frau oder Mann sehen. Du darfst in ihnen nur die absolute Wahrheit sehen, den *Atman*, der namen- und formlos ist. Das kannst du nur, wenn du dich über die Körpervorstellung erhebst."

Am Ende des Treffens, nach etwa zwei Stunden, stand Ramdas auf und gab den Besuchern in seiner Nähe die Hand. Unter diesen war der oben erwähnte junge Mann der erste. Als Ramdas dies tat, wurde dieser Freund von einer solchen Rührung ergriffen, dass er ihn liebevoll auf beide Wangen küsste. Diese Abschiedsszene bewegte die Herzen vieler Menschen.

Eines Tages schlug Jean Herbert vor, dass wir zu einem Kloster in Broc in der Schweiz fahren sollten, um Pater Dom Barras, einen bekannten Abt, zu treffen. Der Pater war sehr aufgeschlossen und schätzte, was Ramdas in Bezug auf die universelle Natur spiritueller Erfahrungen sagte. Der folgende Bericht über einen Teil des Gesprächs zeigt die Art der Fragen, über die gesprochen wurde.

Pater: „Ist absolute Reinheit auf der physischen Ebene möglich?"

Ramdas: „Ja, sie ist möglich, wenn der Geist durch ständiges Erinnern und Meditieren völlig in Gott versunken ist und er einen von allen niederen Wünschen weg zum statischen, unveränderlichen und formlosen Aspekt Gottes führt. Indem man sich vollständig von der Ebene des Körpers, des

Geistes und der Sinne und deren Kontakt mit der Außenwelt zurückzieht, gelangt man in einen tranceartigen Zustand, der *Nirvikalpa Samadhi* genannt wird. Nachdem man dieses *Samadhi* erfahren hat, sind alle Wünsche zerstört. Man sieht nun das ganze Universum als die Manifestation der Wahrheit, die man während *Nirvikalpa Samadhi* erkannt hat."

Vater: „Die Menschen sagen, die ganze Natur sei die Manifestation Gottes, aber sie geben auch zu, dass sie den statischen Aspekt der Wahrheit nicht erfahren haben. Ist das möglich?"

Ramdas: „Nein. Solange man nicht zuerst den statischen Aspekt erfährt, kann man die Welt nicht als die Manifestation der Wahrheit sehen."

Vater: „Dann können sie über die Dinge nur in einem Zustand der Emotion sprechen."

Ramdas: „Ja."

Jean Herbert: „Pater Conus ist sehr glücklich darüber, dass deine Erfahrungen völlig mit denen des Heiligen Johannes vom Kreuz übereinstimmen, der ein großer Mystiker war. Das ist das größte Kompliment, das er dir machen kann."

Pater: „Jesus ist als Gott anerkannt. Welchen Unterschied gibt es zwischen Jesus und anderen Heiligen?"

Ramdas: „Es ist wie das Wasser in einem Brunnen und das eines Flusses bei Hochwasser. Das Wasser in einem Brunnen wird nur von einigen wenigen Menschen an einem Ort genutzt, während das Flusswasser bei Überschwemmungen ein größeres Gebiet erreicht und eine große Anzahl von Menschen versorgt. Heilige sind wie Brunnenwasser, und Inkarnationen wie Jesus sind wie ein Fluss bei Hochwasser."

Vater: „Der Unterschied liegt also nur in der Menge?"

Ramdas: „Ja. Er ist quantitativ und nicht qualitativ."

Eines schönen morgens machten wir uns zusammen mit Jean Herbert und Pater Conus auf den Weg zu einem Kloster, das etwa 150 Meilen von Genf entfernt war. Nachdem wir durch viele Dörfer gefahren waren, deren Kirchen, Bauernhöfe und Hütten in einer für Inder ungewohnten Weise gebaut waren, erreichten wir das Tor der Abtei.

Von außen sahen wir, dass das Kloster aus einer Reihe von Häusern bestand, in denen die Novizen lebten und sich einer strengen Disziplin unterzogen. Die Regeln der Einrichtung waren, wie wir später erfuhren, sehr streng. Der Abt, eine stämmige Person mit einem spirituellen Glanz im Gesicht, empfing uns mit Liebe und Gastfreundschaft. Er brachte uns in einen Raum am Eingang, wo wir unser Mittagessen einnahmen. Dann führte der Abt mit seinen Gehilfen und Pater Conus ein Gespräch mit Ramdas über Gnade. Sie hörten Ramdas mit großer Aufmerksamkeit zu und drückten ihre Zufriedenheit darüber aus, dass das, was Ramdas sagte, genau mit den Schriften der römisch-katholischen Heiligen übereinstimmte. Ramdas fühlte sich in ihrer Gesellschaft überaus glücklich. Er gibt hier kurz einige Punkte wieder, die im Laufe des Gesprächs angesprochen wurden.

Abt: „Ich würde gerne aus deiner Erfahrung wissen, ob es möglich ist, frei von allen Leidenschaften zu sein, und wenn ja, wie.“

Ramdas: „Es ist möglich, frei von Leidenschaften zu sein. Wie das möglich ist, wird Ramdas erklären. Wenn du dich durch die Gnade Gottes ständig und ununterbrochen an Ihn erinnerst, wird dein Geist absolut rein und frei von allen Leidenschaften. Der Geist ist dann wie der eines Kindes, arglos und unschuldig. Er wird niemals durch den Kontakt mit äußeren Objekten beeinträchtigt, wenn das Licht Gottes in alle Teile deines Wesens eindringt, sowohl mental als auch physisch. Dies ist die absolute Reinheit, die du durch die Gnade Gottes erlangst. Dass du dich einer Disziplin unterwirfst, geschieht allein durch Gottes Willen und nicht durch deinen Willen oder deinen Entschluss.“

Abt: „Das stimmt völlig mit unserem Glauben überein. Ich möchte eine andere Frage stellen. Wenn ein Mensch sich ernsthaft bemüht, sich zu läutern, wird es dann lange dauern, bis er die Läuterung erlangt?“

Ramdas: „Nicht nur das. Wenn er sich bemüht, sich selbst zu disziplinieren, um die Läuterung durch seinen eigenen Willen zu erreichen, ohne die göttliche Gnade um Hilfe zu bitten, wird sein Kampf vergeblich sein, wie lang er auch dauern mag. Im Endzustand, wenn Gottes Gnade ihn vollständig erleuchtet, lebt er immer in der Gegenwart Gottes, und kein unheiliger Gedanke kann jemals in seinen Geist eindringen. Ramdas kann sagen, dass er, wenn die Gnade Gottes ihn vollständig verwandelt hat, ohne jegliche

Disziplin von Natur aus rein bleibt. Da der Gottesgedanke in seinen Geist eingeprägt wurde, wird er danach niemals von der Dunkelheit umhüllt und den daraus entstehenden Begierden unterworfen sein.“

Abt: „Heißt das, dass ein Mensch, nachdem er eine bestimmte Stufe erreicht hat, wieder zu fallen droht? In der christlichen Lehre heißt es, es bestehe immer die Gefahr, dass man die Gnade vergisst und das Ego verherrlicht.“

Ramdas: „Ramdas hat diese Frage vorweggenommen. Wenn du dich Gott hingegeben hast und durch Seine Gnade ganz Sein geworden bist, fühlst du dich unter Seinem Schutz sicher, und Er versichert dir, dass Er niemals zulassen wird, dass du fällst. Gott wird dich in all Seiner Barmherzigkeit auf Schritt und Tritt in deinem Leben beschützen. Wenn es Versuchungen gibt, wird Er dafür sorgen, dass du ihnen nicht verfällst. Seine Schutzmacht ist so groß, dass ein Sturz unwahrscheinlich ist, wenn du dich Ihm ausgeliefert, Ihn zu deinem Ein und Alles, zu deiner einzigen Zuflucht gemacht hast. Gott beschützt dich, wie eine Mutter ihr Kind beschützt.“

Abt: „Gibt es Fälle, in denen Heilige gefallen und wieder aufgestanden sind? Wir kennen christliche Heilige, die gefallen sind.“

Ramdas: „Heilige sind gottverwirklichte Personen, und deshalb können sie nicht fallen. Aber diejenigen, die nur eine bestimmte Stufe und nicht die volle Verwirklichung des Göttlichen erlangt und sich nicht vollständig Seinem Willen ergeben haben, werden wahrscheinlich fallen. Das bedeutet nicht, dass Gott einem solchen Menschen Seine Gnade entzieht, sondern dieser zieht sich selbst von der Gnade zurück. Die Gnade strömt ständig auf uns alle ein. Aber wir müssen uns ihrer voll bewusst sein. Manchmal sind wir uns dessen bewusst und empfangen die Gnade, aber zu anderen Zeiten hindern uns bestimmte Umstände daran, die Gnade anzunehmen, und infolgedessen fallen wir.“

Der Abt nahm uns mit ins Innere des Klosters und führte uns herum. Nach den Regeln des Klosters durften keine Frauen hineingelassen werden. Also gingen nur Jean Herbert, Sagarlal, Satchidananda und Ramdas hinein. Mutter Krishnabai und Rani Lalita Devi blieben in dem Raum, in dem wir zu Mittag gegessen hatten. Der Abt zeigte uns die Kapelle und Räume, in denen die Novizen ihre spirituellen Übungen abhielten. In der Kapelle knieten wir nieder, um vor dem Schrein des Herrn Jesus am Kreuz zu beten. Die wenigen Augenblicke, die wir im stillen Gebet verbrachten, waren sehr kostbar, da sie uns alle mit dem reinen Licht und dem Frieden Gottes erfüllten. Der Besuch des Klosters bestätigte Ramdas in seiner Ansicht, dass die Suchenden in allen Religionen, so unterschiedlich ihre Wege auch sein mögen, letztlich das gleiche Ziel des höchsten Friedens und der Befreiung anstreben.

Bevor wir das Kloster verließen, trafen wir uns alle draußen bei unseren Autos. Das errötete, strahlende Gesicht des Abtes spiegelte den tiefen Frieden seines Herzens wider. Und auch Ramdas befand sich in einem Zustand ungewohnter Ekstase. Die Verabschiedung war rührend. Dann fuhren wir mit dem Auto zurück zu Jean Herberts wunderschöner Villa in Genf.

Unter den Besuchern [in Jean Herberts Bibliothek] befand sich eine Dame, die mit ihren Kindern gekommen war und mit großer Konzentration den Vorträgen von Ramdas zuhörte. Jedes Mal, wenn Ramdas sie in der Versammlung sitzen sah, stellte er fest, dass ihr Gesicht von einem seltsamen Licht und Ekstase durchdrungen war. Zu anderen Zeiten lächelte sie, was die Freude verriet, die sie innerlich empfand. Nach der ersten Begegnung kam sie zu Ramdas in sein privates Zimmer und vertraute ihm ihre Sorgen an. Während sie eine glühende Verehrerin Gottes war, war ihr Mann das nicht. Er protestierte nachdrücklich gegen den Besuch seiner Frau bei Heiligen oder spirituell fortgeschrittenen Seelen, um sie spirituell zu erheben. Sie bat, Ramdas möge ihren Mann segnen und seinen Geist auf Gott ausrichten. Während sie dies sagte, füllten sich ihre Augen mit Tränen, und ihr Körper zitterte vor unkontrollierbaren Emotionen.

Eines Tages gelang es ihr, ihren Mann zu überreden, mit ihr zu dem Treffen zu kommen. Nachdem ihr Mann gegangen war, kam sie zu Ramdas und gestand, dass ihr Mann alles andere als beeindruckt von Ramdas' Vorträgen war. Ramdas fand sie ganz und gar unglücklich vor. Aber sie war tapfer und voller Vertrauen. Sie unternahm einen weiteren Versuch und brachte ihren Mann auch am nächsten Tag zum Treffen mit. Diesmal stellte er Ramdas einige Fragen. An seiner Haltung konnte Ramdas ablesen, dass er mit Ramdas' Antworten nicht zufrieden war. Am Ende des Treffens geschah jedoch das Wunder. Bevor er mit seiner Frau ging, war er ein anderer Mensch. Er kam mit seiner Frau in unser privates Zimmer und sagte, dass sein Kampf aufgehört und er Frieden gefunden habe. Dies sei das Ergebnis der unsichtbaren Kraft, die von Ramdas ausging, die ihn beeinflusst und eine totale

Transformation in seinem Leben bewirkt habe. Daraufhin wurde er einer von uns. Die Freude seiner Frau kannte keine Grenzen. Alle Ehre gebührt Gott und Seinem Namen!

Von den Menschen, die Ramdas besuchten, konnten nur wenige oder niemand Englisch. Während er also auf Englisch sprach, übersetzten Jean Herbert oder Prasanna, die beide erfahrene Dolmetscher waren, die Vorträge ins Französische. Auf diese Weise konnten die Sprachschwierigkeiten, mit denen Ramdas konfrontiert war, leicht überwunden werden.

Im Folgenden werden Ausschnitte aus Ramdas' Gesprächen mit Freunden bei den Treffen in Jean Herberts Bibliothek während unseres vierzehntägigen Aufenthalts in Genf wiedergegeben:

Ein Besucher: „Ich habe dein Buch ‚Auf der Suche nach Gott' gelesen. Diese Dame möchte wissen, ob sie eine Frage stellen darf."

Ramdas: „Ja."

F: „Wie kann man all das erreichen, was du in diesem Buch erwähnt hast?"

Ramdas: „Die einfache Antwort auf diese Frage ist, soweit es Ramdas betrifft, dass alles durch Gottes Gnade geschah. Gottes Gnade kam zu ihm und verwandelte ihn, und das allein bewirkte das Wunder. Unsere Bemühungen sind nutzlos. Seine Gnade muss zu uns kommen. Dann geschehen die Dinge so, wie sie geschehen sollen, um uns zu erheben und letztlich zu erleuchten, und wir verwirklichen Gott. Das wird nicht durch unseren Verdienst erreicht. Wir können unseren Geist nur dann auf Gott ausrichten, wenn Er es will."

F: „Macht es einen großen Unterschied, ob wir den Namen Gottes von einem Guru erhalten oder ihn aus einem Buch entnehmen?"

Ramdas: „Es gibt in der Tat einen großen Unterschied. Wenn du den Namen von deinem Guru erhältst, hat er eine wunderbare Wirkung auf den Geist. Der Guru gibt dem Namen seine eigene spirituelle Kraft. Mit anderen Worten, er überträgt seine Kraft durch das Mantra auf den Schüler."

F: „Was ist der schnellste Weg, um das Ziel zu erreichen?"

Ramdas: „Es gibt zwei Wege. Der eine ist, dein Ego ins Unendliche auszudehnen, und der andere, es auf nichts zu reduzieren. Der erste erfolgt durch Wissen, der zweite durch Hingabe. Der *Jnani* sagt: ‚Ich bin Gott – die uni-

verselle Wahrheit.' Der Verehrer sagt: ‚Ich bin nichts, oh Gott, Du bist alles.'
In beiden Fällen verschwindet der Ego-Sinn. Der sicherere Weg ist, zu Gott
Zuflucht zu nehmen und immer unter Seiner Gnade und Seinem Schutz zu
stehen."

F: „Du sagst, dass die ganze Welt die *Lila* Gottes ist. Sollten wir die *Lila*
ignorieren, oder sollten wir daran teilhaben? Sollten wir Widerstand leisten
und versuchen, uns zurückzuhalten, oder sollten wir Werkzeuge dieser *Lila*
sein?"

Ramdas: „Jeder von uns muss die Rolle spielen, die uns von Ihm zugewiesen
wurde, der der Meister des Spiels ist. Er ist in uns, und Er ist für diese *Lila*
verantwortlich. Wenn wir uns Seiner in uns bewusst sind, spielen wir unsere
Rolle gut. Wenn wir Ihn vergessen, spielen wir unsere Rolle schlecht. Während wir im ersten Fall Glück ernten, ernten wir im zweiten Fall Elend oder
Unglück."

F: „Wenn es Gott ist, der in mir handelt, muss alles, was ich tue, in Ordnung
sein, sogar die Kreuzigung Christi."

Ramdas: „Wenn du dir bewusst bist, dass Gott durch dich handelt, wirst du
nie etwas Falsches tun. Du tust nur dann Unrecht, wenn du Gott vergisst.
Wenn also das Licht Gottes in dir dich leitet, wirst du immer auf dem Pfad
der Wahrheit und des Guten wandeln und nicht in der Lage sein, etwas Unrechtes zu tun."

F: „Bist du der Meinung, dass Gedanken, wie die Liebe zur Schönheit, für
den spirituellen Fortschritt notwendig sind?"

Ramdas: „Die Liebe zur Schönheit meint nicht nur die äußere Erscheinung.
Es ist die Liebe zur Güte und Tugend im Wesen eines Menschen. Ist es nicht
so? Wir lieben Buddha, Krishna und Christus wegen ihrer glorreichen und
schönen Eigenschaften. Sie waren gleichzeitig schön in ihrer Person und ihrem Geist, in ihrem Herzen und in all ihren Handlungen. Deshalb verehren
wir sie, und als Folge davon erheben wir uns über unsere niedere Natur und
erlangen vollkommene Reinheit, Erleuchtung und Glückseligkeit."

F: „Bitte erkläre uns, wie man Gott liebt."

Ramdas: „Wahrhaftig, es geht nicht darum, dass wir Gott lieben müssen,
sondern darum, dass wir wissen, dass Gott, der Liebe ist, in unseren Herzen

wohnt. Indem wir uns dieser großen Liebe in uns hingeben, werden wir Verkörperungen dieser Liebe. Wenn wir durch ständiges Erinnern und Meditieren Seine Gegenwart in uns erkennen, wird unser Leben rein und von Seinem Licht und Seiner Liebe erleuchtet sein. Dann strahlt die Liebe durch uns hindurch, und wir sehen mit Liebe, sprechen mit Liebe, geben mit Liebe, empfangen mit Liebe, gehen und handeln auf alle möglichen Arten mit nichts als Liebe. Wir werden zu Ebenbildern der Liebe."

F: „Sagst du, dass der Guru Gott ist?"

Ramdas: „Die Bedeutung des Wortes Guru ist Vertreiber der Dunkelheit oder Spender des Lichts. Der Guru ist die Verkörperung Gottes auf der Erde, um die Seelen aus der Dunkelheit zu befreien und ihnen Licht zu bringen. Der Guru ist ein Erwecker und ein Retter."

F: „Wie kann ein Europäer am besten versuchen, inmitten des verworrenen Lebens und Treibens in Europa die notwendigen Voraussetzungen für das *Japa-Yoga* zu erfüllen?"

Ramdas: „Wenn wir uns auf Gott verlassen, ist alles möglich. Die Bedingungen, die in Europa herrschen, sind mehr oder weniger die gleichen wie in anderen Teilen der Welt, was das spirituelle Leben betrifft. Es sind nicht die äußeren Bedingungen, die uns davon abhalten, Gott zu verwirklichen, sondern unser eigener Geist."

F: „Swami, ich habe früher nie an Gott oder Religion geglaubt. Aber jetzt glaube ich. Da ich keiner Kirche oder Religion angehörte, kann ich jetzt in keine Kirche gehen."

Ramdas: „Es ist nicht nötig, dass man in eine Kirche geht, wenn man nicht in der Lage ist, dies zu tun. Gott wohnt in deinem Herzen. Bete Ihn dort an. Wenn du Ihn in deinem Herzen und überall findest, wirst du erkennen, dass das ganze Universum Seine Manifestation ist, und was immer du tust, ist Seine Anbetung und Sein Dienst."

F: „Muss Gott die Wünsche aller erfüllen?"

Ramdas: „Der sich verändernde Geist des Menschen kann nicht dauerhaft mit irgendeiner materiellen Sache zufrieden sein. Was er zu einer Zeit mag, mag er zu einer anderen Zeit nicht. Was er jetzt will, will er das nächste Mal nicht mehr. Der einzige Weg für den Menschen, immer glücklich zu sein, ist, sich dem Willen Gottes zu unterwerfen, alles Ihm zu überlassen und in dem Zustand zufrieden zu sein, in den Er ihn versetzt. Indem wir die Umstände ändern, können wir kein wirkliches Glück erlangen."

F: „Das bedeutet, dass wir unsere innere Einstellung ändern müssen."

Ramdas: „Das ist genau das, was nötig ist. Äußerlich geschehen alle Dinge so, wie Er es will. Die Unterwerfung unter Ihn ist der einzige Weg. Unterwerfung bedeutet innere Zufriedenheit und Frieden."

F: „Sollten wir zu Gott beten?"

Ramdas: „Ja, wir müssen beten, jeder von uns. Das Gebet ist der einzige Weg, durch den wir mit Gott in Kontakt bleiben können, indem wir einen Kanal zwischen uns und Ihm öffnen. Das Gebet ist das Mittel, um Seine Kraft, Sein Licht, Seine Herrlichkeit und Seine Reinheit in uns fließen zu lassen."

F: „Was ist das Wichtigste auf dem Weg zu Gott?"

Ramdas: „Ramdas wird euch vom Weg erzählen, der die Seele zu Gott führt. Das Erste, was nötig ist, ist Gnade. Es ist die Gnade, die bewirkt, dass wir uns nach Gott sehnen. Die Sehnsucht nach Gott entwickelt sich zur ständigen Erinnerung an Ihn, und die ständige Erinnerung an Ihn gibt uns die Schau von Ihm, die Erfahrung von Ihm. Diese Erfahrung bringt uns die Liebe zu Ihm von ganzem Herzen, und diese Liebe befähigt uns, Ihn – unseren Geliebten – überall zu sehen, innen und außen. Dies ist die letzte Stufe, auf der die Seele das Ziel erreicht und vollständigen Frieden, Glückseligkeit und Freiheit findet."

F: „Gibt es einen Unterschied zwischen Buddha-Bewusstsein und Christus-Bewusstsein?"

Ramdas: „Ramdas sieht keinen Unterschied zwischen den beiden, außer in den Namen. Das eine wird Buddha-Bewusstsein und das andere Christus-Bewusstsein genannt. Buddha und Christus sind große Persönlichkeiten, die gekommen sind, um die Menschheit zu lehren, wie man dieses Bewusstsein erreicht, das in der Erfahrung beider dasselbe ist."

F: „Können Dogmen als Gegensätze zur wahren Spiritualität betrachtet werden? Ich meine Rituale, Zeremonien und Doktrinen."

Ramdas: „Wenn sie hilfreich sind, um die Spiritualität zu erreichen, sollten sie eingehalten werden. Wenn sie es nicht sind, sollten sie aufgegeben werden. Alles, was die Schriften vorschreiben, kann getan werden, vorausgesetzt, es führt uns zu Gott, macht unser Leben rein, sodass Gottes Licht sich in uns spiegelt, sich in uns offenbart. Unser Kampf sollte keine Show sein. Wir müssen von ganzem Herzen ernsthaft sein."

F: „Können wir sagen, dass die Seele einen Anfang hat und von Gott erschaffen wurde, oder hat sie immer schon existiert?"

Ramdas: „Die Seele ist Gott. Das bedeutet, dass sie immer existiert und niemals geboren wird."

F: „Was ist der Unterschied zwischen denen, die Gott verwirklichen, und Gott, der als Inkarnation in die Welt herabsteigt?"

Ramdas: „Die Menschen mühen sich auf dem Pfad der Gottverwirklichung in ihrem unwissenden Stadium ab und werden Heilige, wenn sie Gott erreichen, wohingegen Gott, der als *Avatar* eine menschliche Form annimmt, überhaupt nicht in der Unwissenheit gefangen ist und daher nicht kämpfen muss, um Wissen zu erlangen."

F: „Wenn wir bestimmte Menschen lieben, sollten wir dann den Wunsch haben, dass sie sich ändern, oder sollten wir es ohne jeglichen Wunsch tun?"

Ramdas: „Wir müssen ihnen Liebe um der Liebe willen geben."

F: „Es gab einen katholischen Heiligen, der Gott tadelte, wann immer er dazu verleitet wurde, etwas Schlechtes zu tun, und die ganze Schuld auf Ihn schob."

Ramdas: „Das zeigt, wie groß seine Liebe zu Gott und seine Abhängigkeit von Ihm ist. Zunächst einmal erkennt er, dass es einen Gott gibt, der uns beschützen kann. Mit dieser Gewissheit tadelt er Ihn als Nächstes: ‚Oh Gott, warum hast Du mich nicht auf die richtige Weise handeln lassen, warum hast Du mir erlaubt, auf dem falschen Weg zu wandeln?'"

F: „Wie können wir jemandem helfen, durch spirituelle Mittel körperlich geheilt zu werden?"

Ramdas: „Das sollte nicht das Ziel der Spiritualität sein. Das Ziel der Spiritualität ist es, uns zum göttlichen Bewusstsein zu erheben. Danach benutzt

Gott uns als Sein Instrument, um die körperlichen Leiden anderer zu heilen, wenn Er das will. Aber spirituelle Kräfte zu kultivieren mit dem alleinigen Ziel, körperliche Krankheiten von Freunden oder Nachbarn zu heilen, scheint nicht der richtige Weg zu sein. Heilen wir uns selbst von innen, heilen wir unseren Geist und machen wir ihn göttlich. Das ist das Erste, was wir erreichen müssen, damit unsere Liebe zu unserem Nächsten wirklich rein und selbstlos ist. Andernfalls werden wir versuchen, die Krankheiten anderer mit irgendwelchen Motiven zu heilen, die nicht wünschenswert sind.“

F: „Wie können wir wissen, dass wir Gnade empfangen haben?“

Ramdas: „Sobald die Gnade zu uns kommt, werden wir uns ihrer bewusst. Unser Herz wird vollkommen rein, und wir können niemandem böse sein. Wir werden überfließen vor Liebe zu allen Wesen auf der Erde. Wir werden eine seltene Freude in uns erfahren, die wir nie zuvor erlebt haben.“

F: „Wird die gesamte Menschheit eines Tages durch die Evolution den Zustand des Überbewusstseins erreichen?“

Ramdas: „Das ist unser Gebet zu Gott.“

F: „Geschieht das nicht unweigerlich durch Reinkarnation?“

Ramdas: „Allein die Tatsache, dass ein Mensch wiedergeboren wird, bedeutet nicht, dass er sich weiterentwickelt. Aber wir sind alle auf dem Weg, der zur endgültigen Befreiung führt. Jeder muss früher oder später diesen höchsten Zustand der Befreiung erreichen. Der eine mag ihn früher erreichen, der andere später, aber jeder wird letztendlich dieses Ziel erreichen. Es ist unausweichlich.“

Der Tag unserer Abreise aus Genf kam. Obwohl der Abschied von den Freunden ein großer Schmerz war, fühlten Herr und Frau Herbert ihn nicht so sehr, weil sie uns nach unserem Besuch in Deutschland in Frankreich wiedersehen würden. Wir bestiegen das Flugzeug, das uns in kurzer Zeit nach Frankfurt brachte.

Deutschland

Am Flughafen wurden wir von unserem Freund U. G. Exner empfangen, der kurz vor Ausbruch des Zweiten Weltkriegs unseren Ashram besucht hatte und einige Monate bei uns geblieben war. Wir quartierten uns in einem Hotel ein, wo uns Exner als Dolmetscher eine große Hilfe war. In Frankfurt hatten wir kein vorher festgelegtes Programm.

In der Folge kümmerte sich Dr. Gunter Zuhlsdorf um Ramdas.

Am selben Abend gingen wir zu dem Treffen in Dr. Gunters Haus, wo sich ein Dutzend Mitglieder beiderlei Geschlechts seiner Gruppe versammelt hatten. Auf ihre Bitte hin sprach Ramdas über *Vedanta*, den Namen Gottes und die Erfahrung, die er gemacht hatte, als er Sri Ramana Maharishi traf. Er rezitierte auch das Ram-Mantra. Dann saßen alle für einige Minuten in stiller Meditation beisammen. Die kleine Gruppe bestand aus Verehrern, die großen Hunger nach Gott hatten. Die Atmosphäre war rein und heilig.

Von den Fragen und Antworten, die bei diesem Treffen gestellt wurden, gibt Ramdas im Folgenden zwei wichtige wieder.

F: „Die Menschen versuchen, Gott zu erkennen, aber sie wissen nicht, dass Gott in ihrem Herzen ist."

Ramdas: „Ja, das ist es, was geschieht. Du bist Er, aber du weißt es nicht. Wenn du erwacht bist, findest du sofort heraus, dass du Er bist. Es gibt einen Schleier der Unwissenheit, der dich von Gott trennt."

F: „Was ist die Bedeutung von Om Sri Ram Jai Ram Jai Jai Ram?"

Ramdas: „Om = unpersönliche Wahrheit. Sri = göttliche Kraft. Ram = Gott, der sowohl Wahrheit als auch Kraft ist. Jai Ram = Sieg für Gott. Jai Jai Ram = Sieg, Sieg für Gott. Gott, der Du zugleich unpersönliche Wahrheit und göttliche Kraft bist, Sieg für Dich – Sieg, Sieg für Dich. Wenn Gott in unserem Herzen den Sieg davonträgt, verschwindet alle Dunkelheit darin – der Ego-Sinn ist besiegt."

Wir beschlossen, nach Reutlingen und München zu fahren, bevor wir Deutschland verließen. Wir hatten eine Einladung von unserem Freund K. O. Schmidt in Reutlingen erhalten. Als wir in der Lobby auf das Taxi warteten, das uns zum Bahnhof bringen sollte, kam ein Freund eilig zu uns und sagte, er wolle dringend Ramdas treffen. Er war in heller Aufregung. Nachdem er erfahren hatte, wer Ramdas war, bat er ihn, ihn in den Namen Gottes einzuweihen. Ramdas führte ihn in einen leeren Raum in der Lobby und setzte sich auf einen Stuhl, während dieser Freund stehen blieb. Er erzählte Ramdas, dass er aus der Schweiz käme, wo er einige Verehrer aus Lausanne getroffen habe, die an den Treffen in Genf teilgenommen hatten. Als er von ihnen von Ramdas hörte, wollte er ihn unbedingt treffen und in den göttlichen Namen eingeweiht werden. Ramdas fragte ihn, welchen Namen er wolle. Er sagte, er würde gern den Namen von Jesus erhalten. Ramdas stimmte zu. Er kniete nieder, und Ramdas flüsterte ihm dreimal den Namen Jesus zu.[1] Während er den Namen wiederholte, zitterte er und war von einer seltsamen Verzückung ergriffen. Seine Augen waren feucht und sein Gesicht gerötet, was ein Zeichen dafür war, dass reine Gefühle der Liebe und Hingabe in ihm aufstiegen. Er blieb nicht lange. Nachdem er bekommen hatte, was er wollte, verabschiedete er sich von uns und reiste ab.

In Reutlingen kam Ramdas mit K.O. Schmidt in Kontakt, der in führender Funktion der Neugeist-Bewegung (New Thought Alliance) angehörte und die Zeitschrift „Neugeist" herausbrachte.

Von Reutlingen aus reiste die Gruppe nach München. Bei einem Treffen dort:

F: „Bekommen wir die Gnade Gottes durch Verdienst?"

Ramdas: „Seine Gnade kommt, ohne dass wir sie verdient haben. Wir können keine Gnade aufgrund unseres sogenannten Verdienstes erhalten. Die schlimmsten Sünder haben Gnade erhalten und sind rein und herrlich geworden."

F: „Einige westliche Kreise glauben, dass wir unsere Religion notfalls mit Kriegswaffen verteidigen müssen."

---

[1] Im Gospel wird von einem weiteren Fall der Einweihung in den Namen Jesu berichtet. „Verghese bat Papa um das Mantra von Jesus Christus. Papa gab ihm das Mantra und sagte zu ihm: ‚Wiederhole dieses Mantra ständig. Verankere Christus in deinem Herzen, das dann allmählich gereinigt wird, und du wirst den *Darshan* von Christus haben. Erinnere dich, Gott ist Liebe. Lebe ein Leben der Liebe. Dann wirst du in Gott leben, und Gott wird in dir leben.'" (Satchidananda: Gospel, 14.9.1951, 44.)

Ramdas: „Das ist keine korrekte Ansicht. Man kann das Christentum nicht verteidigen, indem man andere tötet. Das entspricht nicht der Lehre Christi, der für Gewaltlosigkeit stand. Wenn seine Anhänger seinen Lehren zuwiderhandeln, verraten sie ihn nur und begehen Unrecht."

Bei einem anderen Treffen:

F: „Der Buddhismus gründet sich völlig auf das Gesetz des *Karmas*. Gestern sprachst du über die Gnade des Göttlichen. Wie kann es göttliche Gnade geben, wenn es *Karma* gibt, das abgearbeitet werden muss?"

Ramdas: „Gott macht das Gesetz des *Karmas*. Wenn Gott das Gesetz nicht aufheben könnte, dann wäre das Gesetz größer als Gott. Das kann nicht sein. Also muss Er die Macht haben, es aufzuheben. Der König erlässt das Gesetz, dass ein Mann, der einen Mord begeht, mit dem Tod bestraft wird. Der König hat aber auch die Macht, ihn zu begnadigen. Das Gesetz, das er macht, kann nicht größer sein als er. Im Allgemeinen mischt sich Gott nicht ein. Er lässt das *Karma* sich erfüllen. In besonderen Fällen kann Er über sein Gesetz hinausgehen und durch Seine Gnade die Seele von den Fesseln des *Karmas* befreien."

Am nächsten Morgen besuchte Heinrich Reblitz, der junge Mann, der am Vortag Ramdas aufgesucht hatte, unser Zimmer im Hotel.

Reblitz: „Ich möchte dich um eine Sache bitten. Ich habe dir bereits von meinem Wunsch erzählt, ein Swami zu werden. Ich möchte hier ein Swami werden, noch bevor ich nach Indien komme. Ich habe an Swami Omkar geschrieben, aber bis jetzt noch keine Antwort erhalten."

Ramdas: „Um ein Swami zu werden, musst du die Einweihung von einem anderen Swami erhalten, der dir das Mantra, das ockerfarbene Tuch und den Namen geben wird. Auch einige andere Formalitäten müssen erledigt werden. Ramdas schlägt vor, dass du Swami Omkar bittest, dich einzuweihen."

Reblitz: „Das wird nur möglich sein, wenn ich nach Indien gehe. Kann Swami Ramdas mich nicht schon jetzt einweihen?"

Ramdas: „Ramdas gibt niemandem formell *Sannyas*, da er es selbst von niemandem erhalten hat. Natürlich gibt er denen, die sich an ihn wenden, seine Erlaubnis, wenn er sie für *Sannyas* geeignet hält. Dann gibt er ihnen auch den neuen Namen und das ockerfarbene Tuch mit seinen Segnungen. Das ist alles, was er tut. Swami Satchidananda hat es nur auf diese Weise von Ramdas erhalten."

Reblitz: „Kann Swami Ramdas nicht dasselbe für mich tun? Ich werde alles, was ich bisher als *Sadhana* gemacht habe, aufgeben, wenn es nötig ist, und dem folgen, was du mir aufträgst."

Ramdas: „Was wirst du nach der Aufnahme von *Sannyas* tun, Bücher schreiben?"

Reblitz: „Ich kann im Garten, auf den Feldern oder sonst wo arbeiten, um mich auf Trab zu halten."

Ramdas: „Was wirst du tun?"

Reblitz: „Das, was du mir aufträgst."

Ramdas: „Wer wird sich um deine Mutter kümmern, wenn du *Sannyas* nimmst? Ist sie damit einverstanden?"

Reblitz: „Ja, sie weiß, dass ich ein Swami sein werde. Es gibt andere, die sich um sie kümmern."

Ramdas: „Was Ramdas von dir will, ist, dass du von nun an alles, was du tust, nur noch für Gott und Gott allein tust. Du solltest nichts tun, was Lügen und krumme Methoden beinhalten könnte. Dein Handeln muss absolut ehrlich sein. Was ist dein Beruf?"

Reblitz: „Ich male Bilder und arbeite in Gärten oder auf Bauernhöfen."

Ramdas: „Was immer du tust und was immer du verdienst, musst du im Dienst der Armen und Leidenden um dich herum tun. Diene deiner Mutter und anderen, die in Not sind. Wiederhole das Mantra, das Ramdas dir gibt: ,Om Sri Ram Jai Ram Jai Jai Ram'. Dies kann leise oder laut wiederholt werden, aber es muss konstant sein. Wiederhole ständig das Ram-Mantra und sitze in *Siddhasana* oder *Padmasana* mit dem *Yoga-Mudra*. Das *Yoga-Mudra* symbolisiert die Vereinigung des *Jivatma* mit *Paramatma*, wenn der *Jiva* die drei *Gunas* ablegt. Schließe deine Augen, wiederhole mental das Ram-Mantra und stelle dir vor, wie Gott in deinem Herzen sitzt. Gott ist in dir und außerhalb von dir, überall. Du musst Ihn zuerst in dir erkennen, dann wirst du Ihn überall um dich herum sehen. Du musst also über Ihn in dir meditieren. Nun wiederhole das Mantra, wie Ramdas es tut: ,Om Sri Ram

Jai Ram Jai Jai Ram. Om Sri Ram Jai Ram Jai Jai Ram. Om Sri Ram Jai Ram Jai Jai Ram.' Was willst du noch? Ramdas wird dir auch einen Namen geben."

Reblitz: „Nimm mich fort aus diesem *Samsara*. Ich schwöre heute, ich werde ein zölibatäres Leben führen und ganz für Gott leben."

Ramdas: „Ramdas überlegt, welchen Namen er dir geben soll. Hast du einen Vorschlag für einen Namen, der dir gefallen könnte?"

Reblitz: „Mir gefällt der Name Brahmananda."

Ramdas: „Ja, dein Name soll Brahmananda sein. Ramdas wird dir ein ocker-farbenes Tuch aus Frankfurt schicken. Du solltest jetzt nicht daran denken, nach Indien zu gehen. Deine Arbeit ist hier. Diene deiner Mutter und den Menschen in Deutschland, die in Not sind."

Reblitz: „Ich werde nicht daran denken, nach Indien zu gehen, wenn du mich bittest, es nicht zu tun."

Ramdas: „Segen, Segen für dich."

Seit er die Einweihung erhalten hatte, konnten wir auf seinem Gesicht ein Licht sehen, das von dem tiefen Frieden und der Freiheit zeugte, die er im Herzen fühlte. *Sannyas* zu nehmen war sein langgehegter Wunsch, und die Erfüllung gab ihm natürlich viel inneren Frieden und Freude.

Frankreich

Am Nachmittag verließen wir München mit dem Flugzeug und flogen über
Frankfurt nach Paris.

Zu gegebener Zeit erreichten wir Paris. Jean Herbert und Diana Mathot emp-
fingen uns auf dem Flugplatz. Fräulein Diana hieß uns herzlich willkommen
und brachte uns zu ihrem Haus in St-Leu-La-Foret, etwa zehn Meilen von
Paris entfernt. Wir blieben sieben Tage lang dort, während derer eine große
Anzahl von Verehrer und Freunden von nah und fern kamen, um morgens
und abends den Vorträgen zuzuhören. Jeden Tag gab es Fragen und Antworten, gefolgt von Meditation. Es war ein wahres Fest der spirituellen Gemeinschaft, reinen Liebe und Hingabe, die die Herzen aller überflutete.

Unter den Besuchern ist Lizelle Reymond zu erwähnen, die den Ashram vor
zwei Jahren besucht hatte. Wir waren glücklich, einander zu sehen. Ramnam
hatte inzwischen einen festen Platz unter den Freunden, die Ramdas sowohl
in Genf als auch an anderen Orten getroffen hatten. Viele, die an den Treffen
in Genf teilgenommen hatten, waren auch hier anwesend. Unter ihnen saß
das Ehepaar, das als erstes das Ram-Mantra in Genf erhalten hatte, in der
Nähe von Ramdas. Eines Tages fragte Ramdas sie, wie es ihnen ginge. Die
Frau sagte mit einem Lächeln im Gesicht: „Seit wir das Ram-Mantra von
dir erhalten haben, erfahren wir einen immensen Frieden im Herzen. Unsere
Freude steigert sich oft bis zur Ekstase. Wir sind dir zutiefst dankbar für
deine Freundlichkeit und Gnade." Ramdas bemerkte, dass ihre Gesichter
von einem göttlichen Glanz erhellt waren.

Eines Tages führte uns Jean Herbert, wie vorher vereinbart, in ein Kloster in
Paris. Mataji, Rani Lalita Devi und Sagarlal begleiteten uns nicht. Wir wurden vom Abt, Pere Bruno De Jesus-Marie, einem älteren Mann, empfangen.
Er führte uns in einen großen Bibliothekssaal, wo wir uns setzten. Ein As-
sistent des Abtes war ebenfalls anwesend. Wir begannen ein Gespräch über
die Wege der Annäherung an Gott, in dessen Verlauf Ramdas seine eigenen
spirituellen Erfahrungen erzählte. Der Abt hörte den Ausführungen von
Ramdas mit großem Interesse zu und bemerkte, dass seine Erfahrungen mit
den Erfahrungen übereinstimmten, die in den Schriften der christlichen Heiligen beschrieben sind. In dieser Atmosphäre fühlten wir uns wie Mitglieder

der gleichen Familie oder Gruppe. Wahrlich, alle, die von Gott sind, gehören zu einer einzigen Bruderschaft.

Es folgen Auszüge aus dem Gespräch zwischen dem Abt und Ramdas.

Abt: „Es gibt einen wichtigen Unterschied zwischen diesem Orden und dem Orden, den du in der Schweiz besucht hast. Der Orden dort beschränkt sich auf die Kontemplation. Das Einzige, was sie für andere tun, ist, für sie zu beten. Aber hier gehen wir weiter, lehren manchmal und helfen anderen auf vielfältige Weise. Ich würde gerne wissen, worauf du Wert legst, ob du aktive Arbeit in der Welt leistest oder davon absiehst.“

Ramdas: „Ramdas stimmt mit dir überein, dass wir Arbeit und Gottesdienst miteinander verbinden müssen.“

Abt: „Durch Arbeit kannst du anderen helfen, ihre Not lindern usw., nicht wahr?“

Ramdas: „Ja, anderen zu helfen, sie zu lehren und alles zu tun, was notwendig ist, als Dienst für Gott.“

Abt: „Offensichtlich sehen wir die Dinge mit der gleichen Einstellung und in genau demselben Licht. Dies scheint durch das Evangelium bestätigt zu werden.“

Ramdas: „Ramdas will nicht, dass jemand nur ein kontemplatives Leben führt. Sie müssen ihren Mitmenschen im Geiste vollkommener Selbstlosigkeit dienen, um ihre Not zu lindern. Das, so glaubt Ramdas, ist eine der wichtigsten Lehren Jesu Christi. Als er sagte: ‚Liebe deinen Nächsten wie dich selbst‘, meinte er nicht, dass wir nur mit dem Herzen lieben sollten, sondern wir sollten unsere Liebe auch in Taten zeigen, ihn lieben, indem wir ihn von den Schwierigkeiten befreien, denen er ausgesetzt ist.“

Abt: „Glaubst du, dass das Gebet wichtiger ist als die Handlung, obwohl diese Art von Handlung an sich ein Gebet ist?“

Ramdas: „Das Gebet ist der Hintergrund für das Handeln.“

Abt: „Bist du sicher, dass du bis zum Ende deines Lebens keinen teuflischen Versuchungen mehr unterworfen sein wirst und dass du völlig frei von ihnen bist?“

Ramdas: „Ramdas fühlt sich völlig frei von ihnen, weil Gott ihn aufgenommen hat. Würde er sich an Gott festhalten, würde die Wahrscheinlichkeit eines Sturzes bestehen, aber da Gott Ramdas festhält und er sich dessen voll bewusst ist, gibt es keine Möglichkeit eines Sturzes oder einer Trennung von Ihm. Gottes Griff ist so fest. Gott hat Ramdas aufgenommen, und er ist ein Kind in den Armen seiner Mutter, Gott. Es gibt also absolut keine Angst vor einem Sturz zu irgendeinem Zeitpunkt. Diese Zusicherung wurde Ramdas von Ihm gegeben.“

Abt: „Kann eine solche spirituelle Höhe, wie sie von dir verwirklicht wurde, von den Menschen auch ohne *Brahmacharya* erreicht werden?“

Ramdas: „Nein, nicht ohne *Brahmacharya*.“

Abt: „In der christlichen Kirche wird *Brahmacharya* nicht als absolut notwendig angesehen. Für Priester und Mönche ist natürlich striktes *Brahmacharya* unerlässlich, aber man sagt auch, dass verheiratete Menschen, die in der Welt leben, Vollkommenheit erlangen können.“

Ramdas: „Nachdem der Mensch einige Jahre lang das übliche Familienleben geführt hat, muss er sich des Geschlechtsverkehrs enthalten und ein *Brahmacharin* werden, ein Mann von vollkommener Reinheit. Nur dann werden die hingebungsvollen Praktiken, die er in seinem Familienleben durchlaufen hat, Früchte tragen. Andernfalls ist es unwahrscheinlich, dass er die spirituelle Vollkommenheit erreicht, die ein Mann, der Enthaltsamkeit übt, erreichen kann. Sexuelles Begehren ist ein großes Hindernis für die Gottverwirklichung. Solange man ihr unterworfen ist, kann man keine vollkommene Reinheit in Gedanken, Worten und Taten haben, die für die Verwirklichung wesentlich ist.“

Abt: „Wirkst du irgendwelche Wunder?“

Ramdas: „Ramdas wurde von Gott zu einem Instrument gemacht, um einige Wunder zu wirken. Er ist nicht persönlich für sie verantwortlich. Menschen, die krank sind, wünschen, dass er zu ihnen geht und ihnen die Hände auflegt. Auf wundersame Weise werden sie dann geheilt. Sie schreiben es Ramdas zu. Ramdas sagt ihnen, dass sie nicht durch seine Kraft geheilt werden, sondern durch Gottes Gnade. In aller Bescheidenheit kann Ramdas sagen, dass nicht er es war, der es getan hat, sondern Gott.“

Abt: „Liegt es in deiner Macht, die Wahrheit in den Menschen zu sehen, sie so zu sehen, wie sie sind, wenn du sie ansiehst?"

Ramdas: „Ramdas sieht das Göttliche in jedem. Gott will nicht, dass er versteht, wie ein Mensch ist und was in seinem Geist ist. Er hat ihm die Schau gegeben, nur seine göttliche Ausstrahlung und göttliche Existenz zu sehen."

Abt: „Wenn jemand zu dir kommt, der sich in einem schlechten Zustand befindet, erkennst du dann seinen schlechten Zustand überhaupt nicht?"

Ramdas: „Ramdas sieht nach außen hin, dass die Person sehr deprimiert ist. Nachdem er einige Zeit in Ramdas' Gesellschaft verbracht hat, wird sein Geist ruhig und friedlich, und er geht fröhlich davon. Das ist es, was Ramdas bemerkt hat."

Abt: „Die dunkle Nacht der Seele – muss das passieren?"

Ramdas: „Ja. Im Leben eines jeden spirituellen Aspiranten gibt es solche Perioden. Wenn das Gemüt niedergeschlagen ist, vermisst er seine Vereinigung mit Gott und fühlt, dass er ein gefallenes Wesen ist. Zu dieser Zeit ist er völlig verzweifelt."

Abt: „Im Leben des heiligen Thomas von Aquin kam eine Frau, um ihn zu verführen, und er drohte ihr mit einer Brandfackel. Im Leben des heiligen Johannes vom Kreuz erfahren wir, dass er auch von einer Frau versucht wurde, aber er sprach sehr freundlich und liebevoll mit ihr. Das Ergebnis war, dass sie verwandelt wurde. Welche der beiden Methoden würdest du vorziehen?"

Ramdas: „Sicherlich die Methode, Liebe zu geben, sanft zu behandeln und die Frau zu verwandeln."

An einem anderen Tag besuchten wir die Ramakrishna-Mission in Gretz. Swami Siddheswarananda, der Präsident, hatte, nachdem er erfahren hatte, dass Ramdas Frankreich besuchen würde, die Gruppe zum Mittagessen und für ein paar Stunden in den Ashram eingeladen. Swamiji hatte vor einigen Jahren den Anandashram besucht und uns drei Tage lang das Vergnügen seiner Gesellschaft gegeben.

Als unser Auto am Eingang des Gebäudes der Mission anhielt, sahen wir Swamiji, der auf uns wartete. Er begrüßte Ramdas, schmückte ihn mit

Girlanden und überflutete ihn mit Liebe und Zuneigung. Er nahm Ramdas an der Hand und führte ihn die Treppe hinauf in den Ashram. Swamiji ging es nicht gut, und er hatte Schwierigkeiten, die Stufen hinaufzusteigen, aber er tat es mit einem Lächeln im Gesicht und Liebe im Herzen. Wir gingen direkt in den Schrein und schlossen uns dem Gebet an, das Swamiji Nishreyasananda, ein weiterer Mönch der Ramakrishna-Mission, leitete.

Ramdas mit Swami Siddheswarananda

Der nächste Programmpunkt war das Mittagessen. Wir, etwa zwei Dutzend Personen, saßen an einem langen Tisch und nahmen unser Essen ein. Viele andere französische Verehrer der Mission gesellten sich ebenfalls zu uns und aßen im Stehen zu Mittag. Nach dem Essen wurde Ramdas in das Privatzimmer von Swami Siddheswarananda geführt, der sein Kind dazu brachte, sich auf ein Sofa zu legen. Er setzte sich neben Ramdas und strich mit unendlicher Liebe und Zärtlichkeit über Ramdas' Körper. Seine Augen waren feucht, als er sagte: „Swamiji, du bist das Wertvollste auf dieser Erde."

Ramdas war von diesen Worten hingerissen. Die liebevolle Berührung des Swamiji war wie heilender Balsam für seinen müden Körper.

Nach einiger Zeit wurde Ramdas gebeten, in die zentrale Halle zu gehen, wo sich eine große Versammlung von Anhängern der Mission versammelt hatte. Da der Raum zu klein war, wurden auch die angrenzenden Räume von den Besuchern gefüllt. Es gab ein Mikrofon, sodass der Vortrag alle in den verschiedenen Räumen erreichen konnte. Als Antwort auf eine Frage hielt Ramdas eine lange Rede, in deren Verlauf er sagte:

„Auf die Frage, ob Gott persönlich oder unpersönlich ist, antwortete Ramdas, dass Gott gleichzeitig persönlich und unpersönlich ist. Man kann Ihn als alles und in allem im Universum sehen. Gleichzeitig unterhält man eine enge Beziehung zu Ihm in Seinem persönlichen Aspekt. Er wird zu deinem ständigen Begleiter. Du kannst mit Ihm reden, du kannst mit Ihm spielen und du kannst sogar mit Ihm scherzen. Er wird völlig vertraut mit dir sein. Er wird dich auf vielerlei Weise beschützen und auf geheimnisvolle Weise für dich sorgen. Das gilt nicht nur für einen bestimmten Verehrer, sondern für alle Verehrer in allen Teilen der Welt, die Ihm vollständig ihr Leben übergeben haben. In solchen Fällen gewährt Er den Verehrern Seine universelle Schau und bleibt dennoch ihr ständiger Begleiter. Er ist also eine unpersönliche Person, das heißt, Er ist nicht nur die alles durchdringende, namenlose und formlose Wirklichkeit, sondern Er ist auch alles, was Namen und Formen hat. Als dein ständiger Begleiter führt Er dich und kümmert sich um dich, so wie eine Mutter sich um ihr Kind kümmert. Du spürst Seinen Schutz in jedem Augenblick deines Lebens auf eine seltsame Weise. Du kannst mit Ihm sprechen und Ihn als deinen Vater, deine Mutter, deinen Kameraden oder deinen Meister betrachten. Wie das möglich ist, ist sehr schwer zu beschreiben. Ramdas möchte dir sagen, wie das möglich ist, aber es ist sehr schwer.“

„Jetzt wird Ramdas ein paar Worte über die Gnade sagen. Ohne Gnade kann nichts von uns getan werden. Viele Menschen denken, dass wir alles aus eigenem Willen und eigener Kraft tun. Das ist völlig falsch. Es ist allein die göttliche Gnade, es ist allein die göttliche Kraft, die dafür verantwortlich ist, dass wir alles tun. Da wir nicht wissen, dass die göttliche Gnade durch uns wirkt, und wir denken, dass wir alles selbst tun, werden alle unsere Handlungen, Gedanken und Gefühle verunreinigt. Wenn wir den Ego-Sinn in uns ausräumen und Gottes Licht und Kraft in uns fließen, wird uns bewusst, dass die göttliche Kraft für all unsere Bewegungen und Handlungen verantwortlich ist. Unser Geist wendet sich Gott zu, allein durch Seine Gnade."

Im Folgenden einige Auszüge aus den Vorträgen in Dianas Haus in Frankreich:

F: „Es wird uns geraten, *Japa* nicht als strenge und grimmige Pflicht zu praktizieren."

Ramdas: „Was du sagst, ist wahr. *Japa* muss mit intensiver Liebe und Hingabe für das Objekt deiner Verehrung, d.h. Gott, ausgeführt werden. *Japa* wird spontan und gibt dir sprudelnde Freude in deinem Herzen, wenn du es weiter fortführst. Du solltest es nicht als eine Disziplin tun, die dir von jemand anderem auferlegt wird. Wenn du keine Freude daran hast, *Japa* zu machen, solltest du es lieber bleiben lassen, denn es wird dir nicht helfen. Wenn du Liebe zu Gott empfindest, muss *Japa* dir große Freude bereiten. Deshalb sagen Mystiker, dass die Wiederholung von Gottes Namen ihnen Ekstase verleiht, eine unbeschreibliche Süße und Freude. Das zeigt, dass es nicht nur eine mechanische Wiederholung ist, die uns hilft, sondern ein spontanes Ausströmen unserer Liebe zu Gott zusammen mit der Wiederholung Seines Namens."

F: „Welche Bedeutung hat die Selbsthingabe auf dem spirituellen Weg?"

Ramdas: „Selbsthingabe bedeutet das Aufgeben des Ego-Sinns. Solange der Ego-Sinn nicht vollständig beseitigt ist, können wir Gott nicht erkennen. Der Ego-Sinn ist ein Schutzschild zwischen uns und Gott. Wenn du den Schutzschirm entfernst, weißt du, dass du Er bist."

F: „Können wir spüren, dass Gott alles tut, auch wenn wir nicht moralisch handeln?"

Ramdas: „Wir können nicht unmoralisch handeln, wenn wir wissen, dass Gott uns alles tun lässt."

F: „Gilt die Gnade für alle Menschen, oder sind einige mehr als andere privilegiert, sie zu erhalten?"

Ramdas: „Die Gnade strömt auf uns alle gleichermaßen ein. Einige erhalten sie und andere nicht. Wie Ramdas an anderer Stelle erwähnte, öffnen manche Menschen die Fenster ihres Herzens, um Gnade zu empfangen, während andere sie geschlossen halten und sie nicht bekommen. Aber selbst um die Fenster des Herzens offen zu halten, bedarf es eines inneren Strebens und einer Sehnsucht, und diese Sehnsucht kann uns nur durch die Freundlichkeit und Gnade Gottes zuteilwerden."

F: „Kannst du uns sagen, was genau der Guru ist?"

Ramdas: „Der Guru ist ein spiritueller Führer. So wie ihr einen Lehrer braucht, der euch Kunst und Wissenschaft in Bezug auf die Welt der Natur um euch herum lehrt, braucht ihr einen Führer auf dem spirituellen Pfad. So wie ein Professor in dem Fach, das er lehrt, qualifiziert sein sollte, so muss auch der spirituelle Führer qualifiziert sein, um euch zu führen. Er muss in der Wissenschaft der Spiritualität vollkommen sein, was bedeutet, dass er die Verwirklichung Gottes erlangt haben muss. Wenn du einen solchen Führer hast, kannst du dich getrost seinen Händen anvertrauen, und du kannst sicher sein, dass du auf dem Pfad ohne Hindernisse vorankommst, vorausgesetzt, dein Bestreben ist intensiv und du folgst seiner Führung. Die Bedeutung des Wortes Guru ist ,Vertreiber der Dunkelheit'. Im Zustand der Unwissenheit ist dein Herz mit Dunkelheit erfüllt, da du Gott nicht kennst. Du leugnest Gott und nimmst Seine Existenz überhaupt nicht zur Kenntnis, noch suchst du Ihn. Aber der Guru erweckt in dir den Glauben an Gott und führt dich auf den Weg, damit du Ihn schließlich erreichst. Die Arbeit des Gurus besteht also darin, das Gottesbewusstsein in dir zu wecken und dich zu Ihm zu führen."

F: „Kann man die tägliche Arbeit mit dem spirituellen Leben verbinden?"

Ramdas: „Vorausgesetzt, die Arbeit wird selbstlos und in einem Geist der Hingabe an Gott verrichtet."

F: „Ich nehme an, dann wird die Arbeit selbst zu unserer spirituellen Disziplin."

Ramdas: „Ja, dann wird die Arbeit zur Anbetung. Die Bhagavad Gita beschreibt dies als *Nishkama Karma*, was wunschloses, selbstloses Handeln bedeutet."

F: „Wenn du mit Menschen in Kontakt kommst, die sehr arm sind, solltest du ihnen dann nicht zuerst etwas zu essen geben und dann erst mit ihnen über Gott sprechen?"

Ramdas: „Natürlich sollte man zuerst ihren Hunger stillen und erst dann mit ihnen über Gott sprechen, wenn sie daran interessiert sind. Wenn du anfängst, über Gott zu sprechen, wenn sie hungrig sind, werden sie dir nicht zuhören, sondern weggehen."

F: „Wenn wir mit jemandem zusammenleben, der ein schrecklicher Pessimist ist, und es uns nicht gelingt, irgendetwas bei ihm zu erreichen, ist es dann in Ordnung, wenn wir eine Weile weggehen, bevor wir es wieder versuchen?"

Ramdas: „Ja, es ist besser, für eine Weile wegzugehen, um dich mit größerer spiritueller Kraft aufzuladen, damit du, wenn du deinen pessimistischen Freund das nächste Mal triffst, ihn durch deinen Einfluss ändern kannst. Wenn deine spirituelle Kraft nicht ausreicht, ist es sehr wahrscheinlich, dass sein pessimistischer Einfluss auf dich wirkt und du ebenfalls zum Pessimisten wirst."

F: „Kann man etwas Besonderes für eine Mutter tun, die über den Tod eines ihrer Kinder nicht hinwegkommt? Ich habe solche Fälle gesehen, in denen sich Mütter nach dem Verlust eines ihrer Kinder nie wieder erholt haben."

Ramdas: „Das ist es, was Ramdas in einigen Fällen auch beobachtet hat. Sie können den Verlust nicht vergessen. Es gibt jedoch einen Weg, und der besteht darin, sie in einem Dienst zu halten, einem selbstlosen Dienst, der zum Wohle anderer geleistet wird. Durch diesen Dienst wird die Mutter ihren Kummer weitgehend vergessen, auch wenn er nicht völlig ausgelöscht werden kann."

F: „Wie können wir aus *Viraha*, der Qual der Trennung von Gott, herauskommen, wenn wir uns in ihr befinden?"

Ramdas: „Indem wir uns Gott hingeben."

F: „Wenn wir aber zu dieser Zeit den Glauben verloren haben?"

Ramdas: „Dann wende dich an einen Heiligen. Suche die Gesellschaft einer fortgeschrittenen Seele, vorzugsweise einer, die Gott erkannt hat. Die Gesellschaft einer solchen Seele wird es dir ermöglichen, dich aus deiner Niedergeschlagenheit zu erheben, und du wirst durch Seine Gnade und Hilfe die Wiedervereinigung mit Gott finden.“

F: „Gibt es viele solcher Seelen?“

Ramdas: „Suchet, und ihr werdet finden. Strebt danach, und ihr werdet es bekommen.“

F: „Wenn wir tatsächlich mit dem Leiden anderer mitfühlen, kann das denen helfen, die leiden?“

Ramdas: „Indem wir mit ihnen mitfühlen, das Leiden mit ihnen teilen, können wir ihnen bis zu einem gewissen Grad Erleichterung verschaffen, aber der bessere Weg ist, es zu lindern, indem wir konkrete Hilfe leisten.“

F: „Ist es unter den modernen Lebensbedingungen möglich, immer an Gott zu denken?“

Ramdas: „Es ist durchaus möglich, wenn wir wirklich nach Gott streben und uns bemühen, Ihn immer in unseren Gedanken zu behalten. Ein Beispiel für jemanden, der das getan hat, sitzt vor euch. Er gehört der modernen Zeit an und nicht der Vergangenheit.“

F: „Entwickeln wir eine zu starke persönliche Bindung an dich? Wenn ja, wie können wir das verhindern?“

Ramdas: „Ihr braucht es nicht zu verhindern. Ihr könnt Ramdas zu einem Sprungbrett machen, um zu dem höheren Bewusstsein aufzusteigen, das das wahre Bewusstsein ist. Ihr könnt euch mit seiner Form verbinden und durch diese Form das Formlose erreichen. Sehr oft brauchen wir eine Stütze, um auf dem Pfad zu gehen. Nachdem wir genügend Kraft gewonnen haben, können wir diese Stütze abwerfen und aus eigener Kraft gehen. Wir brauchen eine Leiter, um eine bestimmte Höhe zu erreichen, und wenn wir dort angekommen sind, brauchen wir die Leiter nicht mehr. Wenn du also an Ramdas‘ Form hängst, dann lass diese Form eine Hilfe für dich sein, um dich über alle Formen zu erheben.“

Belgien und Holland

Wir erreichen am Nachmittag Brüssel. Auf dem Flughafen wurden wir von zwei belgischen Ehepaaren empfangen, Herrn und Frau Haesaerts, die uns nach Belgien eingeladen hatten, als sie uns in Genf besuchten, und Herrn und Frau Coulon, die wir ebenfalls dort kennengelernt hatten. Herr und Frau Haesaerts nahmen uns in ihr Haus mit, wo wir uns sehr wohl fühlten.

Die Versammlungen hier fanden in einem Raum im Obergeschoss eines Nebengebäudes auf demselben Gelände statt. Manchmal war der kleine Raum überfüllt. Die Fragen, die hier gestellt wurden, waren meist intellektueller Natur und betrafen den Krieg und die Möglichkeit der Existenz Gottes. Hier sind einige von ihnen.

F: „Überall auf der Welt sind die Menschen bereit, zu kämpfen, und es gibt keine guten Predigten."

Ramdas: „Die Lösung liegt, wie Ramdas gerade gesagt hat, darin, dass wir jeden vollkommen lieben und allen gegenüber gewaltfrei bleiben. Wenn wir mit gutem Beispiel vorangehen, werden wir auch andere vom Hass befreien. Ein Beispiel ist besser als ein Gebot. Ramdas geht nicht umher und belehrt andere, aber wenn sie ihm Fragen stellen, muss er ihnen sagen, dass es nur dann Frieden in der Welt geben kann, wenn wir uns gegenseitig lieben. Auf diese Weise erlangen wir Glück für uns selbst und schenken anderen Glück. Der Weg zu diesem Glück führt über die Auslöschung von Böswilligkeit und Hass aus unserem Herzen. Nur dann können wir andere im wahren Sinne des Wortes lieben und durch diese Liebe Harmonie in unserem Herzen und im Außen entwickeln."

F: „Wird es einen Tag geben, an dem wir eine solche Art von Frieden in der Welt haben?"

Ramdas: „Es ist unsere Aufgabe, nach Frieden zu streben, und wenn wir danach streben, werden wir glücklich sein. Wenn wir gemeinsam versuchen, durch die Gnade Gottes und unsere Gebete zu Ihm Frieden in der Welt zu schaffen, wird der Frieden kommen. Wir müssen versuchen, unsere kleinlichen Eifersüchteleien loszuwerden, damit die Weltkatastrophe vermieden werden kann. Aber was jetzt passiert, ist, dass die Menschen keinen Glauben an Gott haben. Gott ist nicht weit weg von uns. Er ist in unserem Herzen, und Er ist der absolute Frieden. Wenn wir unseren Geist auf absoluten Frieden einstimmen, schaffen wir ganz natürlich eine Atmosphäre des Friedens um uns herum. Es sind sowohl individuelle als auch kollektive Anstrengungen erforderlich. Jeder Einzelne sollte versuchen, Frieden in sich selbst zu finden, und alle Menschen in allen Teilen der Welt sollten gemeinsam versuchen, Frieden zu schaffen. Das wird mit Sicherheit Wirkung zeigen."

F: „Wie sollten wir uns verhalten, wenn wir gezwungen werden, in den Krieg zu ziehen?"

Ramdas: „Weigere dich, einen Krieg zu führen, und trage die Konsequenzen. Es wäre besser, getötet zu werden, als unsere Brüder zu töten."

F: „Was hältst du von der *Avatar*-Theorie? Glaubst du, dass Christus ein *Avatar* war?"

Ramdas: „Ramdas glaubt an *Avatare* und hält Jesus für einen von ihnen."

Das nächste Land, das wir besuchten, war Holland. Wir stiegen in Amsterdam aus dem Flugzeug, wo wir von unserem Freund Guy M. de Gelder empfangen wurden, der uns mit dem Auto nach Den Haag brachte, wo er im Haus einer holländischen Dame wohnte.

Am ersten Abend nach Ramdas' Ankunft in Den Haag wurde ein Treffen im Wohnzimmer unserer Bleibe arrangiert. Es waren ziemlich viele Menschen anwesend, und Ramdas beantwortete die Fragen, die ihm von den Zuhörern gestellt wurden.

„Verzichtet nicht auf die Arbeit, sondern vergöttlicht sie. Tut alles in aller Demut, in voller Unterwerfung unter den Willen des Göttlichen. Wer ist ein wahrer Gottverehrer? Derjenige, der der Menschheit dient. Man hat uns gelehrt, dass in jedem von uns das Göttliche wohnt, und wenn wir allen dienen, dienen wir wirklich Gott. Es heißt, dass ein Mensch, der sagt, dass er Gott liebt und seinen Nächsten nicht liebt, ein Lügner ist. Wenn wir jemanden verärgern oder hassen, sind wir keine wahren Gottliebenden. Wenn wir einander lieben, ist Gott sehr zufrieden mit uns. Aus diesem Grund zitiert Ramdas oft Jesus. Die gleichen Lehren findet ihr in allen Religionen der Welt. Liebe ist das, was wir in unserem Leben praktizieren müssen. Wenn es in unserem Herzen keine Liebe gibt, wird es fade und trocken sein, und wir haben keine Hoffnung, Gottes Gnade zu erlangen. Wenn wir Gottes

Gnade wollen, müssen wir mitfühlend und hilfsbereit gegenüber den Menschen sein. Dann wird Er uns Seine Gegenwart in jedem Augenblick unseres Lebens spüren lassen. Wenn wir uns demütigen und unsere Mitmenschen lieben, dann erst setzen wir die großen Lehren Jesu in die Praxis um."

England

Wir kamen am Londoner Flughafen an und wurden von Howard Williams, George A. Dudley, Mr. Price und Srimati Shantaben, Sri Manibhai Patels Nichte, empfangen. Sie brachten uns in ihren Autos nach Hayes in Middlesex, wo unser Gastgeber Sri Manibhai Patel lebte. Wir wurden bequem im Jayaram-Haus untergebracht.

Bei einem Treffen der Hindu Association of Europe wurde Ramdas gebeten, eine Rede zu halten, in deren Verlauf er sagte:

„Jedes Atom dieses Universums ist mit göttlichem Licht und göttlicher Kraft erfüllt. Das ist es, was wir erkennen müssen. Wir sind nicht nur innerlich, sondern auch äußerlich eins. Dies ist die Botschaft des *Vedanta*, die uns von den *Rishis* und den großen *Avataren* Indiens überliefert wurde. Ihr werdet feststellen, dass dieselbe Botschaft von verschiedenen anderen Lehrern wie Jesus Christus und Mohammed in die ganze Welt hinausgetragen wurde. Auch Buddha predigte die große Wahrheit des *Ahimsa*, die nach Burma, Japan und China getragen wurde. All diese großen Lehrer sagen uns, dass wir in Einheit miteinander leben und nicht kämpfen sollen. Diese Botschaft, die uns von den *Rishis* Indiens überliefert wurde, ist in der Tat ein großer Schatz, den wir hegen und pflegen müssen."

Anschließend besuchte Ramdas Henry Thomas Hamblin in Chichester, mit dem er schon lange eine Korrespondenz führte. Er war der Herausgeber der Zeitschrift „The Science of Thought Review". Einige Ausschnitte aus dem Gespräch mit ihm:

Hamblin: „Ich habe Bruder Mandus getroffen. Er geht umher und heilt. Er hat die Gabe des Heilens. Die Menschen gehen zu ihm, um geheilt zu werden. Er legt ihnen die Hand auf, und viele ihrer Krankheiten werden geheilt, natürlich nicht immer mit Erfolg. Ich habe Menschen gesehen, die durch Arthritis usw. verkrüppelt waren. Er geht einfach zu ihnen, hält den Arm und die Gelenke fest, passt das verrenkte Teil an der richtigen Stelle ein, und sie stehen auf und gehen weg. Diese Art von Arbeit macht er. Er hält lange Vorträge."

Ramdas: „Das Göttliche ist nicht weit weg. Es ist in uns. Sei dir Seiner bewusst, und du spürst Seine Gegenwart jede Minute in dir. Die heilende Kraft kommt automatisch zu dir. Manchmal wird Heilung nicht absichtlich herbeigeführt. Allein durch deine Berührung wird die Person geheilt. In den heiligen Schriften heißt es, dass göttliche Kraft auf drei Arten auf einen anderen übertragen wird: durch Gedanken, Anblick und Berührung. Ein Heiliger kann durch seine Gedanken einen Menschen sofort spirituell erwecken. Indem er einem Menschen in die Augen schaut, gießt er die göttliche Kraft in ihn ein, durch die er von innen heraus erweckt wird. Das Gleiche geschieht durch Berührung. Diese Kraft kann auch zur Heilung von Krankheiten bei Menschen eingesetzt werden."

Hamblin: „Darf ich eine Frage stellen? Wenn man das Gottesbewusstsein erreicht hat und erkennt, dass man überall ist, was kommt dann?"

Ramdas: „Es gibt vier Stufen. Ramdas wird sie beschreiben. Die erste ist, wenn das Ego durch die totale Hingabe an den göttlichen Willen vollständig aufgelöst wird. Ego-Losigkeit bedeutet die Erkenntnis des alles durchdringenden Geistes oder Gottes. Dann wissen wir, dass wir und dieser Geist eins sind. Solange das Ego fortbesteht, sind wir uns dieses Geistes nicht bewusst, und wir kennen unsere Identität mit Ihm nicht. Danach kommt die Schau des Göttlichen überall in der Manifestation. Das ganze Universum wird danach als Ausdruck dieses Geistes gesehen. Wir sehen Gott überall. Aber es gibt noch eine dritte Stufe, in der wir das Manifeste und das Unmanifeste als die beiden Aspekte der einen Wahrheit sehen, die jenseits von beiden ist, die undenkbar, unverständlich und unaussprechlich ist. Wir können etwas über den statischen und den dynamischen oder den formlosen und den formalen Aspekt sagen, aber das, was jenseits davon ist, ist unbegreiflich und unaussprechlich. Das Dynamische, das Statische und das Undenkbare bilden zusammen die höchste Gottheit. Er ist allumfassend und alltranszendent. Selbst nachdem wir das erkannt haben, gibt es noch die vierte Stufe, in der wir eine Beziehung zu Gott aufrechterhalten. Sie ist rein persönlich. Er ist unser ständiger Begleiter. Wir können mit Ihm sprechen. Wir können Seine Gegenwart spüren. Das ist die beste und schönste Beziehung. Nach all den früheren Erfahrungen genießen wir immer noch eine enge Beziehung mit dem Göttlichen in Seiner persönlichen Gegenwart. Ramdas wurde so oft gefragt, wie diese Gegenwart zu definieren sei. Aber es ist sehr schwierig, sie zu definieren. Er ist die unpersönliche Person."

Hamblin: „Wir rezitieren nicht den Namen Gottes, aber wir haben ein inneres Gebet, das wir immer wiederholen. Das läuft auf das Gleiche hinaus. Wenn ich um etwas beten musste, stellte ich fest, dass ich Ihm nur zu danken brauchte. Ich sagte immer wieder: ‚Ich danke Dir‘. Das wurde zur Gewohnheit, und ich stellte fest, dass mein Herz leuchtete. Das ist ein Weg.“

Ramdas: „Wir müssen auch über die Stufe des Gebets hinausgehen. Denn die völlige Abhängigkeit von Gott lässt kein Gebet zu. Du lebst und bewegst dich in Ihm. Warum sollte man dann zu Ihm beten? Du stehst vollständig unter Seinem Schutz und bist dir dessen bewusst. Ein Kind braucht seine Mutter nicht zu bitten, wenn die Mutter für es sorgt. Die Mutter weiß, was gut für das Kind ist.“

Bei einem Treffen der Mitglieder der Vereinigung „The Open Way“, die das gemeinsame Prinzip aller Religionen und Philosophien lehrte und in London gegründet worden war, sprach Ramdas über Hingabe.

„Das Wesen der Hingabe, wie sie von einem der großen Heiligen Indiens beschrieben wurde, ist die höchste Liebe. Wenn wir echte Hingabe für Gott in unserem Herzen haben, werden wir von dieser höchsten Liebe erfüllt sein. Höchste Liebe ist aus sich selbst heraus befriedigend. Es gibt keine andere spirituelle Disziplin, die notwendig ist, um unseren Geist von den weltlichen Vergnügungen fernzuhalten, als unseren Geist mit der Liebe zu Gott zu sättigen. Dies ist der positive Weg. Das ist es, was man den „Offenen Weg“ nennt. Denn wenn ihr intensive Liebe zu Gott habt, erinnert ihr euch ständig an Ihn, und die Anhaftung an alle anderen Dinge der Welt verschwindet ganz natürlich, so wie die Dunkelheit automatisch verschwindet, wenn man Licht in einen Raum bringt.“

Ramdas sprach fast ununterbrochen über die verschiedenen Wege der Annäherung an das Göttliche, betonte aber vor allem die Hingabe und den Verzicht. Er bemerkte: „Bringt die Größe Gottes in euren Geist, und all eure Kleinheit wird verschwinden. Denkt an Ihn als den Allmächtigen, und eure Schwäche wird verschwinden. Denkt an Ihn als alle Glückseligkeit, und euer Elend wird verschwinden. Denkt an Ihn als höchstes Licht, und die Dunkelheit eures Herzens wird verschwinden. Dies ist der positive und wahre Weg der Annäherung.“

Im weiteren Verlauf brachte Ramdas Erfahrungen aus seinem eigenen spirituellen Werdegang ein, um die verschiedenen Aspekte der Hingabe zu betonen und zu erklären. Er sagte über den Weg zur Einheit der Welt:

„Die Welt befindet sich in einem Zustand der Zwietracht und Uneinigkeit, weil sie nicht vom Geist geführt wird. Die Menschen sind nicht tief in sich gegangen, um die wahre Grundlage der Einheit in der Welt zu finden. Sie tasten nur die Oberfläche ab und können daher keine Einheit finden. Wenn sie ihren Geist nach innen wenden, werden sie sie finden. Sie arbeiten nur auf der intellektuellen Ebene, von der sie erwarten, dass sie Harmonie erreichen können. Das können sie nicht. Die Unterschiede werden bleiben wie sie sind, und auch die Zwietracht, solange die Einheit nicht auf geistigen Grundlagen beruht.“

Bald nach unserer Ankunft in London erfuhren wir, dass der Sufi-Heilige Monsieur F. Schuon, den wir zu treffen erwarteten, angekommen war. Es wurde ein Tag für einen Besuch bei ihm festgelegt. Eines Abends kamen die Freunde des Sufi-Meisters und brachten Ramdas zu dem Gebäude, in dem er wohnte. Ramdas fühlte sich überglücklich in der Erwartung, diese große Seele zu sehen. Wir stiegen die Treppe hinauf und betraten einen Raum, in dem wir ihm von Angesicht zu Angesicht begegneten. Er begrüßte uns mit den Worten: „Salaam! Salaam!“

Wann immer Ramdas Gelegenheit hatte, mit Heiligen in Kontakt zu treten, gleichgültig welcher Religion, Gesellschaft oder welchem Land sie angehörten, fühlte er ein besonderes Hochgefühl im Herzen, und die Begegnung erfüllte ihn mit seltener Freude und Ekstase. So erging es ihm auch jetzt, als er Monsieur Schuon traf. Wir saßen nahe beieinander auf Sofas, während seine Schüler und die Mitglieder unserer Gruppe auf dem Teppichboden saßen. Der Heilige war von großer Statur, mit einem feinen kurzen Bart. Sein Gesicht strahlte vom Licht der inneren Erleuchtung. Er besaß eine königliche Haltung, die sehr gut zu ihm passte. Aber im Herzen war er so bescheiden, einfach und liebevoll.

Ramdas sprach über sein Lieblingsthema, den Namen Gottes. Als er fortfuhr, die Herrlichkeit des Namens zu beschreiben, bemerkte er ein seltsames Leuchten auf dem Gesicht des Heiligen. Er nickte bei allem, was Ramdas zum Lob des Namens sagte, zustimmend mit dem Kopf. Manchmal war sein Gesicht von einem glücklichen Lächeln erfüllt.

Frithjof Schuon (1907-1998), 1980

Nach dem Treffen mit dem Sufi-Heiligen wurde Ramdas von indischen Studenten eingeladen.

Ramdas sprach etwa fünfzehn Minuten lang zu den versammelten Freunden über das Thema, wie man ein spirituelles Leben in der Welt der Arbeit führt. Im Lauf der Rede sagte er:

„Wir sind so sehr in die alltäglichen Aktivitäten der Welt vertieft, dass wir die geistigen Werte des Lebens ignorieren. Es ist essentiell, dass wir uns nicht in solchen Aktivitäten verlieren und die Quelle, aus der unser Leben stammt, vergessen. Wenn wir nicht wissen, dass wir der höchste Geist sind, können wir weder selbst glücklich sein, noch andere glücklich machen. Wir glauben, dass wir das sind, was wir zu sein scheinen, bloße Körper. Aber es gibt den ewigen Geist in uns, dessen wir uns bewusst sein sollten, bevor wir unser Leben so ausrichten können, dass wir wahres Glück erlangen und Harmonie in die Welt bringen.

Diese Lebenskunst kann nur praktiziert werden, wenn wir uns zumindest für einige Zeit während der vierundzwanzig Stunden des Tages nach innen wenden und feststellen, dass es in uns einen Geist gibt, der uns alle in gegenseitiger Verbundenheit und Wohlwollen zusammenhält. Der Geist ist die Wahrheit, die alles durchdringt und aus der diese riesige universelle Manifestation hervorgegangen ist."

Es folgte ein Besuch im Londoner Ramakrishna-Zentrum und in Shakespeares Geburtshaus in Stratford-upon-Avon. Da Ramdas Shakespeare sehr bewunderte und ein eifriger Leser seiner Werke war, war dieser Besuch für ihn von besonderer Bedeutung.

Ramdas warnte in einem Gespräch vor dem alleinigen Ziel des geistigen Heilens:

„Dein Ziel muss es sein, Gott zu erkennen und deine Einheit mit Ihm zu spüren. Lass Heilung nicht das Ziel sein. Bloßes Heilen bedeutet, dass du damit deinen Fortschritt aufhältst. Wenn du deine spirituelle Kraft nicht für das Erreichen des Ziels aufbewahrst und sie in diesen Praktiken verlierst, wirst du am Ende nichts erreichen. Aber wenn du deine Batterie jeden Tag auflädst, kannst du auf dem göttlichen Pfad vorwärts marschieren. Die Batterie wird durch die ständige Vereinigung mit Gott aufgeladen. Wenn du Gott gesehen hast, kannst du nicht nur heilen, sondern auch das Bewusstsein der Menschen für Gott wecken. Dein zentraler Gedanke sollte sein, deinen Geist auf Gott einzustimmen. Lass Seine Macht durch dich wirken, wie Er es will. Deine Gegenwart muss so dynamisch sein, dass diejenigen, die in deine Nähe kommen, nicht nur von ihren körperlichen Leiden geheilt, sondern auch zum Bewusstsein des Göttlichen erweckt werden."

Ramdas hält es für angemessen, hier ein paar Worte über *Vedanta* und seine Anwendung im Leben eines Menschen zu schreiben, der *Brahman* gemäß seinen Lehren verwirklicht hat. Die Bedeutung von *Vedanta* ist das Ende der *Veden*. Es markiert das Ende allen materiellen und wissenschaftlichen Wissens und den Anbruch des spirituellen Wissens – des Wissens von *Atman* oder Gott.

Die *Upanishaden* sind die Behälter dieser spirituellen Weisheit, und die vier großen *Mahavakyas* verkörpern die Schlussfolgerungen der höchsten spirituellen Untersuchung. Die vier *Mahavakyas* mit ihren Bedeutungen sind:

Aham Brahmasmi: Ich bin *Brahman*.

Thatwamasi: Das bist du.

Pragyanam Brahma: *Brahman* ist reines Wissen.

Ayamatma Brahma: Dieser *Atman* oder dieses Selbst ist *Brahman*.

Alle diese Aussprüche weisen auf die eine Wahrheit hin, die *Brahman* ist, und erklären, dass es nichts außer Ihm gibt. *Brahman* zu verwirklichen, ist das einzige Ziel des menschlichen Lebens. In der Taittiriya Upanishad wird *Brahman* mit den Worten definiert: „*Brahman* ist Wahrheit, Wissen und Seligkeit (*Sathyam, Jnanam, Anantham, Brahma*)." Derjenige, der *Brahman* verwirklicht, genießt vollkommene Freiheit und Glückseligkeit. Die individuelle Seele muss verwirklichen, indem sie sich durch das Wissen, dass sie *Brahman* ist, ihrer Unwissenheit entledigt. Hier findet eine mystische Verschmelzung der wichtigsten Wesenheiten statt, nämlich der Seele, des Universums und Gottes.

Ein Mensch, der dieses allumfassende und alltranszendente Göttliche verwirklicht hat, lebt in der Welt mit der Schau und Erfahrung, dass er eins mit Gott und dem Universum ist. In ihm gibt es keine Spur des Ego-Sinns und der aus Unwissenheit geborenen Begierden. Er wird innerlich und äußerlich in allen Aspekten seines Seins vollkommen göttlich. Danach lebt er nur noch für das Wohl der Menschheit. Seine individuellen Anklammerungen und Anhaftungen sind tot. Da seine Sichtweise universell ist, sind alle seine Aktivitäten spontane Opfergaben auf dem Altar der Menschheit, die als *Brahman* verwirklicht wird.

Ein Leben, das in einem engen Sinn gelebt wird, das auf die Interessen eines Familienkreises beschränkt oder einer bestimmten Arbeit gewidmet ist, die einem irgendeinen Verdienst oder Gewinn bringt – ein Leben, das den Vergnügungen der Sinne verhaftet ist –, ist unvereinbar mit dem Erreichen eines strahlenden Lebens, das von den Fesseln des *Karmas* befreit ist und in dem das Nichtwissen durch die Dämmerung des Wissens vertrieben worden ist. Letzteres ist das Leben eines Menschen, der die Wahrheit des *Vedanta* erkannt hat, und nur ein solcher Mensch kann als wahrer *Vedantin* bezeichnet werden.

Das bloße Lesen von Büchern über *Vedanta* und die intellektuelle Ausstattung mit den Ideen, die sich auf diese höchste Errungenschaft beziehen, kann einen nicht zu einem *Vedantin* machen. Ein solcher Mensch kann mit einem Esel verglichen werden, auf den Kisten mit Goldbarren geladen sind. Der Esel trägt zweifellos die kostbare Ladung auf seinem Rücken, aber er kennt weder ihren Wert, noch hat er die Freude, die sich aus ihrem Gebrauch ergibt. Lernen ist sowohl eine Hilfe als auch ein Hindernis. Lernen, das nur dazu dient, den Ego-Sinn aufzublähen, und oft dazu führt, dass man sich als jemand ausgibt, der die Wahrheit erkannt hat, kann mehr Schaden als Nutzen anrichten. Gottverwirklichung bedeutet Gotteserfahrung, eine Erfahrung, die es einem ermöglicht, göttliche Glückseligkeit und Frieden in allen Momenten des Lebens zu genießen. Wahrlich, das *Vedanta* verwandelt eine irrende Seele in die Manifestation Gottes selbst.

USA

Unser nächstes Ziel war New York. Wir verließen den Londoner Flughafen und überquerten den Atlantischen Ozean. Für die Strecke benötigten wir etwa einundzwanzig Stunden, da wir unterwegs in Island und Labrador landen mussten. An diesen beiden Orten war es sehr kalt, aber durch Gottes Gnade konnten wir es gut ertragen. In der Tat war Gottes Macht und Schutz immer mit uns, und in allen Wechselfällen, die wir durchliefen, ob scheinbar glücklich oder unglücklich, blieben wir ruhig und fröhlich. Durch Seine unendliche Barmherzigkeit schenkte Er uns die nötige Stärke. Wir erreichten New York am 6. Oktober 1954.

Auf dem New Yorker Flughafen wurden wir von Frau Gertrude deKock und zwei weiteren Freunden empfangen. Gertrude deKock hatte vor ein paar Jahren Gelegenheit, unseren Ashram zu besuchen und einige Tage bei uns zu bleiben. Sie war uns gegenüber sehr freundlich und hilfsbereit. Wir wohnten in einem Hotel, wo wir mit allen Annehmlichkeiten versorgt wurden.

Bei einem Treffen:

F: „Was sagst du über die Technik, um die Gegenwart Gottes immer zu spüren?"

Ramdas: „Du sitzt schweigend da und bemühst dich, alle Gedanken aufzulösen. Das mag dir sehr schwerfallen. Manche Gedanken kommen und gehen. Deshalb ist es besser, einen Gedanken zu haben und alle anderen Gedanken auszuschließen. Und nach einiger Zeit, wenn du in der Lage bist, nur einen Gedanken im Geist zu behalten, musst du versuchen, auch diesen aufzulösen. Wenn dieser Gedanke aufgelöst ist, ist dein Geist vollkommen ruhig und frei von allen Gedanken. Sitze still und beobachte den Geist. Wisse, dass Namen und Formen transzendiert werden müssen. Akzeptiere den ewigen Geist, der in dir wohnt. Dann wirst du in der Lage sein, die Gegenwart Gottes immer zu erkennen."

Nachdem unser Aufenthalt in New York zu Ende war, flogen wir nach St. Paul im Bundesstaat Minnesota. Am Flughafen trafen wir Herrn J. R. Raymer Jr., seine Frau und Herrn David White.

Das erste Treffen fand in Raymers Haus statt. Ramdas sprach etwa eine Stunde lang und sagte:

„Wenn ihr euch nur auf die persönliche Gemeinschaft mit Gott verlasst, werdet ihr mit Sicherheit ein Gefühl der Trennung verspüren, wenn ihr Ihn vermisst. Wenn ihr nur die unpersönliche Wahrheit erfahrt, werdet ihr wahrscheinlich gestört werden, während ihr euch in der Welt bewegt. Ihr müsst die höchste Gottheit erkennen, die zugleich persönlich und unpersönlich ist. Wenn ihr das erkannt habt, werdet ihr in absolutem Frieden und Glückseligkeit leben, egal in welchem Zustand ihr euch befindet. Obwohl ihr eure Identität mit Ihm kennt, bleibt ihr von Ihm getrennt und pflegt eine enge Beziehung wie zwischen Kind und Mutter, Diener und Meister oder Freund und Freund."

„Wenn wir gut sind, ist die ganze Welt gut zu uns. Wenn wir schlecht sind, ist die ganze Welt schlecht zu uns. Jeder Mensch hat einige gute Seiten. Wir sollten nur die guten Seiten sehen. Wenn wir die schlechten Seiten sehen wollen, sollten wir sie in uns selbst sehen. Wenn wir das tun, werden wir im Laufe der Zeit feststellen, dass das Schlechte in uns verschwindet. Wenn wir das Böse in anderen sehen und das Gute in uns, wird das Gute in uns verschwinden und das Böse in uns wachsen. Wir verurteilen, kritisieren und denken über so viele Menschen auf der Welt schlecht. Dadurch machen wir unseren Geist nur immer unreiner. Der Weg zum Fortschritt besteht also darin, die guten Seiten in jedem zu sehen und jeden zu lieben. Was das Böse in uns angeht – Ego-Sinn, Begierden und so weiter – müssen wir Buße tun und zu Gott um ihre Beseitigung beten. Das Gute in anderen zu sehen, bedeutet, Gott in ihnen zu sehen, denn Gott allein ist gut. Indem wir Gott in anderen sehen, werden wir Gott in unserem eigenen Herzen erkennen. Solange wir andere kritisieren, werden wir niemals Gott in ihnen sehen.

Wir sagen, die Menschen mögen uns nicht. Das ist so, weil wir keine Liebe für sie haben. Wenn wir sie lieben, fließt ihre Liebe automatisch zu uns. Wenn ihre Liebe zu uns kommt und unsere Liebe zu ihnen, vermischen sich beide und schaffen ein Meer der Freude. Es ist kein Feilschen. Es ist nur ein spontanes Ausströmen unserer Liebe, die mit der Liebe aller Wesen verschmilzt, die auf dem Einssein des Geistes beruht."

F: „Was ist der freie Wille, und wie steht er zum göttlichen Willen in Beziehung?"

Ramdas: „In Wirklichkeit hat der Mensch keinen freien Willen. Es gibt nur einen göttlichen Willen, der überall wirkt. Es ist ein Irrtum, zu glauben, dass wir als Individuen irgendeine Macht haben, etwas zu tun. Gott steht hinter dem Entstehen, dem Wachstum und der Zerstörung aller Dinge. Es ist Seine einzige Macht, die all diese Dinge im Universum bewirkt. Wenn wir uns dieser Macht unterwerfen und wissen, dass sie in uns aktiv ist, werden wir schnell frei vom Ego-Sinn und erkennen, dass wir der unendliche, unsterbliche, alles durchdringende, universelle Geist und die Wahrheit sind. Zu wissen, dass wir dieser Geist sind, bedeutet, in Gott zu leben, und das ist Spiritualität."

F: „Warum sollten wir erneut die dunkle Nacht der Seele erfahren, wenn wir einmal Gott erlebt haben?"

Ramdas: „Das gilt für alle spirituellen Aspiranten und Verehrer. Die Erfahrung, von der du sprichst, ist nur ein flüchtiger Blick auf das Göttliche und nicht die volle Erfahrung, von der es keinen Absturz gibt. Was wir brauchen, ist Gnade, um uns immer wach zu halten, um uns über den dunklen Wassern dieser Welt zu halten, in denen wir jeden Augenblick ertrinken. Nur die Gnade Gottes kann uns über den Versuchungen der Welt halten. Es ist die Versuchung, die uns nach unten zieht, und dann fallen wir in die dunkle Nacht der Seele."

Die anderen Reden in St. Paul waren fast im gleichen Stil, aber zu anderen Themen. Sie wurden in zwei Hotels gehalten, in denen eigens für die Treffen Zimmer reserviert worden waren. In einem dieser Hotels, dem Curtis Hotel, sprach Ramdas über Entsagung.

„Wir erreichen Gott nicht nur durch äußeren Verzicht. Es gibt so viele, die der Welt entsagt haben und in die Wälder gegangen sind, aber sie haben Ihn nicht verwirklicht. Es gibt so viele, die in der Welt leben und ihre Arbeit aufrichtig Gott widmen, die Ihn gefunden haben. Es ist nicht nötig, dass man äußerlich auf alles verzichtet. Es kommt nicht so sehr auf den äußeren Zustand an, sondern auf den inneren Zustand des Geistes. Was man im Inneren fühlt, ist das, was wirklich zählt. Wenn wir unser Leben Ihm weihen und in Seinem Licht leben, dann ist es gleichgültig, wo wir leben. Wir können in der Familie leben und Ihn trotzdem haben, denn Gott ist nicht nur in Höhlen und Wäldern. Er ist in uns, mit uns und überall um uns herum. Um Ihn zu suchen, müssen wir also nirgendwo hingehen."

Ramdas wies auf die Notwendigkeit der Selbsthingabe an Gott hin und sagte:

„Unsere Abhängigkeit von Gott muss absolut sein. Es ist nicht so, dass wir uns erst selbst reinigen müssen und dann zu Ihm gehen. Er muss uns läutern. Wir müssen zu Ihm gehen wie ein Kind. Ein Kind kommt schmutzig zu seiner Mutter. Die Mutter weist es nicht zurück und bittet es auch nicht, sauber zu werden. Sie nimmt das Kind, wäscht es und zieht ihm saubere Kleider an. Gott ist liebevoller als eine irdische Mutter."

Raymer hatte arrangiert, dass Ramdas bei einem Treffen der Rotarier sprechen sollte. Wir gingen in den großen Saal, in dem sich die Mitglieder versammelt hatten, und nahmen auf einem erhöhten Podium Platz.

Ramdas war der Hauptredner des Tages. Als er aufgefordert wurde, zu sprechen, stand er auf und sprach über universelle Liebe und Dienst. In fünfzehn Minuten schüttete er den Anwesenden sein Herz aus. Unter den Zuhörern herrschte vollkommene Stille. Es war in der Tat eine einmalige Gelegenheit für Ramdas, zu einer solch repräsentativen Versammlung von Intellektuellen, Geschäftsleuten und Mitgliedern der gelehrten Berufe wie Anwälten, Ärzten und Professoren zu sprechen. Er vermittelte ihnen die Botschaft, für die er die Weltreise angetreten hatte. Er betonte, dass die Liebe die einzige beherrschende Kraft ist, die in unsere Herzen eindringen, sie verwandeln und dadurch eine dauerhafte Einheit schaffen sollte und die auf der Anerkennung des einen universellen Geistes als Grundlage der gesamten Schöpfung beruht. Er wies darauf hin, dass wir unser Ziel nicht auf eine internationale Gemeinschaft und Einheit auf intellektueller oder politischer Ebene beschränken sollten. Er sprach auch über die Notwendigkeit, dass die Reichen ihren Reichtum mit den Armen und Leidenden teilen. Weiter sagte er:

„In vielen Teilen der Welt herrschen Elend, Not und Hunger, und es obliegt denjenigen, die mit der Macht ausgestattet sind, Reichtum zu erwerben, diesen für den Dienst an der Menschheit einzusetzen. Dies ist das edle Ideal, das euch diese Organisation vor Augen führt. Ramdas ist fest davon überzeugt, dass ihr dieses Ideal erfüllen werdet, wenn ihr euch ständig an Gott erinnert und euch dadurch zum höchsten Frieden und zur Glückseligkeit erhebt, denen das einzige Bestreben des Menschen gilt.

Glück entsteht nicht durch den bloßen Besitz von Dingen, sondern dadurch, dass man sie für den richtigen Zweck einsetzt. Ein großer indischer Heiliger hat richtig gesagt: ‚Ihr müsst die Dinge besitzen und nicht von ihnen besessen sein.‘ Denn die Dinge, die wir besitzen, sind dazu bestimmt, nicht nur von uns selbst genutzt zu werden, sondern sind auch zum Nutzen der Menschheit gedacht. Wenn wir das tun, wird sich unsere Sicht erweitern, bis sie das Unendliche erreicht, und wir werden die glücklichsten Wesen sein. Glückseligkeit ist der Zweck und das Ziel dieses Lebens. Wahre Glückseligkeit werdet ihr auf diesem Weg und auf keinem anderen haben. Lasst also eure Herzen mit Gott verbunden sein und eure Hände für das Wohl der Menschheit arbeiten. Das ist nur möglich, wenn ihr euch jeden Tag fünf oder zehn Minuten Zeit nehmt, um euren Geist nach innen zu richten und mit dem Göttlichen in euch zu kommunizieren, und wenn ihr danach ein Leben führt, in dem ihr spontan denen helft und die erhebt, die gefallen sind, und denen, die in Armut, Schmerz und Leid leben. So könnt ihr euer Leben erhaben machen, indem ihr es mit dem Frieden und der Glückseligkeit des Ewigen erfüllt.“

Nachdem wir unser Programm in St. Paul erfüllt hatten, flogen wir mit dem Flugzeug nach Seattle im Staat Washington. Auf dem Flughafen von Seattle erwarteten uns Herr und Frau Groeger mit zwei weiteren Freunden. Wir wurden in ein Hotel gebracht, wo wir in einem Zimmer im achten Stock bequem untergebracht wurden.

Das Programm für Ramdas in Seattle wurde von Frau Groeger zusammengestellt. Sie hatte unserem Ashram vor einigen Jahren einen Besuch abgestattet. Auf ihre Bitte hin hatte Ramdas ihr den Namen Sarada gegeben. Daher ist sie in ihren vertrauten Kreisen als Sarada bekannt. Ramdas pflegte mit ihr einen Briefwechsel, nachdem sie Indien verlassen hatte, und alle ihre Briefe zeigten einheitlich, dass sie voller Hingabe für Gott war. Unsere Reise nach Seattle war für Sarada ein Ereignis von unübertroffener Freude und Jubel. Sie betrachtete es als ein großes Privileg, Ramdas den Menschen in Seattle vorzustellen. Sie organisierte mehrere Treffen – eines in der Eagelson Hall, zwei in der Kapelle der Church of the People und eines in der

University Unitarian Church. In seiner Rede in der Kapelle der Church of the People ermahnte Ramdas die Versammelten mit den Worten:

„Lasst uns das Spiel des Lebens aufrichtig und ehrlich spielen. Lasst uns alle Dinge in einem Zustand der Hingabe an Ihn tun und unser Leben in völliger Hingabe an Ihn geben und für unsere Mitmenschen hilfreich sein. Dienst für die Menschheit ist Dienst für Gott.

Äußerlich mögen wir sagen, dass wir einander lieben. Aber physische Liebe ist nicht gut. Sie ist eine Quelle des Elends, sowohl für den Liebenden als auch für den Geliebten. Aber geistige Liebe, die auf dem Gefühl des Einsseins beruht, ist erhaben. Sie ist eine Quelle ungetrübter Glückseligkeit. Du liebst den anderen nicht, weil er ein Verwandter von dir ist, sondern weil du und er im Geist eins sind."

Als Ramdas über die Herrlichkeit der spirituellen Liebe sprach, schlug er einen persönlichen Ton an und sagte:

„Freunde fragen uns, wie wir uns auf unserer Reise gefühlt haben, denn wir sind hierhergekommen, nachdem wir eine ganze Reihe von Ländern in Europa und Amerika besucht haben. Wir haben überall große Liebe erfahren. Es gibt überhaupt keinen Grund für uns, uns zu beklagen. An allen Orten waren die Freunde sehr freundlich zu uns. Wenn wir Liebe in unserem Herzen haben, bekommen wir Liebe zurück, denn Gott ist überall, und Er ist Liebe. Wenn ein Mensch Gott in sich selbst sieht, sieht er Gott überall. Wenn jemand sagt, er sei Gott und nicht die anderen, hat er Gott überhaupt nicht erkannt, denn das ist nicht die richtige Erfahrung. Wenn er Gott in sich selbst gesehen hat, muss er jeden als die Verkörperung Gottes sehen. Seine Sichtweise ist rein und herrlich."

„Es wird gesagt, dass Heilige ihre Kräfte auf drei Arten übertragen – durch Gedanken, den Blick und Berührung. Wenn ein Heiliger an eine Person denkt, auch wenn sie weit weg ist, wird diese Person erleuchtet. Wenn ein Heiliger einen Menschen ansieht, spürt er durch die Gnade des Heiligen, dass sein ganzes Wesen in seinen Grundfesten erschüttert wird, und er findet sich von diesem Augenblick an verwandelt. Durch den Blick des Heiligen dämmert ein neues Bewusstsein in ihm. Wenn ein Heiliger seine Hand auf den Kopf eines Aspiranten legt, spürt der Aspirant in diesem Augenblick, dass eine gewaltige Veränderung in ihm geschieht."

Mildred Hamilton mit Ramdas und Krishnabai, Anandashram, 1957

Als Mildred Hamilton diese Worte hörte, bat sie Ramdas nach seiner Rede, den Kopf aller Anwesenden zu berühren und ihnen auf diese Weise seine Gnade zu übermitteln. Ramdas war damit einverstanden und sagte: „Ja, Ramdas hat sich verpflichtet!" Daraufhin verneigte sich ein Verehrer nach dem anderen vor Ramdas, und er legte seine Hand auf ihre Köpfe.

Auf Einladung der indischen Studenten in Seattle besuchten wir die Universität. Sie versammelten sich in einem kleinen Raum, wo Ramdas eine kurze Ansprache hielt. Im Laufe des anschließenden Gesprächs stellten einige Studenten Ramdas die folgenden Fragen:

F: „Glaubst du, dass die Amerikaner weniger glücklich sind, weil es ihnen an spirituellem Fortschritt mangelt?"

Ramdas: „Diejenigen, die nur an Gott denken, sind immer glücklich. In diesem Sinne sind die Amerikaner weniger glücklich. Selbst in Indien sind diejenigen, die nicht an Gott denken, nicht glücklich, auch wenn sie sehr reich und wohlhabend sein mögen."

F: „Wenn alle deiner Lehre folgen, muss jeder einen solchen Lebenswandel führen wie du. Ist es nicht so?"

Ramdas: „Nicht unbedingt. Ramdas wandert um die Welt, um euch das Geheimnis des ewigen Glücks und der Glückseligkeit zu erklären. Ihr könnt das wahre Leben führen und glücklich sein, wo immer ihr seid und welchen Beruf ihr auch ausübt."

F: „Wie wird die Welt aussehen, wenn alle Menschen glücklich sind?"

Ramdas: „Wie das Reich Gottes. Das ist es, was wir wirklich wollen. Dann wird es überall nichts als Glück geben. Jeder wird seinen Egoismus abgelegt haben und für das Wohl der anderen arbeiten, indem er das, was er hat, für das Wohlergehen aller beiträgt, anstatt dass jeder nur für sich selbst arbeitet und schuftet."

Die nächste Station war San Francisco. Dort traf er Alan Watts und Dr. Frederic Spiegelberg an der American Academy of Asian Studies und beantwortete den Studenten ihre Fragen.

F: „Wir leben in einem Land, das ‚Keep smiling' sagt. Das bringt keinen Wert mit sich. Deshalb stehen wir allen künstlichen Bemühungen, zu lächeln, kritisch gegenüber."

Ramdas: „Es gibt zwei Arten von Lächeln, das echte und das künstliche. Sehr oft setzen wir ein Lächeln auf, aber das Herz lächelt nicht, nur die Lippen und das Gesicht sind daran beteiligt. Das ist kein echtes Lächeln. Wenn das Herz mit Freude erfüllt ist, spiegelt sich das im Gesicht als Lächeln wider. Es ist ein natürlicher Ausfluss der Freude, und ein solches Lächeln ist echt und sehr heilsam. Wenn ihr einem Menschen, der voller Kummer ist, ein solches Lächeln schenkt, wird es stark genug sein, um ihn von diesem Kummer zu befreien."

F: „Wie wirkt sich deiner Meinung nach das technologische Erwachen Indiens auf sein spirituelles Leben aus?"

Ramdas: „Es sollte sich nicht auswirken. Wir müssen uns materiell und spirituell weiterentwickeln, Seite an Seite. Das ist die wahre Entwicklung, von der wir erwarten, dass sie in Indien und in der ganzen Welt stattfinden wird. Der materielle Fortschritt sollte nicht auf Kosten des spirituellen Fortschritts gehen. Sie müssen Hand in Hand gehen. Dann werden wir eine ganzheitliche Entwicklung haben."

F: „Glaubt man aus eigenem Willen an Gott oder durch den Willen Gottes?"

Ramdas: „Das ist eine Frage, die in den Herzen von Millionen und Abermillionen aufgetaucht ist. Um an Gott zu glauben, muss Seine Gnade zuerst zu uns kommen. Zuerst der Glaube oder zuerst die Gnade? Es ist von Heiligen, die die höchste spirituelle Erfahrung gemacht haben, schlüssig bewiesen worden, dass die Gnade an erster Stelle steht. Der Verehrer sagt: ‚Oh Gott, ich erinnere mich an Dich, weil Du Dich zuerst an mich erinnert hast.‘ Ohne Seine Gnade wird sich unser Geist Ihm nicht zuwenden.“

F: „Was hält Ramdas von christlichen Missionaren, die nach Indien gehen?“

Ramdas: „Das ist wie das Tragen von Kohlen nach Newcastle!“

F: „Würde Liebe nicht den spirituellen Kampf erhellen?“

Ramdas: „Die Liebe ist das Ende des Kampfes. Wenn du Liebe bekommen hast, hört dein Kampf auf. Der Kampf besteht darin, das Ego loszuwerden, das uns daran hindert, die Liebe zu bekommen, die unser Ziel ist. So wie man den Quark rührt, bis man Butter bekommt, muss man kämpfen, bis man die Liebe bekommt.“

F: „Betrachtest du dich und deinen Körper als eine Einheit?“

Ramdas: „Der Körper ist der Ausdruck des Geistes, des innewohnenden Geistes. So ist es auch mit euch. Ihr seid der Ausdruck des innewohnenden, alles durchdringenden Geistes. Das gilt auch für andere.“

F: „Betrachtest du deine Weltreise als erfolgreich?“

Ramdas: „Erfolg oder Misserfolg ist nicht Ramdas‘ Sache. Gott hat ihn auf diese Reise geschickt. Er tut überall Gottes Werk, und Gott allein weiß, wie erfolgreich er ist. Es kümmert ihn nicht, was die Leute darüber sagen. Einige mögen sagen, es sei ein Erfolg, andere mögen sagen, es sei ein Misserfolg. Was auch immer sie sagen, für Ramdas ist das alles gleich. Er tut das Werk, das Gott ihm anvertraut hat, nämlich das Ideal der universellen Liebe und des Dienstes zu verbreiten.“

F: „Hast du jemals Mitleid mit dem Leid anderer Menschen?“

Ramdas: „Ramdas hat sicherlich Mitgefühl für ihr Leid. Aber er weiß, dass das Leid auf ihre Unwissenheit zurückzuführen ist.“

F: „Was wird Ramdas tun, wenn ich ihm die Schuhe und die Brille wegnehme und sie aus dem Fenster werfe?“

Ramdas: „Ramdas wird vor Freude tanzen. Du darfst das tun. Es ist Ram, der sie gegeben hat. Wenn Ram sie in einer Form wegnimmt, wird Er sie in einer anderen Form wiedergeben. Vor einigen Jahren kam Ram eines Nachts und nahm alle Dinge von Ramdas mit. Ramdas war glücklich, Ihm alles zu geben. Er hatte nur noch einen Lendenschurz. Am Morgen des nächsten Tages wurden ihm alle Dinge von Ram in anderer Form wieder zur Verfügung gestellt. Der Geber ist also Er, und der Nehmer ist auch Er. Wenn du diese Dinge wegwirfst, wird Ram in einer anderen Form kommen und sie ersetzen.“

F: „Ist es möglich, dass ein Mensch, egal welcher Kaste er angehört, eins mit Gott ist?“

Ramdas: „Gott hat keine Kaste. Die Kasten und Glaubensbekenntnisse sind alle von uns selbst geschaffen. Wir haben sie sozusagen erfunden. Gott hat solche Unterscheidungen nie gemacht. Er versichert uns, dass Er unser wird, wenn wir aufrichtige Liebe zu Ihm in unseren Herzen haben.“

F: „Musstest du deine Familie aufgeben, um Vollkommenheit zu erlangen?“

Ramdas: „Ramdas wurde für eine kurze Zeit von der Familie getrennt, aber er kehrte bald zu ihnen zurück, und danach liebte er sie wirklich. Davor war seine Liebe zu ihnen nicht echt. Sie war persönlich und egoistisch.“

F: „Bestraft Gott?“

Ramdas: „Gott straft niemals. Bestrafung ist immer selbst verschuldet und gibt es nur wegen unserer schlechten Handlungen, für die wir leiden müssen. Wir begehen Unrecht, wenn wir Gott vergessen, und wir müssen dafür leiden. Wenn wir uns an Ihn erinnern, handeln wir weise und müssen nicht leiden. Wir werden also durch unsere bösen Taten bestraft.“

F: „An welchem Punkt des Yoga hat sich die Hand Gottes deiner Meinung nach eingemischt?“

Ramdas: „Gott mischt sich nicht ein. Er nahm Ramdas an die Hand, und Ramdas ließ sich führen. Wenn wir uns Ihm hingeben und uns von Ihm leiten lassen, wird alles gut gehen. Aber wir versuchen, vor Ihm zu fliehen, und erlauben Ihm nicht, uns zu ergreifen. Das ist die Schwierigkeit mit uns."

F: „Welches Hindernis auf dem Weg erwies sich für Ramdas als besonders hilfreich?"

Ramdas: „Alle Hindernisse auf dem Weg waren hilfreich. Hunderte von sogenannten Hindernissen kamen, und sie erwiesen sich alle als hilfreich, weil Ramdas sie nie als Hindernisse ansah. In Wirklichkeit waren sie gar keine Hindernisse. Sie waren nur die Dinge, die für seinen Fortschritt notwendig waren. Es hängt alles davon ab, wie wir sie betrachten."

F: „Ist es nicht möglich, auf dem Bett liegend einen perfekten Zustand der Meditation zu erreichen?"

Ramdas: „Wenn wir versuchen, im Bett liegend zu meditieren, schlafen wir manchmal ein."

F: „Gott und der Mensch sollten zusammenarbeiten, oder ist es Gott allein? Es gibt ein Sprichwort, dass Gott und der Bauer zusammenarbeiten müssen."

Ramdas: „Ramdas sieht es folgendermaßen: Der Bauer muss im Empfinden der Einheit mit Gott arbeiten. In Ramdas' Augen ist der Bauer Gott selbst, der als Bauer arbeitet. Gott und der Bauer sind nicht verschieden."

F: „Als du deine Reise zu Gott begannst, hattest du da das Gefühl, dass du nicht mehr umkehren würdest?"

Ramdas: „Ramdas hatte sich Gott in einem solchen Maße hingegeben, dass Er ihn an der Hand nahm und weiterführte. Wenn Ramdas gedacht hätte, er würde aus eigener Kraft gehen, wäre er vielleicht zurückgekehrt. Aber er war die ganze Zeit in Gottes Obhut. Deshalb stand seine Umkehr nicht zur Debatte."

F: „Würdest du uns sagen, wie viel Zeit du in den ersten drei Jahren deines intensiven Kampfes für deine Gebete verwendet hast?"

Ramdas: „Sein Kampf bestand darin, alle vierundzwanzig Stunden ohne Unterbrechung an Gott zu denken. Er verzichtete in jenen Tagen auf den Schlaf, da er befürchtete, er könnte Gott vergessen, wenn er sich schlafen legt. Er reduzierte seine Nahrung auf ein Minimum, damit er nicht von Faulheit und

Schlaf überwältigt wurde. Er passte seine Lebensführung so an, dass der Strom des Gedankens an Gott ungebrochen in seinem Geist floss. Er wollte Gott und Gott allein lieben."

F: „Ramdas sollte nicht sagen, dass ‚wir‘ unglücklich sind. Ramdas sollte nur sagen, dass ‚ihr‘ unglücklich seid."

Ramdas: „Ramdas sieht keinen Unterschied zwischen euch und uns. Ihr und wir sind nicht verschieden."

F: „Ist es wahr, dass der beste Weg, jemanden zu retten, der einem Laster zum Opfer gefallen ist, darin besteht, dieses Laster als Grundlage des Yoga zuzulassen?"

Ramdas: „Das hieße, wenn sein Laster das Trinken ist, sollte man ihn mit unzähligen Flaschen versorgen. Ramdas befürwortet diese Methode nicht. Für Ramdas scheint der andere Weg der bessere zu sein. Durch Liebe kannst du ihn entwöhnen."

F: „Was würdest du den westlichen Kritikern sagen, die fragen, warum du die Kraft zur Heilung des Leidens der Menschheit nicht bekommen hast?"

Ramdas: „Auch wenn Ramdas die Leiden beseitigt hätte, würden sie nicht aufhören. Sie würden wiederkommen und die Menschheit heimsuchen. Wenn die Menschen jedoch die große Wahrheit, Gott, erkennen, werden sie für alle Zeiten frei von Leiden sein und ewige Freiheit erlangen."

F: „Wie soll man beten?"

Ramdas: „Das Gebet sollte einfach sein, in der eigenen Sprache. Wir müssen uns nicht die Sprache eines anderen für unser Gebet ausleihen. Wir können zu Gott beten, dass er uns ständige Gemeinschaft mit Ihm schenkt und uns schließlich Seine Gegenwart in uns und überall um uns herum offenbart. Dies ist ein einfaches Gebet."

F: „Wenn sich ein Mann erhebt und Ramdas' Leben bedroht, was wird Ramdas dann tun?"

Ramdas: „Ramdas wird niemals den kleinen Finger rühren, um jemandem das Leben zu nehmen, selbst wenn er angegriffen wird. So viele haben versucht, ihn zu schlagen, auch wenn sie ihn nicht wirklich töten wollten. Aber sie konnten nichts tun. Sobald sie in seine Nähe kamen und Ramdas' lächelndes Gesicht sahen, ließen sie ihre Hände sinken und gingen weg."

F: „Wie geht Ramdas auf die Leiden seiner Brüder ein, bzw. wie reagiert er auf sie?"

Ramdas: „Ramdas hat Mitgefühl für das Leiden der anderen. Das Leid berührt ihn zutiefst, und er wünscht sich, dass alle glücklich werden. Er kennt die Ursache für ihr Leiden. Es ist Unwissenheit und mangelnder Glaube an Gott. Deshalb sagt Ramdas den Menschen, dass jeder, der frei von Leiden sein will, Gott erkennen sollte, denn körperliche und geistige Leiden berühren einen nicht, wenn man mit Ihm kommuniziert."

Nachdem unser Aufenthalt in San Francisco zu Ende gegangen war, flogen wir mit dem Flugzeug nach Los Angeles. Auf dem dortigen Flughafen trafen wir unseren Freund Dr. Preston Kline Caye, einen Schüler von Swami Omkar. Wir nahmen unser Mittagessen in seinem Haus ein, wobei Frau Preston sehr gastfreundlich war. Nach dem Mittagessen wurden wir von ihm zu dem Hotel gebracht, in dem wir während unseres Aufenthalts in Los Angeles wohnen sollten. Sobald wir die für uns reservierten Zimmer erreichten, trafen wir auf einige Pressereporter, die nicht nur Fotos von Ramdas machten, sondern ihm auch mehrere Fragen zu seiner Mission in den USA stellten.

Bei einer Veranstaltung im East-West Cultural Centre in Los Angeles:

F: „Hast du Gott erkannt und Ihn gesehen?"

Ramdas: „Ja."

Frage: „Wie ist Er?"

Ramdas: „Wie du selbst. Alle Formen, die Ramdas sieht, sind die Offenbarungen oder Manifestationen Gottes."

F: „Hast du irgendwelche Kenntnisse über den Beginn der Zeit und der Erde?"

Ramdas: „Ramdas hat versucht herauszufinden, ob es so etwas wie Zeit überhaupt gibt. Es gibt nur Unendlichkeit, es gibt nur Ewigkeit, und unsere Berechnungen von Zeit und Raum sind alle willkürlich."

F: „Glaubst du, dass die Menschheit in der Lage sein wird, ein Zehntel von dem zu verstehen, was du heute Abend hier sagst?"

Ramdas: „Sie können verstehen und sie können erkennen, aber sie wollen es nicht."

F: „Wie können wir uns immer daran erinnern, was du gesagt hast?"

Ramdas: „Ihr seid gekommen, um zu hören, was Ramdas sagt, damit ihr euch daran erinnert und es nicht vergesst. Wenn ihr wirklich ernsthaft seid, könnt ihr es nicht vergessen."

F: „Kannst du dich selbst heilen?"

Ramdas: „Von was?"

F: „Von jeder Krankheit, jedem Leiden usw."

Ramdas: „Körperliche Krankheiten kommen und gehen. Warum sollte sich Ramdas darüber Gedanken machen? Das, was kommt und geht, sollte uns nicht beunruhigen. Wir müssen uns immer auf das Ewige einstimmen, in dem es weder Krankheit noch Tod gibt. Wenn wir das tun, was macht es dann aus, wenn der Körper einmal krank und ein anderes Mal gesund ist? Es liegt in der Natur des Körpers, Krankheiten zu haben. Wenn man eine Krankheit heilt, kann sie wiederkommen, oder eine andere kann kommen. Ihr müsst die Krankheit des Lebens heilen, die man Unwissenheit nennt und die den Tod mit sich bringt. Wenn ihr sie heilt, werdet ihr unsterblich und ewig glücklich sein."

F: „Hast du den Zustand erreicht, der *Nirvana* genannt wird?"

Ramdas: „Was verstehst du unter *Nirvana*?"

F: „Vollkommene Glückseligkeit und *Ananda*."

Ramdas: „*Nirvana* ist ein Wort, das in den buddhistischen Schriften vorkommt. Sogar in der Bhagavad Gita wird *Nirvana* erwähnt, was Befreiung aus dem Kreislauf von Geburt und Tod und aus der Knechtschaft des Begehrens bedeutet. Wenn das Verlangen völlig erloschen ist, dann erkennt man, dass man unsterblich ist, und genießt Glückseligkeit und Frieden."

F: „Hast du diesen Zustand erreicht?"

Ramdas: „Das hat dir Ramdas bereits gesagt. Hätte er diesen Zustand nicht erreicht, wäre er nie gekommen, um euch davon zu erzählen. Er wäre in die Höhlen im Himalaya gegangen. Er hätte keine Befugnis, mit euch über Gott zu sprechen, wenn er Ihn nicht erlangt hätte."

F: „Meist du nicht, dass man Spiritualität in die Politik einbringen muss?"

Ramdas: „Wir müssen die Politik spiritualisieren und vergöttlichen. Dann wird es die Politik als solche nicht mehr geben. Wir werden ihr einen anderen Namen geben müssen. Wenn der Stein des Weisen Eisen berührt, wird es in Gold verwandelt. Es ist kein Eisen mehr übrig. Wenn du also die Politik vergöttlichst, wird es keine Politik mehr geben."

F.: „Bist du nicht der Herr deines eigenen Schicksals?"

Ramdas: „Gott ist der Herr über Ramdas' Schicksal."

Ramdas' nächste Besuche galten dem Ananda Ashram, der von Schwester Daya geleitet wurde, und der von Swami Yogananda gegründeten Self-Realisation Fellowship. Darauf folgte ein Besuch in der St. Enis Religious Art Church, wo Ramdas eine Rede hielt.

„Wie wir derzeit sehen, ziehen Kriegswolken über uns auf, und die Menschen haben Angst, dass bald ein weiterer großer Krieg ausbrechen könnte. Diese Angst muss aus unseren Herzen verschwinden. Wir müssen sicher sein, dass es eine göttliche Macht gibt, die unsere Geschicke lenkt. Wenn wir uns in die Hände dieser Macht begeben, sind wir sicher und geborgen. Auf der einen Seite sprechen wir von Gott, und auf der anderen Seite haben wir Angst vor dem kommenden Krieg. Wenn Amerika an Gott glaubt, wovon wir überzeugt sind, dann ist es paradox, wenn es Angst hat. Gott ist in uns und um uns herum. Wenn wir unser Leben mit Ihm abstimmen, können wir furchtlos und sicher sein, dass Er uns beschützen und keinen weiteren Krieg zulassen wird."

F: „Kannst du uns eine Zusicherung über die Zukunft der Welt geben?"

Ramdas: „Ramdas ist kein Prophet. Er spricht zu euch so, wie Gott ihn sprechen lässt. Er fühlt im Grunde seines Herzens – und dieses Gefühl ist auch von Gott gegeben –, dass es keinen Krieg geben wird. Viele Menschen mögen ihm nicht glauben, wenn er das sagt. Die Vorbereitungen sind so weit gediehen, dass sie glauben, es werde zwangsläufig einen weiteren Krieg geben. Aber Ramdas spürt, dass es keinen Krieg geben wird."

F: „Werden die Beziehungen zwischen Indien und Amerika enger werden?"

Ramdas: „Es ist nicht nur eine Frage von Amerika und Indien. Amerika, Indien, England, Europa, Japan, Afrika und Australien werden sich annähern und zusammenstehen. Wir werden eine Weltbruderschaft haben. Natürlich wird es eine Freundschaft und eine Annäherung zwischen Indien und Amerika geben, denn sie repräsentieren zwei große Kräfte in der Welt, die eine spirituell und die andere materiell. Wir können uns vorstellen, dass all dies geschehen wird. Sicherlich wird ein solcher Zustand eintreten. Er entspringt nicht nur einem frommen Wunsch, sondern er wird mit Sicherheit eintreten, vorausgesetzt, wir haben Vertrauen in Gott. Gott wünscht uns nichts Böses. Wir bringen das Unglück selbst über uns. Gott ist immer freundlich und immer gut zu uns. Wir müssen Ihn suchen. Wir müssen zu Ihm beten, mit Ihm kommunizieren und Ihn erkennen. Dann wird alles in Ordnung sein."

Einige Fragen nach einer Rede Ramdas in der First Universalist Church in Los Angeles:

F: „Glaubst du an die Auslöschung der Seele in Gott?"

Ramdas: „Nein. Es ist nur die Vernichtung des Ego-Sinns. Wenn der Ego-Sinn aufhört zu existieren, erkennen wir, dass wir eins mit Gott sind. Auch danach behalten wir unsere Individualität, aber sie ist vollständig von der Kraft, der Herrlichkeit und dem Licht Gottes erleuchtet. Nachdem wir also eins mit Ihm geworden sind, behalten wir immer noch eine getrennte Existenz."

F: „Was hast du über Jesus zu sagen, der die Geldwechsler aus dem Tempel vertrieb?"

Ramdas: „Er tat dies nicht aus Hass, sondern aus reiner Liebe, um sie auf den rechten Weg zu bringen. Es war ein Akt der Korrektur. Seine Liebe war so großartig und veredelnd, dass er niemanden sehen konnte, der es wert war, verurteilt zu werden. Das ist nicht das, was wir tun: Menschen hassen und sie verurteilen. Jesu Herz war ein Herz aus Gold."

F: „Glaubst du, dass Christus Gott war?"

Ramdas: „Ja. Ist es notwendig, dass ein Inder, ein Hindu, kommt und euch das sagt?"

F: „Kann Gott personifiziert werden?"

Ramdas: „Wenn Er nicht personifiziert werden kann, wie kann Er dann allmächtig sein?"

F: „Kann Gott wirklich eine Person sein?"

Ramdas: „Warum nicht? Er ist gleichzeitig persönlich und unpersönlich."

F: „Warum hat er gelitten?"

Ramdas: „Durch Sein Leiden hat Er uns gedient und uns gerettet."

F: „Hätte Er dies nicht auch auf andere Weise tun können?"

Ramdas: „Warum nicht auf diese Weise? Wir können nicht erwarten, dass Er die Dinge so tut, wie wir es uns wünschen. Er wollte es auf diese Art tun."

Es folgte ein Besuch im Vedanta-Zentrum in Hollywood und ein Treffen mit Paul Brunton. Ramdas und seine Gruppe flogen nach Honolulu weiter, wo er Joel Goldsmith traf. In Honolulu gab es keine öffentlichen Veranstaltungen. Dann ging es weiter nach Japan.

Wir reisten mit der japanischen Fluggesellschaft nach Japan. Die Reise von Honolulu nach Tokio war lang. Auf den Wake-Inseln hatten wir einen Zwischenstopp von etwa einer Stunde. Während des Fluges haben wir einen Tag verloren! Wir starteten an einem Mittwoch und erreichten Tokio am nächsten Tag, aber wir stellten fest, dass es Freitag war. Den Donnerstag haben wir nie gesehen! Das beweist wieder einmal, wie illusorisch die Zeit ist und wie sehr sie nur ein Produkt der menschlichen Vorstellungskraft ist. Es gibt nur die Ewigkeit. Das ist die Wahrheit. Die Unbeständigkeit oder die sich ständig verändernde Natur der Zeit ist ein sicherer Hinweis auf ihre Unwirklichkeit oder Nichtexistenz. Es ist der sich bewegende Verstand, der uns dazu bringt, überall Bewegung zu sehen, und uns in die Illusion versetzt, dass allein die Bewegung real ist. Wenn der Geist jedoch einen Zustand vollkommener Stille erreicht, frei von jeglicher Unruhe, erleben wir sofort die unveränderliche Wirklichkeit, in der Veränderung und Bewegung lediglich wie Wellen auf dem Meer erscheinen.

Japan, Hongkong, Thailand

Um etwa zehn Uhr morgens erreichten wir Tokio. Am Flughafen kamen uns drei japanische Freunde entgegen. Sie gehörten zu einer spirituellen Bewegung namens Seicho-No-le, deren Leiter Dr. Masaharu Taniguchi, eine heilige Persönlichkeit, war. Wir hatten mit diesen Freunden durch Korrespondenz Kontakt aufgenommen und wurden ihnen von Herrn Schmidt aus Reutlingen, Deutschland, vorgestellt. Wir gingen in Begleitung der japanischen Freunde zum Hotel.

Am ersten Tag wussten wir nicht, wohin wir gehen sollten, da wir die japanischen Freunde, die uns zum Hotel gebracht hatten, nicht erreichen konnten. Wir fuhren mit dem Taxi auf Besichtigungstour, und auf unseren Vorschlag hin brachte uns der Taxifahrer zu einem buddhistischen Tempel, der als Honganji bekannt ist. Wir warfen einen Blick hinein und stellten fest, dass etwa sechzig bis siebzig Mönche in langen Gewändern mit Gebeten beschäftigt waren. Sie sangen auch mit ihren klangvollen Stimmen einige Verse aus den Schriften im Chor. Wir betraten den Tempel und setzten uns auf die für die Besucher bereitgestellten Bänke. Die gesamte Gebetszeremonie war heiter, erhaben und inspirierend. Wir blieben etwa fünfzehn Minuten im Inneren des Tempels und gingen dann wieder hinaus.

Am nächsten Tag besuchten wir Go-kokuji, einen weiteren buddhistischen Tempel. Hier waren die japanischen Freunde unsere Führer. Wir befanden uns vor dem riesigen Tempel, vor dem eine große Statue des Buddha in sitzender Haltung im Freien stand. Zu unserer Linken befanden sich mehrere Räume, in die wir von den Freunden geführt wurden. Nachdem wir unsere Schuhe ausgezogen hatten, traten wir ein und kamen in eine kleine Wohnung, in der einige buddhistische Anhänger und Mönche auf einem auf dem Boden ausgebreiteten Teppich saßen. Wir wurden von dem Priester begrüßt und setzten uns zu ihnen.

Nachdem wir etwa eine Viertelstunde gewartet hatten, wurden wir gebeten, in den angrenzenden Raum zu gehen, wo wir die Ehrengäste bei der sogenannten Teezeremonie waren. Einige anwesende japanische Damen bereiteten grünen Tee zu und servierten ihn zusammen mit einigen Speisen. Die Schönheit der Veranstaltung bestand in der Ruhe, der Gelassenheit, der perfekten Höflichkeit und der langsamen Bewegungen, die das ganze Ritual kennzeichneten. Nach der Zeremonie verließen wir den Ort, verabschiedeten uns vom Oberpriester und dankten ihm für seine Gastfreundschaft.

Daisetsu Teitaro Suzuki (1870-1966)

Am nächsten Tag verabredeten wir uns mit Professor D. T. Suzuki, von dem wir in den USA schon viel gehört hatten. Er ist ein bekannter Vertreter des sogenannten Zen-Buddhismus. Ramdas wollte unbedingt etwas über den Zen-Buddhismus erfahren, der von seinen Anhängern in der Schweiz und in den Vereinigten Staaten in den höchsten Tönen gelobt wurde. Daher die Verabredung mit Professor Suzuki.

Der Professor sagte uns am Telefon, dass wir ihn an einem Morgen in einem bestimmten Hotel treffen könnten. Wir fuhren also dorthin und trafen ihn. Er war ein kleinwüchsiger, älterer Mann, gekleidet wie ein Europäer. Eine junge Amerikanerin, die seine Sekretärin war, war ebenfalls bei ihm. Wir saßen zusammen an einem Tisch und unterhielten uns etwa eine halbe Stunde lang. Professor Suzuki sagte uns, er sei nur ein Laie und kein *Bhikku* oder Mönch, der sein Leben der Erlangung des *Nirvana* gewidmet hat. Einige Fragen, die Ramdas ihm stellte, und seine Antworten sind im Folgenden aufgeführt.

Ramdas: „Würdest du uns bitte sagen, wofür der Zen-Buddhismus steht?“

Suzuki: „Zen wurde in China entwickelt, aber nach der buddhistischen Tradition basiert die Lehre oder Praxis des Zen auf der historischen Tatsache, dass Buddha vor etwa 2.500 Jahren dadurch unter dem Bodhi-Baum Erleuchtung erlangte. Zen lehrt, wie wir diese Erleuchtung erlangen.“

Ramdas: „Hat Zen schon vor Buddha existiert?“

Suzuki: „Zen gab es schon, bevor Buddha kam, und wird auch nach dem Ende der Welt existieren. Buddha war nur ein Instrument, um uns zu sagen, was Zen ist.“

Im Laufe des Gesprächs sagte Professor Suzuki, dass in Japan hauptsächlich vier Religionen vorherrschen. Diese sind der Shintoismus, der Konfuzianismus, der Taoismus und der Buddhismus. Die erste Religion steht für Harmonie, die zweite für Ehrfurcht, die dritte für Reinheit und die vierte für Stille. Professor Suzuki war freundlich und liebenswürdig.

An einem anderen Tag besuchten wir das Seicho-No-Ie – eine Einrichtung, die die Grundsätze der universellen Religion propagiert. Ihre Mitglieder stehen für weltweite Brüderlichkeit. Der Leiter dieser Bewegung ist Dr. Masaharu Taniguchi. Dr. Taniguchi kann kein Englisch. Daher fungierte einer seiner Schüler als Dolmetscher. Ramdas beantwortete mehrere Fragen, die der Doktor ihm stellte.

Dr. T.: „Wann hast du begonnen, dich mit Religion zu beschäftigen?“

Ramdas: „Vor dreiunddreißig Jahren, als Ramdas achtunddreißig Jahre alt war.“

Dr. T.: „Warum bist du in die Religion eingetreten?“

Ramdas: „Gott ließ ihn eintreten. Er hat ihn zu sich gezogen.“

Dr. T.: „Hattest du einen anderen Grund, in die Religion einzutreten?“

Ramdas: „Nein.“

Dr. T.: „Woher wusstest du, dass Gott dich gerufen hat?“

Ramdas: „Ramdas hat es innerlich gespürt. Es gibt keinen anderen Grund. Wenn es irgendwelche äußeren Gründe in den Augen anderer gibt, sind sie nicht real.“

Dr. T.: „Was ist mit Reinkarnation?“

Ramdas: „Ja, es gibt Reinkarnation oder Wiedergeburt für diejenigen, die keine spirituelle Vollkommenheit erreicht haben. Diejenigen, die spirituelle Vollkommenheit erreicht haben, werden nicht wiedergeboren. Wenn die Begierden verschwunden sind, kann man nicht wiedergeboren werden.“

Dr. T.: „Willst du wiedergeboren werden?“

Ramdas: „Ja, um allen zu sagen, dass sie an Gott denken und alle lieben sollen. Ramdas hat die Befreiung erlangt, und es besteht keine Notwendigkeit für ihn, wiederzukommen. Aber um der Menschheit zu dienen, würde er gerne wiederkommen.“

Unser nächster Besuch galt Hongkong, einer Insel nahe dem chinesischen Festland, die von der britischen Regierung verwaltet wird.

Während unseres Aufenthalts in Hongkong hatten wir neben den Einladungen zum Mittag- und Abendessen in den Häusern von Sindhi-, Punjabi- und Parsi-Freunden nur zwei Treffen, eines im Sri Aurobindo-Zirkel, der von N. C. Patel gegründet wurde, und das andere im Sri Lakshminarayan-Tempel. Diese Treffen fanden am selben Tag statt. Zuerst gingen wir zu den Räumen von N. C. Patel. Der Raum war zu klein, um die zahlreich erschienenen Menschen aufzunehmen. Doch Ramdas saß inmitten dieser Freunde und sprach eine Stunde lang frei, gefolgt von einigen Fragen und Antworten. Im Folgenden sind einige davon aufgeführt.

F.: „Unser Endziel ist die Freiheit, und wir müssen frei von Disziplin sein. Disziplin ist also die Ursache, und das Ergebnis ist Freiheit. Wir beginnen mit Disziplin, und unser Endziel ist Freiheit. Ist es nicht so?“

Ramdas: „Disziplin ist das Mittel, und das Ziel ist die Freiheit. Ein Vogel ist in einem Käfig gefangen und kämpft darum, frei zu sein. Was ist das Mittel, um die Freiheit zu erlangen? Aus dem Käfig auszubrechen. Disziplin ist das Ausbrechen aus dem Käfig.“

F: „Stehst du jetzt unter irgendeiner Disziplin?“

Ramdas: „Nein. Wenn ihr aus dem Käfig ausgebrochen seid und es verlassen habt, wo ist dann noch die Frage, aus dem Käfig auszubrechen?“

F: „Da du sagst, dass wir dieser höchsten Wirklichkeit angehören ...“

Ramdas: „Wir sind die Wirklichkeit und gehören ihr nicht an."

F.: „Wie und wann haben wir festgestellt, dass wir Individuen sind?"

Ramdas: „Ihr seht den Anfang nicht, aber er ist da. Wie es kam und warum, kann unser Intellekt nicht herausfinden. Diese Frage stellt sich also nicht. Der Intellekt ist zu armselig, um die Wege des Unendlichen zu ermessen. Aber wir wissen, dass wir gefangen sind, und unsere Sorge ist nur, wie wir aus dem Käfig herauskommen."

Am Abend wurden wir zum Lakshminarayan-Tempel gebracht. Er ist ein wunderschönes, kunstvolles Bauwerk, in dem die ganze Kunstfertigkeit des Architekten zur Geltung kommt. Die aus weißem Marmor gemeißelten Statuen von Lakshmi und Narayan, die im Tempel aufgestellt sind, sind äußerst anziehend und bezaubernd. Nach der *Puja* und dem *Bhajan* wurde Ramdas gebeten, zu den versammelten Anhängern zu sprechen. Im Verlauf seiner Ansprache sagte Ramdas:

„Die Menschen wissen nicht, was der Name Gottes bewirken kann. Nur diejenigen, die ihn ständig wiederholen, kennen seine Kraft. Er kann unseren Geist vollständig reinigen. Kein anderes *Sadhana* kann das tun. Während die anderen *Sadhanas* uns nur bis zu einer bestimmten Stufe bringen können, kann der Name uns zum Gipfel der spirituellen Erfahrung führen."

Anschließend flog die Gruppe weiter nach Thailand.

Malaysia

Wir bereiteten uns nun auf die Reise nach Singapur vor, das wir als nächstes besuchen wollten. Wir hatten auch Einladungen aus Kuala Lumpur und Penang. Diese Orte liegen auf der malaysischen Halbinsel. Das Flugzeug brachte uns zum Flughafen von Singapur, wo wir bei der Landung von einer großen Gruppe von Verehrern empfangen wurden.

Ramdas wurden einige Fragen von den Freunden in der Versammlung gestellt, die sich aus verschiedenen Bevölkerungsschichten zusammensetzte, unter denen, wie Ramdas später erfuhr, auch viele Muslime und Parsis waren. Die Fragen bezogen sich auf den Fleischkonsum.

Der Fleischkonsum ist ein großes Problem, das den Geist der spirituellen Sucher auf der ganzen Welt beschäftigt. Es ist wahr, dass die Nahrung einen großen Einfluss auf den Zustand des Geistes hat. Wir sollten solche Nahrungsmittel meiden, die die Sinne anregen oder den Geist irritieren. Diejenigen, die auf dem spirituellen Weg sind, meiden daher scharfe, heiße und anregende Speisen und Getränke jeder Art. Fleisch wird von einer bestimmten Klasse von Suchenden gemieden, weil es das Töten von Tieren beinhaltet. Das Prinzip von *Ahimsa* oder Gewaltlosigkeit ist das Glaubensbekenntnis des Buddhismus, des Jainismus und in der heutigen Zeit des Gandhismus, wenn wir die wesentlichen Wahrheiten von Gandhijis Lehren so nennen dürfen. Unter den Hindus gibt es verschiedene Sekten. Einige von ihnen sind strenge Vegetarier, andere wiederum dürfen nach ihrem Glauben Fleisch essen. Es ist in der Tat wahr, was das Sprichwort sagt: „Es kommt nicht darauf an, was in unseren Mund kommt, sondern was aus ihm herauskommt."

Wenn ein spiritueller Aspirant in den ersten Tagen seiner Disziplin darum kämpft, seinen Geist unter Kontrolle zu bringen, indem er ihn von allen Gelüsten nach den Freuden des Fleisches befreit, ist es notwendig, dass er seine Ernährung streng reguliert. Er nimmt die einfachste Nahrung zu sich, die den Geist nicht übermäßig stört, wenn er sich dem Gebet und der Meditation widmet. In der Tat wird das Leben eines solchen Aspiranten in vielerlei Hinsicht äußerst schlicht und einfach. Er reduziert seine Bedürfnisse auf ein Minimum und führt ein Leben der Enthaltsamkeit und des Verzichts. Aber wenn er auf dem Pfad vorankommt und sein Geist mehr und mehr gesammelt, beständig und ruhig wird, werden die Regeln der Ernährung und andere Einschränkungen gelockert. In einigen Fällen wird die Strenge der Disziplin das ganze Leben des Suchenden hindurch beibehalten, selbst nachdem er den Frieden des Unsterblichen gefunden hat und beginnt, die Rolle eines spirituellen Meisters zu spielen, der die Menschen führt. Die Anhänger dieser großen Meister unterstützen nachdrücklich die Ansicht, dass Fleisch aus keinem Grund gegessen werden sollte, und verurteilen die anderen Menschen, die dem Fleischkonsum verfallen sind, da ihre spirituellen Führer keine Einwände dagegen haben.

Es gibt also einen scharfen Meinungskonflikt selbst unter großen Seelen in dieser Frage. Wenn man Ramdas nach seiner Meinung zu diesem Thema fragt, kann er nur sagen, dass es eine Frage der individuellen Gewohnheit, des Temperaments, der Bequemlichkeit und der Notwendigkeit ist, ob ein Mensch Fleisch essen sollte oder nicht. Obwohl Ramdas für sich selbst nicht für den Fleischverzehr ist, lehnt er in keiner Weise einen Menschen ab, der Fleisch isst.

Am selben Abend besuchten wir die örtliche Sri Ramakrishna-Mission. Ramdas sprach von Sri Ramakrishna als einer Inkarnation und ging auf seine persönlichen und unpersönlichen Aspekte ein, indem er das *Sadhana* beschrieb, das Ramakrishna praktizierte. Er sagte:

„Ramakrishna war das Kind der Göttlichen Mutter. Die Göttliche Mutter ist die Göttliche *Shakti*, die für alle Manifestationen und Aktivitäten verantwortlich ist. Diese Kraft ist die eine Gottheit, der wir uns vollständig hingeben müssen, um uns vom Ego-Sinn zu befreien. Wenn wir davon frei sind, werden wir wie ein Kind. Kindlich zu sein bedeutet nicht, kindisch zu sein. Wir müssen völlig frei sein von Lust, Gier und Zorn und den Gegensatzpaaren von Vorlieben und Abneigungen. Wir müssen in Gedanken, Worten und Taten rein sein. Unsere Reinheit muss wie die des Kristalls sein. Die Vorstellung des Geschlechts muss transzendiert werden, und die Unterscheidung zwischen Mann und Frau muss verschwinden. Dies ist nur möglich, wenn wir nicht die Vielfalt sehen, sondern die ganze Welt als die Manifestation des einen, universellen Geistes wahrnehmen."

Im Anschluss an die Rede wurden Ramdas einige Fragen gestellt.

F: „Warum gibt es Konflikte zwischen den dvaitischen und advaitischen Anhängern?“

Ramdas: „Es sollte keine geben. *Dvaita* und *Advaita* sind nur Stufen in unserer spirituellen Entwicklung. Wir beginnen mit *Dvaita*, dann erreichen wir
Visishtadvaita und schließlich *Advaita*. Wir können eins mit Gott sein, wir
können von Ihm getrennt sein, und wir können in Ihm sein und Er in uns.
Alle diese Aspekte gehören zur gleichen Abfolge der Erkenntnis, und wir
müssen keinen Widerspruch zwischen den drei Aspekten sehen. Ein Verehrer möchte ein Verehrer bleiben, um Ihn zu preisen, von Ihm zu singen und
Ihn zu genießen, obwohl er eins mit Gott ist.“

Die Gruppe flog von Singapur nach Kuala Lumpur und dann nach Penang.

F: „Ist es notwendig, der Welt zu entsagen, um den endgültigen Zustand der
Verwirklichung zu erreichen?“

Ramdas: „Man muss sich von der Anhaftung an die Welt lossagen, aber nicht
von der Welt. Niemand kann sich von der Welt lossagen. Selbst wenn ein
Mensch in den Wald geht, ist die Welt dort bei ihm.“

F: „Stimmt es, dass der Guru automatisch zum Aspiranten kommt?“

Ramdas: „Du erkennst Gott, indem du dich nach Ihm sehnst und nach jemandem, der dich aus der Dunkelheit herausholt, damit du dich an Gott erinnerst und Ihn erkennst. Mit dieser Sehnsucht betest du zu Gott um Führung. Wenn dieser Schrei aus dem Innersten deines Herzens kommt, kommt
der Guru zu dir, oder du begegnest dem Guru. In deinem Herzen muss ein
Hunger danach herrschen, jemanden zu finden, der dich führt. Dann kommt
Gott selbst in Form des Gurus, um dich zu befreien.“

Ceylon

In den letzten fünf oder sechs Jahren wollten die Verehrer von Ceylon uns unbedingt bei sich haben. Jahr für Jahr mussten wir die Reise aus verschiedenen Gründen verschieben, aber in Wirklichkeit aus dem einen Grund, dass die Zeit nach dem Willen des Göttlichen noch nicht gekommen war. Als die Verehrer Ceylons hörten, dass wir nach unserer Rückkehr von der Weltreise auf ihre Insel kommen und mehr als drei Wochen mit ihnen verbringen würden, löste das bei ihnen große Freude und Jubel aus.

Als wir in Colombo waren, folgten wir regelmäßig dem Programm, das Sri K. Ramachandra, der Führer der Verehrer in Ceylon, für uns zusammengestellt hatte.

Am Nachmittag beantwortete Ramdas die Fragen der Freunde, die ihn hier trafen. Wenn die Fragen in einer leichteren Art und Weise gestellt wurden, beantwortete Ramdas sie auf eine ebenso humorvolle Weise. So haben wir oft viel gelacht. Die Zahl der Teilnehmer an diesen Treffen wurde von Tag zu Tag größer.

Unter den Fragen, die ihm gestellt wurden, war auch eine, die sich auf die Art und Weise bezog, wie ein Ashram geführt werden sollte. Ramdas beantwortete sie wie folgt:

„Es ist nicht leicht, einen Ashram zu leiten. Man muss sich so vielen Problemen stellen, und einige von ihnen sind so schwierig, dass man nicht weiß, wie man mit ihnen umgehen soll. Zu diesem Zeitpunkt kann nur Gott angerufen werden, damit er dir den richtigen Hinweis zur Lösung dieser Probleme gibt. Der Mensch ist von Natur aus ein Stümper. Wenn er sich in einem tiefen Schlamassel befindet, bittet er Gott, ihm zu Hilfe zu kommen, und Gott, der ganz Liebe und Mitgefühl ist, befreit ihn aus seiner misslichen Lage. Dieses Spiel geht auf der ganzen Welt weiter, bei allen Menschen gleichermaßen. Der mickrige, eingebildete Mensch denkt, er sei klug und käme ohne Gott aus, aber das Scheitern und die Frustration treffen ihn so hart, dass er sich unwillkürlich an Gott um Hilfe und Zuflucht wenden muss. Im Wissen um Seine Souveränität tun wir gut daran, zunächst einmal unseren Stolz aufzugeben, Seinen Schutz zu suchen, uns Seinem Willen zu unterwerfen und demütig als Seine Diener zu leben. Der wahre Weg besteht darin, nicht selbst die Verantwortung zu übernehmen, sondern zu wissen, dass sie bei Gott liegt, und so die Dinge von Ihm für uns erledigen zu lassen. Wenn wir nach den oben genannten Prinzipien handeln, wird die Leitung eines Ashrams leicht.“

Der erste Besuch in Colombo galt der Ramakrishna Mission in Wellawatte, deren Präsident Sri Swami Prematmananda ist. Die Verehrer versammelten sich in der Haupthalle des Gebäudes. Hier hielt Ramdas einen Vortrag, in dessen Verlauf er sagte:

„Gott hat uns definitiv gesagt, dass Er in den Herzen aller Wesen und Gestalten wohnt. Wann immer wir eine Gestalt sehen, dürfen wir nicht nur die äußere Form sehen, sondern auch die innewohnende Wirklichkeit. Dies ist die wahre Sichtweise, die uns von dem Gefühl der Vielfalt befreit und uns die Einheit aller Existenz erkennen lässt. Dies ist die Botschaft der *Rishis*. Wir sollten diese Sichtweise nicht nur an besonderen, heiligen Orten und in der Einsamkeit haben, sondern sollten sogar auf dem Marktplatz und Basar in der Lage sein, das Bewusstsein der Einheit in der Vielfalt zu bewahren. Wir müssen die göttliche Gegenwart immer um uns herum spüren.“

In seiner Rede zog Ramdas viele Beispiele aus dem Leben von Sri Ramakrishna heran, um zu zeigen, was wahre Selbsthingabe bedeutet. Sri Ramakrishna war wahrhaftig die Verkörperung eines vollkommen der Göttlichen Mutter geweihten Lebens. Er war so sehr von der Hingabe an die Göttliche Mutter durchdrungen, dass er schließlich zur Gestalt der Mutter selbst wurde. Wahrlich, man wird zu dem, woran man intensiv denkt und worüber man meditiert.

Das nächste Treffen fand in der Halle der Vivekananda Society statt, wo Ramdas nach dem *Bhajan* über den Guru und Guru-*Bhakti* sprach. Ramdas gibt hier einen Auszug aus seiner Rede wieder. Er sagte:

„Der Kontakt mit großen Seelen, die Gott verwirklicht haben, ist wesentlich für deine Erlösung. Wenn du ein echter Gottsucher bist, dann wirst du sicherlich mit einem solchen großen Heiligen in Kontakt kommen. Wenn du mit ihm in Kontakt kommst, musst du spüren, dass du nicht nur gesegnet, sondern auch gerettet bist. Eine verwirklichte Seele allein kann eine andere Seele entzünden. Es reicht nicht aus, nur in den Tempel zu gehen. Das Lesen von Büchern allein genügt nicht. Unser Streben muss uns zu Füßen des Gurus führen oder den Guru zu uns bringen und uns befreien. Deshalb ist es in Indien Tradition, dass wir uns dem Einfluss einer göttlichen Persönlichkeit unterwerfen."

An einem anderen Tag wurde Ramdas in das Hindu College eingeladen, wo ein Treffen unter der Schirmherrschaft der Hindu Association of Ceylon stattfand. Es war zufällig der Tag des *Gita-Jayanti*. Passend zum Anlass sprach Ramdas hier über die Bhagavad Gita. Er teilte sie in drei Abschnitte ein, wovon der erste *Jnana*, der zweite *Bhakti* und der dritte *Karma* behandelt. Die Botschaft der Gita zusammenfassend, sagte Ramdas:

„Die Gita lehrt uns, dass wir nicht vor der Tätigkeit weglaufen sollten, die uns vom Göttlichen zugewiesen wurde. Wir müssen solche Handlungen ohne den Ego-Sinn ausführen. Wir müssen zu Werkzeugen in den Händen der göttlichen *Shakti* werden und fröhlich und bereitwillig alles tun, ohne von solchen Handlungen beeinflusst zu werden. Wir haben nichts mit den Ergebnissen unserer Handlungen zu tun. Wir sollten einfach auf den Befehl der göttlichen Kraft hin handeln und gleichzeitig der unberührte Zeuge bleiben."

Am nächsten Tag gingen wir am Morgen zum Saiva Mangayar Kalagam in Wellawatte. Die Veranstaltung, die in der Schulhalle stattfand, war nur für Frauen und Kinder gedacht. Ramdas saß vor einer Schar von Müttern und Kindern, die vielfarbige Saris und Kleider trugen und ein buntes Bild von ungewöhnlicher Faszination boten. Wahrlich, er sah die Göttliche Mutter selbst, die all diese Formen angenommen hatte und vor ihrem Kind saß, das hierhergebracht wurde, um ein paar Worte über Sie zu sagen.

Das Thema, das Ramdas für seine Rede wählte, war natürlich Hingabe an die Göttliche Mutter. Er stellte sich den Zuhörern als ein Kind dieser höchsten Mutter vor. Ramdas war in einer ekstatischen Stimmung und sprach fast atemlos über die Liebe und Verehrung, die er für die Göttliche Mutter empfand. Er sprach davon, dass diese höchste Mutter zum gesamten Universum und allen Wesen und Kreaturen darin geworden ist. Ihre Herrlichkeit ist unendlich und Ihre Macht allumfassend.

Am selben Abend wurden wir mit großer Liebe und Hingabe im Sri Shiva Subrahmanya Tempel empfangen. Nach dem Gottesdienst und dem *Bhajan* sprach Ramdas zu den anwesenden Verehrern über *Saguna Upasana* oder die Verehrung des persönlichen Gottes. Hier gibt Ramdas noch einmal eine kurze Zusammenfassung seiner Rede, die er dort hielt.

„Wir alle wissen, dass Gott allwissend, allmächtig und allgegenwärtig ist. Als solcher ist es für uns schwierig, uns Ihm zu nähern, es sei denn, Er nimmt eine menschliche Gestalt an. Deshalb hat Er uns zuliebe eine *Saguna Swarupa* oder persönliche Gestalt mit göttlichen Eigenschaften angenommen. Er wird in Tausenden von Tempeln in ganz Indien und Ceylon in besonderen Gestalten oder Bildern verehrt. In diesen Tempeln wird der höchste Herr in der Form eines Idols verehrt. Wie ihr seht, sind diese Statuen also nicht nur aus Metall oder Stein gemacht. Sie sind die Verkörperungen des Göttlichen selbst, voller Glanz, Macht und Freude. Daher bedeutet Sein *Darshan*, Ihn im gesamten Universum zu sehen. Bevor Er uns diesen *Nirguna Darshan* oder die Schau des formlosen, attributlosen *Brahman* gewährt, gewährt Er uns *Saguna Darshan.*"

Eines Abends wurden Mataji, Ramdas und eine Gruppe in das Leprakrankenhaus in Hendala gebracht. Es gab eine Zeit, in der Ramdas, wie von Gott befohlen, einigen Leprakranken in Mangalore diente, während er sich dort in der Kadri-Höhle aufhielt.

Wir wurden vor die Patienten geführt, die sich auf einer Veranda des Krankenhausgebäudes versammelt hatten. Die Leprakranken hatten den Platz für unseren Empfang wunderschön geschmückt. Wir konnten spüren, wie sehr sich diese Leidenden freuten. Das war daran zu erkennen, wie sie mit strahlenden Gesichtern hin und her liefen. Mataji und Ramdas saßen auf Stühlen, die vor den Leprakranken aufgestellt worden waren, die auf dem Boden hockten. Ramdas sprach ein paar tröstende Worte zu ihnen und gab ihnen den Rat, dass kein Zustand für uns elend sein kann, wenn wir ständig in Gemeinschaft mit Gott sind.

Körperliche Gesundheit allein kann nicht zu unserem Glück beitragen. Nur eine ständige Abstimmung unseres Geistes mit Gott kann uns wirklich friedlich und freudig machen. Krankheiten werden nicht so sehr durch Medizin geheilt, sondern durch Gottes Gnade. So ermahnte Ramdas sie, zu Gott zu beten, Seinen heiligen Namen anzunehmen und ihrem Geist Sein Gedenken einzuprägen.

Am Ende des Vortrags schlug Mataji vor, dass Ramdas sie in ein Mantra einweihen sollte. Es wurde ihnen die Frage gestellt, welches Mantra sie bevorzugen würden. Fast einstimmig sagten sie, dass sie das *Muruga*-Mantra wollten. Dementsprechend weihte Ramdas sie mit diesem Mantra ein, indem er es sie dreimal wiederholen ließ: „*Muruga, Muruga, Muruga*". Als sie das Mantra erhielten, kannte ihre Freude keine Grenzen. In einem Zustand unkontrollierter Ekstase klatschten sie in ihre Hände, von denen die meisten Finger von der Krankheit zerfressen waren. Es war wirklich ein großer Tag für sie, ein Tag des göttlichen Lichts und des Friedens.

An einem anderen Tag fand das abendliche Gebetstreffen im Sindhi-Gemeinschaftszentrum statt. Ramdas sprach bei dieser Gelegenheit über Selbsthingabe. Selbsthingabe bedeutet die vollständige Hingabe von allem, was wir sind und haben, an den höchsten Herrn des Universums. Dadurch werden wir ganz zu Seinem Eigentum. Diese Hingabe gibt uns sofortige Befreiung von den Fesseln des Handelns und durchflutet unser gesamtes manifestes Wesen mit Licht und göttlicher Freude. Danach ist die ganze Welt für uns der Ausdruck unseres ewigen Geliebten. Es ist eine Schau und Erfahrung, die vom Intellekt nicht erfasst, geschweige denn in den Worten der menschlichen Sprache ausgedrückt werden kann, denn in der Bhagavad Gita heißt es, dass Er, das höchste Wesen, *Achintya Rupa*, die unvorstellbare Wirklichkeit ist.

Am nächsten Tag wurde Ramdas eingeladen, die neue Halle des Hindu College Bambalapitiya einzuweihen, wobei sie den Namen „Saraswati-Halle" erhielt. Es gab eine ziemlich große Versammlung von Verehrern. Nach dem *Bhajan* sprach Ramdas ein paar Worte über die Bedeutung der richtigen Art von *Vidya* oder Lernen. Er sagte:

„Ihr wisst, dass es, wie unsere alten Lehrer und Heiligen sagen, drei Arten von Gaben gibt. Die eine ist die Gabe der Hingabe, die zweite die der Bildung und die dritte die der Nahrung. Bildung ist eine wichtige Hilfe in der Entwicklung des menschlichen Lebens. Ohne Bildung können wir nicht in der richtigen Weise wachsen, damit wir unser Leben regeln und uns für andere nützlich machen können. Ohne Kultur können wir uns nicht als nützlich für unsere Mitmenschen erweisen. Wir sollten erwarten, dass Einrichtungen wie diese nicht nur Bildung zur Förderung des Intellekts, sondern auch zur Vergrößerung des Herzens vermitteln."

Für die Vermittlung von Bildung ist eine religiöse Grundlage in der Schule unerlässlich. Ohne eine religiöse Grundlage ist das Leben ungeregelt und chaotisch, so als würde man ein Haus ohne ein festes Fundament bauen. Die Nationen der Welt sind heute untereinander zerstritten, weil sie das grundlegende Prinzip, das das Leben aller Wesen auf der Welt bestimmt, nicht entdeckt haben. Dieses Prinzip ist Gott, der universelle Geist, der in den Herzen von uns allen wohnt. Durch das Wissen um diesen Geist müssen wir harmonisch zusammenleben und uns gegenseitig lieben und helfen. Stattdessen versuchen wir heute aufgrund unserer isolierten und separatistischen Politik, die Länder der anderen auszubeuten, zu erobern und in Besitz zu nehmen.

Der Mensch wird heutzutage nicht von dem Göttlichen in ihm beherrscht, sondern von einer Ideologie, von der er sich einbildet, dass sie der Welt Frieden und Wohlwollen bringt, wenn sie von allen Nationen übernommen wird. So kommt es zu einer ungesunden Propaganda, zu Wettbewerb, Rivalität und einem zerstörerischen Zusammenprall von Ideologien. Die Parteien vergessen, dass Gott das einzige höchste Ideal ist. Im Lichte unserer Erfahrung mit Ihm allein können wir uns als Brüder die Hände reichen, für das gemeinsame Wohlergehen zusammenarbeiten und dazu beitragen, Seinen Willen in der Welt zu erfüllen. Dies ist der einzig wirksame Weg, um Zusammenarbeit, Harmonie und Frieden zu erreichen.

Das letzte Treffen während dieses Aufenthalts in Colombo fand im Sindhi Centre statt. Nach dem *Bhajan* sprach Ramdas ein paar Worte zu den Verehrern, die sich in der schönen Halle versammelt hatten. Er betonte die Notwendigkeit für jeden, ständig Gottes Namen zu wiederholen. Gottes Name ist der Retter, und wer an ihn glaubt, ist sicher, aus den Fängen der *Maya* befreit und mit der höchsten spirituellen Erfahrung gesegnet zu werden, nämlich der Schau und Verwirklichung Gottes.

Wir verließen Colombo am Abend mit dem Schnellzug, der nach Jaffna fuhr. Früh am nächsten Morgen erreichten wir Jaffna und wurden am Bahnhof von den führenden Beamten und Bürgern der Stadt mit aller Liebe und Hingabe empfangen. Wir wurden in der örtlichen Ramakrishna Mission Vaitheeswara Vidyalaya untergebracht.

Am Abend dieses Tages nahmen wir an einem *Bhajan* und einer Versammlung in der Vidyalaya-Halle teil. Ramdas sprach bei dieser Gelegenheit über den Zweck der Reise. Dann sprach er über die grundlegende Einheit aller Religionen und die Bedeutung der Wiederholung des Namens Gottes. Er betonte die Notwendigkeit, das Bewusstsein für das menschliche Leben und die Existenz zu wecken. Er schloss mit den Worten:

„Um in diesem Bewusstsein zu verweilen, denkt nicht in Begriffen des Individuellen, sondern in Begriffen des Universellen. Tut alles nur um Gottes willen. Wenn ihr das tut, wird euer Ego-Sinn allmählich verschwinden, und ihr werdet erkennen, dass ihr der universelle Geist seid – unveränderlich, ewig und unendlich. Das ist das Ziel, das ihr erreichen müsst."

Am nächsten Tag besuchten wir das Zivilkrankenhaus und Sanatorium in Kankesanturai, etwa zwölf Meilen von Jaffna entfernt. Für unseren Empfang hatten die Patienten des Krankenhauses aufwendige Dekorationen gebastelt. Sie hatten sich in großer Zahl versammelt und begrüßten uns mit ungeheuchelter Freude. Ramdas wurde bei seiner Ankunft auf eine erhöhte Plattform gebracht. Die Ärzte, die Patienten und die Besucher drängten sich alle um ihn. Nach einem kurzen *Bhajan* sprach Ramdas eine Weile und sagte:

„In dieser Welt des Wandels treffen wir auf verschiedene Opfer des Lebens, sowohl angenehme als auch unangenehme. Wir werden von Krankheiten heimgesucht, sowohl von geistigen als auch von körperlichen. Der Körper ist von Krankheiten geplagt und der Geist von Sorgen erfüllt. In diesem Zustand des Unglücklichseins, des Aufruhrs und des Elends gibt es nur einen Weg, nämlich zu Gott Zuflucht zu nehmen. Gott allein kann unsere Schwierigkeiten und Krankheiten beseitigen und uns Gesundheit, Frieden und Wohlstand bringen."

Religion sollte in jeden Bereich unseres Lebens einfließen. Heutzutage heißt es, unser Leben müsse rein nach einem weltlichen Ideal gestaltet werden. Das bedeutet, dass wir die Werte des Lebens ohne Rücksicht auf die Seele bewerten sollen. Aber der Mensch ist nicht nur das, was er zu sein scheint, ein Bündel aus Fleisch, Knochen, Blut und Haut, ein Geschöpf, das unter den Impulsen, Gefühlen und Gedanken lebt und handelt, die dem Verstand entspringen. Wir müssen erkennen, dass jenseits dieser äußeren Dynamik des Verstandes und des Körpers ein Geist in uns ist, der unsterblich ist, und es ist die Kraft und Führung dieses Geistes, die unser Leben in seinen verschiedenen Ausdrucksformen aktiv werden lässt. Deshalb sollten wir uns im Klassenzimmer, im Krankenhaus, im Büro, auf dem Marktplatz, in der Fabrik und auf dem Feld ebenso wie in Tempeln, Kirchen, Moscheen und Klöstern auf diesen Geist einstimmen, und göttliche Gedanken und Gefühle sollten uns gleichermaßen durchdringen. Wenn wir das nicht tun, schaffen wir nichts als Missgunst, Zwietracht, Eifersucht und Hass mit der daraus resultierenden Verwirrung und Unordnung in der Gesellschaft.

In Abwesenheit des Gottesgedankens fühlen wir uns so exklusiv und von unseren Mitmenschen abgeschnitten, dass wir glauben, wir seien nur Individuen und sollten nur leben, um unsere individuellen Sehnsüchte und Wünsche nach körperlichem Vergnügen und Komfort zu erfüllen. Das Ideal hingegen ist, dass wir unser Leben um der anderen willen leben sollten, so natürlich wie ein Baum, der sich in allen Aspekten seiner Existenz an diejenigen verschenkt, die von ihm profitieren wollen. Mit anderen Worten, unser Leben ist für den Dienst an allen bestimmt. Diese Lebensweise, dieser Ausdruck unserer angeborenen göttlichen Natur, diese Ausdehnung des Selbst in das Universale, um vollkommene Befreiung und Frieden zu erlangen, kann nur möglich sein, wenn der Gottesgedanke unseren Geist beherrscht, die Gottesliebe unser Herz erfüllt und der Wille Gottes unser Handeln bestimmt, sodass es spontan aus uns herausfließt.

Das abendliche Gebetstreffen fand im Perumal Kovil statt. Nach der *Puja* setzten sich alle Verehrer zum *Bhajan* in den Außenhof des Tempels. Hier sprach Ramdas über *Bhakti*, wobei er sagte:

„Es ist nichts Falsches oder Unnatürliches für den Verehrer, ein Bild zu verehren, indem er es als die Form Gottes betrachtet. Wenn du das Bild mit zielgerichteter Hingabe verehrst, wirst du allmählich feststellen, dass Gott, der durch das Bild repräsentiert wird, Seinen Sitz in deinem Herzen einnimmt und es so vollständig in Besitz nimmt, dass du keinen anderen Gedanken und keine andere Tätigkeit mehr hast als die, die mit Ihm und um Seinetwillen zu tun haben. Dein ganzes Leben wird ein einziges Opfer und eine einzige Hingabe an Ihn sein und in den Dienst für Ihn münden. Du wirst mit seltener Glückseligkeit und Frieden erfüllt sein.“

Am nächsten Tag wurde Ramdas zur Tirunelveli Young Men's Hindu Association eingeladen, wo er nach dem *Bhajan* eine kurze Rede über wahre Hingabe an Gott hielt. Er betonte die Wichtigkeit des Namens.

„Ein großer Heiliger hat gesagt, dass derjenige, der den Namen Gottes auf den Lippen hat, ein *Jivanmukta* ist, weil das ständige Gedenken an Gott das Ego-Gefühl auslöscht und ihm die Erkenntnis seines unsterblichen, unveränderlichen Selbst gewährt. Der Name ist eine Verbindung zwischen dem Verehrer und Gott. Er bringt den Verehrer von Angesicht zu Angesicht mit Gott und ermöglicht ihm, das Wissen um sein Einssein mit Ihm zu erlangen."

Nach drei Tagen Aufenthalt in Jaffna brachen wir nach Anuradhapura auf. Anuradhapura ist ein Ort von historischer Bedeutung, denn es war der Regierungssitz von etwa neunzig Königen, die einst über Ceylon herrschten. Noch heute kann man die Ruinen der königlichen Paläste und auch vieler Tempel sehen. Unser kurzer Aufenthalt erlaubte es uns nicht, diese Monumente zu besichtigen. Am Abend trafen wir uns hier in der Vivekananda Society. Nach dem üblichen *Bhajan* sprach Ramdas über das Ziel des menschlichen Lebens. Gegen Ende der Rede sagte er:

„Liebe und Hingabe an Gott können in unserem Herzen nur durch den Kontakt mit Heiligen entstehen. Sie sind es, die in uns den Glauben an Gott wecken und uns inspirieren, Seinen heiligen Namen anzunehmen. Sie sind gnädiger, liebevoller und gütiger zu uns als unser irdischer Vater und unsere irdische Mutter, die sich nur um unser körperliches Wohlergehen kümmern. Aber die Heiligen sind eifrig darauf bedacht, dass wir aus der Knechtschaft des *Karmas* befreit werden und das höchste Ziel erreichen – Gott. Das heißt, sie sind mehr um unser spirituelles Wohlergehen besorgt. Ihre Mission in dieser Welt ist es, die schlummernden Seelen aus der Unwissenheit zu erwecken, sie zum Göttlichen zu führen und ihr Leben gesegnet zu machen. Deshalb müssen wir mit Heiligen Kontakt aufnehmen, uns von ihnen inspirieren lassen, ständig Gottes Namen annehmen, ein reines Leben führen und schließlich Gott in uns finden und ihn überall im Universum erblicken.

Wenn wir Gott überall erblicken, wird unser Leben von göttlicher Glückseligkeit und Frieden erfüllt sein. Wenn wir dieses Ziel erreichen, haben wir das kostbare Geschenk des menschlichen Lebens auf das Beste genutzt.

Daher rät Ramdas abschließend, reine Hingabe für Gott zu haben, an Ihn zu denken, Ihn schließlich zu verwirklichen und euer Leben gesegnet zu machen."

Nach nur einem Tag Aufenthalt in Anuradhapura fuhren wir weiter nach Trincomalee, wo wir Gäste von Sri R. Ratnasingham waren. Am selben Abend fand ein Gebetstreffen im Ramakrishna Mission Hindu College statt. Ramdas sprach hier nach dem *Bhajan* über das Thema, wie man ein wahrer Verehrer und Diener Gottes wird. Er sagte:

„Wir müssen alle Wesen in der Welt als unsere Brüder und Schwestern betrachten. Alle von Menschen gemachten Unterscheidungen aufgrund von Religion, Kaste, Glaube, Hautfarbe und Nationalität müssen verschwinden. Der Gott aller Menschen, aller Nationen und aller Religionen ist ein und derselbe. Wir sind Seine Kinder. Erkennt Ihn in dieser Beziehung an und liebt einander. Die großen Lehrer der Welt lehrten uns denselben Weg. Buddha lehrte uns, dass wir uns läutern und Mitgefühl für alle Lebewesen haben sollen. Jesus Christus forderte uns auf, alle Wesen so zu lieben, wie wir uns selbst lieben. Krishna lehrte uns, das Göttliche in jedem und jeder in der Welt zu sehen. Der Prophet Mohammed lehrte uns, uns dem Willen Gottes zu unterwerfen und Seine Werkzeuge zu werden, damit wir Seinen Willen in der Welt ausführen können. Wenn wir nur die Lehren dieser großen spirituellen Meister befolgen, haben wir keinen Grund, uns zu streiten."

Am Abend besuchten wir die Divine Life Society Sivananda Tapovan. Ramdas sprach über die Beziehung eines Schülers zu seinem Guru. Er analysierte diese Beziehung und erörterte sie, wobei er denjenigen Ratschläge gab, die den Guru zwar äußerlich ehren, aber seinen Erwartungen nicht gerecht werden, weil sie in ihrem täglichen Leben nicht nach seinen Anweisungen handeln. Ramdas gibt hier einige wichtige Auszüge daraus wieder:

„Das Herz des Gurus ist so weich, dass er immer darauf bedacht ist, dass alle, die zu ihm Zuflucht genommen haben, von ihrer niederen Natur befreit und vollkommen glücklich werden, sowohl innerlich als auch äußerlich. Er schüttet seine Gnade in Hülle und Fülle über seine Anhänger aus und unterweist sie unermüdlich darin, wie sie leben und handeln sollen, um die Schau der Göttlichkeit im Inneren und Äußeren zu erlangen. Es reicht nicht aus, wenn sie einfach sagen, dass sie die Schüler dieses oder jenes Heiligen sind. Sie müssen seine Lehren befolgen.

Die Gnade des Gurus kann nur dann in sie einfließen, wenn sie seine Worte ausführen und ihm somit gefallen. Doch leider sehen wir heute ein anderes Bild. Oft zweifeln wir daran, ob es richtig ist, uns als Anhänger eines großen Heiligen zu bezeichnen. Dennoch sind wir stolz darauf, obwohl wir nicht ein Jota der erhabenen Eigenschaften entwickelt haben, die wir durch unseren Kontakt mit der erleuchteten Persönlichkeit des Gurus kultivieren sollten. Unsere Pflicht ist es daher, dem Rat des Gurus bedingungslos zu folgen und danach zu handeln. Dadurch reinigen wir uns von all unseren Unreinheiten und befähigen uns, das Göttliche in uns zu verwirklichen und Unsterblichkeit zu erlangen.“

„Handlungen und Ereignisse sind an sich weder gut noch schlecht. Wir nehmen bestimmte Situationen als gut an und sind glücklich. Zu anderen Zeiten betrachten wir bestimmte Situationen als schlecht, und wir sind unglücklich. Wenn wir wissen, dass alle Dinge durch den Willen des göttlichen Wesens geschehen, das ganz Liebe und Mitgefühl ist, werden wir immer zufrieden und glücklich sein. In diesem Zustand der Zufriedenheit und des Friedens als Ergebnis der völligen Hingabe an Seinen Willen wird unser Leben im selbstlosen Dienst für alle fließen.“

„Gott ist wirklich ohne Namen oder Form. Er ist das universelle Bewusstsein, Geist oder Wahrheit. Er kann mit jedem Namen bezeichnet werden, der euch lieb und teuer ist. Muslime nennen Ihn Allah. Hindus nennen Ihn Rama, Krishna oder Shiva. Christen nennen Ihn Jehova oder Jesus. Buddhisten nennen Ihn das Höchste *Nirvana*. Wenn der Anhänger eines dieser Lehrer Gott treu ist, wird er Seinen Namen ständig auf den Lippen haben und sein Leben mit dem göttlichen Leben in Einklang bringen. Alle Unterschiede, die jetzt herrschen, werden verschwinden, wenn dies von allen verstanden und beachtet wird. Jede Religion wird die anderen Religionen respektieren. Auf diese Weise werden wir in der Lage sein, die dringend benötigte Weltbruderschaft zu errichten.

Ohne zu wissen, dass der einzige Zweck seines Lebens darin besteht, Gott zu verwirklichen, klammert sich der Mensch an niedere Ziele und verbringt sein ganzes Leben damit, sie zu erfüllen. Wenn er den Gedanken an Gott aufgibt und den vergänglichen Vergnügungen nachgeht, verschwendet er einfach sein kostbares Leben. Wenn er Gott vergisst, verfängt er sich in den Mühen der *Maya* und führt ein sorgenvolles, hektisches und chaotisches Leben. Wenn er Harmonie, Frieden und Freude haben möchte, sollte er sein Leben Gott und Gott allein widmen."

„Das Ziel der Hingabe sollte sein, Gott in unserem Herzen zu erkennen und Ihm zu erlauben, alle Teile unseres Wesens mit Seinem Licht und Seiner Kraft zu erfüllen. Wenn wir dies tun, werden unsere Herzen mit göttlicher Liebe zu allen Wesen in der Welt überfließen. Unsere Augen werden überall nur Gott sehen. Unsere Hände werden nur zum Wohle aller arbeiten, und wir werden schließlich zu Verkörperungen Gottes werden, erfüllt von Glückseligkeit und Ekstase. In diesem Zustand wird der Unterschied zwischen dem *Bhakta* und *Bhagavan* verschwinden. Der *Bhakta* wird durch ständiges Erinnern und Hingabe an Gott selbst zu Gott. Wenn du also ständig an Gott denkst, wirst du Sein Ebenbild. Dann genießt du unsterbliche Freude und Frieden."

„Wenn wir *Sadhana* machen, bedeutet das nicht, dass wir erst nach unserem Tod oder zu einem späteren Zeitpunkt Glück oder *Moksha* erlangen werden. Allein der Akt der Hingabe an Gott und die daraus resultierende Vereinigung mit Ihm gewährt uns Glückseligkeit von Augenblick zu Augenblick. In dem Augenblick, in dem wir den Pfad der Hingabe betreten und Seinen Namen mit aller Liebe und allem Glauben annehmen, erhalten wir reine Freude und Frieden. Deshalb sagen diejenigen, die die Kraft des Namens kennen, dass er süßer als Nektar ist."

„Ihr wisst, dass eure Freude und euer Enthusiasmus aus eurem eigenen Herzen kommen. Ihr müsst also verstehen, dass Gott, den ihr sucht, der Gott des wahren Glücks und des Friedens, in den Herzen von euch allen wohnt. Wir, die wir zu euch gekommen sind, dienen lediglich dazu, diesen göttlichen Geist in euch anzurufen und ihn euch nicht nur bewusst zu machen, sondern auch die glückselige Vereinigung mit ihm zu genießen. Die der Lotusblume innewohnende Schönheit und ihr Duft offenbaren sich in der Gegenwart der Sonne, aber die Schönheit und der Duft gehören der Lotusblume selbst. So ist es, dass Gott, der alles Glück, Liebe, Reinheit und Frieden ist, in euren Herzen wohnt."

„Es scheint, dass Ramana Maharishi sagte, dass er kein *Sadhana* machte. In dem Moment, als er sein Zuhause verließ und zum Arunachala ging, fühlte er sich frei. Er war verloren in der unendlichen Weite der göttlichen Existenz und lebte bis zuletzt in diesem Zustand. Er machte diese Erfahrung ohne jede Anstrengung, denn dieser Zustand ist nicht durch Anstrengung zu erreichen, sondern durch die Dämmerung des Wissens auf geheimnisvolle Weise. Wir können es göttliche Gnade nennen, oder es kann das Ergebnis der Anstrengungen sein, die in einem früheren Leben gemacht wurden. Was auch immer es sein mag, wenn die Erkenntnis kommt, verlieren wir uns im Glanz der höchsten Wirklichkeit, die universell, unendlich und ewig ist, und danach leben wir ewig in diesem Zustand."

„Je mehr du Seinen Namen wiederholst, desto mehr wirst du dir Seiner in dir bewusst. Die dunklen Kräfte werden besiegt, und der Geist wird ruhig, rein und transparent. Dann offenbaren sich die Ausstrahlung, der Frieden und die Freude des Göttlichen, und du wirst wie ein Glaskasten, in dem ein strahlendes Licht aufbewahrt wird. Ansonsten bist du wie ein Schlammgefäß, in dem eine Lampe brennt. Da das Schlammgefäß undurchsichtig ist, kann das Licht nicht herausscheinen. Du musst dieses menschliche Gefäß vollkommen transparent machen und mit dem Licht Gottes erleuchten.

Unwissenheit ist Krankheit. Verwirklichung ist Gesundheit. Wir müssen uns von dieser Unwissenheit heilen, indem wir das richtige Heilmittel vom göttlichen Arzt nehmen. Der Guru ist der göttliche Arzt, der uns frei macht, indem er uns das Wissen um das Selbst, um unsere wirkliche Existenz und unser Wesen gibt. Was ist die Medizin? Der Name Gottes! Lasst ihn uns immer auf unserer Zunge tragen. Er wird uns durch und durch reinigen und die Unwissenheit aus dem Herzen vertreiben, uns Wissen über das Göttliche schenken und uns mit Glückseligkeit und Freude erfüllen."

„Wahrlich, wir und Gott sind niemals getrennt. Es ist die Unwissenheit, die uns glauben lässt, wir seien von Ihm getrennt. Wenn wir frei von Unwissenheit sind, wissen wir, dass wir nicht nur eins mit Ihm sind, sondern auch, dass wir schon immer eins mit Ihm waren. Einmal fragte Sri Rama seinen großen Verehrer *Hanuman*, wer er sei. *Hanuman* antwortete, dass er als Körper *Ramachandras* Diener sei, als *Jiva* sei er ein Teil von Rama und als *Atman* sei er Rama selbst. Im Grunde genommen ist unser Selbst also nichts anderes als Gott."

Das letzte Treffen in Colombo fand im Sindhi Community Centre statt. Hier gab Ramdas nach dem *Bhajan* seine Abschiedsbotschaft an die Verehrer über die Herrlichkeit des göttlichen Namens. Im Folgenden sind einige Auszüge daraus wiedergegeben.

„Der Name ist das kostbare Juwel, das wir nicht verlieren sollten, wenn wir es einmal erlangt haben. Wenn wir ihn wiederholen, müssen wir das mit ganzem Herzen tun, mit aller Liebe und allem Glauben an seine Kraft. Weise und Heilige werden nicht müde, die Herrlichkeit des Namens zu besingen. Ihr könnt das selbst herausfinden. Setzt euch still hin, singt den Namen und berauscht euren Geist mit seiner Süße. Ihr werdet feststellen, dass euer ganzer Körper von einer seltsamen Ekstase durchdrungen ist, in der euer Ego-Sinn und alle niederen Wünsche vollständig verschwinden und ihr gründlich gereinigt werdet. Wenn ihr diese Praxis fortsetzt, werdet ihr in diesem erhabenen Zustand verankert sein. Ihr werdet das Ebenbild Gottes werden.

Ramdas' abschließende Botschaft an euch ist, dass ihr euch mit der Wiederholung von Gottes Namen beschäftigen sollt. Es reicht nicht aus, den Namen zu preisen, indem ihr Lieder über ihn singt. Ihr müsst gemäß den Lehren der großen Heiligen handeln. Ihr sollt versuchen, den Namen ständig auf euren Lippen zu behalten, während ihr geht, sitzt oder irgendeine körperliche Arbeit verrichtet. Allmählich werdet ihr feststellen, dass der Name von euch Besitz ergreift. Es ist nicht so, dass ihr vom Namen Besitz ergreift, sondern der Name ergreift von euch Besitz. Dann werdet ihr sehen, wie euer Geist sich weigert, hierhin und dorthin zu wandern. Er geht im Namen auf und schöpft unermesslichen Frieden und Freude. Der Kontakt mit dem Namen ist der Kontakt mit Gott, denn der Name und Gott sind nicht verschieden. Der Name ist Gott, und Gott ist der Name!"

Zurück in Indien

In anderthalb Stunden erreichten wir den Flughafen von Tiruchi. [Nach einer Reiseunterbrechung] nahmen wir den Zug und kamen am 2. Januar 1955 um 15.30 Uhr in Kanhangad an. Wie üblich waren am Bahnhof viele Ashram-Verehrer anwesend, um uns herzlich zu empfangen. Wir erreichten den Ashram in wenigen Minuten und kehrten nach fünfmonatiger Abwesenheit zurück. Natürlich waren alle Ashram-Bewohner hocherfreut, uns in vollkommener Gesundheit und Fröhlichkeit zurückzuhaben.

So endete die Weltreise.

Das Leben im Anandashram und Ramdas' Tod

Ramdas unternahm von 1936 bis 1938 und 1949 bis 1957 jährlich eine Reise durch Indien, um seine Freunde zu besuchen, die nicht in den Ashram kommen konnten.

Es kamen viele Besucher für kürzere oder längere Zeit in den Ashram, auch aus dem Westen. Eine der Routinen war, dass am Nachmittag Sri Ramakrishnas Gospel oder andere spirituelle Bücher und heilige Texte vorgelesen wurden, und in der *Bhajan*-Halle wurde zu festgelegten Zeiten das Ram-Mantra gesungen. Ansonsten waren die Besucher frei, und es gab kein weiteres Programm. Ramdas und Krishnabai waren für alle Besucher frei zugänglich und offen für Gespräche. Ramdas antwortete auf ihre Fragen. Er weihte viele in das Ram-Mantra ein. Manchmal erzählte er auch spirituelle Geschichten oder von den Erlebnissen auf seinen Pilgerreisen. Krishnabai kümmerte sich um die Organisation und hatte viele Aufgaben zu bewältigen.

Zeitweise nahm sie auch Waisenkinder bei sich auf. Wie bereits erwähnt, wurde eine Grundschule, eine Gewerbeschule und eine Krankenstation gegründet. Es wurde Feldarbeit betrieben, die viele Familien der Umgebung ernährte. Ramdas schrieb für die Zeitschrift „The Vision" zahlreiche Artikel und führte eine umfangreiche Korrespondenz mit Freunden weltweit.

Das Ashram-Leben brachte viel Freude, aber auch manche Schwierigkeiten mit sich und auch manche Desillusion. So berichtet Swami Satchidananda: „Mataji sagte oft, dass die Gründung des Ashrams ein großer Fehler war und die Ausweitung seiner Aktivitäten ein noch größerer Fehler. Sie hatte viele Dinge, um die sie sich kümmern musste. In den frühen Tagen wollte sie, dass aufrichtige *Sadhakas* die Chance bekommen sollten, bei Papa zu sein, und es wurde ihnen geraten, einen kleinen Dienst zu verrichten und den Rest ihrer Zeit mit *Sadhana* zu verbringen. Aber anstatt Fortschritte zu machen, begannen sie leider, die Ashram-Verwaltung zu kritisieren, Mataji und Papa. So riet Papa ihnen, den Ashram zu verlassen. Mataji beschloss daraufhin, *Sadhakas* nicht zu ermutigen, dauerhaft im Ashram zu bleiben."[1]

Und Ramdas machte die Bemerkung: „Als Ramdas das erste Mal hierher (nach Ramnagar) kam, war dies ein Dschungel. Jetzt könnt ihr sehen, was es ist. Ramdas wollte all diese Bauwerke nicht. Sie sind jedoch durch Rams Willen entstanden. Mataji pflegte oft zu sagen, dass sie die Nase voll habe von dieser Ashram-Show und in einen Wald gehen wolle, um dort zu leben. Ramdas antwortete ihr: ‚Wenn wir in den Wald gehen, wird dort ein anderer Ashram entstehen. Du kannst dem nicht entkommen. Es ist also besser, hier weiterzumachen.'"[2]

In seinen späteren Jahren litt Ramdas an Rheuma und Diabetes. Am Abend des 25. Juli 1963 hatte er einen schweren Herzinfarkt und brach zusammen. Krishnabai und Satchidananda trugen ihn auf seine Liege. Plötzlich setzte er sich auf und sang: „Hari, Hari, Hari Ram". Er starb, wie er gelebt hatte, mit dem Namen Gottes auf seinen Lippen.

Krishnabai übernahm fortan bis zu ihrem Tod die Leitung des Ashrams.

---

[1] Satchidananda: Gospel 14.8.1951, 19.
[2] ders., 70.

Chronologie von Ramdas' Leben

10.4.1884: Geburt von Vittal Rao in Hosdurg, Kerala

1908: Heirat mit Rukmabai

1913: Geburt der Tochter Ramabai, Familienleben, wechselnde Arbeitsplätze an verschiedenen Orten

1919: Vittal gründet seine eigene Firma zum Färben und Bedrucken von Saris.

27. 12. 1922: Vittal gibt seinen Beruf auf und verlässt die Familie.

1922-1923: Entsagung, Vittal wird zu Ramdas, „Auf der Suche nach Gott",

1923: Besuch bei Ramana Maharshi

1923-1928: weitere Reisen, „Mit der Schau Gottes"

1928 - Anfang 1931: Anandashram in Kasaragod

1928: Krishnabai kommt kurz nach der Eröffnung des Ashrams zu Ramdas.

Mai 1931: Gründung des Anandashram in Kanhangad

1933: Gründung der Zeitschrift „The Vision"

August 1954-Januar 1955: Weltreise, „Die Welt ist Gott"

25.7.1963 Tod von Ramdas, Krishnabai führt den Ashram weiter

Glossar

Adharma: Ungerechtigkeit

Advaita: Nicht-Zweiheit

Ahimsa: Gewaltlosigkeit

Akhada: Wohnsitz der *Sadhus*

Amba: Muttergottheit

Ananda: Glückseligkeit

Anna: Münze im Wert von einer sechzehntel Rupie, nicht länger in Gebrauch

Annakshetra: Haus, in dem es freie Verköstigung gibt

Asan(a): ein Sitzplatz fürs Yoga bzw. yogische Körperhaltung

Ashram: Wohnsitz eines Heiligen, Kloster

Ashtanga-Yoga: eine spirituelle Praxis, die von acht Regeln bestimmt wird

Atmaghata: Selbstzerstörung

Atman: das universelle Selbst

Avatar: Inkarnation Gottes

Bania: Kaufmann

Bhagavad Gita: wörtl.: das himmlische Lied; Lehren von Sri Krishna an Arjuna

Bhagavan: Gott

Bhajan: Singen frommer Lieder

Bhajan-Mandir: Halle zum Singen frommer Lieder, Gebetshalle

Bhajee: Gemüsecurry

Bhakta: Gottgeweihter, Verehrer

Bhakti: Hingabe

Bhiksha: Almosen

Bhumi: Erde

Bidi: Zigarette aus einer besonderen Blattart

Brahmachari: Schüler, einer, der *Brahmacharya* übt

Brahmacharya: spirituelle Disziplin, die strenge Enthaltsamkeit beinhaltet

Brahman: die höchste Wirklichkeit

Brahmananda: die Glückseligkeit *Brahmans,* höchste Freude

Buddha: die neunte Inkarnation Gottes; der Begründer des Buddhismus

Chamar: eine Kaste der Unberührbaren

Charas: Extrakt aus *Ganja,* Cannabis

Chela: Schüler

Chenar: ein riesiger Baum, der in Kaschmir heimisch ist

Chilam: Tonpfeife zum Rauchen

Chits: Bons für Mahlzeiten

Dal: Zubereitung aus Hülsenfrüchten

Darshan: Besuch bei einem Heiligen oder in einem Tempel; Schau

Dattatreya: bekannter Heiliger

Deva: Gott

Devi: Göttin

Dewan: bedeutender Beamter

Dharma: das spirituelle Prinzip der kosmischen Ordnung; Pflicht

Dharmashala: Rasthaus für Pilger

Dhed: Paria

Dhoti: Kleidungsstück, das Männer um die Taille tragen

Dhuni: Feuerstelle

Diksha: Einweihung

Dvaita: Zweiheit

Ektar: Musikinstrument mit einer Saite

Fakir: spiritueller Asket

Ganesha: elefantenköpfiger Gott, der zur Überwindung von Hindernissen angefleht wird; Bruder von *Muruga*

Ganja: Cannabis

Gerrua: roter Ocker, die Farbe des Gewands des *Sannyasin*

Ghee: geklärte Butter

Gita-Jayanti: wörtl. Geburtstag der Gita, hinduistisches Fest

Gopis: Milchmädchen, Anhängerinnen von Sri Krishna in Vrindavan

Gunas: die drei Eigenschaften des Geistes: Sattwa (Licht), Rajas (Aktivität) und Tamas (Dunkelheit)

Guru: spiritueller Lehrer, Vertreiber der Unwissenheit

Guru-Bhakti: Hingabe an den *Guru*

Gurudev: erleuchteter Lehrer, hier Ramdas Vater, der ihn in das Ram-Mantra eingeweiht hat

Hanuman: hinduistische Gottheit in der Gestalt eines Affen, steht in enger Verbindung zu Rama (Ramachandra)

Harikatha: religiöse Rede und Geschichtenerzählung, oft mit Musikbegleitung

Ishwara: persönlicher Gott

Jai: Sieg

Japa: Wiederholung des Namens Gottes oder eines Mantras

Japa-Mala: Gebetsschnur zur Wiederholung des Namens Gottes

Japa-Yoga: Vereinigung mit Gott durch *Japa*

Jholi: Schultertasche aus Stoff

Jiva; Jivatma: individuelle Seele

Jivanmukta: zu Lebzeiten Befreiter

Jnana: göttliches Wissen; Selbstverwirklichung

Jnani: eine Person, die *Jnana* erreicht hat

Kali: Muttergottheit, die sowohl einen beschützenden als auch einen zerstörenden Aspekt hat; wurde von Ramakrishna verehrt

Kamandal: Wassergefäß der *Sadhus*

Kambal: Decke

Kand: essbare Dschungelwurzel

Kangdi: ein in Kaschmir verwendeter Topf, um Feuer zu machen und sich warm zu halten. Es wird unter dem Umhang am Körper getragen.

Karma: Handlung, Arbeit, die Folge aus den Handlungen vergangenen Geburten

Kaupin: Lendentuch

Khaddar, Khadi: handgewebtes Tuch; Mahatma Gandhi propagierte die Verbreitung dieses Stoffes.

Khichadi: Zubereitung aus Reis und Hülsenfrüchten

Kirtan: andächtige Musik

Kisti: kleines Boot

Krishna: die achte der zehn Inkarnationen Gottes

Kshetra: Haus, in dem es freie Verköstigung gibt, s. *Annakshetra*

Kulkarni: Dorfbeamter

Kumbhamela: Hindufest, das nur alle zwölf Jahre gefeiert wird

Kuti: kleine Hütte, die von *Sadhus* bewohnt wird

Ladoo: süße Kugel

Lila: göttliches Spiel

Lingam: ein Symbol, das Shivas Kraft der Schöpfung, Erhaltung und Zerstörung darstellt

Lota: kleines, handliches Wassergefäß

Mahadev: der große Gott, Beiname für Shiva

Mahant: Oberhaupt eines Tempels oder Ashrams

Maharaj: großer König, hier i.S. von großer Meister, Herr

Mahatma: große Seele

Mahavakyas: große Aussprüche, die in den *Upanishaden* enthalten sind

Mahavira: der Begründer des Jainismus

Mala: Gebetskette

Mandapam: offene Halle mit einer Statue der Gottheit oder eines Heiligen

Mandir: Hindu-Tempel, Halle

Mantra(m): der heilige Name oder die Formel, die im *Japa* verwendet wird

Maruti: Hanuman

Masjid: Moschee

Mataji: heilige Mutter, Krishnabai

Math: Hindu-Kloster, Wohnsitz des spirituellen Oberhauptes

Maya: Illusion

Mela: Jahrmarkt

Moksha: Befreiung

Mridang: indische Trommel

Murti: Bild, Statue einer Gottheit

Muruga: Gott Subrahmanya, Sohn Shivas, Bruder von *Ganesha*

Namaz: muslimisches Gebet

Nirguna: unpersönlicher Aspekt Gottes, Gott ohne Eigenschaften

Nirvana: das Erlöschen der Begierde, des Hasses und des Nichtwissens, Zustand der Seelenruhe

Nirvikalpa Samadhi: der endgültige Zustand, in dem der Aspirant sein Einssein mit *Brahman* erfährt

Nishkama: wunschlos

Nishkama Karma: wunschloses Handeln

OM: Symbol für Gott oder *Brahman*

Pada Puja: Waschung und Verehrung der Füße von Heiligen und Gottheiten

Padmasana: Lotussitz

Panda: Pilgerführer

Pandal: provisorischer Unterstand

Pandit: Gelehrter, Mitglied einer Gruppe kaschmirischer Hindus

Paramahamsa: Sannyasin der höchsten Ordnung

Paramatma: die Höchste Seele oder das Selbst

Paria: Unberührbarer

Patel: Dorfvorsteher

Pheta: indische Kopfbedeckung

Pies: ein Zwölftel einer *Anna*

Pikotah: Vorrichtung zur Bewässerung

Pranava: die heilige Silbe OM

Pranayama: Atemkontrolle

Prasad: Gott oder dem Heiligen dargebrachte Speisen

Prem: Liebe

Puja: Gottesdienst, rituelle Gottesverehrung

Pujari: Priester bei der *Puja*

Puranas: Bücher, die das Leben und die Lehren der Heiligen und Inkarnationen Gottes aufzeichnen

Raja: König oder Prinz

Raja-Vidya: königliche Wissenschaft

Raja-Yoga: das königliche Yoga

Raja-Yogi: einer, der *Raja-Yoga* übt

Ram: Gottheit Rama, *Ramachandra*, Inkarnation von Vishnu, Sohn des Königs von Ayodhya im Epos Ramayana

Ramachandra: Rama, Ram

Ram-Bhajan: Singen von Rams Namen

Ram-Mantra, Ramnam: Mantra über Ram, hier: Om Sri Ram Jai Ram Jai Jai Ram

Rishi: Weiser

Roti: selbstgebackenes Brot

Rudraksha: Beere eines Strauchs, der Shiva geweiht ist; *Rudrakshas* werden für Gebetsketten (*Malas*) verwendet

Sadhaka: religiös Übender

Sadhana: spirituelle Übung

Sadhu: Heiliger, Bettelmönch

Safi: kleines Stück Stoff, das zum Rauchen des *Chilam* benutzt wird

Saguna: persönlicher Gott; Gott mit Eigenschaften

Saguna Swarupa: Verkörperung Gottes

Saguna Upasana: Hingabe an eine Person

Sahib: Herr, Meister

Samadhi: Grab eines Heiligen; Zustand im Bewusstsein des Selbst mit oder ohne die Erfahrung des Körpers und der Umgebung

Samarth Ramdas: großer indischer Heiliger im 17. Jh.

Samsara: Kreislauf des Lebens aus Geburt und Tod

Sannyas: Entsagung, das Leben eines *Sannyasin*

Sannyasin: religiöser Bettelmönch

Sannyasini: weiblicher *Sannyasin*

Saraswat: Brahmanengruppe

Satchidananda: Sein, Bewusstsein, Seligkeit

Sati: Witwen, die sich nach dem Tod ihres Gemahls mit ihm auf dem Scheiterhaufen verbrennen lassen, begehen *Sati.*

Satsang: Gesellschaft mit Heiligen

satwisch: mild, harmonisch, rein

Sepoy: Soldat der Infanterie

Seth: Händler

Shakti: kosmische Ur-Energie, die Göttin *Shakti*

Shankar, Shanker: Shiva

Shankaracharya, Shankara: großer indischer Weisheitslehrer im 8./9. Jh.

Sharan: Hingabe

Shiva: eine der drei hinduistischen Hauptgottheiten (Shiva, Vishnu und Brahma)

Shiva-Lingam: s. *Lingam*

Shivaratri: Nacht Shivas; wichtiger indischer Feiertag

Siddhasana: Sitzhaltung zur Meditation

Sitaram: Sita (Gefährtin von Rama) und Rama, ein Mantra

Sloka: Vers

Sufi: eine religiöse Sekte unter den Muslimen

Swami: ehrenvolle Bezeichnung für einen *Sannyasin*

Tabla: ein Paar indische Trommeln

Tabooth: muslimisches *Mandapam*

Tapaswi: Asket

Tapasya: Enthaltsamkeit

Tiffin: leichtes Essen, Snack

Upadesh: Einweihung, Rat, Lehre

Upanishaden: Sammlung philosophischer Schriften des Hinduismus

Vairagya: Leidenschaftslosigkeit

Vakil: Jurist

Vedanta: die Lehre der Nicht-Zweiheit

Vedantin: Anhänger des *Vedanta*

Veden: wörtl.: heilige Lehre; Sammlung hinduistischer Texte

Veena: Saiteninstrument

Vidya: Wissen, Lernen

Viraha: die Qualen der Trennung

Visishtadvaita: Nicht-Zweiheit mit Unterschieden

Yoga: die Vereinigung der individuellen Seele mit Gott

Yoga-Danda: Armlehne für die Yogapraxis

Yoga-Mudra: bestimmte Handhaltung beim Yoga

Yogis: diejenigen, die Yoga praktizieren

Literaturverzeichnis

Chandrashekar: Passage to Divinity: The Early Life of Swami Ramdas, 7th ed., Kanhangad, 2022

Ebert, Gabriele: Einführung in das Leben und die Lehre eines hinduistischen Franziskus, Norderstedt, 2024

Lectures of Swami Ramdas: Swami Ramdas' Conversations and Speeches During the World Tour. – 5 Vols., 5th ed., Kanhangad, 2019 (alle Reden, Fragen und Antworten von Ramdas vom 3.8.1954 bis zum 2.1.1955 während seiner Weltreise, aufgezeichnet von Swami Satchidananda)

Swami Papa Ramdas: Auf der Suche nach Gott, Gotteserfahrung, Interlaken, 1988

Swami Ramdas: In Quest of God, 3rd ed., Kanhangad, 1979

Swami Ramdas: In the Vision of God, San Francisco, 2018

Swami Ramdas: World is God, 5th ed., Kanhangad, 2000

Swami Satchidananda: The Gospel of Swami Ramdas, 3 Vols., 4th ed., Kanhangad, 2018 (Vorfälle und Gespräche von 1951-1957, aufgezeichnet von Swami Satchidananda)

Weitere Literatur über Ramdas, Krishnabai und Satchidananda: s. Anandashram: https://anandashram.org/shop/